Natalie Berg · Miya Knights
Das Amazon-Modell

NATALIE BERG
MIYA KNIGHTS

Das Amazon Modell

Wie der unerbittlichste Einzelhändler der Welt den Handel weiter revolutionieren wird

PLASSEN
VERLAG

Die Originalausgabe erschien unter dem Titel
Amazon: How the world's most relentless retailer will continue to revolutionize commerce – 2nd edition
ISBN 978-1-3986-0142-0

Übersetzung: Rotkel e. K.
Gestaltung Cover: Holger Schiffelholz
Gestaltung: Daniela Freitag
Satz und Herstellung: Timo Boethelt
Lektorat: Egbert Neumüller
Druck: GGP Media GmbH, Pößneck

ISBN 978-3-86470-838-1

Bibliografische Information der Deutschen Nationalbibliothek:
Die Deutsche Nationalbibliothek verzeichnet diese Publikation in der Deutschen Nationalbibliografie; detaillierte bibliografische Daten sind im Internet über <http://dnb.d-nb.de> abrufbar.

BÖRSEN MEDIEN
AKTIENGESELLSCHAFT

Postfach 1449 • 95305 Kulmbach
Tel: +49 9221 9051-0 • Fax: +49 9221 9051-4444
E-Mail: buecher@boersenmedien.de
www.plassen.de
www.facebook.com/plassenbuchverlage
www.instagram.com/plassen_buchverlage

INHALT

01
Es ist eine Amazon-Welt

relevant /ʁɛlə'vant/
in einem bestimmten Zusammenhang bedeutsam, [ge]wichtig

Der Einzelhandel befindet sich in einer Umbruchphase. Die Pessimisten sehen ihn vom Aussterben bedroht, andere nur die Folgen digitaler Transformation. Einigkeit besteht hingegen darüber, dass dies eine Zeit tiefgreifender struktureller Veränderungen ist.

Die pandemiebedingte Verlagerung zum Onlineshopping in Verbindung mit allgemein veränderten Wertvorstellungen und Ausgabegewohnheiten der Verbraucher hat ein Überangebot an Einzelhandelsgeschäften offenbart. Traditionelle Geschäftsmodelle werden verdrängt, der Einzelhandel muss ums Überleben kämpfen: Die Schließung von Geschäften erreicht Rekordzahlen, Insolvenzen sind in der Branche an der Tagesordnung. Das ist Darwinismus im Einzelhandel: Entwickle dich weiter oder stirb.

Jedoch gibt es etwas, was bei all dem Gerede über das bevorstehende Aussterben des Einzelhandels oft nicht beachtet wird: Relevanz. Die wichtigste Regel im Einzelhandel lautet: Sei für die Kunden relevant. Wenn du es nicht schaffst, deinen Kunden das zu geben, was sie wollen, oder dich von der Konkurrenz abzuheben, hast du keine Chance. Ja, die Tage dieser Einzelhändler sind gezählt. Für diejenigen, die bereit sind, sich auf Veränderungen einzulassen, ist dies unserer Meinung nach eine unglaublich aufregende Zeit, in der man den Einzelhandel neu erfinden kann. In Zukunft wird es weniger, dafür aber schlagkräftigere Geschäfte geben. In Zukunft werden Kunden eine bessere Mischung aus Online- und Offline-Angeboten erleben. Und in der Zukunft wird es darum gehen, sich im WACD (What Amazon Can't Do) hervorzutun: darin, was Amazon nicht kann.

Amazon, der Handelsriese des 21. Jahrhunderts, hat sich vom Onlinebuchhändler zu einem der wertvollsten börsennotierten Unternehmen der Welt entwickelt. Als wir dieses Buch schrieben, entfiel rund die Hälfte des E-Commerce-Umsatzes in den USA auf Amazon.[1] Im Jahr 2010 beschäftigte Amazon etwa 30.000 Mitarbeiter. Zehn Jahre später waren es 1,3 Millionen. Allein im Jahr 2020 hat Amazon seine Belegschaft um satte 500.000 Mitarbeiter aufgestockt.[2] Und das in einem Pandemiejahr. Nicht einmal Walmart, der größte private Arbeitgeber in den USA, hat jemals so viele Mitarbeiter in einem einzigen Jahr eingestellt.[3] Amazon hat sich zum unangefochtenen Marktführer in allen Bereichen entwickelt – von Cloud-Computing bis zur Sprachtechnologie. Amazon ist die Nummer eins bei der Produktsuche, noch vor Google;[4] Amazon hat auch Walmart überholt und ist jetzt der größte Bekleidungshändler der USA.[5] Im Jahr 2021, als wir dieses Buch schrieben, war Amazon mehr wert als Walmart, Netflix, Target, Nike und Costco zusammen. Das *persönliche Vermögen* des Amazon-Gründers Jeff Bezos ist sogar größer als der Börsenwert einiger dieser Unternehmen.[6] Amazon verändert mit seinen Kartons zweifellos den Einzelhandel.

Und als ob das nicht genug wäre, hat Amazon auch noch seine weltweiten Aktivitäten ausgeweitet. Im Jahr 2010 war Amazon international nur auf sieben Märkten vertreten: Kanada, Vereinigtes Königreich, Deutschland, Frankreich, Japan, China und Italien. Zehn Jahre später machte das Geschäft außerhalb der USA rund ein Drittel des Amazon-Umsatzes aus und umfasste mehr als 20 ausländische Märkte – vom pulsierenden Mexiko-Stadt bis zu den abgelegenen Tälern des Himalaja.[7]

Bis 2020 besaß oder mietete Amazon weltweit mehr als 400 Millionen Quadratmeter Fläche.[8] Seit dem Launch seiner Website[9] sind bei

Amazon mehr als 30 neue Produktkategorien hinzugekommen, und es gibt inzwischen weltweit mehr als 200 Millionen Prime-Mitglieder, die fast 150 US-Dollar im Jahr dafür ausgeben, die Vorteile von Prime zu nutzen.[10]

Amazon hat sich zu einem der einflussreichsten Unternehmen des 21. Jahrhunderts entwickelt, weil es unbeirrt an seiner ursprünglichen Vision festhält: unablässige Innovation, um einen langfristigen Mehrwert für die Kunden zu schaffen. Amazons Erfolg beruht auf der permanenten Unzufriedenheit mit dem Status quo, der Lust an der Disruption und dem Wunsch, die Kunden lebenslang an sich zu binden. Das Unternehmen steckt voller Überraschungen, aber alles wird letztlich von einer Vision geleitet, die sich seit der Gründung nicht verändert hat.

Wie die meisten radikalen Erneuerer ist auch Amazon ein Außenseiter. Es ist ein Technologieunternehmen mit entsprechender Kapitalstärke und kann sich den Luxus leisten, langfristig zu denken. Amazon wäre heute nicht dort, wo es ist, wenn es nicht nach seinen eigenen Regeln spielen würde, indem es Kurzfrist-Denken und andere traditionelle Zwänge, denen die stationären Einzelhändler unterworfen sind, vermeidet. Amazon hat sein Einzelhandelsangebot unermüdlich ausgebaut, und zwar nicht nur durch die Einführung neuer Produktkategorien – durch die ganze Branchen auf den Kopf gestellt wurden –, sondern auch durch ein verbessertes Entertainment-Angebot, bessere Auftragsabwicklung und IT-Kompetenz mit dem Ziel, ein einzigartiges, reibungslos funktionierendes und rundum integriertes Kauferlebnis für den Kunden zu schaffen.

Für Wettbewerber erscheint Amazon als rücksichtslos und furchterregend. Für Kunden ist Amazon unkompliziert und zunehmend unverzichtbar. Mit der Kombination aus dem Zugang zu Millionen von Produkten und einer immer schnelleren Lieferung hat das Unternehmen den ultimativen „Sweet Spot" für Käufer getroffen. Und dies ist erst der Anfang. Amazon macht sich die Stärke und das Vertrauen in seine Marke zunutze und greift mit seinen Fangarmen nach immer neuen Branchen. Das bloße Gerücht, dass Amazon in einen Sektor einsteigen könnte, reicht aus, um Aktienkurse auf Talfahrt zu schicken. Und es wird von Tag zu Tag deutlicher, dass Amazon sich nicht damit begnügt, nur der Einzelhändler zu sein; Amazon will auch die Infrastruktur sein.

Heute feuert Amazon aus allen Rohren. Der pandemiebedingte Wandel hin zu einer digitaleren Welt hat alle Bereiche des Unternehmens gestärkt – Einzelhandel, Amazon Web Services (AWS), Prime, Alexa, Werbung – und solange nicht regulatorisch eingegriffen wird, scheint sich das Wachstum von Amazon auch nicht abzuschwächen.

Aber Amazon steht an einem Wendepunkt. Der König des E-Commerce hat erkannt, dass das reine Onlinegeschäft trotz aller Annehmlichkeiten nicht mehr ausreicht. Stationärer Handel und Onlinehandel nähern sich einander immer schneller an. Wenn Amazon den Lebensmittel- und Apothekensektor erobern will, benötigt das Unternehmen Ladengeschäfte. Wenn Amazon die steigenden Kosten für Kaufabwicklung und Kundenakquise ausgleichen will, benötigt das Unternehmen Ladengeschäfte. Und wenn Amazon die Prime-Mitgliedschaft, die Einführung der Sprachtechnologie und die Lieferung innerhalb einer Stunde weiter vorantreiben will, was dann? Es benötigt Ladengeschäfte.

Die Zukunft des Einzelhandels liegt im stationären Handel. Amazon wird den Begriff des Supermarkts für den Kunden des 21. Jahrhunderts neu definieren: Kassen werden abgeschafft, das Einkaufserlebnis wird digitalisiert, die Filialen werden für eine schnelle Lieferung genutzt, und vor allem wird mit den Kunden auf eine Art und Weise interagiert, wie es online niemals möglich wäre. Das Ladengeschäft der Zukunft wird stärker erlebnis- und serviceorientiert sein.

Für Amazon wird sich durch den Lebensmitteleinzelhandel ein sehr wichtiges Puzzleteil erschließen: die Kundenfrequenz. Wie ein ehemaliger Chef von Whole Foods Market es ausdrückt: „Lebensmittel sind die Plattform, über die man alles andere verkaufen kann.“[11] Deshalb sollte Amazons Einstieg in den Lebensmittelhandel alle Einzelhändler beunruhigen, nicht nur Supermärkte. Es ist ein weiterer Schritt auf dem Weg zu einer totalen Dominanz im Einzelhandel.

Wie wir im Verlauf dieses Buches beschreiben werden, ist Amazon heute in vielerlei Hinsicht nicht mehr einzuholen. Das Unternehmen ist aus unserem täglichen Leben nicht mehr wegzudenken, und viele fragen sich mittlerweile, ob Amazons Allgegenwart gut für die Wirtschaft – und für die Demokratie im Allgemeinen – ist. Die Bemühungen, die Dominanz von Amazon zu verringern, werden zunehmen, und ein Unternehmen von Amazons Größe, Macht und Einfluss sollte genau unter die Lupe genommen werden, insbesondere vor dem Hintergrund der Pandemie. Grundlegende globale Steuerreformen und die möglicherweise bedeutendsten Änderungen des US-Kartellrechts innerhalb der letzten Jahrzehnte werden dazu beitragen, gleiche Wettbewerbsbedingungen für alle zu schaffen. Wir müssen jedoch anerkennen, dass Amazon auch Gutes bewirkt hat, indem es den Einzelhandelssektor gezwungen hat, seinen Service zu verbessern. Amazons unablässiger Fokus auf die Verbesserung des Kundenerlebnisses hat den Anstoß zu größeren Veränderungen in der Branche gegeben. Mit Blick auf die Zukunft wird die Zweiteilung in Gewinner und Verlierer im Einzelhandel weiter zunehmen. Die undifferenzierten und leistungsschwachen Einzelhändler werden aussortiert, und die verbleibenden werden erstarken, weil sie sich neu erfunden – und damit ihre Relevanz und letztlich ihr Überleben gesichert haben.

02

Warum Amazon kein durchschnittlicher Einzelhändler ist: Einführung in die Einzelhandelsstrategie

Schwungrad
Ein schweres, sich drehendes Rad in einer Maschine, das dazu dient, das Drehmoment der Maschine zu erhöhen und dadurch für mehr Stabilität oder eine verfügbare Leistungsreserve zu sorgen.

Amazon ist voller Widersprüche. Das Einzelhandelsunternehmen, dessen Strategie darin bestand, „lange Zeit unrentabel zu sein", ist heute eines der wertvollsten Unternehmen der Welt. Amazon ist ein Einzelhändler, dem die meisten der von ihm verkauften Produkte nicht gehören. Amazon ist sowohl ein gefürchteter Konkurrent als auch zunehmend ein Partner des Einzelhandels. Je nachdem, wen man fragt, kann der Begriff „Amazon-Effekt" entweder das Aus für ein Unternehmen bedeuten oder aber eine drastische Verbesserung des Kundenerlebnisses.

Was ist der USP von Amazon? Ein nahezu unbegrenztes Sortiment und wettbewerbsfähige Preise sind entscheidende Faktoren des Marktplatzmodells, aber sie allein heben Amazon nicht genug von der Konkurrenz ab, um diesen großen Erfolg in der Welt des Einzelhandels zu erklären. Der Tech-Gigant hat mit seinem Prime-Mitgliedschaftsprogramm ein komplexes Netz um seine Kunden gesponnen. Doch letztlich ist das komfortable Einkaufen das Alleinstellungsmerkmal von Amazon. Einzig und allein komfortables Einkaufen. Die Kunden bleiben dem Service, dem reibungslosen Ablauf und dem bequemen Einkauf über die Amazon-Plattform treu. Zeit ist ein kostbares Gut, und Amazon weiß das. Mehr als ein Viertel der Käufe bei Amazon erfolgen innerhalb von drei oder weniger Minuten, und die Hälfte aller Käufe sind in weniger als 15 Minuten abgeschlossen.[1]

ABBILDUNG 2.1: Marktkapitalisierung: ausgewählte US-Unternehmen, in Milliarden (Stand: 21. Juni 2021)

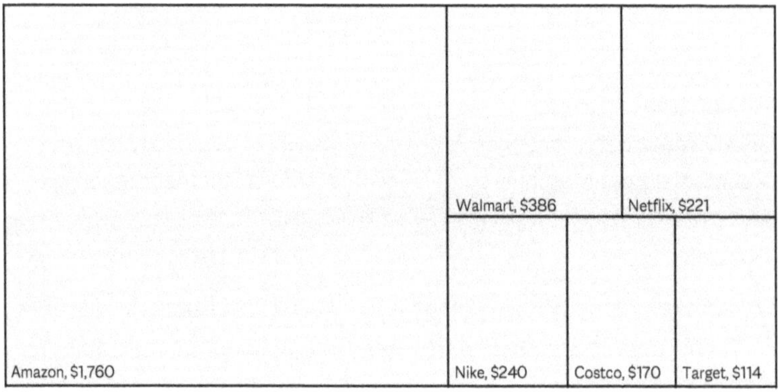

QUELLE: eigene Recherche; Google Finanzen

Eine Frage, die uns oft gestellt wird, lautet: Was ist Amazon? Amazon verkauft alles, von Windeln bis zu Laufbändern, produziert aber auch erfolgreiche Fernsehsendungen und bietet Cloud-Computing-Dienste für so unterschiedliche Kunden wie McDonald's, Zalando und die NASA. Amazon ist ein Hardwarehersteller, ein Bezahldienst, eine Werbeplattform, ein virtueller Reiseveranstalter, ein Seefrachtunternehmen, ein Verlag, ein WLAN-Systemanbieter, ein Zustellnetzwerk, ein Modeunternehmen, ein Eigenmarkenunternehmen und eine Fluggesellschaft. Das ist aber noch nicht alles! Amazon betreibt das größte zivile Überwachungsnetz in den USA.

Amazon ist auch ein Supermarkt, eine Apotheke und ein Gesundheitsdienstleister. Amazon hat sich in den Bereichen Lieferservice für Restaurants, Luxusgüter, Finanzdienstleistungen und Friseursalons versucht. Der Tech-Gigant wollte sogar ein Heilmittel gegen Erkältung finden (ja, wirklich). Wenn Sie dies lesen, wird Amazon wahrscheinlich gerade an der Schwelle zur Lösung eines weiteren Problems oder zur Umwälzung eines weiteren Sektors stehen.

Amazon ist sich darüber im Klaren, dass eine solche Diversifizierung diffus und unlogisch wirkt. Ist Amazon einfach ein „Hansdampf in allen Gassen", der nichts wirklich beherrscht? „Wenn wir neue Dinge angehen, akzeptieren wir, dass wir vielleicht für längere Zeit missverstanden werden", war auf der Amazon-Website[2] im Jahr 2021 zu lesen. Um Amazon zu verstehen, muss man zunächst seinen strategischen Rahmen verstehen: das Schwungrad (siehe Abbildung 2.2).

GELD VERLIEREN, UM GELD ZU VERDIENEN

Der von dem Managementtheoretiker Jim Collins entwickelte Schwungrad-Effekt beschreibt einen sich selbst verstärkenden Zyklus, der Unternehmen immer erfolgreicher macht. Auf seiner Website erklärt Collins: „Es gibt nicht den entscheidenden Schritt, kein großartiges Programm, keine Killerinnovation, keinen glücklichen Zufall, keinen einmaligen Moment. Vielmehr gleicht der Prozess dem unermüdlichen Anschieben eines riesigen, schweren Schwungrads, Zentimeter um Zentimeter, mit zunehmender Dynamik, bis es immer schneller und von alleine läuft."[3]

ABBILDUNG 2.2 Das Schwungrad: der Schlüssel zum Erfolg von Amazon

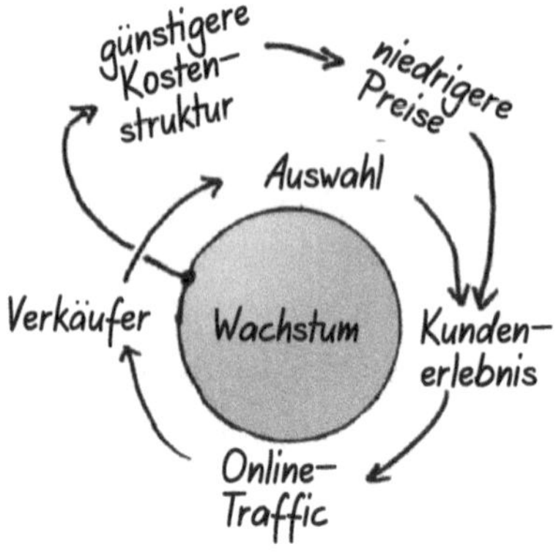

Wie lässt sich das auf Amazon anwenden? In seinem Buch „Der Allesverkäufer“ erläutert Brad Stone den Grundgedanken:

> Bezos und seine Leute entwarfen ihren eigenen Kreislauf, von dem sie überzeugt waren, dass er ihr Geschäft voranbringen würde. Es lief in etwa so ab: Niedrigere Preise führten zu mehr Kundenbesuchen. Mehr Kunden steigerten das Umsatzvolumen und zogen mehr provisionszahlende Drittanbieter auf die Website. Dadurch konnte Amazon die Fixkosten wie etwa für die Logistikzentren besser decken und die für den Betrieb der Website erforderlichen Server vorteilhafter nutzen. Diese größere Effizienz ermöglichte es dem Unternehmen, die Preise weiter zu senken.
> Wenn man an einem beliebigen Punkt dieses Schwungrads positive Energie einbringt, so die Überlegung, sollte es die Dynamik beschleunigen.[4]

Nachdem es mehr als zwei Jahrzehnte gefüttert wurde, dreht sich das Schwungrad jetzt. Amazon diversifiziert sein Geschäft weiter und blickt weit über die Grenzen des Einzelhandels hinaus, um das Schwungrad in Bewegung zu halten. Amazon gibt sich nicht damit zufrieden, der „Allesverkäufer“ zu sein, sondern will auch der

„Überallverkäufer" sein. Die Absicht, in völlig neue Branchen wie Finanzdienstleistungen und das Gesundheitswesen vorzudringen, mag dem Kerngeschäft des Einzelhandels zuwiderlaufen, aber wir müssen uns zwei Dinge vor Augen halten:

1. Jede neue Dienstleistung ist ein weiteres Rädchen im Getriebe. Amazons Erfolg lässt sich nicht durch die isolierte Betrachtung eines einzelnen Geschäftsbereichs messen.
2. Das Einzige, was alle scheinbar irrationalen Schritte von Amazon verbindet, besteht darin, das Kundenerlebnis verbessern und dabei den Käufer noch stärker an sich binden zu können.

Hierbei sollte man berücksichtigen, dass Amazon eigentlich kein Einzelhändler ist, sondern ein Technologieunternehmen, das stets nach Möglichkeiten sucht, sich durch Innovation zu verbessern. Vertrauen und Loyalität gegenüber der Marke Amazon haben sich inzwischen gut aufgebaut und können auf andere Sektoren übertragen werden, auch wenn dies nicht ohne genauere Prüfung geschehen wird.

Schauen wir jetzt einmal etwas genauer an, wie die Wertvorstellungen von Amazon die Strategie des Unternehmens geprägt haben, um es zu einem der revolutionärsten und einflussreichsten Einzelhandelsunternehmen des 21. Jahrhunderts werden zu lassen.

AMAZONS GRUNDPRINZIPIEN

> „Wir sind ein Pionierunternehmen. Es ist unsere Aufgabe, kühne Wetten einzugehen, und wir schöpfen unsere Energie daraus, für den Kunden innovativ zu sein. Erfolg misst sich am Möglichen, nicht am Wahrscheinlichen."
>
> **AMAZON, 2021**[5]

Erfolgreiche Kombination: Hundertprozentige Kundenorientierung und Erfindergeist

Die meisten Einzelhändler würden sich selbst als innovativ, kundenorientiert und ergebnisorientiert bezeichnen. Der Unterschied zu Amazon ist, dass es auf Amazon wirklich zutrifft.

Es mag mit Büchern angefangen haben, aber seit mehr als einem Jahrzehnt besteht Amazons kühne Mission darin, das „kundenorientierteste Unternehmen der Welt" zu werden – Punkt. Diesem Ziel ist Amazon bis heute treu geblieben, indem sichergestellt wird, dass jede getroffene Entscheidung letztlich einen Mehrwert für den Kunden darstellt. Das Ziel des Einzelhandels ist schließlich der Dienst am Kunden.

> „Wenn Sie wissen wollen, was uns abhebt, dann ist es dies: Wir sind wirklich kundenorientiert, wir denken wirklich langfristig und wir erfinden wirklich gerne Neues. Die meisten Unternehmen tun das nicht."
>
> **JEFF BEZOS, AMAZON-GRÜNDER UND EXECUTIVE CHAIRMAN VON AMAZON[6]**

Amazon ist eindeutig nicht der erste Einzelhändler der Welt, der zu hundert Prozent kundenorientiert ist. Man könnte sogar behaupten, dass Amazon vom verstorbenen Sam Walton inspiriert wurde, dem Gründer von Walmart, der das Mantra „Der Kunde ist König" wirklich verinnerlicht hatte und einmal sagte: „Es gibt nur einen Chef. Den Kunden. Und er kann jeden im Unternehmen entlassen, vom Vorstandsvorsitzenden an abwärts, indem er sein Geld einfach woanders ausgibt."[7]

Was Amazon jedoch auszeichnet, ist seine unablässige Unzufriedenheit mit dem Status quo. Das Unternehmen ist wirklich zu hundert Prozent am Kundenerlebnis orientiert. Es versucht ständig, den Dienst am Kunden zu verbessern und Konflikte im Gesamterlebnis auszumerzen. Wenn Einzelhändler von Innovation sprechen, meinen sie meist Dinge wie Pop-up-Stores und digitale Anzeigen. Bei Amazon sind es Unterwasser-Lagerhäuser und Roboter-Postboten.

In einem früheren Brief an die Aktionäre schrieb Jeff Bezos:

> Ein kundenorientierter Ansatz hat viele Vorteile, aber hier ist der größte: Die Kunden sind immer höchst unzufrieden, selbst wenn sie zufrieden erscheinen und das Geschäft gut läuft. Auch wenn sie es noch nicht wissen, wollen die Kunden etwas Besseres, und wenn Sie die Kunden glücklich machen möchten, werden Sie dafür etwas Neues erfinden müssen.[8]

Bezos weist darauf hin, dass Amazon niemals darum gebeten wurde, das Prime-Mitgliedschaftsprogramm zu entwickeln, „aber es hat sich herausgestellt, dass die Kunden es wollten".[9] Amazon hat die Lösung, bevor der Kundenbedarf überhaupt besteht.

In einem Exklusivinterview mit den Autorinnen betonte John Boumphrey, Chef von Amazon UK, die Bedeutung der Aspekte Sortiment, Preis und Komfort. „Sie werden niemals einen Kunden sagen hören: ‚Ich wünschte, es gäbe weniger Auswahlmöglichkeiten. Ich wünschte, die Preise wären ein bisschen höher. Ich wünschte, die Lieferungen dauerten ein bisschen länger.' Einer der Gründe, warum der Einzelhandel so spannend ist, liegt in seiner unglaublichen Dynamik. Was in einem Jahr innovativ ist, wird in den kommenden Jahren zur neuen Normalität."

Amazon gibt Milliarden US-Dollar für Forschung und Entwicklung aus, möglicherweise mehr als jedes andere Unternehmen der Welt.[10] Trotz hoher F&E-Ausgaben betrachtet Amazon den gezielten Einsatz von Ressourcen als zentrales Führungsprinzip, da es dazu beiträgt, Einfallsreichtum, finanzielle Unabhängigkeit und Innovation zu fördern.

Der gezielte Einsatz von Ressourcen ist eine gemeinsame Eigenschaft der erfolgreichsten Einzelhändler der Welt. In der Anfangszeit verwendete Amazon bekanntermaßen Türen als Schreibtische.

Walmart heißt heute so, weil dieser Name nur sieben Buchstaben hatte, kürzer war als die Alternativvorschläge und es somit billiger war, die Neonleuchten mit dem Firmenschriftzug anzubringen und zu betreiben. Inzwischen heißt es, dass die Führungskräfte des größten spanischen Einzelhändlers Mercadona eine 1-Eurocent-Münze in der Tasche tragen, die sie daran erinnern soll, Kosten für die Kunden einzusparen.[11]

Auch Amazon wird nur dann Geld ausgeben, wenn es einen klaren Nutzen für den Kunden gibt. „Jeff würde nicht im Traum daran denken, einen Pixel, einen Button, eine Schaltfläche beim Bezahlvorgang oder irgendetwas anderes auf der Website zu verändern, wenn man ihm nicht erklärt, was das für den Kunden bedeutet", sagt Brian McBride, ehemaliger Chef von Amazon UK. „Wenn der Kunde nichts davon hat, warum sollten wir es dann tun?"[12]

Amazons Führungsgrundsätze

1. Hundert Prozent kundenorientiert
2. Verantwortung übernehmen
3. Erfinden und vereinfachen
4. Die richtige Entscheidung treffen
5. Neugierig bleiben und nie aufhören, zu lernen
6. Die besten Mitarbeiter einstellen und weiterentwickeln
7. Immer höchste Maßstäbe anlegen
8. In großen Dimensionen denken
9. Aktiv handeln
10. Gezielter Einsatz von Ressourcen
11. Vertrauen aufbauen und verdienen
12. Dingen auf den Grund gehen
13. Rückgrat zeigen, eigene Meinungen vertreten und getroffene Entscheidungen mittragen
14. Ergebnisse liefern

Die „Es ist immer Tag 1“-Philosophie ermöglicht es Amazon, trotz seiner Größe seine unternehmerische Agilität zu bewahren. Diese Start-up-Mentalität bedeutet nicht nur, dass Amazon sich an den Bedürfnissen der Kunden orientiert und diese vorwegnimmt, sondern auch, dass es sich auf Ergebnisse statt auf Prozesse konzentriert, schnell qualitativ hochwertige Entscheidungen trifft und externe Trends aufgreift. Gibt es jemals einen Tag 2? Nicht laut Bezos. „Tag 2 ist Stillstand. Gefolgt von Bedeutungslosigkeit. Gefolgt von einem quälenden, schmerzhaften Untergang. Gefolgt vom Tod. Und *deshalb* ist es *immer* Tag 1.“[13]

Innovation im großen Stil

Wie also schafft Amazon eine Unternehmenskultur, die nach ständiger Verbesserung strebt? Die von Agilität lebt? Wie kann sie in großem Stil innovativ sein?

Ein Beispiel dafür ist der Ansatz des „Rückwärtsarbeitens“. Amazon war schon immer ein lautstarker Kritiker von PowerPoint-Folien (einfach für den Vortragenden, schwierig für das Publikum). Stattdessen werden die Sitzungen anhand von sechsseitigen Berichten strukturiert, die jeder zu Beginn einer Sitzung still liest. Durch diese Memos, so Bezos, wird alles wesentlich nachvollziehbarer, insbesondere wenn es um die Entwicklung neuer Produkte geht. Sie sind so gestaltet, dass sie sich wie eine Pressemitteilung lesen, die das Endprodukt ankündigt, während dem Kunden die Vorteile in für Laien verständlicher Sprache vermittelt werden – oder wie der ehemalige Amazon-Direktor Ian McAllister es nennt: „Oprah-Sprache“, nicht „Fachchinesisch.“

> „Wenn Sie rückwärts arbeiten, sind Sie dafür verantwortlich, wie es für den Kunden funktionieren wird.“
>
> **PAUL MISENER, AMAZON-VIZEPRÄSIDENT FÜR GLOBALE INNOVATIONSPOLITIK UND KOMMUNIKATION**[14]

ABBILDUNG 2.3: Langfristige Strategie: Amazons Umsatz und Gewinn im Vergleich

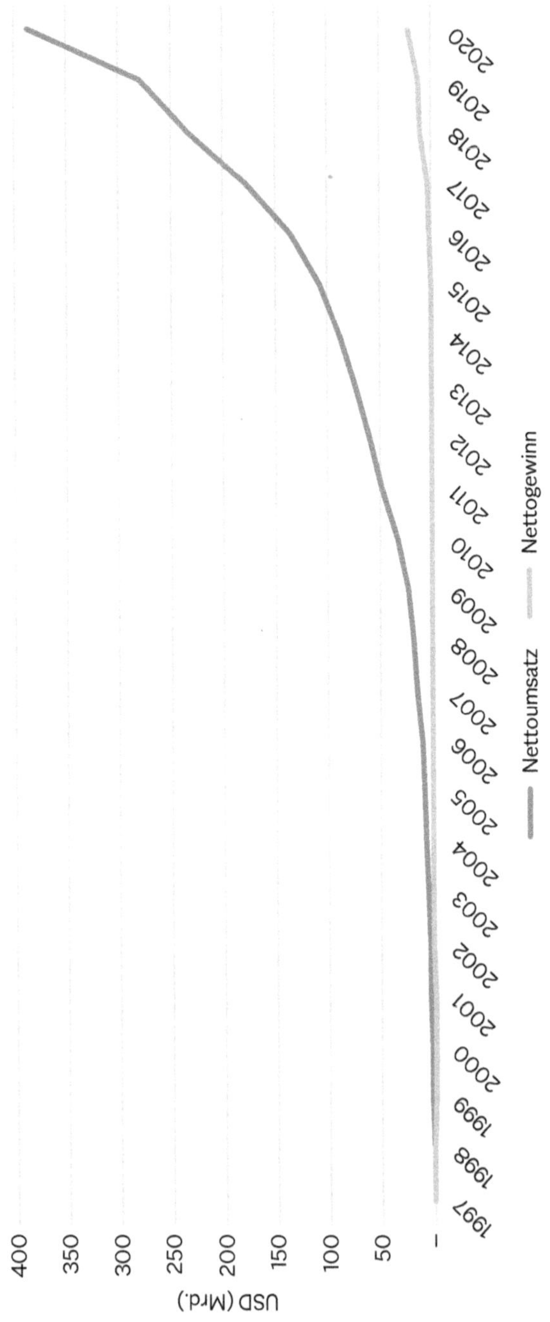

QUELLE: eigene Recherche; Amazon 10-Ks

ABBILDUNG 2.4 Sind die Probleme mit der Generierung von Gewinnen bei Amazon endlich vorbei?

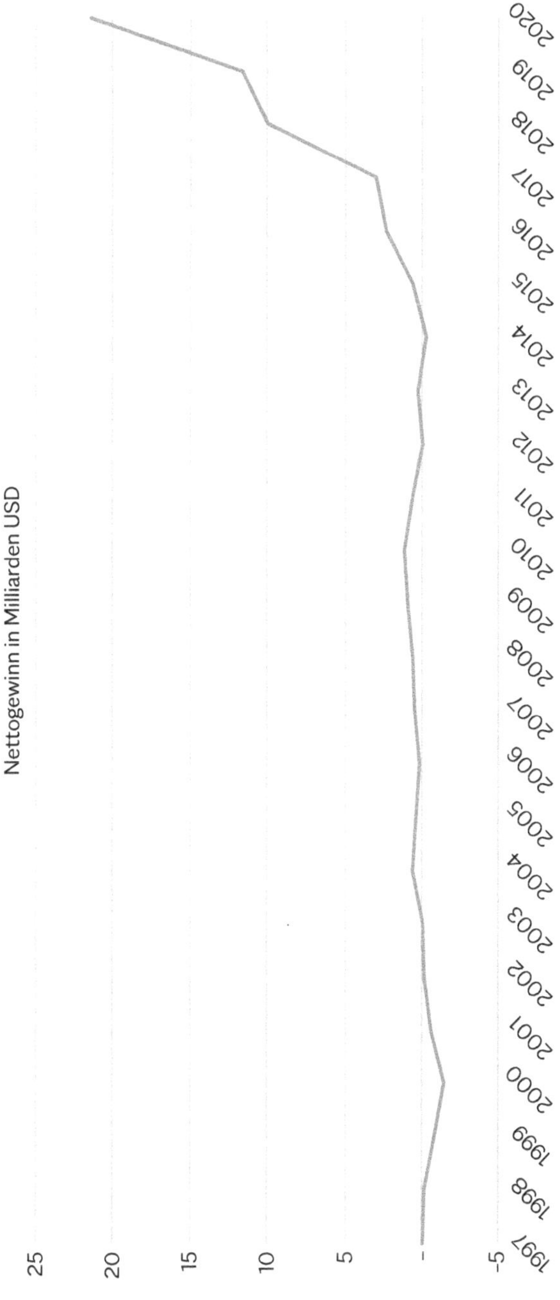

QUELLE: eigene Recherche; Amazon 10-Ks

Diese Memos „konzentrieren sich auf das Kundenproblem, wie aktuelle Lösungen (interne oder externe) fehlschlagen und wie das neue Produkt bestehende Lösungen über den Haufen wirft". Wenn die Vorteile nicht überzeugen, arbeitet der Produktmanager weiter an dem internen Dokument. „Die Überarbeitung einer Pressemitteilung ist wesentlich kostengünstiger als die Überarbeitung des Produkts selbst (und geht schneller!)", schreibt McAllister in seinem Blog.[15]

Das Ergebnis? Schnelle Innovation. Ein gutes Beispiel dafür ist Prime Now, wie Amazons ein- bis zweistündiger Lieferservice ursprünglich bezeichnet wurde, der von der Produktidee zur Markteinführung nur 111 Tage benötigte.[16] Damit unterscheidet sich Amazon von anderen Anbietern: Durch seinen einzigartigen Ansatz bei der Produktentwicklung kann es die Mentalität eines Start-ups mit der Größe und den Ressourcen eines Großunternehmens verbinden.

Der beste Ort der Welt, um zu scheitern

Amazon schätzt Neugierde und Risikobereitschaft. Aber nicht alles, was Amazon anfasst, wird zu Gold. Bezos selbst hat zugegeben, dass Amazon „Milliarden Dollar teure Fehler" gemacht hat.[17] Der größte Flop war wohl das Fire Phone, das den iPhones und Android-Smartphones nicht das Wasser reichen konnte und schließlich zu einer Abschreibung in Höhe von 170 Millionen US-Dollar führte. Andere kurzlebige Experimente waren: die Reise-Website Amazon Destinations, die Groupon-ähnliche Deal-Website Amazon Local und Amazon Wallet, eine App, mit der Kunden Geschenk- und Kundenkarten auf ihrem Telefon speichern konnten.

> „Viele Misserfolge sind von Menschen hingelegt worden, die nicht erkannt haben, wie nahe sie dem Erfolg waren, als sie aufgaben."
>
> **THOMAS EDISON**

Innovation und Misserfolg sind laut Bezos „unzertrennliche Zwillinge“. Es ist die Akzeptanz von Fehlschlägen als Lernerfahrung, die Amazon von anderen Unternehmen unterscheidet. „Jedes einzelne wichtige Projekt, das wir angegangen sind, hat viel Risikobereitschaft, Ausdauer und Mut erfordert; einige davon haben sich bewährt, die meisten nicht“, sagt Bezos. Um es klar zu sagen: Diejenigen, die sich bewährt haben – zum Beispiel Prime, AWS und Alexa – waren kolossale Erfolge für das Unternehmen.

Die 20-Jahre-Wette und die Bedeutung der Kohärenz

> „Wir werden für eine lange Zeit unrentabel sein. Und das ist unsere Strategie.“
>
> **JEFF BEZOS, 1997**[18]

Die Wall Street ist von Natur aus kurzfristig orientiert, sodass sich die meisten Aktiengesellschaften auf die Maximierung der Rentabilität und der Aktienperformance von Quartal zu Quartal konzentrieren. Amazon macht genau das Gegenteil.

Seit dem Tag 1 hat Amazon dem Wachstum Vorrang vor der Rentabilität eingeräumt und misst seinen eigenen Erfolg am Kunden- und Umsatzwachstum, am Grad der Wiederkaufrate und am Markenwert. Der Plan war immer die Marktführerschaft, die wiederum das Wirtschaftsmodell von Amazon stärken würde.

Es sieht so aus, als ob dieser Zeitpunkt endlich gekommen wäre. Amazon hat einen steinigen Weg hinter sich, wenn es ums Geldverdienen geht. Aber im Jahr 2020 meldete der Einzelhändler einen Nettogewinn von 21,3 Milliarden US-Dollar und ist damit eines der profitabelsten Unternehmen der Welt (siehe Abbildungen 2.3 und 2.4).[19] Und das war kein pandemischer Ausrutscher: Amazon hatte in den Jahren vor der Coronakrise seine Rentabilität stetig verbessert. Das Schwungrad-Konzept ist nicht auf kurzfristigen Erfolg ausgelegt, sondern auf den Aufbau langfristiger Kundenbeziehungen.

Jahrzehntelange Bemühungen um die Verbesserung des Kundenerlebnisses in Verbindung mit Investitionen in wachstums- und margenstarke Geschäftsbereiche haben endlich Früchte getragen.

Dabei darf nicht übersehen werden, wie wichtig die konsequente Strategie von Amazon ist: Der allererste Aktionärsbrief von 1997 liest sich, als wäre er erst gestern geschrieben worden. Bezos hat die Zukunft nicht vorhergesagt, er hat sie geschaffen. Vor mehr als zwei Jahrzehnten stellte er seine Vision dar, sich unermüdlich auf die Kunden zu konzentrieren, um sowohl für die Kunden als auch für die Aktionäre langfristigen Mehrwert zu schaffen. Man darf nicht vergessen, dass Amazon 1997 ein Online-Buchhändler war, nicht vergleichbar mit dem Einzelhandelsriesen, der es heute ist; aber dennoch war seine Strategie klar.

Damit Bezos' Plan funktionierte, musste er langfristig aktiv mit von der Partie sein. Er stand die nachfolgenden 24 Jahre an der Spitze des Unternehmens, was entscheidend dafür war, dass Amazon nicht von seiner ursprünglichen Vision abwich.

Erst 2021 übergab Bezos schließlich die Leitung an den ehemaligen AWS-Chef Andy Jassy. Bezos ist jedoch nicht weit vom aktiven Geschäft entfernt – er wählte einen ähnlichen Weg wie Bill Gates bei Microsoft und Eric Schmidt bei Google, indem er zum geschäftsführenden Vorsitzenden des Verwaltungsrats wurde.

Der Rückzug nach einem Vierteljahrhundert hat es Bezos ermöglicht, seinen anderen Interessen nachzugehen – von Zeitungen bis hin zur Weltraumerkundung. Der Gründer von Amazon ist zwar nicht mehr in das Tagesgeschäft eingebunden, hat aber immer noch großen Einfluss. Nicht zu vergessen, dass es sich hier um einen der reichsten Menschen der Welt handelt, der einen Großteil seines Vermögens in Amazon-Aktien angelegt hat. Wie Finanzvorstand Brian Olsavsky es formuliert: „Jeff geht nicht wirklich woandershin. Es ist eher eine Umstrukturierung in dem Sinne, wer was tut."[20]

> „Es brauchte mehr als 50 Meetings, um eine Million US-Dollar von Investoren aufzutreiben. Und während all dieser Meetings lautete die am häufigsten gestellte Frage: ‚Was ist das Internet?'"
>
> **JEFF BEZOS, 2020**[21]

Bezos' Überzeugungskraft, sein Durchhaltevermögen und sein Glaube an das Geschäftsmodell Amazon sollten sich letztendlich auszahlen. Aber in der Anfangszeit waren ein dickes Fell und außerordentliche Einsatzbereitschaft erforderlich, um die Kritiker abzuschütteln und die Ängste der Aktionäre zu zerstreuen. Viele Menschen wetteten in den Anfängen des Unternehmens gegen Amazon. „Damals gab es kein blindes Vertrauen, dass jede Idee von Jeff ein Erfolg würde", so der ehemalige Geschäftsführer von Amazon, Vijay Ravindran.[22] Bis zum Jahr 2000, dem Jahr, in dem die Dotcom-Blase platzte und Amazon bereits sechs Jahre am Markt war, hatte das Vertriebsunternehmen noch keinen Gewinn ausgewiesen und machte Millionen US-Dollar Verlust. Analysten der Wall Street waren überzeugt, dass Bezos ein Luftschloss baute:[23] Ravi Suria, ein Analyst von Lehman Brothers, prophezeite, dass Amazon innerhalb weniger Monate kein Geld mehr haben würde, wenn es nicht eine weitere „Finanzierung aus seinem magischen Hut zaubert".[24] Und Suria war nicht der Einzige. Im selben Jahr veröffentlichte die Finanzzeitschrift *Barron's* eine Liste mit 51 Internetunternehmen, die bis Ende 2000 voraussichtlich in Konkurs gehen würden. Auf der sogenannten „Burn Rate 51"-Liste fanden sich heute schon vergessene Namen wie CDNow und Infonautics – und eben Amazon.

Schlagzeilen wie „Kann Amazon überleben?"[25] und „Amazon: Schneeballsystem oder Walmart des Internets?"[26] zeigten die Zweifel an einer Zukunft für Amazon auf. Man erwartete, dass Amazon zu den weiteren Opfern der Dotcom-Blase zählen würde.

Trotz allgemeiner Skepsis und schieren Erstaunens über das unkonventionelle Geschäftsmodell konnte Amazon mit schlagenden

Argumenten genügend Aktionäre überzeugen. Bezos bat um Geduld, und überraschenderweise stimmten sie zu. „Ich denke, es kommt auf in sich schlüssige Inhalte und auf eine in sich schlüssige Strategie an, von der man nicht abweicht, wenn die Aktie fällt oder steigt", so Bill Miller, Chief Investment Officer bei Miller Value Partners.[27]

Der ehemalige Amazon-Manager Brittain Ladd, geht davon aus, dass Unternehmen sich entweder in einem endlichen oder einem unendlichen Spiel befinden. Bei einem endlichen Spiel geht ein Unternehmen davon aus, dass es die Konkurrenz besiegen kann. Es hält sich an vereinbarte Regeln und klar definierte Vorgehensweisen, um zum Ende des Spiels zu kommen.

Im Gespräch mit den Autorinnen sagte Ladd:

> Amazon hingegen betreibt ein unendliches Spiel, bei dem es darum geht, die Konkurrenz zu überleben. Amazon weiß, dass Wettbewerber kommen und gehen. Amazon weiß, dass man nicht überall der Beste sein kann. Amazon hat sich für die Strategie entschieden, sich darauf zu konzentrieren, die Konkurrenz zu überleben, indem es ein Ökosystem schafft, das die Bedürfnisse der Verbraucher mit einer ständig wachsenden Palette von Produkten, Dienstleistungen und Technik perfekt erfüllt und den entsprechenden Service bereitstellt.

Billiges Kapital und nachhaltige wirtschaftliche Burggräben

Amazon spielt eindeutig nach seinen eigenen Regeln. Ohne Bezos' Vision hätte das Unternehmen niemals das Vertrauen der Investorengemeinschaft gewinnen können. Ohne das Vertrauen seiner Aktionäre wäre es nicht in der Lage gewesen, in die notwendige Infrastruktur für das Kerngeschäft des E-Commerce zu investieren oder weit über die Grenzen des Einzelhandels hinweg innovativ zu sein und dem Schwungrad die entscheidenden Speichen hinzuzufügen. Es gäbe kein AWS, kein Prime, keine Alexa. Amazon wäre nicht Amazon.

Ist das fair? Scott Galloway, Professor für Marketing an der New York University, sieht das anders. Er erklärt: „Es hat Zugang zu billigerem Kapital als jedes andere Unternehmen in der modernen Geschichte. Amazon kann sich heute Geld zu günstigeren Konditionen leihen als China. Infolgedessen kann es mehr Sachen gegen die Wand fahren als jede andere Firma."[28]

Wie kann ein Wettbewerber mit einem Unternehmen mithalten, das keinen Gewinn machen muss? Ein Unternehmen, dessen wichtigste Erwartung seiner Investoren darin besteht, immer wieder Geld in neue Wachstumsbereiche zu stecken? Ein Unternehmen, das keine Skrupel hat, diejenigen zu vernichten, die sich ihm in den Weg stellen?

„Wenn man ein Unternehmen mit niedrigen Gewinnspannen betreibt, kann man einen sehr nachhaltigen wirtschaftlichen Burggraben um das Unternehmen herum bauen", sagt Mark Mahaney, Managing Director bei RBC Capital, der sich seit 1998 mit Internet-Aktien beschäftigt. „Sehr wenige Unternehmen wollen in das Kerngeschäft von Amazon einsteigen und bei einer Marge von einem oder zwei Prozent konkurrieren."[29]

Und das ist nur das Einzelhandelsgeschäft. Viele der „Nicht-Kerngeschäfte" von Amazon sind tatsächlich nicht profitabel. Die Prime-Abonnementgebühren mögen jetzt zu einem einträglichen Plus beitragen, aber decken sie wirklich die Versandkosten der getätigten Einkäufe für ein ganzes Jahr? Unwahrscheinlich, besonders wenn man all die anderen damit verbundenen Vergünstigungen berücksichtigt.[30] Inzwischen werden Amazon-Geräte wie Kindle und Echo[31] in der Regel zum Selbstkostenpreis oder mit Verlust verkauft. Bezos hat erklärt, dass die Echo-Lautsprecher nicht mit Verlust verkauft werden, wenn sie zum regulären Preis abgegeben werden[32] – aber wie oft ist das der Fall? Sieht man sich den Amazon-Preisverlauf auf Camelcamelcamel.com an, sind Geräte wie der Echo Dot und der Echo Show meistens im Angebot zu haben.

Amazon will wie Google so viele Kunden wie möglich an sich binden und dann mit den über das Gerät[33] gekauften Inhalten Geld verdienen (sowie wertvolle Daten über Kaufgewohnheiten gewinnen).

In Anbetracht der Tatsache, dass Echo-Besitzer 66 Prozent mehr ausgeben als der durchschnittliche Amazon-Kunde, ist Amazon natürlich sehr daran gelegen, den Verkauf[34] seiner Geräte zu subventionieren.

UNGLEICHES SPIELFELD: STEUERN

Man kann nicht über die Wettbewerbsvorteile von Amazon sprechen, ohne die Steuern zu erwähnen. Amazon war eines der ersten Unternehmen, das einen Marktwert von einer Billion US-Dollar erreichte, und ist heute, gemessen am Umsatz, eines der größten Handelsunternehmen der Welt.[35]

Aber Unternehmen zahlen keine Steuern auf ihre Einnahmen, sondern auf ihre Gewinne. Durch die unkonventionelle Strategie des Gewinnverzichts konnte Amazon die Steuerlast minimieren, manchmal fielen sogar überhaupt keine Steuern an. Nachdem Amazon einige Jahre lang keine Bundessteuern gezahlt hatte, was auf verschiedene Steuergutschriften und Steuererleichterungen bei Aktienoptionen für Führungskräfte zurückzuführen war, zahlt das Unternehmen seit 2019 in den USA wieder Bundeseinkommenssteuern.[36]

Als Onlinehändler profitierte Amazon in der Vergangenheit – und nicht unumstritten – von einem Urteil des Obersten Gerichtshofs aus dem Jahr 1992 (Quill Corp. gegen North Dakota), das die Bundesstaaten daran hinderte, E-Commerce-Unternehmen zu verpflichten, Verkaufssteuer zu erheben, sofern diese Händler in dem betreffenden Bundesstaat nicht ansässig waren (zum Beispiel in Form eines Büros oder Lagers). Das war einer der Gründe, warum sich Bezos anfangs für den Bundesstaat Washington als Amazons Hauptsitz interessierte: Der Bundesstaat hat wenige Einwohner, und seine Hauptstadt Seattle entwickelte sich zu einem Technologiezentrum. An dieser Stelle sei darauf hingewiesen, dass Bezos' erste Wahl ein Indianerreservat in der Nähe von San Francisco gewesen sein soll, das großzügige Steuervorteile geboten hätte, wenn nicht der Staat eingeschritten wäre.

In der Anfangszeit errichtete Amazon seine Lagerhäuser in dünn besiedelten Staaten wie Nevada und Kansas, um in nahe gelegene bevölkerungsreiche Staaten wie Kalifornien und Texas liefern zu können, ohne dabei Verkaufssteuer zu erheben.[37] Die Möglichkeit, steuerfrei zu verkaufen, brachte Amazon und anderen Onlinehändlern jahrelang einen gewaltigen Vorsprung gegenüber dem stationären Handel. Als Amazon jedoch weiter expandierte und sich auf eine immer schnellere Lieferung konzentrierte, hatte das Unternehmen allerdings keine andere Wahl, als weitere Logistikzentren in unmittelbarer Nähe zu seinen Kunden zu errichten. „Als diese Strategie nicht mehr haltbar war und Amazon mehr Lagerhäuser in mehr Staaten errichten wollte, um der durch Prime möglichen wachsenden Nachfrage nach der 2-Tage-Lieferung gerecht zu werden, verhandelte das Unternehmen oft über Steuerverzug, -aufschub oder -reduzierung als Bedingung für ihre Erhebung“[38], schrieb Jeremy Bowman von *The Motley Fool*.

Viele Staaten schlossen sich daraufhin einer Vereinbarung an, die es den Einzelhändlern ermöglichte, die Verkaufssteuer freiwillig zu erheben. Bis 2017 erhob Amazon die Verkaufssteuer in allen 45 Bundesstaaten, in denen es eine landesweite Verkaufssteuer gab,[39] was bedeutete, dass im darauffolgenden Jahr, als der Oberste Gerichtshof das Urteil von 1992 aufhob, die Auswirkungen auf Amazon relativ gering waren. Es bedeutete jedoch auch, dass die Drittanbieter bei Amazon beginnen mussten, Verkaufssteuer auf ihre Produkte zu erheben (zuvor hatte Amazon nur Steuern auf eigene Artikel erhoben).[40]

„Amazon nutzt verschiedene Gesetzeslücken, sodass es keinen einzigen Penny an Bundeseinkommenssteuer bezahlt. Ich will es nicht bestrafen, aber das ist einfach falsch.“

US-PRÄSIDENT JOE BIDEN, 2021[41]

Als Amazon auf der Suche nach einem zweiten Hauptsitz war, bat das Unternehmen Städte und Regionen in ganz Nordamerika um Angebote und versprach Investitionen in Höhe von fünf Milliarden Dollar und 50.000 neue Arbeitsplätze innerhalb der nächsten zehn Jahre. Es gingen mehr als 200 Angebote ein, die von New Jerseys Steueranreizen in Höhe von sieben Milliarden Dollar bis hin zu Chicagos Versprechen reichten, dass die Mitarbeiter einen Teil ihres Gehalts als „Einkommensteuer" an Amazon zurückzahlen müssten.

In Europa war die Steuerstruktur von Amazon ebenso umstritten. Nachdem es über ein Jahrzehnt lang seine Verkäufe über Unternehmen in Luxemburg abgewickelt hatte, begann das Unternehmen 2015 damit, in Großbritannien, Deutschland, Spanien und Italien zu kaufen und Steuern zu zahlen. Die EU hat Amazon inzwischen zur Rückzahlung von 250 Millionen Euro Steuern aufgefordert, die das Unternehmen aufgrund einer unfairen Steuererleichterung in Luxemburg erhalten hatte, und hat eine dreiprozentige Digitalsteuer auf die Einnahmen – statt auf die Gewinne – großer Technologieunternehmen vorgeschlagen. In der Zwischenzeit nehmen es einzelne Staaten selbst in die Hand, Veränderungen auf Länderebene herbeizuführen: Bis zum Jahr 2021 hatte etwa die Hälfte aller europäischen OECD-Länder eine Steuer auf digitale Dienstleistungen entweder angekündigt, vorgeschlagen oder eingeführt.[42]

Im Vereinigten Königreich profitierten Amazon und andere Onlinehändler von einer Anpassung der Unternehmenssteuern im Jahr 2017 unverhältnismäßig stark. Die von vielen als archaisch empfundenen Steuersätze wurden so berechnet, dass sie den Anstieg der Immobilienpreise nach der Großen Rezession berücksichtigten. Da sich die meisten Amazon-Lager außerhalb von Städten befinden, wurde deren Wert (und damit auch die Unternehmensabgabe) geringer angesetzt, während er bei vielen Einzelhändlern in den Einkaufsstraßen stieg – in einigen Fällen um bis zu 400 Prozent. Ein weiterer massiver Wettbewerbsvorteil für Amazon.

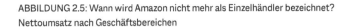

ABBILDUNG 2.5: Wann wird Amazon nicht mehr als Einzelhändler bezeichnet? Nettoumsatz nach Geschäftsbereichen

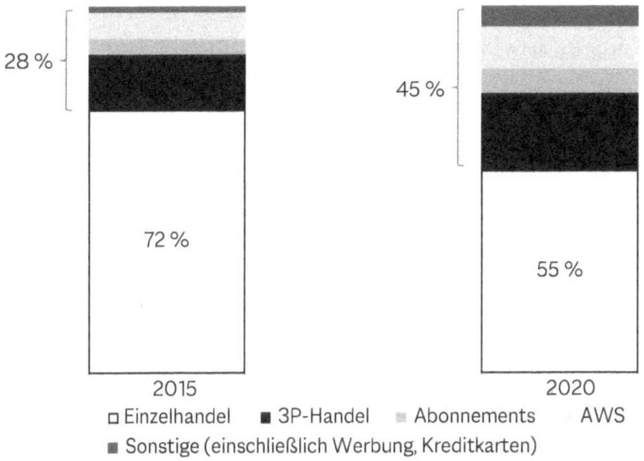

Aber Amazons Steuerstreit ist gerade erst in Gang gekommen. Im Jahr 2021 schlug die Biden-Regierung vor, den Körperschaftsteuersatz in den USA auf 28 Prozent anzuheben (dies wurde dann in eine Untergrenze von 15 Prozent geändert, um die Unterstützung des Kongresses zu gewinnen) und das Steuergesetz zu ändern, um Gesetzeslücken zu schließen, die es Unternehmen ermöglichen, Gewinne ins Ausland zu verlagern. Mindestens 55 der größten amerikanischen Unternehmen zahlten im Jahr 2020 keine Bundessteuern, obwohl sie zusammengerechnet 40,5 Milliarden US-Dollar an Vorsteuergewinnen erzielten.[43] Obwohl es für Unternehmen völlig legal ist, ihre Geschäfte in verschiedenen Ländern zu tätigen, sind viele Regierungen und zunehmend auch die Verbraucher der Meinung, dass Unternehmen wie Amazon moralisch verpflichtet sind, mehr Steuern zu zahlen, insbesondere vor dem Hintergrund der Pandemie.

Im Jahr 2021 unterzeichneten die G-7-Staaten – Kanada, Frankreich, Deutschland, Italien, Japan, das Vereinigte Königreich und die Vereinigten Staaten – ein wegweisendes Abkommen zur Reform des globalen Steuersystems, um dem heutigen digitalen Zeitalter besser gerecht zu werden. Das historische G-7-Steuerabkommen legt einen weltweiten Mindestkörperschaftsteuersatz von 15 Prozent fest und verlangt von multinationalen Unternehmen, dass sie Steuern auf die Gewinne dort zahlen, wo sie erwirtschaftet wurden, und sich nicht an dem Land ausrichten, wo das Unternehmen steuerlich ansässig ist. Das bedeutet, dass Unternehmen wie Amazon in jedem Land besteuert werden könnten, in dem sie mehr als zehn Prozent Gewinn aus den Verkaufserlösen erzielen. Obwohl Amazons Handelsmargen durchweg unter diesem Schwellenwert liegen, erzielt sein Cloud-Computing-Geschäft, Amazon Web Services (AWS), durchweg eine operative Marge im Bereich von 25 bis 30 Prozent. Eines steht jedenfalls fest: Die Tage der Steuervermeidung der Big-Tech-Unternehmen gehen dem Ende entgegen.

ABBILDUNG 2.6: Was ist die Cashcow? Amazons operative Marge nach Segmenten

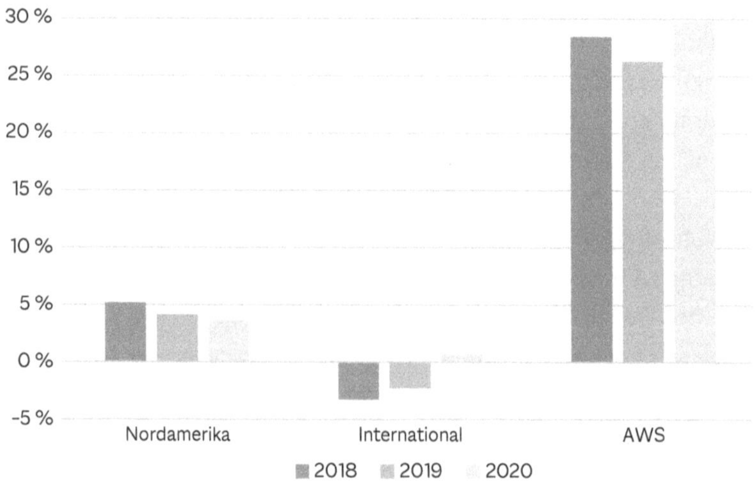

DREI SÄULEN: MARKETPLACE, PRIME, AWS

Steuerschlupflöcher und der einzigartige Zugang zu billigem Kapital haben Amazon in der Vergangenheit einen dauerhaften Wettbewerbsvorteil gegenüber seinen stationären Konkurrenten verschafft. Wie bereits erwähnt, konnte Amazon so schneller in neue Wachstumsbereiche investieren, was zu den drei Säulen des Unternehmens führte: Marketplace, Prime und AWS.

Diese verschiedenen Einnahmequellen haben entscheidend dazu beigetragen, Amazons Schwungrad zu beschleunigen. Mit Ausnahme von AWS (was vielleicht entschuldbar ist, da es der wichtigste Gewinnmotor von Amazon ist) haben diese Geschäftsfelder einen direkten Mehrwert für die Kunden geschaffen. Darüber hinaus gibt es sie überwiegend nur bei Amazon.

Marketplace

Als einer der ersten Einzelhändler, der seine Website für Drittanbieter geöffnet hat, konnte Amazon seinen Traum vom „größten Angebot der Welt“ verwirklichen. Die Kunden profitieren davon, dass sie auf Millionen von Produkten in Dutzenden von Kategorien zugreifen können, während Amazon sowohl die Lagerkosten als auch das Risiko reduziert. Durch Marketplace ist Amazon zur ersten Anlaufstelle selbst für die obskursten Produkte geworden – von Weingläsern aus Silikon bis hin zu Kratz-Plattenspielern für Katzen –, was in Verbindung mit der Prime-Lieferung ein sehr überzeugendes Angebot darstellt.

Marketplace hat sich auch deshalb als fruchtbare Einnahmequelle erwiesen, weil Amazon einen Anteil von etwa 15 Prozent des Warenpreises erhält.[44] Zwischen 2018 und 2020 verdoppelten sich die Einnahmen aus Verkäufen durch Drittanbieter fast auf 81 Milliarden US-Dollar. Damit ist dies Amazons größte Einnahmequelle nach den Verkaufserlösen von Einzelhandelsprodukten und noch vor AWS.[45]

Immer mehr Marketplace-Verkäufer entscheiden sich nicht nur für den Verkauf über Amazon, sondern möchten ihre Produkte auch bei Amazon lagern sowie bei Bestelleingang darüber Zahlungen abwickeln und den Artikel kommissionieren, verpacken und an die Kunden liefern lassen. Dieser Service mit der Bezeichnung Fulfillment by Amazon (FBA) beinhaltet, dass diese Marktplatz-Produkte für den schnellen Prime-Versand infrage kommen und außerdem eine größere Chance haben, die Buy Box zu gewinnen (sodass das Produkt als erstes in der Schaltfläche „In den Einkaufswagen" auf der Produktdetailseite erscheint). FBA ermöglicht Amazon eine bessere Nutzung überschüssiger Kapazitäten bei gleichzeitiger Erhöhung des Versandvolumens und damit mehr Einfluss auf Lieferunterunternehmen wie UPS und FedEx. Aber das Beste an FBA ist vielleicht, dass es Jahrzehnte dauern würde, bis ein anderer Händler es kopieren könnte.

Prime

Das Mitgliedschaftsprogramm von Amazon hat sich als das verbindende Element seines Ökosystems erwiesen. Der Tech-Gigant hat Prime geschickt von einem Service, der sich ursprünglich auf Liefervorteile konzentrierte, zu einem allumfassenden Mitgliedschaftsprogramm entwickelt, über das Angebote zum Streaming von digitalen Inhalten, zur Ausleihe von Büchern und zur Speicherung von Fotos erhältlich sind. Das Ergebnis? Die Kunden geben mehr Geld aus, Kundenfrequenz und Kundenbindung werden gesteigert. In den kommenden Kapiteln wird dargestellt, dass Prime heute viel mehr als ein Treueprogramm ist – es gehört inzwischen zum Alltag.

Amazon Web Services

Amazons Cloud-Speicherdienst kommt vielleicht nicht direkt den Kunden zugute, aber er hat sich als Amazons Weißer Ritter erwiesen (und daher ist es keine Überraschung, dass die Person, die dieses Geschäft aufgebaut hat, die Nachfolge von Bezos antreten wird).

Die Betriebsmargen liegen durchweg im zweistelligen Bereich im Vergleich zu den dürftigen drei bis fünf Prozent, die oft aus dem Einzelhandel kommen (siehe Abbildung 2.6). Im Jahr 2020 war AWS für etwa zwei Drittel des gesamten operativen Gewinns von Amazon verantwortlich. In manchen Jahren waren es sogar 100 Prozent.[46] Erinnern Sie sich an den Hinweis von Brad Stone, dass man nur *einem beliebigen* Teil des Schwungrads etwas zuführen muss, um es zu beschleunigen? Ein einziger profitabler Geschäftsbereich innerhalb von Amazon bedeutet größere Chancen, in den Kernbereich des Einzelhandels zu reinvestieren.

„Als wir anfingen, bezeichneten viele AWS als eine gewagte – und ungewöhnliche – Wette. ‚Was hat das mit dem Verkauf von Büchern zu tun?' Wir hätten auch getreu dem Motto ‚Schuster, bleib bei deinem Leisten' handeln können.
Ich bin froh, dass wir es nicht getan haben."

JEFF BEZOS[47]

AWS ist der eindeutige Marktführer im Public-Cloud-Geschäft und unterstützt Hunderttausende von Unternehmen in fast 200 Ländern auf der ganzen Welt.[48] So kann Amazon, wie es der Analyst Ben Thompson ausdrückt, „von allen wirtschaftlichen Aktivitäten profitieren".[49] Es überrascht nicht, dass große Konkurrenten wie Walmart und Kroger AWS meiden (sehr zum Vorteil anderer Cloud-Anbieter wie Google und Microsoft), aber Amazon bietet immer noch Cloud-Computing-Dienste für eine Reihe von Einzelhandelsmarken an, zu denen ab 2021 Interflora, Under Armour und Ocado gehören.

AWS mag bei Amazon der Ausreißer in einer bereits vielseitigen und breit gefächerten Mischung von Geschäftsfeldern sein, aber es weist immer noch alle traditionellen Amazon-Merkmale auf: 100 Prozent kundenorientiert, erfinderisch, experimentierfreudig und langfristig orientiert.

ERST TECH-UNTERNEHMEN, DANN EINZELHÄNDLER

Wie zu Beginn des Kapitels festgestellt, hebt sich Amazon durch seine technologischen Wurzeln und seine Leidenschaft für Erfindungen deutlich von der Konkurrenz ab. Tatsächlich erinnert man sich nicht mehr an viele der früheren von Amazon entwickelten Neuerungen, weil sie heute einfach zur Normalität geworden sind. Erinnern Sie sich an die späten 1990er-Jahre: Onlineshopping war damals ziemlich mühsam. Amazon hat den gesamten Vorgang durch die Einführung von 1-Click-Shopping, personalisierte Produktempfehlungen und nutzergenerierte Bewertungen und Beurteilungen vereinfacht.

> „Innovation ist die Wurzel unseres Erfolgs. Wir haben verrückte Dinge zusammengefügt und sie dann zu etwas Normalem werden lassen."
>
> **JEFF BEZOS, 2021**[50]

Die Lieferung war unterdessen nicht immer schnell und kostenlos. Prime hat die Kundenerwartungen erheblich gesteigert, sodass dem Wettbewerb kaum eine andere Wahl blieb, als in ihre eigene Logistik zu investieren. Mit der Einführung von Amazon Lockers im Jahr 2011 hat Amazon eines der größten Hemmnisse beim Onlineshopping beseitigt: verpasste Zustellung. Heute bietet praktisch jeder größere westliche Einzelhändler Click & Collect an. „Die einzige wirkliche Konstante im Einzelhandel ist der Wunsch der Kunden nach niedrigeren Preisen, besserer Auswahl und Komfort", sagte Jeff Bezos im Jahr 2020.[51]

Bevor Amazon den Kindle vorstellte, klangen E-Reader wie Zukunftsmusik. Obwohl die Verkaufszahlen in diesem Bereich zurückgegangen sind (was man auf die Bildschirmmüdigkeit schieben kann), war die Möglichkeit, Hunderte von Büchern auf einem einzigen Gerät zu speichern, bei der Markteinführung ein entscheidender Vorteil.

> „Wir mögen zwar ein Einzelhändler sein, aber im Herzen sind wir ein Technologieunternehmen. Als Jeff Amazon gründete, tat er das nicht, um [einen] Buchladen zu eröffnen."
>
> **WERNER VOGELS, TECHNIKVORSTAND (CTO) VON AMAZON[52]**

Amazon ist der ultimative Zerstörer. Das waren jetzt nur ein paar Dinge, die die Einkaufs- und Konsumgewohnheiten revolutioniert haben. Die meisten von Amazons Neuerungen trafen die Konkurrenz unvorbereitet, sodass sie sich in der unglücklichen Position wiederfand, auf Veränderungen zu reagieren, anstatt zu agieren. „Wir waren nicht die erste Wahl, als es mit dem Onlinehandel losging", sagte Walmart-CEO Doug McMillon im Jahr 2021. „Natürlich versuchen wir, das zu ändern. Das muss man sich aber erst verdienen. Man muss das Warensortiment haben. Man muss den richtigen Preis haben. Man muss Service bieten. Man muss liefern, wenn geliefert werden soll."[53]

Amazon hat aus seinem First-Mover-Vorteil im digitalen Bereich Kapital geschlagen, wovon vor allem eine Partei profitiert hat: der Kunde. Amazons ständige Innovationen erhöhen die Kundenerwartungen, was wiederum die Wettbewerber dazu veranlasst, ihre Leistungen zu verbessern, und letztendlich ein besseres Kauferlebnis schafft. Wie sähe die Welt aus, wenn es Amazon nicht gäbe? Kurz und knapp: Die Kunden wären viel toleranter gegenüber mittelmäßigem Service.

> „Wenn man es richtig macht, ist das Neue nach ein paar Jahren zur Normalität geworden. Es wird für die Menschen langweilig. Und diese Langeweile ist das größte Kompliment, das man einem Erfinder machen kann."
>
> **JEFF BEZOS, 2021[54]**

Die große Frage ist, welche der Vorhaben, die derzeit in Planung sind, sich bewähren und die Branche noch einmal verändern werden. Amazon war bereits ein phänomenaler Katalysator für Veränderungen in Bereichen wie Versand, Bezahlung und Sprachtechnologie und gestaltet fast im Alleingang die Zukunft des Einzelhandels in der westlichen Welt. Hier sind unsere Prognosen:

- **Das Ladengeschäft ist tot – lang lebe das Ladengeschäft!** Amazons wachsender Drang nach Ladengeschäften ist ein Beweis dafür, dass sich der stationäre Einzelhandel weiterentwickelt und nicht stirbt. Reiner E-Commerce ist nicht mehr genug. In dem Maße, wie die Technologie die Hindernisse zwischen dem stationären und dem digitalen Handel aufbricht, werden die Einzelhändler ohne Ladengeschäft, die bereits unter dem Druck stehen, die Kosten für Versand und Kundenakquise zu kompensieren, stark benachteiligt.
- **Die Grenzen zwischen dem reinen Zweckeinkauf und dem Einkauf mit Spaßfaktor werden weiter auseinanderdriften.** Verbraucher werden in Zukunft deutlich weniger Zeit mit dem Einkauf des Nötigsten verbringen. Unsere von Amazon versorgten Haushalte werden all die alltäglichen Nachbestellungen selbst erledigen, sodass die Kunden nie wieder in einen Supermarkt gehen müssen, um Bleichmittel oder Toilettenpapier zu kaufen. Stattdessen werden diese Produkte automatisch nachbestellt – der ultimative Test für Markentreue. Das Bestreben von Amazon, den lästigen Lebensmitteleinkauf abzuschaffen und ein angenehmes Einkaufserlebnis zu ermöglichen, bietet der Konkurrenz die Möglichkeit, sich auf WACD (What Amazon Can't Do) zu konzentrieren: das, was Amazon nicht kann.
- **Wer heute im Einzelhandel gewinnbringend bestehen will, muss dort punkten, wo Amazon es nicht kann, und sich daher weniger auf das Produkt als vielmehr auf Erfahrung, Kundenpflege, das gemeinsame Miteinander und neue Erkenntnisse konzentrieren.** Das Ladengeschäft von morgen wird sich von

einem reinen Dienstleistungsbetrieb zu einer erlebnisorientierten Verkaufsstätte entwickeln, da sich die Konkurrenz von dem zweckorientierten Onlinekauf abheben möchte. Amazon ist stark, wenn es um schnelles Einkaufen geht, aber der Spaßfaktor ist nicht sehr groß. Wir sind davon überzeugt, dass sich das Design, die Ausstattung und die Spezialisierung des Ladengeschäfts weiterentwickeln werden, um den sich ändernden Prioritäten der Verbraucher besser gerecht zu werden. Es wird nicht nur ein Ort zum Einkaufen sein, sondern man wird dort auch essen, arbeiten, spielen, Neues herausfinden, lernen und sogar Sachen mieten können.

- **Amazon wird den Online-Lebensmittelhandel für alle zugänglich machen, da durch die neue Technologie Barrieren abgebaut werden können, die in den USA schon immer mit E-Commerce beim Lebensmitteleinzelhandel verbunden waren.** Es werden sich weitere Unternehmen gegen Amazon verbünden, wobei Instacart, Deliveroo, Ocado und Google besonders von Amazons Ambitionen im Bereich Lebensmittel profitieren. Wenn Amazon die Kunden davon überzeugen kann, dass es damit eine zuverlässige Alternative zu den Supermärkten gibt, dann ist die letzte Hürde auf dem Weg zum „Everything Store" (ein Geschäft, das alles verkauft) genommen. Wenn Amazon in diesem Bereich Fuß fasst, wo viel und oft gekauft wird, wird Cross-Selling einfacher und Kunden werden leichter in das breit gefächerte Ökosystem von Amazon gelockt, sodass Amazon zur Standardoption beim Einkaufen wird. Und dann wird es ungemütlich, nicht nur für die Supermärkte, sondern für den gesamten Einzelhandel: Amazon-Kunden sind in der Regel treue, lebenslange Kunden.
- **Wenn Prime auch im stationären Handel vertreten sein wird, müssen die Einzelhändler ihre eigenen Treueprogramme grundlegend überdenken.** Das Konzept, an der Kasse eine Plastikkarte durch ein Gerät zu ziehen und dafür Punkte zu bekommen, ist veraltet. Bei den neuen Kundenbindungsprogrammen

werden die Einzelhändler die Devise „Je mehr Sie einkaufen, desto mehr verdienen Sie" aufgeben. Punktesysteme werden der Vergangenheit angehören, da sich das umkämpfte Geschäft um die Kundenbindung verlagern wird – es geht nicht mehr darum, Geld zu sparen, sondern Zeit, Energie und Aufwand. Die Hyperpersonalisierung durch flexible Prämien in Echtzeit wird Standard werden. Es muss mehr als den reinen Kaufabschluss geben, um eine tiefe emotionale Kundenbindung aufzubauen.

- **Die Lieferung innerhalb von einer Stunde oder weniger wird in städtischen Gebieten zum Standard werden, da die klassischen Einzelhändler ihr bestes Gut – ihre Verkaufsläden – zu Mini-Lagern umgestalten.** Die Einzelhändler müssen ihre Filialen vor Ort auch nutzen, um den Kunden von heute, der zu seinen Bedingungen einkaufen will, mit der Abholung vor Ort zufriedenzustellen und die Achillesferse des Onlinehandels – die Retouren – anzugehen. Es ist zu erwarten, dass es in diesem Bereich zu einer verstärkten Zusammenarbeit, auch mit Amazon selbst, kommen wird, da die Einzelhändler ihre Kräfte bündeln werden, um den Dienst am Kunden zu verbessern. Das Ladengeschäft von morgen wird nicht nur ein Ort für das Einkaufserlebnis, sondern auch für das Fulfillment sein.
- **Amazon wird auch weiterhin ständig Innovationen für den Kunden entwickeln, damit die Käuferschaft beeindrucken und so weitere Bereiche ins Chaos stürzen.** In Zukunft wird es einem ganz normal vorkommen, nicht zu bezahlen (ohne dabei zu klauen); die Lieferung nach Hause oder ins Auto wird eine vertretbare Alternative zur herkömmlichen Belieferung ohne Bedienung sein; und das größte Hindernis für den Onlinekauf von Kleidung – die richtige Größe zu wählen – wird weitgehend ausgeschaltet. In der Zwischenzeit könnte die Kombination aus ausgefeilterer künstlicher Intelligenz und der Durchdringung von Alexa in die Haushalte und unsere Telefone zu einer Ära des wahrhaft personalisierten Einkaufsassistenten führen.

- **Amazon wird sich zu einem überwiegend dienstleistungsorientierten Unternehmen entwickeln.** Der Anteil des Einzelhandels am Gesamtumsatz geht weiter zurück (von 72 Prozent im Jahr 2015 auf 55 Prozent im Jahr 2020, siehe Abbildung 2.5).[55] Wir gehen davon aus, dass der Wendepunkt, an dem Amazon den größten Umsatz mit Dienstleistungen und nicht mehr mit Waren erzielt, vor 2025 erreicht sein wird. Auch wenn es noch viele Möglichkeiten gibt, das Kernangebot für den Einzelhandel international zu vergrößern, baut Amazon ein Portfolio an umfassenden Dienstleistungen für Verbraucher (durch kontinuierliche Verbesserungen bei Prime) und auch für andere Geschäftsfelder wie Marketplace, AWS, Just Walk Out und Werbung auf. Da zudem der Anteil der Verkäufe von Drittanbietern gemessen am Gesamtumsatz weiter steigt, spiegelt der von Amazon angegebene Umsatz immer weniger das Bruttowarenvolumen wider, das über Amazon abgewickelt wird (da hier nur die Einnahmen aus dem Verkauf des Drittanbieters berücksichtigt werden, nicht die gesamte Auftragssumme). Amazon entwickelt sich vom Einzelhandelsunternehmen zur idealen Infrastruktur.
- **In Zukunft werden immer mehr Einzelhändler auf Amazons Zug aufspringen.** Die Einzelhändler selbst sehen gern über die enorme Bedrohung am Markt durch Amazon hinweg, um von dessen Infrastruktur im Bereich Logistik und Digitalisierung zu profitieren. Für manche ist das ein Spiel mit dem Feuer – ganz sicher für Einzelhändler wie Toys R Us, Borders und Circuit City. Sie gehörten in den frühen 2000er-Jahren zu den allerersten als Feinde betrachteten Freunden von Amazon, als sie ihr E-Commerce-Geschäft an den Giganten auslagerten – alle drei sind inzwischen insolvent. Wir gehen jedoch davon aus, dass sich mehr Einzelhändler Amazon anschließen werden, wenn es ihnen dabei hilft, eine größere Reichweite zu erzielen (Marketplace), die Kundenfrequenz zu erhöhen (Amazon Pop-ups, Click & Collect, Instore-Returns) oder das Kundenerlebnis zu verbessern (Lieferung am selben Tag, kassenloses Einkaufen,

Voice Shopping). Die einzigartige Dualität von Wettbewerber und Dienstleister wird immer deutlicher. Die „Koopetition" ist ein Schlüsselthema für die Zukunft.

Zusammenfassend lässt sich sagen, dass Amazon kein gewöhnlicher Einzelhändler ist, weil es eigentlich gar kein Einzelhändler ist. Es handelt sich um ein Technologieunternehmen, dessen einziges Ziel die ständige Weiterentwicklung für seine Kunden ist. Und ganz nebenbei wird auch noch allerlei verkauft.

03

Pandemie als Wendepunkt: Wie Corona die Einzelhandelsbranche umgekrempelt hat

„Pan“ + „Demos“ = „Gesamt“ + „Volk“

Einschneidende Veränderungen sind im Einzelhandelssektor nichts Ungewöhnliches, doch nichts hat die Branche bisher derart erschüttert wie die Corona-Pandemie. Als sich die Coronakrise Anfang 2020 zunehmend ausweitete, veränderte sich das Verbraucherverhalten schlagartig und dramatisch. Den normalen Alltag gab es nicht mehr, und die Bedürfnisse der Verbraucher sanken auf die untersten Ebenen von Maslows Bedürfnispyramide: auf die Ebenen der physiologischen Bedürfnisse und Sicherheitsbedürfnisse. Als Verbraucher des 21. Jahrhunderts hatten wir uns daran gewöhnt, die ganze Welt in greifbarer Nähe zu haben, doch scheinbar über Nacht definierte Corona unsere Bedürfnisse, Werte und Erwartungen neu.

Während der Pandemie mussten Einzelhändler einen sicheren Betrieb gewährleisten und hatten keine andere Möglichkeit, als vorübergehend fast all das zu opfern, was am Shoppen Spaß macht: Sie schlossen Umkleidekabinen und Cafés, forderten die Kunden auf, allein einkaufen zu gehen, verlangten von den Kunden, Masken zu tragen, sich in Wegesystemen zurechtzufinden und zu Stoßzeiten sogar Schlange zu stehen, um hineinzukommen.

> „Es gibt Jahrzehnte, in denen nichts passiert, und es gibt Wochen, in denen Jahrzehnte passieren."
>
> **LENIN**

Aber es gibt auch eine gute Nachricht: Wir glauben, dass es nach der Pandemie zu einer Wiederbelebung des stationären Handels kommen und dieses Jahrhundert seine eigenen Goldenen Zwanziger erleben wird. Schließlich sind wir soziale Wesen, und ein Einkaufsbummel ist per se eine Freizeitbeschäftigung. Nach der letzten großen Pandemie im Jahr 1918 entstanden Kaufhäuser, Kinos und Stadien. Die Zukunft des Einzelhandels in der Nach-Corona-Welt gehört weniger, aber weitaus besseren Ladengeschäften, die auf Emotionen, zwischenmenschliche Beziehungen, das Entdecken von Neuem und auf die Gemeinschaft setzen. Einkaufen im Geschäft wird wieder zu einem haptischen, sinnlichen, zu einem Hightouch- (im Gegensatz zum Hightech-)Erlebnis.

Die Einkaufsgewohnheiten wurden durch die Pandemie allerdings auf den Kopf gestellt. Das Digitale kommt in unserem Leben nicht mehr nur vor, es beherrscht es. Wir haben gelernt, online zu arbeiten, zu lernen, einzukaufen, Kontakte zu knüpfen und sogar Sport zu treiben. Und viele dieser neu erlernten Gewohnheiten werden die Pandemie überdauern. In Zukunft wird es schwierig sein zu erkennen, wo die physische Welt endet und die digitale beginnt.

CORONA: DER KATALYSATOR FÜR DEN EINZELHANDEL

Als Einzelhandelsanalystinnen bewerten wir kontinuierlich bestehende Branchentrends und versuchen, kommende Trends vorherzusagen. Selbst in guten Zeiten ist es knifflig, Vorhersagen für Entwicklungen im Einzelhandel zu treffen. Aber niemand konnte damit rechnen, dass sich eine rätselhafte Krankheit von Wuhan in China, in mehr als 8.000 Kilometer Entfernung, bis zu uns ausbreiten würde. Und sicherlich konnte niemand vorhersehen, wie schnell sich die Coronakrise entwickeln und unsere Welt für immer verändern würde.

Am 31. Dezember 2019 informierten die chinesischen Behörden die Weltgesundheitsorganisation (WHO) über eine Zunahme der Fälle von Lungenentzündung unbekannter Ursache, und Anfang März wurde der Ausbruch des Coronavirus zur Pandemie erklärt. Was folgte, war ein verheerendes Jahr mit unvorstellbaren Entbehrungen, einem Teufelskreis aus Lockdowns, physischen und psychischen Gesundheitsproblemen und in der Folge einer radikalen Änderung des Verbraucherverhaltens. Auch während wir dieses Buch Mitte 2021 – mehr als ein Jahr nach Ausbruch der Pandemie – schreiben, treten gefühlt täglich Veränderungen ein, die die Beispiellosigkeit der Coronakrise und der daraus resultierenden Schockwellen verdeutlichen, die weiterhin die Einzelhandelsbranche erschüttern.

> „Die Coronakrise wird innerhalb von weniger als zwölf Monaten Veränderungen im stationären Einzelhandel bewirken, die normalerweise fünf Jahre dauern würden."
>
> **SIR JOHN TIMPSON, VORSTANDSVORSITZENDER VON TIMPSON, 2021**[1]

Die durch die Pandemie ausgelösten beispiellosen Veränderungen führten zu einer Forcierung vieler Trends im Einzelhandel, die sich schon lange abgezeichnet hatten. Es war kaum zu glauben: Was sonst Jahre gedauert hätte, geschah jetzt innerhalb von Wochen. Als Analystinnen hatten wir schon seit Jahren vor dem Darwinismus im Einzelhandel gewarnt; nun waren die Einzelhändler zum ersten Mal wirklich gezwungen, sich weiterzuentwickeln, um zu überleben. Flexibilität war ein Must-have, nicht mehr nur eine nette Zugabe.

FRÜHE ANZEICHEN DER PANDEMIE ALS WENDEPUNKT: REAKTION AUF EINE SICH ENTWICKELNDE KRISE

Die von den Unternehmen zu Beginn der Pandemie ergriffenen Maßnahmen, als alles noch recht ungewiss war, werden sie in Zukunft prägen, sei es die Umrüstung von Parfümfabriken auf die Herstellung von Händedesinfektionsmitteln (LVMH) oder die Umwandlung von Parkplätzen in Corona-Teststationen (Walmart). In Großbritannien war die Kosmetikkette Lush der erste Einzelhändler, der Maßnahmen gegen das Virus ergriff und die Kunden aufforderte, sich beim Betreten der Filialen die Hände zu waschen, auch wenn sie nichts kaufen wollten. Die Einzelhändler begannen, den Menschen über den Profit zu stellen. Der britische Tiefkühlkosthändler Cook bot seinen Kunden ein kostenloses Tiefkühlgericht für einen kranken oder älteren Nachbarn an. Carrefour in Frankreich und Iceland in Nordirland gehörten zu den ersten Supermarktketten, die ihre Geschäfte nur für Kunden ab 70 Jahren früher öffneten. Zum Schutz seiner Mitarbeiter und der Allgemeinheit war das Bekleidungsunternehmen Patagonia einer der ersten Einzelhändler, die nicht nur ihre Geschäfte, sondern auch ihren E-Commerce-Betrieb schlossen. Der britische Lebensmitteleinzelhändler Morrisons war währenddessen dazu übergegangen, seine kleinen Lieferanten sofort zu bezahlen, damit sie in den ersten Tagen der Pandemie genügend liquide Mittel zur Verfügung hatten.

Wenden wir uns nun den Trends zu, die durch die Pandemie forciert wurden.

NIEDERGANG DES „STATUS QUO IM EINZELHANDEL“

Einzelhändler, die vor der Pandemie keine Bedeutung hatten, stellen fest, dass sie jetzt erst recht keine Bedeutung mehr haben. Corona hat die vielen Probleme verschärft, die diesen Bereich plagen: ein

Überangebot an Einzelhandelsflächen, flexibler agierende Konkurrenz, die Notwendigkeit, sich an massive technologiebestimmte Veränderungen der Einkaufsgewohnheiten anzupassen.

Die Struktur des Einzelhandels hat sich schon lange vor 2020 verändert, sodass es bereits eine natürliche Auslese derjenigen Einzelhändler gegeben hat, die bedeutungslos geworden waren. Die Pandemie hat lediglich die verbliebenen Dinosaurier, die mittelmäßigen Einzelhändler und die digitalen Nachzügler aufgedeckt. Jahrelang hatten wir die Einzelhändler aufgefordert: „Friss, Vogel, oder stirb." Als Corona einschlug, hieß es eher: „Friss, Vogel, oder stirb ganz schnell."

> „Erst wenn die Ebbe kommt, sieht man, wer nackt schwimmt."
>
> **WARREN BUFFETT**[2]

Ein zentrales Thema dieser Krise war die Vertiefung der Kluft zwischen den Gewinnern und den Verlierern im Einzelhandel. Sie hat die Zweiteilung des Einzelhandels forciert und die Bedeutung der Flexibilität verstärkt. Corona war der letzte Sargnagel für Einzelhändler mit strukturellen Problemen, von denen viele jetzt den Preis für jahrelange Untätigkeit zahlen.

In Großbritannien haben wir uns von angeschlagenen Einzelhändlern wie Topshop und T. M. Lewin verabschiedet – Kultmarken, die letztlich für die Kunden nicht mehr interessant waren. In derselben Woche, als Amazon 85.000 neue Arbeitsplätze in Nordamerika und Großbritannien ankündigte,[3, 4] wurden wir Zeugen, wie die letzten Filialen von Debenhams schlossen, einem Einzelhandelsunternehmen, das seit mehr als *200 Jahren* in Großbritannien präsent gewesen war. Aber vielleicht zeigt sich daran Darwinismus in reinster Form: dass in den USA ausgestorbene Einkaufszentren zu Google-Büros und Amazon-Logistikzentren werden. Die Pandemie hat einfach den Niedergang des überflüssigen Einzelhandels vorangetrieben.

DIGITALE TRANSFORMATION: CORONA WIRD DAS BEENDEN, WAS AMAZON BEGONNEN HAT

Stellen Sie sich vor, die Pandemie wäre im Jahr 2000 und nicht 2020 ausgebrochen. Die Quarantäne hätte ganz anders ausgesehen: Damals es gab keine Apps wie Zoom, Netflix, Spotify, Facebook und Uber Eats, die es uns erlaubt hätten, in Verbindung zu bleiben, uns Essen liefern zu lassen und uns unterhalten zu lassen. Im Jahr 2000 handelte Amazon in erster Linie mit Büchern, Musik und Videos – und man musste 100 US-Dollar ausgeben, um für den Versand nichts mehr bezahlen zu müssen!

Im Gegensatz dazu leben wir heute in einer komplett vernetzten Welt, in einer Welt, die digital zugänglich ist, in der uns viele Dinge leicht gemacht werden und Essen innerhalb von Minuten nach der Bestellung geliefert wird. Eine Welt, in der wir uns die Zeit mit digitalen Medien vertreiben können, eine Welt mit allem Komfort zu Hause und mit unbegrenzter Auswahl. Eine Welt, in der wir Millionen Produkte sofort kaufen können, Lieder hören und Filme ansehen können. Es gab noch nie eine Zeit, in der man als Verbraucher mehr Möglichkeiten hatte.

Der Einzelhandel des 21. Jahrhunderts war in vielerlei Hinsicht gut gerüstet, um einen globalen Lockdown zu bewältigen, dank erheblicher Investitionen sowohl in Logistikkapazitäten im E-Commerce als auch in die Technologien, die den stationären und den Onlinehandel verbinden. Aus diesem Grund konnten die Einzelhändler, als sie ihre Ladengeschäfte schließen mussten, ihre Kunden weiterhin bedienen – über den einzigen verfügbaren Kanal: E-Commerce (siehe Abbildungen 3.1 und 3.2).

Mit Blick auf die Zukunft wird Corona die digitale Transformation vorantreiben. Dies ist ein entscheidender Moment für den E-Commerce, eine einmalige Gelegenheit für Onlinehändler, Gas zu geben. Corona hat die allgemeine Umstellung auf die Digitalisierung forciert, und wie wir im weiteren Verlauf zeigen werden, stellt sich nun die große Frage, ob die während des Lockdowns in kürzester Zeit

ABBILDUNG 3.1: Der große Schub: Anteil des E-Commerce am gesamten Einzelhandelsumsatz in den USA

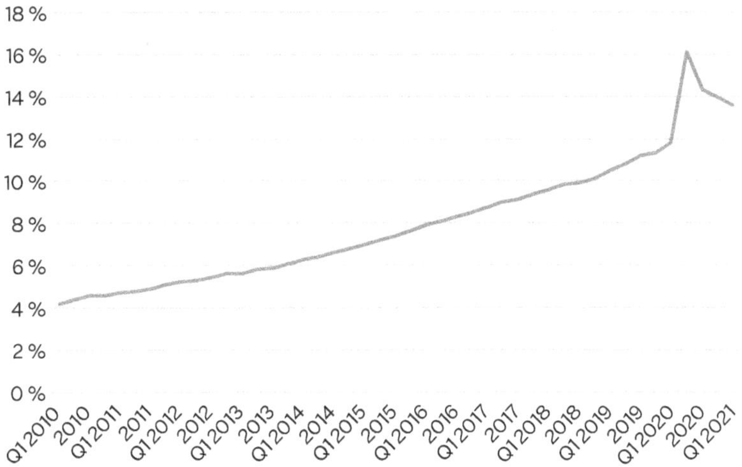

QUELLE: US Census Bureau
ANMERKUNG: Saisonbereinigte Daten

ABBILDUNG 3.2: Wachstum des Einzelhandelsumsatzes im E-Commerce nach Regionen, 2020

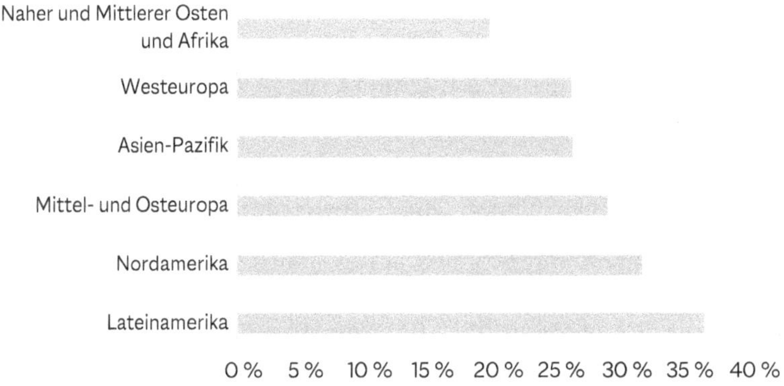

QUELLE: Emarketer

erlernten Rituale die Pandemie überdauern werden. In China führte SARS im Jahr 2003 zu einer dauerhaften Veränderung im Kundenverhalten und trug zur Einführung des digitalen Zahlungsverkehrs und des Onlineshoppings bei. Die Nachwirkungen der globalen Pandemie werden weitaus größer und weitreichender sein: Es wird keine Rückkehr zum früheren Status quo geben.

> „Die [pandemiebedingte] Verschiebung zum Onlinehandel scheint kein kurzlebiges Phänomen zu sein. Das ist etwas, was die Einkaufsgewohnheiten der Menschen dauerhaft verändern wird."
>
> **DAME SHARON WHITE, VORSITZENDE VON JOHN LEWIS, 2020**[5]

Hätte man uns vor der Corona-Pandemie gefragt, welcher andere Störfaktor außer Amazon die Verlagerung zum Onlineshopping schneller in Gang bringen könnte, wäre uns nichts eingefallen. Amazon war jahrelang der wichtigste Katalysator für den Wandel im Einzelhandel – von der schnellen Lieferung bis hin zur 1-Click-Kaufabwicklung. Amazon war sehr erfolgreich darin, dafür zu sorgen, dass andere Unternehmer weniger selbstgefällig wurden, dass das Kundenerlebnis verbessert wurde und sich die Konkurrenz auf eine digitalere Welt ausgerichtet hat. Aber letztendlich brachte erst die Pandemie viele Einzelhändler dazu, ihre Selbstgefälligkeit aufzugeben und zu erkennen, wie wichtig es ist, online gut aufgestellt zu sein. Not macht erfinderisch.

In einer Welt nach der Pandemie wird die digitale Transformation nicht mehr nur eine Option sein: Corona wird das zu Ende bringen, womit Amazon begonnen hat.

Das digitale Ladengeschäft: Problemloses Einkaufen und kontaktloses Bezahlen

Als Corona ausbrach, war es nicht mehr am wichtigsten, im Laden ein möglichst ansprechendes Einkaufserlebnis zu bieten. Stattdessen musste Einkaufen nun vor allem sicher, keimfrei und schnell vonstattengehen. Die gute Nachricht für Einzelhändler? Problemloses und sicheres Einkaufen gehen ungewollt Hand in Hand.

Fast über Nacht wurden Apps für Scan & Go und die entsprechenden Geräte zu einer Voraussetzung für den Lebensmitteleinkauf, nachdem sie jahrzehntelang von der Industrie totgetestet worden waren. In einer Zeit sehr hoher Hygienestandards wurde die kontaktlose Abwicklung zur neuen Normalität.

Glücklicherweise haben viele Einzelhändler in den letzten Jahren ihre Investitionen in Selbstbedienungssysteme und -geräte erhöht, um auf die sehr öffentlichkeitswirksame Ankündigung von Amazon zu reagieren, kassenlose Läden einzuführen. Als die Pandemie ausbrach, konnten daher die Einzelhändler diese Entwicklung schnell vorantreiben, da Corona die Nachfrage nach kontaktarmen Einkaufsmöglichkeiten vor Ort ankurbelte. So hat sich Marks & Spencer als erstes britisches Einzelhandelsunternehmen dazu verpflichtet, in allen seinen Geschäften kassenloses Bezahlen möglich zu machen. Und das nicht als Test.

„Die ‚neue Normalität' ... ist nicht mehr neu. Sie ist ganz normal. Man kann es einen Wendepunkt, einen Aufbruch in eine neue Zeit oder einen Neuanfang nennen, aber eines ist klar: Es wird nie wieder so sein wie früher."

JAMES BAILEY, EXECUTIVE DIRECTOR, WAITROSE, 2021[6]

Tatsächlich bot die Pandemie eine Gelegenheit, Technologien zu nutzen, die der Einzelhandel zuvor abgeschrieben hatte. Dazu gehörten QR-Codes sowie die Einführung anderer mobiler Dienste aus dem Bereich Selfservice, zum Beispiel kontaktloses Bezahlen. Die USA haben sich von einem Nachzügler beim mobilen Zahlungsverkehr zum zweitgrößten Markt in diesem Bereich entwickelt, hier wurden im Jahr 2020 mobile Zahlungstransaktionen im Wert von

465 Milliarden US-Dollar abgewickelt. Bis zum Jahr 2025 wird voraussichtlich die Hälfte aller Smartphone-Nutzer ein Telefon zum Bezahlen verwenden.[7]

Die Einführung dieser Technologie in den Geschäften war bisher nicht in Gang gekommen, da nicht genügend Einzelhändler bereit waren, sie in ausreichendem Umfang einzuführen und anzubieten, sodass die Verbraucher gar nicht wussten, was ihnen entging. Aber Corona hat das geändert. Wer hätte gedacht, dass man in Großbritannien von der Einführung der „Just Walk Out"-Technologie von Amazon und dem damit verbundenen kontaktlosen Bezahlen derart begeistert sein würde, obwohl sie vermeintlich Arbeitsplätze gefährdet?

Das kassenlose Einkaufen wird bleiben. Für den Reise-Einzelhandel und für andere termingebundene Einkäufe, zum Beispiel für Büroangestellte in der Mittagspause oder für Besucher von Live-Veranstaltungen, wird dies eine entscheidende Neuerung sein. Es ist jedoch ein schmaler Grat zwischen „problemlos" und „seelenlos". Es besteht die Gefahr, dass zu viel Automatisierung dazu führt, dass Ladengeschäfte kühl und wenig inspirierend wirken. Wenn Einzelhändler also nach Technologien suchen, um das Ladengeschäft auch im 21. Jahrhundert attraktiv zu machen, müssen sie sicherstellen, dass sie damit *Schwachstellen* beseitigen – und nicht den *Spaß* an der Sache.

DIE ZUKUNFT DES E-COMMERCE SIND DIE LADENGESCHÄFTE

Vor einem Jahrzehnt bereiteten sich die Einzelhändler auf eine Welt vor, in der das Onlineshopping im Mittelpunkt stehen würde. Dies bedeutete, dass hauptsächlich in die Logistik für den E-Commerce investiert wurde, während das Ladenportfolio an die veränderte Verbrauchernachfrage angepasst wurde. Was die meisten Einzelhändler damals jedoch nicht erkannten, war, welche zentrale Rolle ihre Ladengeschäfte auf dem Weg in die digitale Einkaufswelt spielen würden.

Ein Blick in die 2020er-Jahre: Die erfolgreichsten Einzelhändler sind diejenigen, die ihre Läden auf der Haben- und nicht auf der Soll-Seite verbuchen. Die erfolgreichsten Einzelhändler nutzen heute ihre Geschäfte als Logistikzentren. Sie haben erkannt, dass der Schlüssel zur Steigerung des Online-Umsatzes – so widersprüchlich das auch klingen mag – die Nutzung ihrer Infrastruktur vor Ort ist. Wo liegt die Zukunft des E-Commerce? In den Ladengeschäften.

Die Möglichkeit, Kunden während einer Pandemie mittels Click & Collect und der kontaktlosen Abholung, dem sogenannten „Curbside Pickup", zu versorgen, wird für die Geschäfte ganz entscheidend sein, wenn es um eine einfachere Abwicklung beim E-Commerce geht, sowohl im Hinblick auf die Kundenerfahrung als auch auf die Wirtschaftlichkeit.

In den letzten zehn Jahren hat sich Click & Collect von einem eigenartigen Geschäftsmodell, das in der Regel mit dem britischen Einzelhandelsunternehmen Argos in Verbindung gebracht wurde (das seiner Zeit, ohne es zu wissen, voraus war), zu einer Grundvoraussetzung für den Einzelhandel entwickelt. Während der Pandemie haben laut Shopify weltweit fast 100.000 Unternehmen begonnen, die kontaktlose Abholung anzubieten.[8]

Selbst in Großbritannien, wo die Käufer mit diesem Service schon länger vertraut sind, haben wir erlebt, wie Click & Collect im Jahr 2020 drastisch zugenommen hat. Als beispielsweise die Nachfrage nach Lebensmitteln per Onlinebestellung stark anstieg, wurde Click & Collect zu einer attraktiven Option für Discounter, deren Geschäftsmodell nicht mit der Hauszustellung vereinbar ist. Aldi startete sein erstes Click-&-Collect-Angebot in Großbritannien und führte es in über 200 Filialen ein, während viele andere – selbstständige Einzelhändler, Fish'n'Chips-Läden und sogar Büchereien – 2020 ebenfalls die digitale Technik nutzten.

Unterdessen verzeichneten französische Einzelhändler, die Pioniere des „Drive-in"-Konzepts, während der Pandemie ein enormes Wachstum in diesem Bereich. Das Drive-in-Geschäft von Carrefour wuchs im Jahr 2020 um fast 50 Prozent, während Auchan diesen Service international auf Filialen in Polen, der Ukraine und im Senegal ausweitete.[9]

Richtig los ging es jedoch auf der anderen Seite des Atlantiks, wo Click & Collect sowie Curbside Pickup in der Vergangenheit nur langsam angenommen worden waren. Laut dem Marktforschungsunternehmen Emarketer haben sich die Click-&-Collect-Umsätze in den USA im Jahr 2020 mehr als verdoppelt, und es wird erwartet, dass das zweistellige Wachstum bis 2024 anhält.[10] Viele konventionelle Einzelhändler waren gezwungen, sich schnell umzustellen: Walmart hat die Selbstabholung innerhalb von nur sechs Tagen eingeführt.[11]

> „Im März hatten wir keinerlei Abholsystem, im April wurde ein Abholsystem in Betrieb genommen und im Mai wurde es in allen Filialen eingeführt."
>
> **JEFF GENNETTE, CEO VON MACY'S, 2020**[12]

Der Vorsitzende des Einzelhandelsunternehmens Target, Brian Cornell, beobachtete ebenfalls eine steigende Nachfrage sowohl nach Abholung als auch nach Lieferung am selben Tag. Und was dabei ganz wichtig ist: Das wird es auch nach der Pandemie noch geben. „Wir gehen davon aus, dass uns diese Dienstleistungen lange erhalten bleiben … Ich glaube, dass wir dadurch, dass den Kunden diese Same-Day-Dienste angeboten und sie von ihnen auch angenommen wurden, einen Sprung von zwei, drei, wenn nicht vier Jahren gemacht haben", so Cornell.[13]

Laut Google ist „lokal" das neue „digital". Während der Pandemie stiegen die Suchanfragen nach „wer hat" und „auf Lager" um mehr als 8.000 Prozent. Die Suchanfragen nach „Abholung in der Filiale" und „angebotene Dienstleistungen" stiegen derweil um mehr als 80 Prozent.[14] Es wird immer deutlicher, dass die traditionellen Erfolgsmaßstäbe nicht mehr gelten. Die meisten Geschäftsvorgänge werden heute digital abgewickelt, doch steigende Kosten für Onlineversand und -retouren sind untragbar – das stationäre Geschäft spielt eine entscheidende Rolle bei der Bewältigung dieser Veränderungen im Kundenverhalten. Die Zukunft des Einzelhandels liegt nicht im Online- oder im stationären Handel, sondern in der nahtlosen Verzahnung von Filialvertrieb und E-Commerce.

„Wir alle wissen, dass sich durch die Pandemie das Kaufverhalten hin zum Onlineshopping verändert hat. Was oft übersehen wird, sind die Millionen von Kunden, die sich erst online informieren und dann vor Ort in den Geschäften einkaufen."

NICK BRACKENBURY, MITGRÜNDER VON NEARST, EINEM VON GOOGLE UNTERSTÜTZTEN START-UP FÜR EINZELHANDELSTECHNOLOGIE, 2021[15]

Der britische Modehändler Next hat dies schon früh erkannt. Als eine der fortschrittlicheren Modehausketten mit Wurzeln im Kataloghandel stach Next insofern heraus, als es beim Ausbruch der Pandemie bereits mehr als die Hälfte des Umsatzes im Onlinehandel erwirtschaftete. Das Unternehmen ist außerdem einer der wenigen britischen Einzelhändler, die ihren Kunden die Möglichkeit bieten, in Echtzeit die Produktverfügbarkeit in den Filialen zu überprüfen und Bestellungen innerhalb einer Stunde per Click & Collect abzuholen. So nutzt man seine Ladengeschäfte im digitalen Zeitalter. Next ist jedoch der Ansicht, dass der stationäre Einzelhandel gegenüber dem Onlinehandel jetzt einen „grundlegenden und unwiderruflichen Nachteil" hat und dass der flächenbereinigte Umsatzrückgang die neue Normalität bleiben wird.[16]

Stehen die Ladengeschäfte also vor einer existenziellen Krise oder vor einer Wiedergeburt? In einer Welt nach der Pandemie wird das Ladengeschäft eine dreifache Rolle spielen – man verkauft Produkte vor Ort, man lädt den Kunden zum Stöbern ein, gibt neue Impulse und erleichtert das Onlineshopping. Wenn das Ladengeschäft nicht mehr nur zum Verkaufen dient, woran sollten wir dann seinen Erfolg messen? In einer Welt nach Corona werden Kennzahlen wie Verweildauer, Konversionsraten, Mitarbeiterzufriedenheit und Prozentsatz der Onlinebestellungen, die im Laden abgeholt und zurückgegeben werden, viel aussagekräftiger sein als die Messung des absehbaren Umsatzrückgangs mit in den Filialen verkauften Produkten.

KUNDENERLEBNIS IST DAS NEUE A UND O

Wie in diesem Buch dargelegt, muss sich der Einzelhandel noch mehr an dem digital vernetzten, überaus gut informierten Kunden des 21. Jahrhunderts orientieren. Dem Kunden, der zu seinen Bedingungen einkauft und keinen mittelmäßigen Service duldet. Dem Kunden, der die Qual der Wahl hat und sich für all die Dinge, die nicht am Bildschirm erledigt werden können, an den stationären Handel wendet.

Daher hatte bereits vor der Pandemie das Konzept des „erlebnisorientierten Einzelhandels“ an Bedeutung gewonnen und wurde als umfassende Lösung für die Probleme des stationären Handels angesehen. Während das für manche Einzelhändler bloß hieß, dass sie ein paar Fitnessgeräte oder eine Prosecco-Bar in ihren Läden aufbauten, begriffen andere, dass es einen gewaltigen kulturellen Wandel erforderte.

Aufgrund von Sicherheits- und Hygienebedenken ist durch die Pandemie der „erlebnisorientierte Einzelhandel“ möglicherweise von der Bildfläche verschwunden, aber die Vision, ein immersives, unvergessliches und mit allen Sinnen wahrzunehmendes Erlebnis in einem Ladengeschäft anzubieten, wird mit aller Macht zurückkommen. Wir werden erleben, dass solche Premium-Dienstleistungen, die bisher nur wohlhabenden Kunden vorbehalten waren, allen zur Verfügung stehen.

Dafür müssen die Einzelhändler die Spielregeln grundlegend überdenken. Sie müssen die Rolle des Verkäufers neu definieren (sollten wir diesen Begriff überhaupt noch verwenden?), damit die Mitarbeiter in den Filialen zu vertrauenswürdigen Einkaufsbegleitern werden, die über neue Kompetenzen und digitale Tools verfügen und motiviert sind, herausragenden Service zu bieten. Schließlich fängt Empfehlungsmarketing beim Mitarbeiter an.

Kundenberatung wird nicht länger ein Luxuserlebnis sein, und sie wird sicherlich nicht auf das Ladengeschäft beschränkt sein. Während der Pandemie versuchten viele Einzelhändler, Onlinekunden über SMS, Chat oder sogar Video mit den Mitarbeitern in den Geschäften in Kontakt zu bringen. Einige der geschickteren Einzelhändler haben ganze Dienstleistungen wie Beratung zu Inneneinrichtung, persönlichem Styling und Kinderzimmerausstattung in den virtuellen Raum verlegt – und dort werden sie auch weiterhin verfügbar sein.

Auch für große Marken wie IKEA und Nike wurde die „erweiterte Realität" (engl. Augmented Reality (AR)) von einem netten Zusatzangebot zu einem unverzichtbaren Tool, als die Ladengeschäfte schließen mussten. Corona hat den Wandel hin zu immersiveren Erlebnissen beim E-Commerce forciert, wobei Livestreaming, virtuelle Showrooms und Social Commerce in den Jahren 2020 und 2021 an Dynamik gewannen. In Zukunft ist zu erwarten, dass es mehr Einzelhändler geben wird, die darin investieren, Discovery Commerce mit bequemem Onlineshopping zu verbinden.

> „Wir demokratisieren das Recht auf Faulheit."
>
> **TURANCAN SALUR, UK-GESCHÄFTSFÜHRER VON GETIR, EINEM 10-MINUTEN-LIEFERDIENST, 2021[17]**

Ein Lichtblick in der Pandemie war, dass sie viele Neuerungen auslöste und eine Reihe von Start-ups hervorbrachte, insbesondere im Bereich des Expressversands. Diese superschnellen Lieferdienste, die zentral gelegene „Dark Stores" (Distributionszentren für den Onlinehandel) nutzen, zielen auf den bequemen Nachkauf von Waren ab. Vergessen Sie die Lieferung innerhalb einer Stunde – die Lieferung von frischen Lebensmitteln binnen 15 Minuten wird in den Städten zur Norm werden.

In der Zwischenzeit wird sich der Kampf um den häuslichen Bereich – wo wir während der Pandemie so viel Zeit wie nie zuvor verbracht haben – weiter verschärfen. Schon vor Corona rückten die Einzelhändler ihren Kunden auch in ihrem Zuhause immer weiter auf die Pelle und versuchten, ihnen im wahrsten Sinne des Wortes nach Hause zu folgen. Die Einführung von 5G wird nicht nur unsere Geräte, sondern auch unser Zuhause smarter und vernetzter machen als je zuvor.

> „Man kann sich die Zukunft so vorstellen, dass wir die Kunden auf ihren Geräten zu Hause erreichen können, um sie zum Beispiel bei ihrer Gesundheitsfürsorge zu unterstützen – was sie essen, wie viel sie sich bewegen und auch welche Gesundheitsdienstleistungen sie benötigen und wo sie diese erhalten."
>
> **DOUG MCMILLON, CEO VON WALMART, 2021**[18]

Wir sollten uns darauf einstellen, dass In-home-Dienste eine immer größere Rolle spielen werden, solange und weil die Verbraucher weiterhin ihre Privatsphäre für Komfort opfern. Künftig werden die Einzelhändler nicht nur die Lebensmittel liefern und den Kühlschrank auffüllen, sondern danach vielleicht auch gleich eine Mahlzeit zubereiten. Die Möglichkeiten für einen Concierge-Service sind unendlich. Persönliches Styling, Beurteilung des Gesundheitszustands, Abholung von Online-Retouren – Einzelhändler werden neue Wege finden, über den einfachen Kaufvorgang hinauszugehen und das bis dahin bei den Kunden aufgebaute Vertrauen zu nutzen. Einkaufen wird nicht mehr auf Geschäfte oder Bildschirme beschränkt sein.

BEWUSSTER KONSUM

In einem Aufsatz im *Journal of Retailing* von 1955 schrieb der Wirtschaftswissenschaftler und Einzelhandelsanalyst Victor Lebow:

> Unsere enorm produktive Wirtschaft verlangt, dass wir Konsum zu unserer Lebensweise machen, dass der Kauf und der Einsatz von Gütern zur Gewohnheit wird, dass wir unsere geistige und persönliche Erfüllung im Konsum suchen. Der Gradmesser für den sozialen Status, die soziale Akzeptanz und das Prestige ist heute unser Konsumverhalten. Der eigentliche Sinn und die Bedeutung unseres Lebens werden heute durch den Konsum ausgedrückt … Die Dinge müssen immer schneller konsumiert, verbrannt, verschlissen, ausgetauscht und weggeworfen werden.[19]

Im vergangenen Jahrhundert wurde die westliche Kultur vom Konsumdenken bestimmt. Doch Corona hat das über Nacht geändert. Die Pandemie hat sowohl die Zerbrechlichkeit als auch die Vernetzung unserer Welt offenbart. Sie mahnte den menschlichen Einfluss auf unsere Umwelt an, und sie wird sich nachhaltig auf den Konsum auswirken.

Die Verbraucher denken darüber nach, was ihnen lieb und teuer ist, wenn sie sich einer noch größeren Bedrohung bewusst werden – des Klimawandels. Corona hat uns demütig gemacht. Der Wandel vom achtlosen zum achtsamen Konsumverhalten ging schneller vonstatten. Immer mehr Verbraucher stellen die echten Werte über die äußeren Werte, Nachhaltigkeit über aktuelle Trends.

Die Wiederverkaufs-, Reparatur- und Vermietungswirtschaft ist in den Mittelpunkt des Interesses gerückt, da das Prinzip der Kreislaufwirtschaft in aller Munde ist. Die 1,6-Milliarden-US-Dollar-Übernahme von Depop, einer App für Secondhand-Kleidung, durch Etsy, die Selfridges-Kampagne „Let's change the way we shop", die Börsengänge der Secondhand-Apps Poshmark und ThredUp, der auf

Kreislaufwirtschaft ausgerichtete Concept Store von Levi's und die Hinzunahme des Wiederverkaufsgeschäfts bei Rent the Runway – all das sind Zeichen für einen echten Wandel in einer Branche, die für ihre Verschwendung berüchtigt ist. In den letzten zwei Jahrzehnten hat sich die Menge der in Amerika weggeworfenen Kleidung verdoppelt.[20] Nach Angaben der Vereinten Nationen ist die Modeindustrie für 20 Prozent der Abwässer weltweit verantwortlich und stößt pro Jahr etwa so viel Treibhausgas aus wie die gesamte Wirtschaft Frankreichs, Deutschlands und Großbritanniens zusammen.[21]

> „Die frühere Haltung des Verbrauchers gegenüber dem Konsum ist für die Menschheit nicht realistisch und für niemanden eine sinnvolle Lösung."
>
> **JESPER BRODIN, CEO DER INGKA-GRUPPE (DER MUTTERGESELLSCHAFT VON IKEA), 2021[22]**

Wie also kann der Einzelhandel – eine Branche, die auf Konsum angewiesen ist – Maßnahmen ergreifen, um seinen ökologischen Fußabdruck zu verkleinern und einen grünen Aufschwung zu erreichen? Uns stehen große Veränderungen bevor. Der Greta-Thunberg-Effekt wird den Einzelhandel hart treffen, denn Konsum ist zum Schimpfwort geworden. Die Tage der Wegwerfmode sind gezählt. In Zukunft werden sich immer mehr Menschen zweimal überlegen, ob sie etwas Neues kaufen – das perfekte Gegenmittel zu Fast Fashion. Einzelhändler müssen mehr tun, um den Produktlebenszyklus zu verlängern und unserer Abfallkultur zu Leibe zu rücken.

H&M beispielsweise bietet seinen Kunden jetzt Treuepunkte für „bewusstes Handeln" wie das Recyceln von Altkleidern. Zudem hat das Unternehmen im Jahr 2021 seine Secondhand-Kleiderbörse Sellpy in ganz Europa eingeführt. Nach dem anfänglichen Erfolg in Deutschland hat H&M auch seinen „Take Care"-Service ausgeweitet, der den Kunden Tipps und Tricks zum Reparieren, Waschen und

Auffrischen der Kleidung gibt, damit sie länger hält. Dies ist eine heikle Ansage für eine Branche, die auf Konsum basiert, jedoch wichtig, wenn wir die Klimakrise angehen wollen. Die Verbraucher werden nach Firmen suchen, deren Wertvorstellungen mit ihren eigenen übereinstimmen – und natürlich nicht nur in Bezug auf den Klimawandel, sondern auch auf Themen wie soziale Gerechtigkeit und Gleichstellung der Geschlechter. Mehr als je zuvor bestimmt bei Käufern der Geldbeutel die Richtung – aber die Liebe zu einer speziellen Marke wird bleiben.

Die Einzelhändler müssen auch den Pferdefuß an der Sache erkennen – die Abwicklung von Onlinebestellungen. Viele Einzelhandelsunternehmen haben sich mit der schnellen und kostenlosen Lieferung ins eigene Fleisch geschnitten. Können die Verbraucher umerzogen werden, damit sie sich für langsamere, umweltfreundlichere Alternativen entscheiden? Wir glauben, dass die Standardlieferung ohne kurze Lieferfrist in den nächsten Jahren wieder zur Regel wird, da die Einzelhändler sowohl ihre Gewinne als auch die Umwelt schützen wollen.

Die Pandemie hat nicht nur den Übergang in eine digitalere Welt forciert, sondern auch das Problem der vielen Rücksendungen vergrößert. Onlineretouren gehören zum Einkaufen von heute, aber Einzelhändler müssen mehr tun, um die eigentliche Ursache (in vielen Fällen eine falsche Größe) anzugehen und gleichzeitig die Kunden auf nachhaltigere Wege zur Rückgabe unerwünschter Waren zu bringen, wie wir später in diesem Buch zeigen werden.

Die Händler können den Verbrauchern auch helfen, fundiertere Entscheidungen zu treffen, indem sie für mehr Transparenz in Bezug auf Herkunft und Beschaffung sorgen. Online-Marktplätze könnten beispielsweise einen Filter wie „Kauf vor Ort" oder „fair gehandelt" einbetten, wenn die Verbraucher bei ihren Ausgaben achtsamer werden.

Auch die Bewegung des „zentral gelegenen Einzelhandels" wird in den kommenden Jahren an Dynamik gewinnen, da die Verbraucher immer mehr Zeit in ihrer engeren Umgebung verbringen. Dies ist eine einmalige Chance für die Einkaufsviertel – sie müssen zu grüneren, digital besser aufgestellten und bürgernahen Räumen werden. Um attraktiv zu bleiben, müssen sie mehr als nur Einzelhandel bieten und wenn möglich überschüssige Einzelhandelsflächen für alternative Nutzungen wie Wohnen und Co-Working zur Verfügung zu stellen.

> „Ich denke, die Menschen werden zu einer viel hybrideren Lebens- und Arbeitsweise zurückkehren, mit einem stärkeren Fokus auf Lokalität."
>
> **STEVE MURRELLS, CEO VON THE CO-OPERATIVE GROUP[23]**

Eine Rückkehr zur alten Normalität des Arbeitens wird es nicht geben. Das weltweit größte Experiment zur Arbeit im Homeoffice war im Großen und Ganzen erfolgreich. Und obwohl noch viel Ungewisses vor uns liegt, kann man davon ausgehen, dass die Zeit des klassischen Achtstundentages vorbei ist. Die Arbeitswelt wird hybrider und flexibler werden.

Das wird natürlich enorme Auswirkungen auf das Stadtbild haben, insbesondere wenn man berücksichtigt, wie sich gleichzeitig die Nutzung von Straßen in vielen Städten weltweit geändert hat. Während der Pandemie veränderte sich der innerstädtische Raum grundlegend, da die Stadtverwaltungen die Straßen für Fußgänger und Radfahrer freigaben, um eine Kontaktreduzierung zu ermöglichen und den Autoverkehr einzuschränken.

Das Konzept einer 15-Minuten-Stadt, in der sich die meisten Dinge des täglichen Bedarfs in unmittelbarer Nähe des Wohnorts befinden, hat in ganz Europa an Bedeutung gewonnen und wird erhebliche Auswirkungen auf den Einzelhandel haben. Städte wie Barcelona, London und Mailand haben sich mittlerweile in diese Richtung verändert, und in Paris soll bis 2025 die Hälfte aller Parkplätze wegfallen. Das einzig Positive an der Corona-Pandemie ist die Möglichkeit, unsere Welt zum Besseren zu verändern.

Wie können wir nun alle diese Veränderungen sinnvoll nutzen? Kurz gesagt: Der Einzelhandel muss sich auf eine Welt einstellen, in der die einzige Konstante der Wandel ist. Eine Welt, in der

- Zuspätkommer verschwinden,
- auch Kunden Herdentiere sind,
- die Ladengeschäfte zu Ausstellungsräumen und Logistikzentren werden,
- Wertiges, nicht Müll verkauft wird,
- Sinnvolles und Gewinn nicht unvereinbar sind.

04

Amazons pandemischer Griff nach der Macht

Corona mag für viele Unternehmen den Todesstoß bedeutet haben, aber besonders *ein* Handelsunternehmen ist gestärkt aus der Situation hervorgegangen. Amazon ist zweifellos der unangefochtene Gewinner dieser Pandemie.

Das Geschäftsmodell des Unternehmens wurde sicher nicht extra für eine Pandemie entwickelt, aber es hat sich unter diesen Umständen als äußerst vorteilhaft erwiesen – und zwar aus Gründen, die weit über den Einzelhandel hinausgehen. Wie wir gesehen haben, ist Amazon kein reiner Einzelhändler, sondern eine Ansammlung unterschiedlicher Unternehmen, die oberflächlich betrachtet wenig miteinander zu tun haben. Der Technologieriese breitet sich weiterhin mit verblüffender Geschwindigkeit in neue Geschäftsfelder aus. Obwohl Amazon aus scheinbar zusammenhanglosen Sparten besteht, die vom Cloud-Computing bis zum Video-Streaming reichen, haben die verschiedenen Geschäftsbereiche eines gemeinsam: Sie alle haben von der pandemiebedingten Verlagerung hin zu einer digitaleren Welt profitiert.

> „Keine Branche und kein Unternehmen wird von den Auswirkungen dieser Veränderungen verschont bleiben. Millionen von Unternehmen drohen zu verschwinden, und viele Branchen stehen vor einer ungewissen Zukunft; einige wenige werden florieren."
>
> **KLAUS SCHWAB, GRÜNDER DES WELTWIRTSCHAFTSFORUMS, 2020**[1]

2020 war also ein großes Jahr für die Internetriesen. Der Nettogewinn von Amazon verdoppelte sich fast und stieg auf 21,3 Milliarden US-Dollar,[2] die Marktkapitalisierung stieg um mehr als 700 Milliarden US-Dollar und das Privatvermögen von Jeff Bezos wuchs um 75 Milliarden US-Dollar – also um mehr als das jährliche BIP von Costa Rica oder Litauen.[3]

In jeder Krise liegen aber auch Chancen – zumindest für Amazon. Während sich viele Einzelhändler durch die Pandemie quälten, stieß Amazon in neue Branchen vor, realisierte spektakuläre Übernahmen, lancierte neue Produkte und Marken und intensivierte seine Technologien. Der Einzelhändler stellte Hunderttausende von Mitarbeitern ein, stellte neue Ladenformate vor, verwandelte stillgelegte Einkaufszentren in Lagerhäuser und nahm sogar ein paar neue Länder in die lange Liste seiner Absatzgebiete auf. Ein zentrales Thema dieser Krise ist, dass die Starken gestärkt aus ihr hervorgehen werden. Zurzeit scheint Amazon fast unbesiegbar.

DAS GOLDENE ZEITALTER VON AMAZON

Durch Corona konnte Amazon seinen Einfluss auf die Verbraucher noch vergrößern und sein breit gefächertes Ökosystem stärken, und zwar durch:

- Stärkung des eigenen Status als unverzichtbares Bindeglied für den Marktzugang;

- stärkere technologische Einbindung bei den Verbrauchern zu Hause;
- Forcierung der eigenen Ziele als Technologiedienstleister.

EIN EINKAUFS- UND UNTERHALTUNGSRIESE ZEMENTIERT SEINEN STATUS

Die Gründe dafür, dass Amazons Geschäft während der Pandemie so angezogen hat, sind offensichtlich – die Allgegenwart des Angebots, der Komfort, das nahezu unendliche Sortiment, die schnelle Lieferung, und damit ist die Liste noch lange nicht zu Ende. Man braucht keine Fachleute wie uns, um den unmittelbaren Zusammenhang zwischen einem globalen Lockdown und dem anschließenden Umsatzschub des größten E-Commerce-Anbieters zu erklären. Das ist der Vorteil des First Movers. Amazon hat jahrzehntelang daran gearbeitet, das Onlineshopping-Erlebnis zu perfektionieren. Als folglich die Geschäfte schließen mussten und die Verbraucher gezwungen waren, zu Hause zu bleiben, wurde Amazon zur Riesenattraktion.

Und das meinen wir auch im wörtlichen Sinne. Amazon hatte im Lauf des vorangegangenen Jahrzehnts seine digitalen Inhalte immer weiter ausgebaut und befand sich damit in einer beneidenswerten Position, als Corona zuschlug. Zu Beginn der Pandemie stellte Amazon eine Auswahl von Büchern, Videos und Musik kostenlos auf Kindle, Audible, Prime Video und Amazon Music zur Verfügung. Reine Nächstenliebe oder doch eine erstklassige Gelegenheit zur Kundenakquise? Vielleicht ein bisschen von beidem. Im März 2020, als COVID-19 von der Weltgesundheitsorganisation zur Pandemie erklärt wurde, verdoppelte sich die Zahl der Prime-Video-Erstnutzer nahezu[4], und bis Ende 2020, in einem Jahr der Ausgangsbeschränkungen, in dem die Verbraucher sonst nichts zu tun hatten, waren die gesamten Streaming-Stunden über Prime Video um 70 Prozent gestiegen. Satte 175 Millionen Prime-Mitglieder haben in diesem Jahr Videos gestreamt.[5]

Unterdessen stieg während der Pandemie die Zahl der aktiven Nutzer von Amazons Fire TV weltweit auf mehr als 50 Millionen monatlich.[6] Der Technologieriese schloss neue Partnerschaften mit Premium-Streaminganbietern, darunter HBO Max, Discovery+ und Xfinity in den USA, Disney+ in Mexiko und Brasilien, NOW TV in Großbritannien und CANAL+ in Frankreich. Das letzte Quartal des Jahres 2020 brachte die weltweit größte Zuschauerzahl bei Prime Video für Liveübertragungen im Sport. Die Exklusivübertragung des Spiels zwischen den San Francisco 49ers und den Arizona Cardinals am 26. Dezember auf Prime Video wurde von geschätzt 11,2 Millionen Zuschauern gesehen und erreichte damit den bisher höchsten Durchschnittswert für digitale Zuschauer bei einem NFL-Spiel während der Regular Season.[7]

Derweil verzeichnete Amazons Livestreaming-Plattform Twitch das bisher beste Jahr: Die Anzahl der auf Twitch gesehenen Stunden verdoppelte sich im ersten Quartal 2021 fast, und als dieses Buch geschrieben wurde, verzeichnete die Website durchschnittlich mehr als 35 Millionen Besucher pro Tag.[8]

Mitte 2021 unternahm Amazon den bisher ehrgeizigsten Schritt in der Unterhaltungsbranche – die Übernahme von MGM Studios. Der Technologieriese gab 8,5 Milliarden US-Dollar für das legendäre Hollywoodstudio aus, um mit der steigenden Nachfrage nach Streamingangeboten Schritt zu halten. Die bisher zweitgrößte Übernahme von Amazon erweiterte das Angebot von Prime Video um rund 4.000 Filme, darunter die James-Bond-Reihe, und 17.000 Fernsehsendungen wie „Shark Tank" und die Serie „The Handmaid's Tale – Der Report der Magd".

„Für Prime-Kunden spielte das Nutzenversprechen meiner Meinung nach 2020 eine sehr große Rolle."

JOHN BOUMPHREY, AMAZON UK COUNTRY MANAGER

Das mag nach einem unverschämt kostspieligen Geschäft klingen, denn im Grunde geht es ja bloß um ein kostenloses Zusatzangebot für Prime-Mitglieder; aber man sollte nicht vergessen, dass ein verstärktes digitales Engagement letztendlich das Einzelhandelsangebot von Amazon stärkt. Wie Bezos schon sagte: „Wenn wir einen Golden Globe gewinnen, hilft uns das, mehr Schuhe zu verkaufen."[9] Die umfangreichen Leistungen bei einer Amazon-Prime-Mitgliedschaft waren anfangs ohnehin schon ziemlich großzügig, aber mittlerweile wissen wir, dass nichts für einen so starken Kundenzustrom sorgt wie eine Pandemie. Im Jahr 2021 gab es weltweit mehr als 200 Millionen Amazon-Prime-Kunden. Es sind also *mehr als 200 Millionen Menschen* bereit, dafür zu bezahlen, bei Amazon einzukaufen und Zugang zu Amazon-Dienstleistungen zu haben. Und zum Vergleich: Anfang 2020 gab Amazon an, mehr als 150 Millionen Prime-Mitglieder zu haben.[10] Im Pandemiejahr wurde Prime plötzlich noch viel attraktiver.

Wie wir im nächsten Kapitel untersuchen werden, geben Prime-Kunden mehr bei Amazon aus als früher, sie kaufen häufiger ein und sind langfristige Kunden. Dies zeigte sich besonders zu Beginn der Pandemie – Amazon stellte fest, dass Prime-Mitglieder nicht nur häufiger einkauften, sondern auch mehr Dinge in ihren Warenkorb legten.[11] Für Prime-Kunden war Amazon natürlich ohnehin die erste Anlaufstelle, und die Lockdown- und Quarantäne-Bestimmungen boten perfekte Voraussetzungen, um neue Kunden zu gewinnen. Zu Beginn der Pandemie gaben Käufer bei Amazon 11.000 US-Dollar pro Sekunde für Produkte und Dienstleistungen aus.[12]

„Die Verlängerungsquoten steigen, und die Kundenbindung nimmt zu", sagte Brian Olsavsky, CFO von Amazon, im Jahr 2020. „Die Menschen kaufen also häufiger und ganz unterschiedliche Produkte ein, sie nutzen stärker unsere digitalen Services … und wir glauben, dass sich dies dauerhaft auszahlen wird."[13] Corona ist ein Instrument zur Kundengewinnung wie kein anderes zuvor.

Im Jahr 2020 festigte Amazon seinen Status als unverzichtbar für den Marktzugang – für Marken, aber auch zunehmend für andere

Einzelhändler. Während des ersten Lockdowns wurden Onlinemarktplätze wie Amazon zum Rettungsanker für viele kleinere Unternehmen, die keine andere Wahl hatten, als sich Richtung online zu orientieren. Und das gilt auch für einige große Unternehmen: In den USA machte der Schuhhersteller Birkenstock seine Entscheidung, nicht über Amazon zu verkaufen, rückgängig, als die Großhandelsbestellungen während der Pandemie stark nachließen.[14] Im Vereinigten Königreich hat die Bistrokette Pret begonnen, ihre Produkte über Amazon zu verkaufen, um den kräftigen Umsatzrückgang in ihren innerstädtischen Geschäften auszugleichen. „Einfach ausgedrückt: Corona hat Amazon unserer Ansicht nach ein Wachstumshormon injiziert“, so Tom Forte, Analyst bei der Investmentbank D.A. Davidson & Company.[15]

Und diese bemerkenswerte Entwicklung von Amazon war während der Pandemie keineswegs nur auf den amerikanischen Markt beschränkt. In Australien, einem relativ neuen Markt für den Onlineriesen, konnte Amazon dank Corona sein Wachstum beschleunigen und den Umsatz im Jahr 2020 auf eine Milliarde Australische Dollar fast verdoppeln.

> „Unsere Expansionspläne, also dass wir unseren Fußabdruck hinterlassen … das ist wahrscheinlich nur ein bisschen schneller gegangen.“
>
> **CRAIG FULLER, DIRECTOR OF OPERATIONS, AMAZON AUSTRALIEN, 2021**[16]

Wohl um aus der neu entdeckten Nachfrage Kapital zu schlagen, hat Amazon die Größe seines Logistiknetzwerks verdoppelt und während der Pandemie elf neue Standorte in Australien eröffnet.[17] Amazon ging auch in Polen und Schweden an den Start (unter dem Projektnamen „Project Dancing Queen“) und stärkte gleichzeitig seine Position auf gesättigteren Märkten. Frédéric Duval, der Leiter von Amazon Frankreich, sagte Ende 2020, dass die Online-Aktivitäten um 40 bis 50 Prozent gestiegen seien: „Das Geschäft ist im Lockdown gewachsen.“[18] Inzwischen geht man davon aus, dass Amazon in Großbritannien bis zum Jahr 2025 Tesco als größten Einzelhändler des Landes ablösen wird.[19]

Die Pandemie bot Amazon auch die einmalige Chance, die eigenen strategischen Ziele in aufstrebenden Bereichen zu forcieren und dabei vielleicht auch die Kundenwahrnehmung zu verändern, zum Beispiel im Bereich Gesundheitsversorgung. Während der Pandemie – ein paar Jahre nach der Übernahme der Online-Apotheke PillPack – unternahm Amazon seinen konzertiertesten Vorstoß in diese Branche. Amazon hat in den USA ein spezielles Apothekenportal mit exklusiven Rabatten für Prime-Mitglieder eingerichtet, natürlich zusätzlich zur üblichen schnellen Lieferung. Darauf aufbauend begann Amazon im Jahr 2021 mit der landesweiten Einführung seines Gesundheitsservice Amazon Care. Auch wenn dies in keinem direkten Zusammenhang mit der Pandemie stand, hätte es keinen passenderen Zeitpunkt geben können, um sich in dieser Branche einen Namen zu machen. Könnte es in Zukunft auch niedergelassene Apotheken unter der Marke Amazon geben?

Aber Amazon wagt sich nicht nur an unsere Gesundheit. Während der Coronakrise unternahm Amazon seinen mit Spannung erwarteten, wenn auch etwas enttäuschenden Vorstoß in den Luxussektor. Zu Beginn der Pandemie lancierte Amazon zusammen mit Vogue eine digitale Plattform, um Designer direkt mit Käufern in Kontakt zu bringen. Später im selben Jahr stellte Amazon „Luxury Stores“ vor, ein Einkaufserlebnis, das nur auf Einladung über die Amazon-App verfügbar ist und sowohl etablierte als auch aufstrebende Unternehmen für Luxusmode und im Schönheitssektor präsentiert.

Weil viele Verbraucher in der Quarantäne ihre Anzüge gegen Jogginghosen eintauschten, brach bei den Einzelhändlern der Umsatz mit Bekleidung ein. Der Luxussektor war jedoch von der Pandemie relativ unberührt und sollte nun aus zwei Gründen am Onlinewachstum teilhaben: 1. weil, so unangenehm uns das auch sein mag, die Reichen während der Coronakrise noch reicher geworden sind und 2. weil es ein Bereich ist, in dem es mindestens so sehr um das persönliche Erleben wie um das Produkt geht – und für den es daher online zu wenig Angebote gibt.

Während chinesische Händler wie Alibaba erfolgreich auf dem Luxusmarkt bestehen, sträubten sich die Luxusmarken, über Amazon zu verkaufen, weil sie Angst vor Fälschungen hatten. Doch angesichts der erzwungenen Schließung von Geschäften und der Dominanz von Amazon im E-Commerce war es für Amazon der richtige Zeitpunkt, um den Luxusmarken zu beweisen, dass es nicht nur Zahnweiß-Sets und Tennisschläger, sondern auch eine 1.500-Dollar-Tasche von Oscar de La Renta an den Mann bringen kann.

Die Pandemie bot Amazon auch eine einmalige Gelegenheit, sich endlich im Lebensmittelbereich zu profilieren. Mehrere Jahre nach der Übernahme von Whole Foods Market befand sich Amazon hier immer noch sehr im Experimentiermodus und hatte Mühe, die Kunden, insbesondere außerhalb der USA, davon zu überzeugen, dass es sich bei Amazon um ein echtes Lebensmittelgeschäft handelt.

ABBILDUNG 4.1: Eine Kundin „geht einfach raus" („Just Walk Out"-Technologie) aus einem Amazon-Fresh-Supermarkt, einem von mehreren Formaten im Lebensmittelhandel, die während der Pandemie eingeführt wurden.

Was würde einen Käufer dazu bringen, von seinem gewohnten Supermarkt zu Amazon zu wechseln? Der Preis? Nein. Der Komfort? Nein, das ganze Herumexperimentieren hatte dazu geführt, dass die Website des Amazon-Lebensmittelgeschäfts ungewöhnlich umständlich und schwer zu navigieren war. Und was passiert bei einer weltweiten Pandemie? Bingo!

Scheinbar über Nacht war es schwieriger, bei einem der großen Supermärkte online Lebensmittel zu bestellen, als Tickets für Glastonbury zu ergattern, und das gab Amazon die langersehnte Gelegenheit, für sein Lebensmittelangebot den Bekanntheitsgrad zu erhöhen und die Zuverlässigkeit unter Beweis zu stellen. Amazon nutzte die Gunst der Stunde und baute die eigene Lieferkapazität in den ersten Monaten der Pandemie um 60 Prozent aus,[20] führte neue Eigenmarken ein und forcierte seine Ambitionen im stationären Handel mit der Einführung von „Amazon Go Convenience Stores" und dem Start einer neuen Supermarktkette in den USA – Amazon Fresh (siehe Abbildung 4.1). Gleichzeitig eröffnete Amazon mit Amazon Fresh in London (gleicher Name, anderes Konzept) seinen ersten kassenlosen Laden außerhalb der USA. Während der Pandemie hat Amazon im Vereinigten Königreich, wo weltweit der größte Umsatz im E-Commerce mit Lebensmitteln gemacht wird, den Turbo eingeschaltet, indem es Prime-Mitgliedern die kostenlose Lieferung von Lebensmitteln am selben Tag anbot (nachdem in den USA die Lieferung von Lebensmitteln für Prime-Abonnenten bereits kurz vor der Pandemie kostenlos geworden war).

„Unser Vorgehen im vergangenen Jahr [im Lebensmittelgeschäft] war eine Reaktion auf die Kundennachfrage. Aber wir haben in diesem Bereich auch weiter herumexperimentiert", sagte uns der britische Amazon-Chef John Boumphrey. „Die Nachfrage nach Onlinebestellungen von Lebensmitteln stieg erheblich, und viele Unternehmen konnten mithalten." Das war eine einmalige Gelegenheit für Amazon, Gas zu geben.

> „Der Lebensmittelhandel hat sich in der Zeit nach der Pandemie als Offenbarung erwiesen. Ich glaube, die Menschen schätzen es sehr, sich die Waren nach Hause liefern zu lassen. Und wir haben das daran gemerkt, dass die Zahlen vor und nach der Pandemie erheblich gestiegen sind."
>
> **BRIAN OLSAVSKY, CFO VON AMAZON, 2021**[21]

Was hat sich für Amazon als interessanter Nebeneffekt des gestärkten Umsatzplus im Onlinehandel ergeben? Mehr Marken, die dort Werbung schalten wollen. Werbung mag für den Technologieriesen ein relativ neuer Geschäftszweig sein, aber man muss wissen – und dies sei nur am Rande bemerkt –, dass Amazon schon vor der Pandemie nach Google und Facebook der drittgrößte Werbevermarkter in den USA war. Mit anderen Worten: nicht gerade ein Außenseiter.

Denken Sie an Amazons Schwungrad: Mehr Kunden, die während einer Pandemie den Onlinehandel verstärkt nutzen, führen zu mehr Händlern, die wiederum höhere Werbeausgaben tätigen – in dem Bemühen, wahrgenommen zu werden. „Wir hatten einfach viel mehr Traffic, und es gelingt uns gut, diesen Traffic in wertvolle Liegenschaften für unsere Werbetreibenden umzuwandeln", sagte Olsavsky.[22]

Obwohl viele Unternehmen aufgrund der unsicheren Situation in den ersten Monaten des Jahres 2020 ihre Werbeausgaben zurückfuhren, verzeichnete Amazon im weiteren Verlauf des Jahres eine deutliche Erholung. Warum also ist Werbung bei Amazon während einer Pandemie so wichtig? Abgesehen von den naheliegenden Gründen, nämlich Aufmerksamkeit und Datengewinnung, muss man auch bedenken, dass die meisten Kunden ihre Produktsuche bei Amazon beginnen – und nicht bei Google oder einer anderen Suchmaschine. So können die Anbieter die Kunden sowohl bei der Produktsuche als auch bei der Kaufentscheidung erreichen. Amazon konnte für Werbung jetzt sogar Unternehmen wie Autohersteller und Versicherungsgesellschaften gewinnen, die auf der Plattform gar nichts verkaufen wollen, aber wissen, wie wertvoll Amazons Einkaufsdaten sind, die sie damit erhalten. Anzeigen bei Amazon können den Verkauf über andere Vertriebskanäle ankurbeln, was die Bedeutung dieser Plattform erhöht.

Amazons Werbegeschäft war bereits dabei, ein weiterer wachstums- und margenstarker Geschäftszweig zu werden. Corona hat diese Entwicklung nur gefestigt. Eine Feedvisor-Umfrage unter 1.000 großen Unternehmen ergab, dass unter ihnen der Prozentsatz der auf Amazon Werbenden im Jahr 2020 auf 73 Prozent gestiegen war, verglichen mit nur 57 Prozent im Jahr 2019.[23] Im vierten Quartal 2020 übertraf Amazons Wachstum in der Kategorie „Sonstiges", unter die hauptsächlich Werbung fällt, zum ersten Mal das der Prime-Abonnementdienste, die Sparte wuchs schneller als jedes andere Geschäftssegment.[24] Mitte 2021 brachte Werbung Amazon 2,4-mal so viel ein wie die bei Snap, Twitter, Roku und Pinterest diesen Unternehmen zusammen – bei einer fast doppelt so schnellen Wachstumsrate.[25]

ALEXA, TRITT MEINEM ZOOM-MEETING BEI

Während die meisten Händler in den letzten zehn Jahren damit beschäftigt waren, ihren Rückstand im E-Commerce aufzuholen, hat sich Amazon still und leise bei den Menschen zu Hause etabliert. Von den inzwischen eingestellten Dash Buttons zur automatischen Nachbestellung von Produkten bis hin zur heutigen Alexa stand das Smarthome oft im Mittelpunkt der jüngsten Amazon-Innovationen. Indem Amazon unser häusliches Umfeld intelligenter und vernetzter macht, gelingt es dem Unternehmen, ein neues Maß an Komfort zu bieten und die Beziehung zu seinen wichtigsten Kunden zu vertiefen. Natürlich im Tausch gegen Kundendaten – was nicht alle Kunden gutheißen.

Aber als Corona zuschlug, war den Menschen der Zugriff von Amazon auf ihr Zuhause nicht mehr unheimlich – sie verlangten danach. Die verschiedenen Gadgets waren plötzlich für den unter

Quarantäne stehenden Verbraucher von großer Bedeutung – und Amazon erkannte die Chance. Mitten in der Pandemie wurde eine Reihe neuer Geräte und Dienste auf den Markt gebracht, um die neu entstandene Nachfrage nach Videokonferenzen, Haussicherheit und, wie bereits erwähnt, Videostreaming zu befriedigen.

> „Niemand hat die Pandemie vorhergesehen, und wir haben sie sicherlich nicht eingeplant. Aber ich glaube, unsere Wohnungen und Häuser sind jetzt unsere Büros, unsere Schulen, unsere Kinos, und viele unserer Produkte wurden in diesem Umfeld noch besser einsetzbar."
>
> **DAVE LIMP, AMAZON SVP, DEVICES AND SERVICES, 2020**[26]

Sie brauchen zu Hause eine zuverlässige WLAN-Verbindung? Amazons Eero hat alles, was Sie brauchen. Möchten Sie Kontakt zu unter Quarantäne stehenden Familienmitgliedern aufnehmen? Mit dem Care Hub von Amazon haben Sie über Ihr Echo-Gerät Zugriff auf deren Aktivitätsfeed. Brauchen Sie Hilfe beim Homeschooling? Mit dem „Reading Sidekick" können Ihre Kinder mit Alexa lesen üben.

AMAZONS HEILMITTEL GEGEN LAGERKOLLER

Der Technologieriese, der nie vor einer Idee zurückschreckt, startete während der Pandemie auch Amazon Explore. Da der Reiseverkehr zum Erliegen gekommen war und die Verbraucher zu Hause festsaßen, beschloss Amazon, den Urlaub direkt nach Hause zu bringen. Über die virtuelle Reiseplattform können Nutzer aus über 250 interaktiven Touren und Erlebnissen rund um den Globus wählen, darunter Pasta-Workshops in Italien, eine virtuelle Tour durch den Central Park in New York und ein Spaziergang durch die Gardens by the Bay in Singapur.

Im Gegensatz zu anderen virtuellen Rundgängen handelt es sich hier um ein persönliches Erlebnis, und natürlich gehört Shopping auch dazu. Nutzer von Amazon Explore haben die Möglichkeit, über einen Reiseführer in Geschäften vor Ort einzukaufen. Amazon baut damit eindeutig auf dem Boom für Livestreaming auf, was sich in der Pandemie als das Nächstbeste nach dem Einkaufen vor Ort entwickelt hat; ein Trend, der unserer Meinung nach auch nach der Corona-Pandemie bestehen bleiben wird, wenn der physische und der digitale Einzelhandel weiter verschmelzen. Außerdem bietet sich damit die Gelegenheit, mithilfe virtueller Erlebnisse das Kernangebot von Amazon im Einzelhandel zu stärken. Brauchen Sie einen Shaker für die virtuelle Cocktailtour in Argentinien? Wir wissen genau, wo es den gibt.

Alexa sorgte dafür, dass die Menschen informiert, miteinander verbunden, produktiv und unterhalten blieben, als sie zu Hause bleiben mussten. Zu Beginn der Pandemie half Alexa sogar bei der Diagnose von Coronafällen, und ein spezieller Timer sang den Nutzern beim Händewaschen so lange vor, bis die empfohlenen 20 Sekunden vorbei waren.

Es überrascht nicht, dass Alexa-Funktionen wie Videoanrufe und Drop In (eine Art Gegensprechanlage unter Echo-Geräten) beliebter wurden denn je, als die Menschen so viel Zeit wie nie zuvor zu Hause verbrachten. Die Verkaufszahlen von Amazons Echo Show – dem Echo-Gerät mit Bildschirm – stiegen am schnellsten im Vergleich zu den anderen Echo-Geräten, und mit Echo Show wurden weltweit fast dreimal so viele Videogespräche geführt wie im Vorjahr.[27] „Ich glaube, die Leute merken noch mehr, wie praktisch Alexa ist, wenn sie viel zu Hause sind, sie hören mehr Musik, stellen Fragen, insbesondere Fragen zu Corona und zu damit verbundenen Themen. Sie nutzen es für den Unterricht mit ihren Kindern und meiner Meinung nach auch immer mehr zur Kommunikation, sie nutzen Alexa für Telefonanrufe und für Drop In“, wie Olsavsky bemerkte.[28]

Neue Routinen zum Zu-Hause-Arbeiten und Zu-Hause-Bleiben erinnerten Alexa-Benutzer daran, wann sie ihren Tag beginnen, wann sie essen, an Besprechungen teilnehmen und Pausen machen sollten. In der Pandemie bestätigte sich Alexas Rolle als zuverlässige Assistentin. Dies ist insofern von Bedeutung, als es Amazon ermöglicht, wertvolle Einblicke in das Leben der Kunden in einem höchst intimen Rahmen zu gewinnen (diese Daten können dann dazu dienen, andere Geschäftsbereiche wie E-Commerce und Prime Video zu fördern) und gleichzeitig die Position von Amazon als Händler direkt zu stärken. Alexa leitet Einkäufe nahtlos an die Amazon-Plattform weiter, und dank Corona gehört sie nun wirklich zur Familie.

AMAZON BEWEIST SEINE TECHNOLOGISCHE LEISTUNGSFÄHIGKEIT

Einzelhändler oder Technologie-Dienstleister? Wir wissen, was lukrativer ist.

Wir haben bereits kurz erwähnt, wie durch die Pandemie das kassenlose Einkaufen ganz normal wurde, sehr zum Vorteil von Amazon. Während der Pandemie trieb das Unternehmen nicht nur seine Expansionspläne für eigene kassenlose Läden voran, sondern es war auch die Gelegenheit, um die dahinter liegende Technologie an Konkurrenten zu lizenzieren.

Im März 2020 lancierte Amazon justwalkout.com und bot damit Händlern an, sich über die Lizenzierung des automatisierten Bezahlvorgangs von Amazon zu informieren. Der Hauptunterschied besteht darin, dass sich die Kunden beim Betreten des Ladens über ihre Kreditkarte registrieren und nicht über die Amazon-App.

„Dies bietet vielfältige Anwendungsmöglichkeiten unabhängig von Ladengröße und Branchen, da es grundlegend das Problem angeht, wie man beim Einkaufen im Ladengeschäft den Komfort steigert, insbesondere wenn die Leute unter Zeitdruck stehen", so Dilip Kumar, Vice President of Physical Retail and Technology bei Amazon.[29]

Amazon, gleichzeitig bester Freund und schlimmster Feind des Einzelhandels, hat schon öfter die Einkaufswelt durcheinandergebracht und dann hinterher der Konkurrenz die Lösung der daraus entstehenden Probleme selbst verkauft. Während der Pandemie unterzeichnete Amazon Vereinbarungen zur Lizenzierung seiner Just-Walk-Out-Technologie an eine Vielzahl von Drittanbietern in der Reise- und Unterhaltungsbranche:

- OTG: Flughäfen Newark Liberty und LaGuardia;
- Hudson: Flughäfen Chicago Midway und Dallas Love Field;
- TD Garden: Neuenglands größte Sport- und Unterhaltungsarena und Heimat der Boston Celtics aus der NBA und der Boston Bruins aus der NHL;
- Levy Restaurants: Konzessionär im United Center in Chicago, der Heimstätte des Eishockeyteams Chicago Blackhawks und des Basketballteams Chicago Bulls.

Eine weitere Neuheit in der Coronazeit war Amazon One, ein Scanner, der ein Bild von der Handfläche des Benutzers aufnimmt, um damit nicht nur Waren zu bezahlen, sondern auch ein Gebäude zu betreten oder sich zu identifizieren. Man sieht, worauf es hinausläuft: „Wir glauben, dass Amazon One über unsere Einzelhandelsgeschäfte hinaus vielfältige Anwendungsmöglichkeiten hat, und daher planen wir, den Service auch anderen Einzelhändlern, für Stadien und Bürogebäude anzubieten, damit mehr Menschen an mehr Orten von diesem einfachen und zweckdienlichen Dienst profitieren können", führt Kumar aus.[30]

Bei Amazon sind die Dinge nicht immer so, wie sie scheinen. Amazon sorgt still und heimlich dafür, dass ohne seine Technologie nichts mehr läuft – nicht nur im Einzelhandel, sondern auch in einer Vielzahl anderer Branchen. Und viele Maßnahmen von Amazon zielen darauf ab, andere Bereiche des Unternehmens zu stärken. Die kassenlosen Systeme werden beispielsweise durch das Cloud-Computing-Geschäft von AWS gestützt, sodass eine steigende Nachfrage nach der Just-Walk-Out-Technologie gleichzeitig das profitabelste Geschäftssegment von Amazon stärkt.

> „Ich habe das Gefühl, dass die Pandemie die Einführung von Cloud-Diensten in unserem Unternehmen um einige Jahre vorangetrieben haben wird."
>
> **ANDY JASSY, AMAZON-CEO, 2020**[31]

AWS profitierte unmittelbar von der Pandemie, da die Unternehmen gezwungen waren, sich schnell auf Heimarbeit einzustellen. Zoom, ein führender Videokonferenzdienst und AWS-Kunde, wurde während der Pandemie zu einem bekannten Namen. Das Unternehmen musste jedoch blitzschnell reagieren, um die steigende Nachfrage zu befriedigen, die innerhalb weniger Wochen von zehn Millionen täglicher Meeting-Teilnehmer auf 300 Millionen stieg.[32] Allein im Vereinigten Königreich stieg die Anzahl der Zoom-Nutzer von einigen Hunderttausend in den ersten beiden Monaten des Jahres 2020 auf mehr als 13 Millionen im April und Mai.[33] Dank AWS konnten für Zoom innerhalb weniger Wochen Hunderttausende von Servern eingerichtet werden, wofür das Unternehmen selbst mehrere Monate gebraucht hätte.

Wie so oft in einer Krise neigen Unternehmen dazu, einen Schritt zurück zu machen und strategischer über zukünftige Wege nachzudenken. Bei Amazon bemerkte man, dass viele Unternehmen ihre Pläne für den Wechsel zu AWS vorantrieben, da sie beobachtet hatten, dass cloudbasierte Unternehmen den Betrieb während der Krise relativ störungsfrei fortsetzen konnten, während es eine große Herausforderung darstellte, die Infrastruktur selbst zu betreiben.

Kein Unternehmen wird sich damit brüsten, von einer Pandemie zu profitieren, aber Amazon hat sich unter diesen Bedingungen wirklich gut entwickelt. Es lässt sich nicht leugnen, dass die dramatische Veränderung im Kundenverhalten – weniger Zeit in Geschäften, Büros, Kinos und Restaurants – ein Segen für das Geschäft von Amazon war. Corona hat Amazons strategische Vorteile vergrößert und das Unternehmen noch mächtiger und einflussreicher gemacht.

Amazon wurde während der Pandemie vom Inbegriff des „bösen Kapitalisten" zu einer Art „unternehmerischem Roten Kreuz".[34] In diesem Kapitel wurde hervorgehoben, wie stark der Wind von hinten war, von dem Amazon durch Corona mächtig profitiert hat – aber auch der Gegenwind hat sich dadurch verstärkt. Die wichtigste Frage ist nun, wie Amazons Erfolg während der Pandemie von den politischen Entscheidungsträgern wahrgenommen wird, die die Zukunft des Technologie- und Handelsriesen mit der Bedrohung durch „Big Tech" und dem Kartellrecht in Einklang zu bringen versuchen.

05

Das Prime-Ökosystem: Neudefinition der Kundenbindung für den Kunden von heute

„All-you-can-eat-Expressversand"[1] – so beschrieb Jeff Bezos Amazon Prime bei dessen Einführung im Jahr 2005. Die Idee war einfach: Die Kunden zahlen eine Jahresgebühr und erhalten dafür uneingeschränkten kostenlosen Express-Versand. Die Kunden mussten sich nicht mehr darum kümmern, mehrere Bestellungen zusammenzufassen, um den Mindestbestellwert zu erreichen. Bezos' Ziel war es, den Eilversand, der bis dahin nur ein „gelegentlicher Luxus" gewesen war, zur Normalität werden zu lassen.[2]

Das Unternehmen bot bereits die Versandoption „Super Saver Shipping" für Kunden an, die viel Zeit hatten und denen es nichts ausmachte, etwas länger auf ihre Bestellung zu warten (diesen Service gibt es auch heute noch, aber er heißt jetzt einfach „kostenloser Versand"). Damit war der Grundstein für neue Versandoptionen wie Prime gelegt, wozu ein Software-Ingenieur von Amazon, Charlie Ward, die zündende Idee hatte. In seinem Buch „Der Allesverkäufer" erzählt Brad Stone:

> Warum, so Wards Vorschlag, richtete man nicht auch einen Service für das Gegenteil dieser Art Kundschaft ein, einen Club für alle, die es stets eilig hatten und nicht so preisbewusst waren? Funktionieren, so meinte er, könnte dies wie bei einem Musikclub mit einer Art monatlichem Mitgliedsbeitrag.[3]

Risiken einzugehen ist für Amazon nichts Neues, und hierbei handelte es sich um ein ziemlich großes Wagnis. „Prime war ein sehr kühnes Unterfangen und passte zu der Strategie, die wir von Amazon kennen – dass man in einem Zeithorizont von mehreren Jahrzehnten denkt. Die hangeln sich nicht von Quartal zu Quartal“, sagte der ehemalige Ebay-Manager Michael Dearing.[4] Die Aussicht auf einen uneingeschränkten kostenlosen Premiumversand würde nicht nur die Kundenerwartungen unverhältnismäßig hochschrauben und vor allem kurzfristig einen erheblichen Kostendruck erzeugen. Die Frage war auch: Wären die Kunden bereit, für einen Einkauf bei Amazon extra zu bezahlen? Billig-Einzelhandelsklubs wie Costco verlangten zwar auch einen Mitgliedsbeitrag – aber dieser wurde durch niedrigere Preise im Geschäft wieder kompensiert. Würde Amazon die Kunden davon überzeugen können, dass ein schnellerer Versand allein die ursprüngliche Gebühr von 79 US-Dollar wert war?

> „Es ging nie um die 79 US-Dollar. Eigentlich ging es darum, die Mentalität der Menschen so zu verändern, dass sie nirgendwo anders mehr einkaufen würden.“
>
> **VIJAY RAVINDRAN, EX-AMAZON-DIRECTOR, 2013[5]**

Das scheint geklappt zu haben. Im Jahr 2021 bot Amazon weltweit mehr als 45 Millionen Artikel zum Versand an und hatte insgesamt mehr als 200 Millionen zahlende Prime-Mitglieder. Damit war Prime eines der größten Online-Abonnementsysteme der Welt.

Amazon hat sein Prime-Angebot in fast allen Ländern eingeführt, in denen es Amazon gibt. Die Kunden in den drei größten Amazon-Absatzmärkten außerhalb der USA – Deutschland, Japan und Großbritannien – waren natürlich die ersten, denen Prime angeboten wurde, als es 2007 weltweit eingeführt wurde (siehe Tabelle 5.1). In den letzten Jahren wurde Prime jedoch auf fast alle bestehenden Märkte ausgedehnt, und die Versandvorteile sind heute wohl weitaus verlockender als bei der Einführung vor mehr als zehn Jahren. Von 2016 bis 2021 hat Amazon die Anzahl der Länder, in denen Prime verfügbar ist, mehr als verdoppelt. Ab Mitte 2021 war Prime in allen Amazon-Märkten außer in Polen und Schweden verfügbar. Da es sich bei diesen beiden Ländern um relativ neue Absatzmärkte handelt, wird Prime wahrscheinlich auch hier noch vor dem Jahr 2025 eingeführt.

TABELLE 5.1: Internationale Verfügbarkeit von Amazon Prime

Jahr der Einführung	Markt
2005	USA
2007	Deutschland
2007	Großbritannien
2007	Japan
2008	Frankreich
2011	Italien
2011	Spanien
2013	Kanada
2014	Österreich*
2016	Belgien*
2016	China
2016	Indien
2017	Luxemburg*
2017	Mexiko

(Fortsetzung auf der nächsten Seite)

TABELLE 5.1 (Fortsetzung)

Jahr der Einführung	Markt
2017	Niederlande
2017	Singapur
2018	Australien
2019	Vereinigte Arabische Emirate
2019	Brasilien
2020	Türkei
2021	Saudi-Arabien

*Märkte ohne eigenen Standort
Quelle: eigene Quellen, Amazon

VERSENDEN, EINKAUFEN, STREAMEN UND MEHR

Prime ist typisch für Amazon – durch und durch kundenorientiert und mit langfristiger Erfolgsaussicht. Mittlerweile geht es bei Prime um sehr viel mehr als nur um Versandvorteile (siehe Tabelle 5.2). Amazon hat im vergangenen Jahrzehnt das Prime-Schwungrad so weit ausgebaut, dass man jetzt von der „Eingangspforte für die Filetstücke bei Amazon" sprechen kann, wie Lisa Leung, Prime Director bei Amazon, es ausdrückte.[6] Der Einzelhändler hat die ohnehin schon beeindruckende Palette an Produkten, die man über Prime bestellen kann, noch erheblich erweitert und gleichzeitig um weitere Angebote im Entertainmentbereich ergänzt, um sowohl die Kundenakquise als auch die Kundenbindung zu stärken.

> „Sie kommen wegen des kostenlosen Versands. Sie bleiben wegen des digitalen Angebots."
>
> **AARON PERRINE, GENERAL MANAGER VON AMAZON[7]**

Um die Bindung an Prime zu erhöhen und als Teil der Gesamtstrategie, die Fühler in immer neue Bereiche auszustrecken, führte Amazon 2011 das heutige Prime Video ein – unbegrenztes, werbefreies sofortiges Streaming von Tausenden von Fernsehsendungen und Filmen.

Warum erhalten Prime-Mitglieder diesen kostenlosen Service? So wie Netflix bei der Umstellung von DVDs auf digitales Streaming keine höheren Gebühren verlangte, wollte Amazon den Streamingdienst zum Prime-Paket hinzufügen, um den Mitgliedern einen Mehrwert bieten zu können, aber gleichzeitig nicht unter dem Druck stehen, erstklassige Inhalte in diesem Segment anbieten zu müssen.

„Ich erinnere mich, dass Jeff das genau so gesagt hat. Es ist mehr ein ‚Ach, übrigens'", so Bill Carr, ehemaliger Amazon Vice President of Digital Music and Video, in einem Vox-Interview aus dem Jahr 2019. „‚Ja, Prime kostet 79 US-Dollar im Jahr. Ach, übrigens, es gibt Filme und Fernsehsendungen kostenlos dazu.' Und wie kann sich irgendwer über die Qualität der Filme und Fernsehsendungen beschweren, wenn sie doch nichts kosten?"[8]

Im Laufe der folgenden zehn Jahre wurde Prime Video fortlaufend weiterentwickelt, indem mehr Streaminginhalte zum Mieten oder Kaufen angeboten wurden und Exklusivverträge zur Liveübertragung von Sportveranstaltungen (Premier League und NFL) abgeschlossen wurden. Mitglieder können jetzt gegen zusätzliche Gebühren Inhalte von Sendern wie HBO und Showtime abonnieren. Amazon hat über seine Tochtergesellschaft Amazon Studios größere Kontrolle bei der Produktion von Inhalten übernommen und kann Abonnenten so exklusive Serien wie *The Marvellous Mrs. Maisel*, *Transparent* und *The Grand Tour* anbieten. Und mit der spektakulären Übernahme von MGM, wie im vorigen Kapitel angesprochen, ist Amazon zu einer echten Alternative zu Netflix geworden. Amazon ist jetzt ein global agierender Streamingdienst, der in mehr als 200 Ländern und Gebieten auf der ganzen Welt verfügbar ist.[9]

Und was hat Amazon davon? Prime-Video-Kunden kaufen nicht nur häufiger bei Amazon ein, sie verlängern ihre Mitgliedschaft auch öfter und wandeln eine kostenlose Testmitgliedschaft mit größerer Wahrscheinlichkeit in eine monatliche oder jährliche Prime-Mitgliedschaft um.

„Wir haben festgestellt, dass Kunden, die bei uns Filme sehen, die ihnen gefallen, auch mehr Waschmittel kaufen ... Die Nutzer von Prime Video teilen uns über ihr Verhalten mit, dass Streaming ein wichtiger Teil des Prime-Erlebnisses ist", äußerte sich Jeff Wilke, ehemaliger CEO des Worldwide Consumer Business von Amazon.[10]

Prime Video hat sich auch in internationalen Märkten als leistungsstarkes Instrument zur Kundengewinnung erwiesen, insbesondere in Märkten, in denen Amazon im E-Commerce nicht so dominant ist. Brasilien zum Beispiel gehört aufgrund der starken einheimischen Konkurrenz und der komplizierten logistischen Bedingungen zu den schwierigeren Märkten für Amazon. Der Markteintritt von Amazon in Brasilien fand im Jahr 2012 statt, zunächst verkaufte es aber hauptsächlich E-Reader und Bücher, bis die Website fünf Jahre später für Drittanbieter geöffnet wurde. Auch Prime ging einen unkonventionellen Weg: Amazon bot erst ein reines Video-Abonnement an, um den Bekanntheitsgrad zu steigern, bevor brasilianische Kunden auch den vollumfassenden Prime-Service abonnieren konnten. In Japan hingegen war die Zahl der Prime-Mitglieder nur drei Monate nach der Einführung von Prime Video um 16 Prozent gestiegen. In Indien, wo Amazon stark in Prime Video investiert, hat es im ersten Jahr mehr neue Prime-Mitglieder gewonnen als in jedem anderen Land zuvor. Obwohl China aufgrund strenger Medienvorschriften nach wie vor einer der wenigen Amazon-Absatzmärkte ist, in denen Prime Video nicht verfügbar ist, hat Amazon 2018 auch hier den ersten Service im Unterhaltungsbereich – Prime Reading – in sein Angebot aufgenommen. Trotz Unterschieden zwischen den einzelnen Ländern fällt es Amazon mit dem starken Prime-Gesamtpaket heute überall leichter, die Kundengewinnung und Kundenbindung zu erhöhen.

TABELLE 5.2: Bei Prime geht es um viel mehr als kostenlosen Versand

Kategorie	Vorteile der Amazon-Prime-Mitgliedschaft (USA)
Lieferung	Kostenlose Lieferung innerhalb von zwei Tagen für Millionen Artikel
	Kostenlose Lieferung innerhalb eines Tages für mehr als zehn Millionen Artikel ohne Mindestbestellwert
	Kostenlose Lieferung am selben Tag in ausgewählten Gebieten für mehr als drei Millionen Artikel bei qualifizierten Bestellungen mit einem Wert von mehr als 35 US-Dollar
	Lieferung am Erscheinungstag bis 19 Uhr für neue Videos, Spiele, Bücher, Musik, Filme und mehr
	Lebensmittellieferungen verfügbar von Amazon Fresh und Whole Foods Market innerhalb von einer Stunde oder zwei Stunden
	Termingerechte Zustellung zu Hause, im Auto oder in der Garage
	No-rush delivery: Belohnungen für langsamere Zustellung
Digital	Prime Video: Streaming oder Download von Tausenden von Fernsehsendungen und Filmen, einschließlich Originale von Amazon
	Prime Gaming: kostenlose Spiele, In-Game-Artikel, kostenloses monatliches Twitch.tv-Abonnement
	Prime Music: Streaming von mehr als zwei Millionen Songs ohne Werbung
	Prime Reading: Lesen von mehr als 1.000 aktuellen Kindle-Büchern, Zeitschriften, Comics, Kinderbüchern und mehr
	Amazon Photos: unbegrenzte Speicherung von Fotos in voller Auflösung
Einkaufen	Prime Wardrobe: Kleidung vor dem Kauf anprobieren
	Alexa: Einkaufen per Sprachbefehl und aktuelle Angebote
	Nur für Prime: früher Zugang zu aktuellen Angeboten und exklusiver Zugang zu aktuellen Angeboten einschließlich Prime Day
	Exklusive Rabatte bei Lebensmitteln und Rezepten
	Fünf Prozent Rabatt bei Zahlung mit der Amazon-Prime-Visakarte
	Zugang zu Onlinepreisen beim Einkauf im Geschäft (Amazon 4-Star und Amazon Books)

QUELLE eigene Quellen, Amazon, Stand Juni 2021

Komfort war bei Amazon schon immer die Grundvoraussetzung, aber jetzt erreicht Prime eine neue Dimension, indem es den Kunden Zugang zu einem kompletten *Lebensstil des Komforts* gewährt. Sie wünschen eine Lieferung innerhalb einer Stunde? Sie möchten, dass Alexa etwas zu Ihrem Warenkorb hinzufügt? Sie wünschen eine Lieferung in die Garage oder ins Auto? Warum auch nicht – dafür müssen Sie nur Prime-Mitglied sein.

> „Unsere Zielsetzung mit Amazon Prime ist – machen Sie sich nichts vor –, dafür zu sorgen, dass es unverantwortlich ist, kein Prime-Mitglied zu sein."
>
> **JEFF BEZOS**[11]

Bei Prime geht es auch zunehmend um den Zugang zu *Produkten*, ebenso wie zu *Dienstleistungen*. Als Teil der Bemühungen von Amazon, sich im Lebensmittel- und Modebereich zu etablieren, hat es in aller Stille ein breit gefächertes Portfolio an Eigenmarkenprodukten aufgebaut, von denen viele ausschließlich den Mitgliedern vorbehalten sind. Dadurch entsteht ein erhabenes Gefühl der Exklusivität, das in einem nicht digitalen Rahmen undenkbar ist. Können Sie sich vielleicht vorstellen, dass es ein Supermarkt bestimmten Kunden verbietet, Eigenmarken aus den Regalen zu nehmen? Amazon ist so geschickt, dass es im digitalen Umfeld damit durchkommt, und offenbar ist es deshalb so motiviert, das Eigenmarkenportfolio zu erweitern, weil es damit Kunden einen größeren Mehrwert bieten und sich gleichzeitig bei höherer Marge von seinen Mitbewerbern abheben kann.

Man darf nicht vergessen, dass die Prime-Mitgliedschaft früher auch Voraussetzung für den Zugang zu speziellen Dienstleistungen war, diese zusätzlich aber noch etwas kosteten. Bis 2019 mussten Prime-Mitglieder beispielsweise eine monatliche Zusatzgebühr von 15 US-Dollar für die Lieferung von Lebensmitteln bezahlen, als Kompensation für die höheren Kosten bei der Lieferung von verderblichen Waren. Zusätzlich zu der jährlichen Prime-Gebühr war diese bittere Pille nur schwer zu schlucken – und hätte sicherlich dazu geführt, dass die Kunden den Service in dieser wichtigen Sparte weniger schnell akzeptiert hätten. Wie bereits erwähnt, wurden Online-Lebensmittelbestellungen 2019 für Kunden in den USA zu einem „kostenlosen" Prime-Vorteil. Dadurch war Amazon einige Monate später, als die Pandemie ausbrach, in einer idealen Position, um im Lebensmittelhandel Marktanteile zu erobern.

Prime ist für seine Mitglieder außergewöhnlich attraktiv, obwohl keine Tiefstpreise versprochen werden. Anfangs wollten Amazon-Mitarbeiter das Programm sogar „Super Saver Platinum" nennen, was Bezos mit der Begründung ablehnte, dass es nicht als Sparprogramm gedacht sei.[12] (Man vermutet, dass die Position von Fasttrack-Paletten an erster Stelle in Logistikzentren zum Namen Prime geführt hat.[13]) Mittlerweile gibt es jedoch immer mehr finanzielle Anreize, um Prime-Mitglied zu werden. Neben dem Hauptvorteil des kostenlosen Premium-Versands haben die Mitglieder Zugang zu exklusiven Angeboten, sie können bei Verwendung einer Prime-Visakarte Cashback auf ihre Einkäufe erhalten und bekommen jetzt, wo Amazon im stationären Handel auf dem Vormarsch ist, die „Online-Preise" auch in Ladengeschäften.

Darüber hinaus hat Amazon ein eigenes Shopping-Event – den Prime Day – exklusiv für Prime-Mitglieder ins Leben gerufen. Das Black-Friday-ähnliche Ereignis, das im Jahr 2015 unter dem Vorwand des 20. Geburtstags von Amazon ins Leben gerufen wurde, soll die Nachfrage im Sommer, die oft schleppend ist, künstlich ankurbeln und gleichzeitig Prime-Mitglieder mit mehr als 24 Stunden Zugriff auf rabattierte Artikel belohnen. Aber man kann sicher sein: Beim Prime Day geht es ebenso sehr um dreiste Kundenakquise wie darum, bestehende Prime-Mitglieder daran zu erinnern, was sie an Prime haben.

Kurz gesagt geht es darum, Prime so attraktiv zu machen, dass es nach Bezos' eigenen Worten „unverantwortlich" wäre, kein Mitglied zu werden. Indem Amazon seine Dienstleistungen auf einer Plattform bündelt, wobei jede einzelne darauf abzielt, das Leben des Kunden entweder einfacher oder angenehmer zu machen, befriedigt es Verbraucherbedürfnisse, die weit mehr umfassen als den Preis. Es will nicht nur die Umsatzpotenziale des Kunden ausschöpfen, sondern den Kunden mit Haut und Haaren vereinnahmen.

ABER IST PRIME TATSÄCHLICH EIN KUNDENBINDUNGSPROGRAMM?

Es ist eine heiß diskutierte Frage in der Einzelhandelsbranche – kann man Prime wirklich als Kundenbindungsprogramm bezeichnen? Im Wesentlichen zielen solche Programme darauf ab, dass Kunden zu Stammkunden werden, indem den besten Kunden eines Einzelhändlers Vergünstigungen angeboten werden. In diesem Sinne ist Amazon Prime der Inbegriff eines Treueprogramms. Schließlich haben nicht viele andere Einzelhändler Millionen von Kunden, die dafür bezahlen, bei ihnen einkaufen zu dürfen.

Der Begriff „Treueprogramm" wird jedoch häufig mit den Plastikkarten assoziiert, die wir mit uns herumtragen, an der Kasse durchziehen lassen und mit denen wir so für unseren Einkauf (oft nicht quantifizierbare) Punkte erhalten. Um es ganz klar zu sagen: Diese Art von Treueprogramm ist überholt.

Der Begriff „Treuekarte" ist irreführend. Diese Karten fördern nicht die Kundentreue. Weil hier Rabatte und Gutscheine im Vordergrund stehen, bewirken diese Programme oft genau das Gegenteil, da sich die Kunden nur die Rosinen herauspicken. Das zeigt sich auch an den veränderten Einkaufsgewohnheiten und der größeren Produktauswahl, insbesondere in Ländern wie Großbritannien, wo die Verbraucher keinen Wocheneinkauf mehr machen. Stattdessen kaufen die Kunden häufiger, in kleineren Mengen und bei verschiedenen Händlern ein. Die Vorstellung, nur bei einem einzigen Supermarkt einzukaufen, gehört der Vergangenheit an.

Wenn es also darum geht, die Kundenbindung zu fördern, müssen die Einzelhändler das Konzept „Je mehr man einkauft, desto mehr hat man davon“ zugunsten von Komfort, Service und Erlebnisorientierung aufgeben. Mit Prime macht Amazon als Erster diesen Schritt der neuen Kundenbindung – mittlerweile geht es den Kunden weniger um Geld als darum, Zeit, Energie und Mühe zu sparen. Einzelhändler werden die Treue ihrer Kunden durch eine stärkere Personalisierung des Angebots und mit Benefits in den Geschäften fördern. Waitrose zum Beispiel serviert seinen Kundenkarteninhabern mit großem Erfolg kostenlos Kaffee und Tee und heißt die Kunden in seinen Geschäften so willkommen, wie man einen Gast bei sich zu Hause willkommen heißen würde.

In den letzten Jahren haben sich die Kundenkartenprogramme verständlicherweise weiterentwickelt und ins Digitale verlagert – schließlich kann man in einem kassenlosen Geschäft seine Plastikkarte nirgendwo mehr durchziehen! Wie bereits im letzten Kapitel erwähnt, war die Pandemie ein Katalysator für die schnellere Einführung der digitalen Geldbörse, die als Zahlungsmittel dient und gleichzeitig digitale Vergünstigungen bietet. Kundenbindungsprogramme werden immer mehr Teil eines Bündels an Maßnahmen, durch die Kunden nicht nur für ihre Treue belohnt werden, sondern die ihnen auch personalisierte aktuelle Angebote aufs Handy schicken, sodass sie problemlos auf sie zugeschnittene Produkte finden und auch kaufen können – alles in einer App.

Preisorientierte Einzelhändler stellen in dieser Hinsicht natürlich eine Ausnahme dar und werden weiterhin die Kundenbindung fördern, indem sie ihren Käufern ein außergewöhnliches Preis-Leistungs-Verhältnis bieten. Wir sind der Meinung, dass auf kostspielige Treueprogramme ganz verzichtet werden und es dafür tägliche Niedrigpreisangebote geben sollte. Schließlich gibt es bei Aldi und Primark auch keine Treueprogramme, und trotzdem haben diese Läden mit die treuesten Kunden überhaupt. Letzten Endes liegt der Schlüssel zur Kundenbindung darin, zu verstehen, was den Kunden wichtig ist.

Für Amazon bedeutet das: müheloses und bequemes Einkaufen sowie sofortige Bedürfnisbefriedigung. Und zunehmend sollen die Kunden dabei auch noch bespaßt werden. Wenn Amazon das gelingt, dann wird sich das in höchstem Maß bezahlt machen.

WAS HAT AMAZON VON PRIME?

Extreme Loyalität. Lebenslange, monogame Kunden. Kunden, die Prime-Scheuklappen tragen und gar nicht erst bei anderen Onlinehändlern nachschauen. Sie kaufen ganz automatisch bei Amazon, es ist die erste Anlaufstelle und ihre Standard-Einkaufsoption, auch wenn es nicht immer die billigste ist. Süchtig nach dem Komfort, den Prime bietet, werden die Kunden weniger preissensibel – das alles kommt den Amazon-Algorithmen zugute. Das ist Verhaltensänderung vom Feinsten.

Wie sieht das nun in Zahlen aus?

- **Ausgaben:** Laut Consumer Intelligence Research Partners gibt das durchschnittliche Prime-Mitglied jährlich 1.400 US-Dollar aus – mehr als doppelt so viel wie ein Nicht-Mitglied.[14] Wie bei den meisten Abonnements möchten die Mitglieder in der Regel etwas für ihr Geld bekommen, was zu irrationalen Entscheidungen führen kann. In diesem Fall rechtfertigen die Käufer die jährliche Mitgliedsgebühr für Prime durch höhere Ausgaben bei Amazon. So profitiert Amazon von der Versunkene-Kosten-Falle.
- **Besucherfrequenz:** Prime-Kunden sind in der Regel „Mega-Käufer", die viel regelmäßiger bei Amazon einkaufen als Nicht-Prime-Mitglieder. Laut einer Feedvisor-Umfrage suchen 85 Prozent der Prime-Mitglieder mindestens einmal pro Woche nach Produkten, und fast die Hälfte (45 Prozent) von ihnen gibt mindestens einmal pro Woche eine Bestellung auf, sodass Bezos'

ursprüngliche Vision – dass man wegen Prime häufiger einkauft – Wirklichkeit geworden ist.[15]

- **Kundenbindung:** Es wird geschätzt, dass die Kundenbindungsquote über 90 Prozent liegt.[16]

Durch Prime erhält Amazon einen Kundendatenschatz, der einen bisher einzigartigen Einblick in das Online-Kaufverhalten der wichtigsten Kunden liefert. Dies ermöglicht eine stärkere Personalisierung des Angebots, von hilfreichen Produktempfehlungen bis hin zur vielleicht nicht ganz so willkommenen dynamischen Preisgestaltung (laut Profitero ändert Amazon seine Preise mehr als 2,5 Millionen Mal am Tag).

Prime eröffnet Upselling-Möglichkeiten und, was vielleicht noch wichtiger ist, es lockt die Kunden in andere Sparten des großen Amazon-Ökosystems. Während sich die Treueprogramme anderer Einzelhändler auf deren beste Kunden konzentrieren, versucht Amazon, so viele Kunden wie möglich in sein Ökosystem zu locken, und maximiert so einen lebenslangen Kundennutzen. Es gibt einen guten Grund, warum Prime-Mitgliedschaften an Studenten praktisch verschenkt werden und Prime-Mitglieder Rabatte auf Windeln und Babynahrung erhalten – so kann man die Verbraucher von morgen in diesen wichtigen Lebensphasen als Kunden gewinnen und sie vielleicht zu treuen Prime-Mitgliedern machen.

> „Es gibt zwei Phasen im Leben, in denen man sein Einkaufsverhalten am ehesten ändert: wenn man studiert … und wenn man gerade Kinder bekommen hat. Wenn [diese Kunden] dann älter werden, sind sie sozusagen abhängig von Amazon, weil sie dort ihre Sachen am einfachsten bekommen."
>
> **JULIE TODARO, EHEMALIGE FÜHRUNGSKRAFT BEI AMAZON**[17]

Noch ein Pluspunkt für Amazon? Es ist so gut wie unmöglich, Prime zu kopieren. Das Programm ist breit gefächert, vielleicht etwas zu großzügig und ganz sicher ein einzigartiges Format – und damit ein beeindruckendes Alleinstellungsmerkmal für Amazon. Nicht viele andere Unternehmen sind so groß, branchenübergreifend dominant und haben die nötige Infrastruktur, dass sie es Amazon nachmachen könnten.

Der einzige Einzelhändler, der Amazon möglicherweise Konkurrenz machen könnte, ist Walmart. Im Jahr 2020 führte das Unternehmen sein eigenes Prime-ähnliches Mitgliedschaftsprogramm namens Walmart+ ein, und innerhalb von zwei Wochen meldeten sich elf Prozent der Amerikaner für den Dienst an.[18] Für 98 US-Dollar pro Jahr erhalten die Mitglieder unbegrenzt „kostenlose" Lieferung, Tankrabatte und Zugang zu Scan & Go (wobei es etwas seltsam ist, dass Letzteres als „Vergünstigung" angeboten wird, da es schon fast zur Norm geworden ist und es ja auch für Walmart nur Vorteile bringt, sowohl im Hinblick auf das Kundenerlebnis als auch auf die Einsparung von Arbeitskosten).

Auf jeden Fall ist es faszinierend, zu beobachten, wie sich Walmart ein Beispiel an Amazon nimmt und den Fokus nicht mehr nur darauf legt, dass Kunden Geld sparen, sondern auch darauf, ihnen Zeit zu schenken. Es ist viel leichter, dafür Extrakosten zu verlangen, da Zeit zum teuersten Gut wird. Ein paar Jahre vor der Einführung von Walmart+ wollte man mit dem „ShippingPass" schon einmal Prime die Stirn bieten. Dabei handelte es sich um ein ähnliches Programm, das die unbegrenzte Lieferung innerhalb von zwei Tagen beinhaltete, allerdings nur 49 US-Dollar kostete. Walmart stellte das Programm 2017 nach kurzer Zeit wieder ein und bot stattdessen für mehr als zwei Millionen Artikel diese Versandoption kostenlos an – eine Mitgliedschaft war nicht erforderlich.

Wir glauben, dass sich Walmart+ im Wettbewerb behaupten wird, aber da zurzeit Streamingangebote fehlen und nur eine kleinere Menge an Produkten für die Same-Day-Lieferung (160.000 Artikel im Vergleich zu drei Millionen Artikeln bei Amazon) zur Verfügung steht, glauben wir eher, dass es Prime ergänzen als vom Markt verdrängen wird.

WIE FUNKTIONIERT PRIME IN LADENGESCHÄFTEN?

Für Branchenanalystinnen wie uns war es höchst interessant, zu beobachten, wie sich das Prime-Modell in echten Läden umsetzen ließe. Es ist kein Problem, Kunden online in verschiedene Kategorien einzuteilen, da man hier den Zugang zu bestimmten Produkten und Dienstleistungen freischalten oder sperren kann. In einem Ladengeschäft ist das etwas heikler. Prime bildet jedoch das eigentliche Rückgrat des Einzelhandelsgeschäfts von Amazon. Auch als Amazon immer weiter in den stationären Einzelhandel vordrang, war der Verzicht auf Prime nie eine Option. Einen ersten Eindruck davon, wie Amazon Prime in den stationären Handel übertragen würde, erhielten wir durch Amazon Books – das erste Ladenkonzept von Amazon für echte Läden im klassischen Sinn.

Wir werden die Details dieses einzigartigen Konzepts später im Buch besprechen. Zunächst muss man nur wissen, dass es keine merklichen Vorteile für Prime-Mitglieder gab, als Amazon Books 2015 eingeführt wurde. Weniger als ein Jahr später ging Amazon jedoch offensiv zu einem gestaffelten Preismodell über – die Preise für Prime-Kunden entsprechen nun denen, wie sie auf der Amazon-Website angeboten werden, alle anderen müssen den Listenpreis zahlen.

2018 hat Amazon mit Amazon 4-Star ein weiteres unkonventionelles Konzept für den stationären Handel lanciert. Wie der Name schon sagt, führen die Geschäfte nur Artikel, die online mit mindestens vier Sternen bewertet wurden. Wie bei Amazon Books zahlen Prime-Mitglieder den Onlinepreis, Nichtmitglieder den Listenpreis – außer natürlich, wie könnte es anders sein, sie melden sich für eine kostenlose Prime-Testmitgliedschaft an.

Man kann jetzt argumentieren, dass sich das gestaffelte Preismodell von Amazon kaum von den herkömmlichen Treueprogrammen unterscheidet, wo an den Kassen der Supermärkte in Amerika seit Jahrzehnten Kundenkarten gescannt werden. Die Supermärkte gewähren den Kunden jedoch nur einen Rabatt auf *ausgewählte* Artikel, während das System von Amazon so konzipiert ist, dass *jeder* Artikel zwei Preise hat. Wenn man kein Prime-Mitglied ist, gibt es keinen Grund, in einer Amazon-Filiale einzukaufen – außer vielleicht, um Amazon-Geräte wie den Echo oder den Kindle auszuprobieren. Damit ist man nur einen kleinen Schritt davon entfernt, Eintritt in den Laden zu verlangen.

Es sollte keinen überraschen, dass diese Geschäfte nicht viel zum Umsatz beitragen. Wir sind sogar der Meinung, dass die Investitionen in diese Läden als Marketingausgaben betrachtet werden sollten, da ihr einziger Zweck darin besteht, auf die Vorteile von Prime aufmerksam zu machen und letztendlich für mehr Prime-Mitgliedschaften zu sorgen.

Aber wie würde das in einem Supermarkt funktionieren? Hier würde Amazon mit einer solch deutlich gestaffelten Preispolitik nicht durchkommen, da die Kunden einfach mit den Füßen abstimmen würden. Es braucht also das richtige Händchen, um Prime-Kunden diskret Vergünstigungen zu gewähren, ohne dass man Kunden verliert. Gleichzeitig müssen aber die Nichtmitglieder von den Vorteilen von Prime überzeugt werden.

Die Übernahme von Whole Foods Market durch Amazon war ein Wendepunkt für die Branche – und für Amazon selbst. Wir werden das in den kommenden Kapiteln noch genauer betrachten; an dieser Stelle soll nur darauf hingewiesen werden, dass Prime-Mitglieder ziemlich lange auf spürbare Vergünstigungen warten mussten – abgesehen vielleicht von verbilligten Truthähnen zu Thanksgiving im ersten Jahr nach der Übernahme. Heute ist Amazon jedoch schon viel mutiger, was die Gestaltung der Vergünstigungen für seine besten Kunden in den Supermärkten angeht: Prime-Mitglieder bekommen jetzt beim Einkauf in den Läden von Whole Foods sowie in den nach Amazon benannten Supermärkten exklusive Rabatte und Angebote. Prime-Mitglieder erhalten zusätzlich zehn Prozent Rabatt auf bereits reduzierte Artikel; ferner können sie ihren Einkauf kostenlos innerhalb von zwei Stunden zu sich nach Hause liefern lassen oder innerhalb von einer Stunde im Geschäft abholen. Der stationäre Handel ist ein völlig anderes Paar Schuhe als das Onlinegeschäft, aber wir sind überzeugt, dass Amazon – mit Prime als Grundlage für das Lebensmittelgeschäft – mit seinen hochtechnisierten Supermärkten einen bedeutenden Einfluss auf die Branche haben kann.

PRIME 2.0

In Zukunft wird Amazon im stationären Handel sicherlich noch präsenter werden, aber auch das Kerngeschäft von Prime, das im Digitalen liegt, wird sich weiterentwickeln und für die Kunden noch attraktiver, flexibler und letztlich teurer werden.

Mehr Schnickschnack

Amazon wird Prime noch weiter ausbauen und neue Leistungen hinzufügen, die entweder die Kundenbindung erhöhen oder zur grundsätzlichen strategischen Ausrichtung von Amazon passen. So hat Amazon 2017 den ersten Prime-Vorteil im Bereich Mode eingeführt – Prime Wardrobe –, um hier Vertrauen und Glaubwürdigkeit aufzubauen und gleichzeitig das größte Hemmnis beim Onlinekauf von Kleidung zu beseitigen: Retouren wegen falscher Größe. Der neue Service bringt die Umkleidekabine zum Kunden, indem Prime-Mitglieder bis zu acht Kleidungsstücke, Schuhe oder Accessoires bestellen und in Ruhe zu Hause anprobieren können. Die Kunden erhalten vorfrankierte Rücksende-Etiketten und wiederverschließbare Schachteln für den kostenlosen Rückversand und zahlen nur für das, was sie behalten möchten.

Inspiriert von Nischenanbietern wie Stitch Fix und Trunk Club, war Amazon mit Prime Wardrobe der erste Mainstream-Kleiderhändler mit einem derartigen Angebot. Der britische Online-Modehändler ASOS führte jedoch nur wenige Monate nach Amazon einen eigenen Service ein, bei dem Kleidung ohne Vorauszahlung bestellt und anprobiert werden kann – zusätzlich mit Same-Day-Lieferung. Das ist der Amazon-Effekt, wie er im Buche steht: Die Konkurrenz wird ins Laufen gebracht, und die Kunden profitieren davon.

Heutzutage ist es üblich geworden, dass Kunden etwas schon mit der Absicht bestellen, es wieder zurückzuschicken. Das ist für den Verkäufer aber nicht grundsätzlich schlecht, denn diejenigen, die am meisten zurückschicken, geben in der Regel auch am meisten aus. Es ist verständlich, dass Einzelhändler das „Wardrobing" abstellen möchten – dass also Kunden ein Kleidungsstück bestellen, es einmal tragen und dann gegen volle Kostenerstattung zurückschicken. Aber sollte man auch versuchen, das sogenannte Bracketing zu unterbinden? Bracketing ist genau das, was Prime Wardrobe dem Kunden ermöglicht – mehrere Größen zu bestellen, um die beste Passform zu finden. Und im Zusammenhang mit kostenlosen Rücksendungen und flexiblen Zahlungsbedingungen macht das auch völlig Sinn. Amazon ist zwar nicht für seine Modekompetenz bekannt, aber einmal mehr zeigt das Unternehmen mit seinen nutzbringenden Ansätzen, dass damit ganze Branchen radikal verändert werden können.

Wachstum durch neue Kundendemografie

Laut einer Umfrage von Piper Jaffray haben satte 82 Prozent der Haushalte in den USA mit einem jährlichen Einkommen von mehr als 112.000 US-Dollar eine Prime-Mitgliedschaft.[19] Amazon hat den Markt für gut situierte Kunden erobert und muss sich nun außerhalb seiner Kernkundschaft um künftiges Wachstum bemühen. Dieselbe Umfrage zeigt, dass Amazon von denjenigen am wenigsten genutzt wird, die weniger als 41.000 US-Dollar verdienen.

Die drei größten Hemmnisse waren für diese einkommensschwache Kundengruppe in der Vergangenheit: die jährliche Prime-Gebühr, ein eingeschränkter Internetzugang und eine fehlende Kreditkarte. Mehr als ein Viertel der amerikanischen Haushalte hat keinen oder nur eingeschränkten Zugang zu Giro- und Sparkonten.[20]

In den vergangenen Jahren hat Amazon seine Bemühungen verstärkt, einkommensschwächere Kunden anzusprechen. So wurde beispielsweise 2016 eine monatlich zu bezahlende Prime-Mitgliedschaft eingeführt. Für die Kunden sind dabei die jährlichen Kosten insgesamt höher (156 US-Dollar gegenüber 119 US-Dollar); das bietet aber eine Möglichkeit, Prime-Mitglied zu werden, auch wenn man die Jahresgebühr nicht auf einmal bezahlen will oder kann.

Inzwischen hat Amazon auch die Verbraucher mit keinem oder nur eingeschränktem Zugang zu Finanzinstituten in den Blick genommen und eine vergünstigte Prime-Mitgliedschaft für Empfänger von staatlicher Unterstützung und auch Amazon Cash eingeführt, ein Programm mit dem Käufer Bargeld auf ihr Amazon-Konto einzahlen können, indem sie in teilnehmenden Geschäften einen Strichcode scannen. Dieses System wurde inzwischen auch in Großbritannien eingeführt, wo es den Namen „Top Up" trägt.

Das Unternehmen hat außerdem seine Partnerschaft mit Coinstar erweitert, sodass Kunden ihr Kleingeld direkt auf ihr Amazon-Konto einzahlen können. Im Jahr 2019 bot Amazon Kunden in den USA eine weitere Möglichkeit, mit Bargeld einzukaufen. Mit dem Amazon PayCode, der zum Zeitpunkt der Markteinführung in den USA bereits in 19 Ländern verfügbar war, können Kunden beim Online-Checkout die Bezahloption Amazon PayCode auswählen und dann ihren Einkauf an einem der 15.000 Western-Union-Standorte in bar bezahlen.

Damit wird eindeutig versucht, Marktanteile bei einer Bevölkerungsgruppe zu gewinnen, die traditionell bei stationären Einzelhändlern, vor allem bei Walmart, einkauft. Schätzungsweise rund 20 Prozent der Walmart-Kunden bezahlen ihre Lebensmittel mit Lebensmittelmarken, und Walmart ermöglicht es seinen Kunden seit Jahren, online „mit Bargeld" zu bezahlen (die Bezahlung erfolgt in den Walmart-Filialen).[21]

Was also wird Amazon als Nächstes tun? Wird es bald ein Amazon-Girokonto geben? Das wäre eine logische Weiterentwicklung der bereits bestehenden Dienstleistungen von Amazon – bei anderen internationalen E-Commerce-Händlern wie Alibaba und Rakuten gibt es das bereits.

Aber weitere Gebührenerhöhungen sind unvermeidlich

Amazon ist ohne Frage sehr darauf aus, die Zahl der Prime-Mitglieder zu erhöhen, um einerseits das Schwungrad anzutreiben (oder, einfach ausgedrückt, den Umsatz zu steigern) und andererseits die steigenden Versandkosten zu kompensieren. Wie bereits beschrieben sind alternative Einnahmequellen wie AWS, Werbung und zunehmend auch Abonnements (von denen rund 90 Prozent auf Einnahmen durch Prime entfallen) für Amazon von entscheidender Bedeutung, um weiterhin ins Kerngeschäft, den Einzelhandel, investieren zu können.

Das Umsatzwachstum bei Prime wird durch Kundenakquise außerhalb der USA, aber auch durch die guten alten Gebührenerhöhungen erzielt. Im Jahr 2005 kostete das Prime-Abo noch 79 US-Dollar – aber natürlich ging es bei der Einführung von Prime auch ausschließlich um kostenlosen Versand. Nachdem dieser ursprüngliche Preis fast ein Jahrzehnt lang beibehalten worden war, erhöhte Amazon die Gebühr 2014 zum ersten Mal, und zwar auf 99 US-Dollar. Darin spiegeln sich die steigenden Versandkosten und die Investitionen in das Prime-Angebot mit neuen Services wie Videostreaming wider. Prime ist 2018 erneut teurer geworden, um 20 Prozent, und koste 119 US-Dollar, im Februar 2022 folgte die bisher letzte Erhöhung auf 139 US-Dollar.

Amazon gibt Milliarden US-Dollar für den Versand von Artikeln aus, aber darauf werden wir später im Buch noch genauer eingehen. Wenn die Kunden mehr kaufen, steigt theoretisch das Umsatzvolumen und die Versandkosten sinken, was zu besseren Konditionen bei den Lieferanten und folglich zu niedrigeren Preisen für die Kunden führt. Je weiter Amazon jedoch in den Handel mit schnelllebigen Konsumgütern vordringt, desto weniger gut funktioniert das, da diese Güter einen geringen Wert haben, aber oft bestellt werden. Man geht davon aus, dass Prime für etwa 60 Prozent aller Versandkosten verantwortlich ist[22] und dass Amazon die Gebühr auf 200 US-Dollar erhöhen müsste, um mit Prime kostendeckend zu arbeiten. Das wird nicht passieren. Ja, man kann damit rechnen, dass alle paar Jahre die Gebühren erhöht werden, aber am wichtigsten bleibt der Schwungradeffekt, der das Herzstück von Prime bildet. So wenig dieser Effekt auch zu fassen sein mag: Prime bringt die Kunden dazu, mehr Geld auszugeben, und Amazon muss klug taktieren, um das nicht zu gefährden.

Für viele ist Amazon inzwischen so selbstverständlich im Alltag verankert, dass künftige Preiserhöhungen akzeptiert werden. Es ist zwingend erforderlich, dass Amazon weiterhin in digitale Inhalte investiert und das Herzstück, den kostenlosen Express-Versand, weiterentwickelt. Gleichzeitig müssen neue Wege der Kundenbindung beschritten werden, um das unglaublich hohe Kundennutzenversprechen zu erhalten. Aber man kann mit Fug und Recht behaupten, dass Prime die treibende Kraft im Einzelhandelsgeschäft von Amazon bleiben wird.

06
Einzelhandel: Apokalypse oder Renaissance?

> „Schon so lange prophezeit man den Untergang des Kinos, aber die Leute gehen immer noch gern hin."
>
> **JEFF BEZOS**[1]

Man muss heutzutage nicht lange suchen, um Artikel oder Studien zu finden, in denen der Onlinehandel als Sensenmann des Einzelhandels dargestellt wird. Der Begriff „retail apocalypse" (Untergang des Einzelhandels) ist jetzt offiziell im Wirtschaftslexikon enthalten und taucht in den Medien fast zu oft auf – auf Englisch hat er sogar einen eigenen Wikipedia-Eintrag.

Pessimismus und Schwarzmalerei taugen gut für Schlagzeilen, aber es ist noch zu früh, um den Nachruf auf den stationären Handel zu schreiben. Den größten Teil dieses Kapitels werden wir der Entkräftung dieses Narrativs widmen. Aber wir wollen eines zunächst klarstellen: Es gibt zu viele Geschäfte. Es gibt heutzutage ein Überangebot an Einzelhandelsflächen, und es gibt Einzelhandelsflächen, die nicht mehr zweckmäßig sind.

In den vorangegangenen Kapiteln haben wir dargelegt, wie die Pandemie den Niedergang des mittelmäßigen Einzelhandels vorangetrieben hat – aber man darf nicht vergessen, dass der Einzelhandel seine Filialpräsenz schon seit Jahren verringert hat. Nach Angaben von Coresight Research wurden in den USA im Jahr 2020 fast 9.000 Läden geschlossen.[2] Das war zwar etwas weniger als im Vorjahr, doch lässt sich das pandemiebedingt auf die staatlichen Konjunkturprogramme und die Verlagerung der Konsumausgaben (hin zu Waren und weg von Dienstleistungen) zurückführen.

Tatsächlich passen viele große Marken wie Zara, H&M, Gap, Victoria's Secret, Disney und Nike ihr Standortportfolio weiter an, um dem steigenden Onlinehandel Rechnung zu tragen. Und es gibt keine Anzeichen dafür, dass dieser Trend nachlässt – UBS prognostiziert, dass bis 2026 in den USA 80.000 Einzelhandelsgeschäfte schließen werden.[3]

Auch wenn diese Entwicklung in den zugebauten Vororten der USA besonders ausgeprägt ist, handelt es sich keineswegs um ein rein amerikanisches Phänomen. In Großbritannien wurden im Jahr 2020 mehr als 17.500 Einzelhandelsgeschäfte geschlossen, was den stärksten Rückgang seit über einem Jahrzehnt darstellte.[4] Mitte 2021 stand jedes siebte britische Geschäft leer.[5]

Gleichzeitig steigt der Onlinehandel weltweit stark an und damit auch die Erwartungen der Kunden. In Großbritannien dauerte es sieben Jahre, bis der Anteil des Onlinehandels an den gesamten Einzelhandelsumsätzen von neun Prozent auf 19 Prozent gestiegen war (2012 bis 2019), aber nach Ausbruch der Pandemie kletterte die Zahl in nur vier Monaten von 19 auf 33 Prozent (Januar bis Mai 2020).[6]

Laut McKinsey gibt es in China inzwischen mehr Onlinekäufer als in jedem anderen Land, und weltweit gesehen entfällt auf China etwa die Hälfte des Umsatzvolumens über E-Commerce.[7] Für die USA prognostiziert UBS, dass der Anteil des E-Commerce am gesamten Einzelhandelsumsatz bis 2026 auf 27 Prozent steigen wird. Um es noch einmal deutlich zu sagen: Es gibt kein Zurück zum Status quo.[8]

Es lässt sich nicht leugnen, dass der pandemiebedingte Anstieg des Onlinehandels teilweise auf Kosten der traditionellen Einzelhandelsketten geht – aber ist das alles die Schuld von Amazon? Nicht ganz. Man kann es auch so sehen: Der moderne und gesättigte Einzelhandel hat zu viel Verkaufsfläche, die Einkaufsgewohnheiten haben sich grundlegend geändert, die Digitalisierung hat den Einzelhandel auf den Kopf gestellt, radikale Einzelhandelskonzepte – man denke nur an Fast Fashion und Lebensmitteldiscounter – stehlen den etablierten Anbietern weiterhin Marktanteile. Und im Allgemeinen wird weniger objekt- und mehr erlebnisorientiert eingekauft (obwohl dieser Trend während der Pandemie kurzzeitig zurückging). Wir befinden uns an einem Knotenpunkt bedeutender technologischer, wirtschaftlicher und gesellschaftlicher Veränderungen, die die Einzelhandelsbranche tiefgreifend verändern werden.

Wie sehen diese Veränderungen genau aus, beziehungsweise welche Auswirkungen ergeben sich daraus für das Standortportfolio der Einzelhändler?

DER EINKAUF WIRD ZUM WUNSCHKONZERT

> „Die Annahme, dass Online- und stationärer Einzelhandel einander gegenseitig ausschließen, ist einfach falsch. Es gibt eindeutig Gemeinsamkeiten. Sieht man sich das Kaufverhalten an, läuft es im Geschäft genauso wie im Internet ab."
>
> **JOHN BOUMPHREY, AMAZON UK COUNTRY MANAGER, 2021**[9]

Die technologische Entwicklung erhöht nicht nur die Erwartungen der Kunden und schafft neue Einkaufsmöglichkeiten– sie revolutioniert den Einzelhandel auch grundlegend. Das ist natürlich ein zentrales Thema in diesem Buch, aber an dieser Stelle möchten wir speziell darauf eingehen, wie die technologische Entwicklung die

Erwartungen der Kunden verändert, indem sie ein komfortableres und unkompliziertes Einkaufserlebnis ermöglicht.

Zuerst muss uns bewusst sein, dass die Welt viel vernetzter ist als noch vor einem Jahrzehnt: Mehr als zwei Drittel der Weltbevölkerung besitzen ein internetfähiges Mobiltelefon,[10] und bis 2023 wird es voraussichtlich mehr als dreimal so viele vernetzte Geräte auf der Erde geben wie Menschen.[11] Kaum vorstellbar, dass es das iPhone – ein Gerät, das aus unserem Alltag nicht mehr wegzudenken ist – erst seit 2007 gibt. Bei Google ist man der Meinung, dass wir nicht mehr „online gehen", sondern „online leben". Da der durchschnittliche Amerikaner fast neun Jahre seines Lebens vor seinem winzigen Bildschirm verbringt,[12] kann man mit Fug und Recht behaupten, dass unsere Mobiltelefone uns als Verbraucher in eine neue Dimension versetzt haben.

Amazon ist hier von vornherein gut aufgestellt. In Großbritannien, wo 94 Prozent der Erwachsenen mit Onlinezugang Apps auf ihren Smartphones und Tablets nutzen, hat die Amazon-App die größte Reichweite (19,2 Millionen) unter allen Einzelhändlern. 2020 stand Amazon an achter Stelle bei den am meisten genutzten Apps im Land. Nutzer in Großbritannien nutzen die App täglich zwei Stunden und fünf Minuten, in etwa genauso lange wie Google Maps.[13]

Im jetzigen Zeitalter der allgegenwärtigen Konnektivität ist der Kunde König. Seit es E-Commerce gibt und dafür immer mehr mobile Geräte zur Verfügung stehen, sehen sich die Einzelhändler vor der Herausforderung, die Wünsche dieser Kunden zu erfüllen, die rund um die Uhr mit dem Internet verbunden („always on") sind. Die Möglichkeit, mit dem Smartphone einzukaufen, während man im Zug oder beim Zahnarzt im Wartezimmer sitzt, verschafft den Kunden ein völlig neues Level an Komfort und viel einfacheren Zugang. Gleichzeitig wurde dadurch die Kluft zwischen stationärem und digitalem Einzelhandel kleiner, worauf im nächsten Kapitel näher eingegangen wird.

Wie bereits erwähnt, hat auch eine andere technologische Entwicklung unser Einkaufsverhalten verändert: die Art und Weise, wie wir bezahlen. PayPal, das Zeit spart und zusätzliche Sicherheit bei der Eingabe von Zahlungsinformationen bietet, hat die Kunden an Onlinezahlungen herangeführt sowie den Weg für kontaktloses Bezahlen mit Karte in Ladengeschäften mit mobilen Geldbörsen zum Beispiel von Apple Pay oder Google Pay geebnet.

Das Smartphone hat das Wachstum von Onlinehändlern wie Amazon noch vorangetrieben. Durch die Nachfrage nach immer immersiveren und anpassungsfähigeren Angeboten sind weitere technologische Entwicklungen hinzugekommen: optimierte Websites für Handys, Apps und größere mobile Geräte wie Tablets mit größeren Touchscreens, die die Handhabung erleichtern, sowie „Wearables" wie Smartwatches, anderer intelligenter Schmuck und Fitnesstracker. Und auch die Sicherheit entwickelt sich weiter: Anstatt uns unzählige Passwörter zu merken, können wir uns jetzt einfach mit unserem Google- oder Facebook-Konto anmelden (Single Sign-on), es gibt Zwei-Faktor-Authentifizierung, den biometrischen Fingerabdruck und Gesichtserkennung.

Auch der Einzelhandel hat sich unter Nutzung dieser neuen Technologien weiterentwickelt, um den Online-Einkauf so einfach wie möglich zu gestalten. Amazons „1-Click"-Patent revolutionierte den Online-Checkout, während andere Firmen mit „Social Shopping" (Verkauf über die sozialen Medien) Geld zu verdienen versuchen, wobei „shoppable Media", gamifiziertes Augmented-Reality-Shopping und die Dominanz von WeChat bei App-in-App-Zahlungen in China bemerkenswerte Erfolge darstellen. Aber die Erwartungen der vom Onlineshopping verwöhnten Kunden werden dafür sorgen, dass in Zukunft nicht mehr nur die Mobil- und Touchscreen-Technologie vom Streben nach Einfachheit und Komfort bestimmt werden. Dies ist bereits bei dem rasanten Ausbau von Smarthome-Technologien zu beobachten, wodurch zum Beispiel Haushaltsgeräte von sich aus Vorräte nachbestellen, sowie beim Einbau von Sprachassistenten in immer mehr Geräte, zum Beispiel in Systeme im Auto.

Diese technologischen Verbesserungen, wodurch Milliarden von Produkten mit nur einem einzigen Klick bestellt werden können, gibt es in ähnlicher Weise bei der Bestellabwicklung. Die Lieferzeiten werden immer kürzer, da die Onlinehändler versuchen, ihren Kunden das Gefühl zu geben, dass sie ihre Ware ohne Zeitverzug bekommen, so wie es früher nur beim stationären Handel möglich war. Heute erwarten die Kunden, dass der Versand schnell, zuverlässig und kostenlos ist.

Und was ist das Ergebnis von alledem? Onlineshopping ist mittlerweile völlig unkompliziert. Insbesondere der E-Commerce mit mobilen Endgeräten (M-Commerce) boomt und wird in Zukunft enorm wachsen. Bis 2024 sollen sich die weltweiten Umsätze im M-Commerce auf 4,5 Billionen US-Dollar mehr als verdoppeln. Das werden dann unglaubliche 70 Prozent des weltweiten E-Commerce-Markts sein.[14]

Der stationäre Einzelhandel muss dafür sorgen, dass er den überlasteten Kunden von heute zufriedenstellen kann, wenn dieser das Geschäft mit gesteigerten und manchmal sogar widersprüchlichen Erwartungen betritt. Einerseits verlangen die Kunden nach ultimativem Komfort, der Einkauf muss reibungslos ablaufen, sie wollen Transparenz und ihre Bedürfnisse sollen unverzüglich befriedigt werden. Andererseits erwarten sie aber auch eine Einkaufsumgebung, die mit hochpersonalisierter Kundenansprache aufwartet und zunehmend erlebnisorientiert ist.

In Zukunft wird es sicher weniger Geschäfte geben, dafür aber werden sie mit anderen Dingen punkten. Wir gehen davon aus, dass die Einzelhändler weiter ihr Standortportfolio überdenken und gleichzeitig in das Einkaufserlebnis im Laden investieren werden, um sich an die neue Realität des veränderten Kaufverhaltens anzupassen. Denjenigen Einzelhändlern, die nicht in der Lage sind, sich auf den Kunden von heute einzustellen, wird nichts anderes übrig bleiben, als ihre Geschäfte zu schließen.

DER AMAZON-EFFEKT: TOD DEN BRANCHENKILLERN

Begriffe wie „Untergang des Einzelhandels“ oder „Amazon-Effekt“ sind reißerische Aufhänger für viele Artikel über den Einzelhandel geworden. Läden werden geschlossen? Das ist der Amazon-Effekt. Einzelhändler investieren in den Onlinehandel? Der Amazon-Effekt. Übernahmen, Konkurse, Entlassungen ... Heutzutage kann man fast alle Entwicklungen im Einzelhandel mit dem in Seattle ansässigen Handelsgiganten in Verbindung bringen, wenn das auch manchmal an den Haaren herbeigezogen zu sein scheint.

Nichtsdestotrotz ist die Bedrohung, „amazonisiert“ zu werden, für einige sehr real. Wenn das Produkt digital geliefert werden kann – zum Beispiel Musik, Videos, Spiele, Bücher – und der Anteil des Onlinehandels bei fast 50 Prozent liegt, gibt es wenig Hoffnung für Ladengeschäfte als Verkaufsort. Die „Branchenkiller“, das heißt stark spezialisierte Fachhändler, die meist in einer bestimmten Produktkategorie den Markt beherrschten, waren natürlich die ersten Opfer des E-Commerce. Blockbuster, Circuit City, CompUSA und zuletzt auch Toys R Us sind inzwischen Geschichte. Viele dieser Unternehmen wurden vom Jäger zum Gejagten, was zeigt, wie gefährlich Selbstgefälligkeit ist.

Borders zum Beispiel war einst die zweitgrößte Buchhandelskette der Vereinigten Staaten. In einem im Nachhinein schicksalhaft anmutenden Interview aus dem Jahr 2008, das auf der Website des Hedgefonds-Managers Todd Sullivan nachzulesen ist, sagte George Jones, der damalige CEO von Borders: „Ich glaube nicht, dass Technologie und Selbstbedienung in unseren Läden es auch nur annähernd damit aufnehmen können, dass man in unsere Läden kommen kann und dort jemand ist, der einen begrüßt und sich mit Büchern auskennt. Das ist und wird immer ein wichtiger Teil unseres Geschäfts sein.“[15] Drei Jahre später machte Borders Konkurs.

Was einst ein Wettbewerbsvorteil für die Branchenkiller war – ein breites Produktsortiment und ein großes Filialnetz –, war letztlich der Grund für ihren Untergang. Es ist kein Zufall, dass Amazon als

Buchhandlung anfing, da diese Warengruppe für den Onlinekauf bei den ersten Internetkunden großen Anklang fand. Man muss wissen, dass es zu der Zeit, als Amazon in den Buchhandel einstieg, weltweit drei Millionen Bücher gedruckt wurden – weit mehr, als jede Buchhandlung jemals auf Lager haben konnte.[16] Und das war der Anfang vom Ende der Branchenkiller.

Allein die Existenz von Amazon hat Auswirkungen auf jedes einzelne Einzelhandelsgeschäft. Das Unternehmen hat zweifellos von allen Einzelhändlern im Westen die größten Veränderungen verursacht. Kein anderer Händler hat so erfolgreich die Selbstgefälligkeit und Belanglosigkeit in der Branche beseitigt und letztlich den Wandel zum Nutzen der Kunden vorangetrieben. Aber das bedeutet natürlich auch, dass es in Zukunft weniger stationären Einzelhandel geben wird: 28 Prozent der Käufer weltweit geben Amazon als Hauptgrund dafür an, dass sie seltener in Ladengeschäften einkaufen.[17]

ZU VIEL UND KAUM VON INTERESSE?

Nach Angaben des International Council of Shopping Centers wuchs die Zahl der Einkaufszentren in den USA zwischen 1970 und 2015 um 300 Prozent und damit mehr als doppelt so schnell wie die Bevölkerung.[18] Heute sind die USA bei Weitem das Land mit der höchsten Verkaufsfläche pro Kopf der Welt. Es wird geschätzt, dass jedem Einwohner in den USA zwischen 2,2 und 4,3 Quadratmetern Verkaufsfläche zur Verfügung stehen. Zum Vergleich: In Deutschland sind es nur rund 0,22 Quadratmeter und in Mexiko rund 0,13 Quadratmeter Einzelhandelsfläche pro Kopf. Der Untergang des Einzelhandels hat sich schon lange abgezeichnet[19]

Der Niedergang des Einkaufszentrums wurde in den USA durch die große Rezession von 2007 bis 2009, die Zunahme des Onlineshoppings und zuletzt durch die Coronakrise noch verschärft. Schließlich ist der Onlinemarkt nichts anderes als eine modernisierte digitale Version des Einkaufszentrums – nur eben rund um die Uhr geöffnet und mit einem unendlichen Sortiment.

Allerdings verfügte der US-Einzelhandelssektor schon lange vor dem E-Commerce-Boom wohl über zu viele Ladengeschäfte. Laut Bloomberg war dies das „Ergebnis davon, dass Investoren schon vor Jahrzehnten, als die Vorstädte boomten, Geld in Gewerbeimmobilien gesteckt hatten". In all diese Immobilien mussten Geschäfte einziehen, und diese Nachfrage weckte die Aufmerksamkeit des Risikokapitals. Das Ergebnis war die Geburt der Big-Box-Ära mit riesigen Geschäften in fast jeder Produktkategorie – zum Beispiel für Bürobedarf wie Staples Inc. oder auch für Tierbedarf wie PetSmart Inc. und Petco Animal Supplies Inc."[20]

Einkaufszentren sind inzwischen eine vom Aussterben bedrohte Spezies: Man rechnet damit, dass bis 2025 ein Viertel der Einkaufszentren in den USA schließen wird.[21] Eine Krise der öffentlichen Gesundheit hat das größte Problem der Einkaufszentren noch verschärft: Brauchen wir noch Einkaufszentren? Die Kundenzahl von Einkaufszentren ist seit mehr als zehn Jahren rückläufig. Während der Pandemie wurden Kinos, Fitnessstudios und Restaurants vorübergehend geschlossen, sodass es für die Kunden noch weniger Grund gab, sich vom Bildschirm zu lösen. Daher überrascht es nicht, dass eine Reihe von US-amerikanischen Einzelhandelsketten, die besonders in Einkaufszentren vertreten sind – darunter J. C. Penney, Neiman Marcus, Lord & Taylor, Brooks Brothers und J. Crew –, im Jahr 2020 Insolvenzschutz beantragten. Einzelhändler, die schon vor Corona in ihrer Existenz bedroht waren, kämpften in der Krise ums Überleben. Das ist Darwinismus im Einzelhandel par excellence.

Obwohl in Zukunft die Verkaufsflächen in den Einkaufszentren auf jeden Fall effizienter gestaltet werden müssen, wird es auch die Möglichkeit geben, sich neu zu erfinden. Es könnte sogar sein, dass die Einkaufszentren wieder aufleben werden, falls sich die Arbeit im Homeoffice langfristig durchsetzen und sich im Zuge dessen das Einkaufsverhalten wieder ändern sollte.

Natürlich sind es heutzutage nicht nur die Einkaufszentren, die überdimensioniert und wie aus der Zeit gefallen wirken. Unserer Meinung nach sind nach dem Niedergang der Branchenkiller große außerstädtische Supermärkte und Kaufhäuser die am meisten gefährdeten Einzelhandelsformen. Trotz der vielen Unterschiede zwischen diesen beiden Ausprägungsformen ist die ursprüngliche Prämisse von Kaufhäusern und großen Supermärkten die gleiche: One-Stop-Shopping. In der Vergangenheit war es sinnvoll, diesen „Konsumpalästen" mehr als 100.000 Quadratmeter Einzelhandelsfläche zu widmen und viele verschiedene Marken unter einem Dach zu verkaufen. Macy's rühmt sich damit, dass sein New Yorker Flagship-Store mit 2,5 Millionen Quadratmetern das „größte Geschäft der Welt" ist – es erstreckt sich tatsächlich über einen ganzen Häuserblock –, während in Europa einige Carrefour- und Tesco-Hypermärkte so riesig waren, dass die Distanzen für die Angestellten nur auf Rollschuhen zu bewältigen waren. In der Vergangenheit mag das noch funktioniert haben, aber heute, wo allein Amazon Millionen von Prime-Produkten auf Lager hat, ist die Vorstellung, dass ein stationärer Händler immer noch „alles unter einem Dach" anbieten kann, lächerlich.

Aber der Einzelhandel reagiert schnell. Es ist erst ein paar Jahrzehnte her, dass Walmart auf sein Konzept mit Hypermärkten („Supercenter") als Zukunft des Einzelhandels gesetzt hat. Und für seine Zeit war es tatsächlich unglaublich innovativ. Die Kunden mussten nicht mehr von einem Fachgeschäft zum anderen; indem man den Komfort des One-Stop-Shoppings mit niedrigen Preisen kombinierte, war man sehr erfolgreich. Bereits 1997 sagte der damalige CEO von Walmart, David Glass, voraus: „Ich glaube, dass in zehn Jahren die Supercenter das sein werden, was heute die Discounter sind." Interessanterweise fing Walmart, wie die meisten Einzelhändler, zu dieser Zeit gerade erst an, sich mit „futuristischen Ideen [wie] Internet-Shopping" zu beschäftigen.[22]

Glass hatte mit seinen Vorhersagen sicherlich recht (obwohl es von Jeff Bezos wohl ein Update zu dieser Aussage gäbe, da der E-Commerce für das nächste Jahrzehnt das ist, was die Superstores für das vorherige Jahrzehnt waren). Zwischen 1996 und 2016 eröffnete Walmart durchschnittlich 156 Supercenter pro Jahr. Bei der Mehrzahl dieser Eröffnungen handelte es sich um die Umwandlung bestehender Discountmärkte und nicht um Neubauten; dennoch stellte dies die bedeutendste Veränderung im Lebensmitteleinzelhandel in der Geschichte der USA dar. So konnte Walmart seine Erfolgsformel mit niedrigen Preisen und einem großen Lebensmittelangebot in zuvor unterversorgte Gebiete bringen.

Bereits 2012 sagten Natalie und der bekannte Einzelhandelsanalyst Bryan Roberts in einem Buch voraus, dass Walmart mit seinen Supercentern bis 2020 den Markt gesättigt haben würde.[23] Drei Faktoren seien dafür ausschlaggebend: die nicht mehr gegebenen Möglichkeiten zum Rabattabzug, das langsame Bevölkerungswachstum und die Verschiebung des stationären Handels hin zum Onlinegeschäft.

Das „Sterben der Hypermärkte" ist allerdings in Ländern wie Großbritannien viel ausgeprägter. Dort wird der Einzelhandel stärker von Online- und Discountmärkten bestimmt, die die größte Gefahr für die Supermärkte darstellen. Nach Angaben des Office for National Statistics machte der Onlinehandel Mitte 2021, zu dem Zeitpunkt, als dieses Buch geschrieben wurde, 30 Prozent des gesamten Einzelhandelsumsatzes[24] in Großbritannien aus. Laut dem Marktforschungsunternehmen Kantar sind inzwischen Aldi und Lidl allein für 14 Prozent des Umsatzes im Lebensmittelsektor verantwortlich.[25] Das explosionsartige Wachstum bei diesen beiden Anbietern hatte schon vor der Pandemie zu gewaltigen Veränderungen im Einkaufsverhalten und bei den Kundenansprüchen geführt, was zuallererst zum Ende des Wocheneinkaufs geführt hat.

Im Jahr 2020 konnte man eine Wiederbelebung des Wocheneinkaufs beobachten, da die Kunden so selten wie möglich einkaufen und dabei in so wenige Geschäfte wie möglich gehen wollten; wir sind jedoch der Überzeugung, dass die Kunden mit Abklingen der Pandemie wieder häufiger zum Einkaufen gehen werden. Schon vor Corona besuchten 65 Prozent der Briten mehr als einmal pro Tag einen Supermarkt – ein verblüffender Wert. Die Kunden müssen für niedrige Preise oder eine breite Produktpalette nicht mehr zu einem Supermarkt außerhalb der Stadt fahren. Der Onlinehandel macht die Supermärkte regelrecht zunichte. Auch gibt es in der näheren Umgebung keine Einkaufsmöglichkeiten mehr, wo hochpreisige Artikel angeboten werden. Die Kunden von heute kaufen nicht viel ein, dafür öfter; sie kaufen „für heute Abend" ein und besuchen daher eine Vielzahl von Läden. Es ist anzunehmen, dass dieser Trend durch Schnelllieferdienste wie Gorillas, Weezy, Getir und Dija noch zunimmt; sie alle verfolgen nämlich das Ziel, den kleinen Einkauf zwischendurch im Digitalen zu ermöglichen, indem sie Lebensmittel in höchstens 15 Minuten liefern. Die Zeiten, in denen man für eine ganze Woche im Voraus plante, sind vorbei.

Besonders sichtbar wird diese grundlegende Veränderung der Einkaufsgewohnheiten gleich am Eingang eines Supermarkts. Bisher standen in einer normalen Waitrose-Filiale 200 große Einkaufswagen zur Verfügung und 150 kleinere für Kunden, die jeden Tag einkaufen gehen. Mittlerweile stehen dort 250 kleine und nur 70 große Einkaufswagen.[26] „Die Vorstellung, dass man in einem Wagen den Einkauf für die ganze Woche durch die Gegend schiebt, gehört der Vergangenheit an", so der frühere Waitrose-Chef Lord Mark Price.

Den Kaufhäusern hingegen wird es nicht so gut ergehen. Diese Sparte befindet sich seit mehr als zwei Jahrzehnten im freien Fall – eine Tendenz, die zuletzt durch die Pandemie noch verstärkt wurde.

Die wichtigste Regel im Einzelhandel lautet: Heb dich von der Konkurrenz ab! Das ist schon in guten Zeiten unerlässlich, wird aber umso wichtiger vor dem Hintergrund von zu vielen Einzelhandelsgeschäften und einer Kundschaft, die digital vernetzt ist und neue Prioritäten setzt. „Allen alles zu bieten" ist nicht mehr möglich. Man kann sogar behaupten, dass heutzutage die Amazon-Website wahrscheinlich der einzige Laden auf der Welt ist, der dank seines konkurrenzlosen Sortiments und seiner einzigartigen Unkompliziertheit – sowohl was die Bezahlung als auch was den Versand angeht – allen alles bieten kann. Für alle anderen ist es unerlässlich, sowohl eine eindeutige Vorstellung vom Zielkunden als auch ein Alleinstellungsmerkmal zu haben, um sich von der Masse abzuheben.

Es liegt in der Natur der Sache, dass traditionelle Kaufhäuser heute einfach an Bedeutung verlieren:

- *Das Vordringen des Onlinehandels.* Auch wenn es die Zahlen für die einzelnen Kategorien nicht aufschlüsselt, gilt Amazon als größter Bekleidungshändler in den USA. Wir glauben nicht, dass der Onlinehandel das Einkaufserlebnis im Ladengeschäft in Sparten wie Mode und Lebensmittel jemals vollständig ersetzen kann, aber das heißt nicht, dass man es nicht versucht. Schnellere Lieferung, großzügigere Rückgaberegelungen und verbesserte Maßtabellen schaffen bei den Kunden mehr Vertrauen, Kleidung online zu bestellen.
- Wie bereits erwähnt, untergräbt der Onlinehandel die Grundvoraussetzung für das Konzept eines Kaufhauses: das One-Stop-Shopping. Nach Angaben des amerikanischen Finanzdienstleisters Cowen and Company erwirtschaften Kaufhäuser in den USA etwa 15 bis 25 Prozent ihres Umsatzes online; viele Analysten gehen jedoch davon aus, dass bei Bekleidung eine Durchdringung des Marktes durch das Onlinegeschäft von maximal 35 bis 40 Prozent möglich sein wird.[27] Es besteht also die Möglichkeit, dass die Warenhäuser ihr Onlinegeschäft ausbauen, doch wird dies zu vielen leeren Regalen in den Geschäften führen. Selbst die am effizientesten aufgestellten und digital versiertesten Kaufhausketten spüren den Druck. Im Jahr 2020 machte der Onlinehandel bei John Lewis in Großbritannien drei Viertel des Umsatzes aus, während es vor der Pandemie bereits beeindruckende 40 Prozent gewesen waren.[28] In der Erwartung, dass sich dieser Trend nicht „grundlegend ins Gegenteil umkehren" würde, hat John Lewis, wie viele andere auch, nach den Lockdowns nicht alle seine Geschäfte wieder geöffnet. „Wir haben einfach zu viel Ladenfläche, wenn man berücksichtigt, wie die Menschen heutzutage einkaufen wollen", erklärte der Einzelhändler im Jahr 2020.[29]

- Man darf auch nicht vergessen, dass die Kunden früher in die Kaufhäuser gingen, weil ihnen dort die Angestellten mit Sachkenntnis und Hilfe zur Seite standen. Außerdem konnte man neue Produkte entdecken und sich inspirieren lassen. Das ist heutzutage natürlich weniger wichtig, da sich die Menschen jetzt von ihren Smartphones beraten lassen und oft online recherchieren, bevor sie in ein Geschäft gehen. Dennoch glauben wir, dass Kaufhäuser mehr tun könnten: Sie sollten sich auf die Mode- und Stilberatung konzentrieren und die Umkleidekabine zum Erlebnis werden lassen.
- *Produktgleichheit und Positionierung im mittleren Preissegment.* Die Schwierigkeiten für das Warenhaus gehen weit über die *Breite* des Sortiments hinaus; das Angebot selbst ist heute zu wenig ausgefallen und überzeugend. Die Unternehmensberater von AlixPartners schätzen, dass sich das Angebot der traditionellen Kaufhäuser zu 40 Prozent überschneidet. Aber es war nicht immer so, dass alle diese Läden so homogen waren.[30] Einst bot das „Wish Book“ von Sears (von der Kaufhauskette Sears veröffentlichter Katalog kurz vor Weihnachten) die größte Auswahl an Spielwaren, die in an einem Ort zu finden war, und J. C. Penney verkaufte noch bis in die 1980er-Jahre Haushaltsgeräte und Autozubehör. Der anschließende Aufstieg der großen Discounter wie Walmart und Target zwang die großen Kaufhausketten, ihr Warenangebot zu reduzieren und ihren Schwerpunkt auf Mode zu verlagern. Heutzutage machen Bekleidung, Schuhe und Accessoires etwa 80 Prozent des Umsatzes der meisten Kaufhäuser aus, im Vergleich zu gerade einmal 50 Prozent vor einigen Jahrzehnten.[31]
- Die verstärkte Konzentration auf Mode mag einst ein Weg gewesen sein, der wachsenden Bedrohung durch die Supermärkte zu begegnen, aber heute sehen die Kaufhäuser trotz ihrer Bemühungen, in exklusive Produkte zu investieren und mit anderen Unternehmen zusammenzuarbeiten, ziemlich alt aus. Die Fast-Fashion-Kette Zara bringt wöchentlich 500 neue Designs

auf den Markt und schafft es, einen Mantel in 25 Tagen von der Entwurfsphase bis zum Verkauf zu bringen.[32] Händler mit Sonderverkaufsware (sogenannte Off-Price-Händler) bieten inzwischen Preise, die bis zu 70 Prozent unter denen der traditionellen Kaufhäuser liegen.[33] Durch den Aufstieg solcher Unternehmen, die im stationären Einzelhandel alles anders machen, sind Kaufhäuser nicht mehr am billigsten, aber auch nicht am modischsten oder am bequemsten. Und wir alle wissen, dass für Einzelhändler die Positionierung im Mittelmaß gefährlich ist.

- Die erste Kurzschlussreaktion der Kaufhausketten auf diese neue Bedrohung durch den Wettbewerb bestand in schier ununterbrochenen Rabattaktionen; dieser Unterbietungswettlauf hat jedoch lediglich die Margen immer weiter verringert, das Markenimage hat darunter gelitten und die Kunden haben es sich angewöhnt, nur bei Sonderangeboten zuzuschlagen. Mittlerweile setzen die Kaufhäuser getreu dem Motto „Kannst du den Feind nicht besiegen, umarme ihn" darauf, selbst mehr Sonderverkaufsware anzubieten. Auch wenn das Risiko besteht, dass dadurch andere Geschäfte kaputtgehen, ist diese Strategie für den modernen Kunden viel interessanter.

Kaufhäuser müssen sich immer wieder neu erfinden, und wir werden im weiteren Verlauf des Buches noch näher darauf eingehen, wie sie neben Amazon und anderen Onlinehändlern bestehen können; zurzeit sieht es jedoch stark danach aus, dass es in Zukunft weniger Kaufhäuser geben wird. Als Fazit bleibt: Für manche wird es den Untergang bedeuten, für die meisten jedoch einen Umbruch darstellen.

07

Das Ende des reinen E-Commerce: Der Einstieg von Amazon in den stationären Handel

> „Ein reiner E-Commerce-Anbieter zu sein ist nicht mehr so etwas Besonderes wie früher. Es gibt mehr Wettbewerb. Die Kunden denken immer weniger über Online oder Offline nach, es geht ihnen nur ums Einkaufen."
>
> **SIR TERRY LEAHY, EHEMALIGER CEO VON TESCO**[1]

Nachdem wir festgestellt haben, dass viele weitere Geschäfte werden schließen müssen, um den veränderten Einkaufsgewohnheiten Rechnung zu tragen, könnte man sich zu Recht fragen, warum wir jetzt vom Aus des E-Commerce und nicht vom Geschäftesterben sprechen.

Kurzum: Trotz des explosionsartigen Wachstums des Onlinehandels werden mehr als 80 Prozent aller Einzelhandelsumsätze weltweit in Ladengeschäften erzielt.[2] Der stationäre Handel muss sich weiterentwickeln, aber er stirbt keineswegs aus. Die Schwachen werden ausgesiebt, und Geschäfte, die sich nicht genug von der Konkurrenz abheben, werden enttarnt. Das Überangebot an Geschäften wird angegangen. Und trotzdem: Der stationäre Handel wird noch jahrzehntelang eine entscheidende Rolle im Einzelhandel spielen.

> „Die Ladengeschäfte werden nicht verschwinden. E-Commerce wird ein Teil des großen Ganzen sein, aber er ist nicht alles."
>
> **JEFF BEZOS**[3]

Wir sind sogar der Meinung, dass die Technologisierung die Grenzen zwischen Online- und Offlinehandel immer weiter abbauen wird, sodass die Einzelhändler *ohne* Ladengeschäfte heute besonders gefährdet sind. Vorbei sind die Zeiten, in denen reine Onlinehändler auf Verkaufsflächen verzichten und deshalb mit geringeren Gemeinkosten – und folglich niedrigeren Preisen – aufwarten konnten. Die strukturellen wirtschaftlichen Vorteile, die der reine Onlinehandel einst hatte, gibt es nicht mehr.

Im Jahr 2015 verfasste eine der Buchautorinnen einen Artikel, in dem sie voraussagte, dass der reine E-Commerce bis 2020 weitgehend verschwinden würde.[4] Dies stieß seinerzeit auf eine gewisse Skepsis. Stark angezweifelt wurde es zum Beispiel von Alex Baldock, dem damaligen hochgeschätzten CEO von Shop Direct, der dieser Aussage in einer Rede auf einer Konferenz der *Retail Week* öffentlich widersprach.[5] Aber was sollte der Chef eines reinen E-Commerce-Händlers auch anderes tun, als für den reinen E-Commerce zu plädieren?

Heute spricht man immer mehr von einer Verschiebung „online to offline", abgekürzt als O2O. Seit der Veröffentlichung unseres Artikels haben Dutzende bekannter Onlinehändler den Sprung hin zum Ladengeschäft geschafft. Hier sind besonders E-Commerce-Giganten wie Amazon und Alibaba zu nennen. Sie haben mit der Einführung neuer Einzelhandelskonzepte, die von technologiegestützten Buchläden bis hin zu kassenlosen Supermärkten reichen, ein klares Signal an den Einzelhandel gesendet, dass ihre Vision der Zukunft durchaus auch stationäre Geschäfte umfasst.

Jack Ma, der Gründer von Alibaba, hat unsere ursprüngliche Vorhersage noch einmal deutlicher ausgedrückt, indem er sagte, dass

„der reine E-Commerce auf ein klassisches Geschäftsmodell reduziert wird und durch das Konzept des ‚New Retail' ersetzt wird – bei dem Online, Offline, Logistik und Technologie in eine einzige Wertschöpfungskette integriert werden."[6]

In diesem Kapitel geht es darum, wie O2O forciert wird, wie besonders Amazon seine Strategien in Richtung Ladengeschäfte anpasst und wie die zunehmende Verschmelzung von Offline und Online den Einzelhändlern eine Anpassung ihrer Geschäftsmodelle abverlangen wird.

EINZELHANDEL DER ZUKUNFT: DIE SUCHE NACH DEM KANALÜBERGREIFENDEN HANDEL (OMNICHANNEL)

Bevor man sich mit der Entwicklung von O2O befasst, sollte man die Schnittstellen des physischen und des digitalen Einzelhandels kennen. Den Verbrauchern ist es heutzutage vollkommen egal, worüber und womit sie einkaufen. „Der Verbraucher kümmert sich nicht um Online und Offline", erläutert Terry von Bibra, Alibabas General Manager für Europa. „Kein Verbraucher auf der Welt steht morgens auf und sagt: ‚Heute kaufe ich online ein paar Schuhe', oder geht in ein Elektrofachgeschäft und sagt: ‚Ich kaufe jetzt offline einen Kühlschrank.' Die Einzigen, die sich dafür interessieren, sind die Schuh- beziehungsweise Kühlschrankverkäufer."[7]

Der Verbraucher will einfach problemlos einkaufen. Die Kunden erwarten heute ganz selbstverständlich ein „nahtloses Einkaufserlebnis", unabhängig von der Anzahl der Verkaufskanäle oder der Geräte, die zur Recherche, zur Produktsuche, zum Kauf oder zur Abholung eines Artikels genutzt werden. Diese Erwartung zu erfüllen ist keine leichte Aufgabe. Nach unserer Berechnung gibt es heute tatsächlich mehr als 2.500 verschiedene Möglichkeiten, etwas einzukaufen. Der Weg zum Kauf ist nicht mehr geradlinig – neue Berührungspunkte (Touchpoints) mit dem Kunden entstehen außerhalb der traditionellen Einzelhandelskanäle. In Kombination mit der

Verbreitung von Lieferdiensten haben somit die Kunden mehr Auswahlmöglichkeiten als je zuvor.

Es überrascht daher nicht, dass Begriffe wie *Omnichannel, vernetzter, nahtloser* und *reibungsloser Einzelhandel* und – diese schreckliche Wortschöpfung – *phygital* die Diskussionen in der Branche in den letzten zehn Jahren dominiert haben. Auch wenn das ein wenig nach Buzzword-Bingo klingt, ist doch etwas Wahres dran: Der stationäre Handel darf nicht nur in die Digitalität investieren, sondern muss auch seine digitalen und stationären Möglichkeiten kombinieren. Mit anderen Worten: Die Händler müssen anfangen, wie ihre Kunden zu denken.

> „Alle Händler sind sich absolut darüber im Klaren, dass wir alle um dieselben Kunden buhlen, unabhängig davon, wie man die Offline- und die Online-Welt in den Geschäften bestmöglich zu kombinieren versucht."
>
> **AMAZON, 2021**[8]

Wie sieht der Omnichannel-Handel in der Praxis aus? Eine Mutter muss ihrem Sohn ein neues Paar Schuhe kaufen. Sie informiert sich online – am PC, über Handy oder Tablet – und geht dann wegen der genauen Schuhgröße in den Laden. Da der gewünschte Schuh nicht vorrätig ist, bietet die Mitarbeiterin an, die Verfügbarkeit in einer anderen Filiale zu prüfen oder den Schuh nach Hause liefern zu lassen. In diesem Fall hat die Kundin das Geschäft zufrieden verlassen, obwohl sie das ausgewählte Produkt nicht mit nach Hause nehmen konnte. Der Händler konnte einen ausgezeichneten Kundenservice bieten – dank der Technik.

Das mag nach heutigen Maßstäben recht simpel klingen, aber viele Geschäfte haben keinen Überblick über ihren Warenbestand und sind einfach nicht so strukturiert, dass sie diese Art von Service anbieten können. Obwohl man in der ganzen Branche Wert auf ein einheitliches Kundenerlebnis legen will, arbeiten viele Einzelhandelsunternehmen immer noch nicht teamübergreifend, wobei die Abteilungen für Online- und stationären Handel unterschiedliche Ziele verfolgen.

Doch seit den Anfängen des Smartphones hat sich viel verändert. Damals war es nicht ungewöhnlich, dass besorgte Händler Störsender einsetzten, um die Kunden daran zu hindern, auf ihren Geräten nach einem günstigeren Preis zu suchen. Damals ahnten sie noch nicht, dass das „Showrooming" (sich ein Produkt im Laden ansehen und es dann zum günstigeren Preis im Internet kaufen) den konventionellen Einkauf ebenso stark beeinflussen würde wie das Wachstum des E-Commerce selbst.

In den Anfangstagen des E-Commerce beschwerten sich die Filialleiter von Geschäften darüber, dass immer öfter Kunden, die online ein Produkt bestellt hatten und es dann nicht mehr behalten wollten, dieses Produkt im Geschäft zurückgeben wollten. Das ist aus Sicht des Kunden am einfachsten, da man es so nicht wieder einpacken und möglicherweise Porto bezahlen muss. Warum sollte man extra zur Post gehen, wenn der Händler nur wenige Meter entfernt in der Haupteinkaufsstraße eine Filiale hat?

Viele Händler waren jedoch nicht darauf vorbereitet, welche Auswirkungen der Onlinehandel auf ihre Rücknahmelogistik haben würde. In einigen Fällen weigerten sich Filialleiter anfangs, online gekaufte Artikel als Retouren anzunehmen. Doch schon bald erkannten die Unternehmen den Wert dieses angenehmen Service für die Kunden und machten es sich selbst zunutze, indem sie die Abwicklung von Onlinebestellungen im Laden mit Click & Collect ermöglichten. Wenn einem Kunden heutzutage die Schuhe, die er bestellt und geliefert bekommen hat, nicht gefallen, kann er sie oft kostenlos per Post zurückschicken oder im Geschäft zurückgeben. Die Filiale kann normalerweise den Verkauf (und die Rückgabe) dort verbuchen, wo die Bestellung aufgegeben oder bezahlt wurde.

Für Einzelhändler, die ihr Geschäftsmodell einerseits durch den Amazon-Effekt und andererseits durch das „Showrooming" bedroht gesehen haben, ist die Einbindung beziehungsweise die Änderung von digitalen Inhalten in ihren Läden strategisch wichtig und erforderlich geworden. Das heißt allerdings nicht nur, dass man bereitwillig das Showrooming unterstützt – vielleicht auch gegen das eigene Bauchgefühl –, indem man kostenloses, sicheres Kunden-WLAN anbietet (vor allem dort, wo es keinen mobilen Datenempfang gibt). Es soll auch dafür genutzt werden, detailliertere Informationen über die Kundenfrequenz, den Kundenverkehrsfluss, die Verweildauer und das Kaufverhalten zu erhalten, und es soll zur Verbesserung des Kundenerlebnisses und des Produktangebots im Geschäft beitragen.

Indem die Technologie die Grenzen zwischen Online und Offline immer weiter abbaut, werden die Einzelhändler gezwungen, ein stärker vernetztes Einkaufen zu ermöglichen, was zu einer höheren Kundenzufriedenheit führt. Werfen wir nun einen Blick auf die dafür erforderlichen speziellen Technologien und Innovationen.

SCHLÜSSELFAKTOREN FÜR DIE VERNETZUNG VON STATIONÄREM UND DIGITALEM HANDEL

Das Handy als ausschlaggebender Faktor

Wie im vorangegangenen Kapitel erläutert, hat das Handy unser Einkaufsverhalten grundsätzlich verändert. Wir erhalten nicht nur unendlich viele neue Einkaufsmöglichkeiten, das Handy stellt auch eine dringend notwendige Verbindung zwischen dem Online- und dem Offlinehandel her.

Wissen ist Macht

Begleitet vom Smartphone als ihrem persönlichen Einkaufsberater können die Verbraucher weitaus fundiertere Entscheidungen treffen, sowohl im Geschäft als auch außerhalb des Geschäfts. Wie hat sich das auf das Einkaufen im Laden ausgewirkt? Einfach ausgedrückt: Der Kunde hat dadurch ein stärkeres Gefühl der Selbstbestimmung. Die Unterstützung durch unsere Mobiltelefone hat das

Einkaufen in den Geschäften erheblich verbessert – und dabei die Erwartungen in Bezug auf Zugänglichkeit, Geschwindigkeit und Bequemlichkeit erhöht. Die meisten Verkäufe sind heute digital beeinflusst.[9] Die Zeiten, in denen man für einen Preisvergleich mehrere Geschäfte aufsuchen musste, sind vorbei. Und wenn Kunden heute mehr über ein Produkt erfahren möchten, geht es oft schneller, über das Smartphone nachzuschauen, als einen Mitarbeiter im Laden zu fragen.

Wie bereits erwähnt, ist die Nummer eins bei der Onlineproduktsuche nicht Google, sondern Amazon.[10] Die Kombination aus dem konkurrenzlosen Angebot und den schier unerschöpflichen Kundenrezensionen macht Amazon zu einer vertrauenswürdigen und bequemen Anlaufstelle für Verbraucher, die sich über Produkte informieren möchten. Tatsächlich haben 80 Prozent der Verbraucher in den USA insgesamt eine positive Meinung von Amazon. „Wem schenken die Amerikaner mehr Vertrauen als Amazon, ‚das Richtige zu tun'? Nur ihren Hausärzten und dem Militär", meint Jeff Bezos.[11]

Für den stationären Handel stellt dies eine doppelte Herausforderung dar: Preistransparenz und eine dauernde Warenverfügbarkeit. Wenn ein Produkt im Laden nicht vorrätig ist oder der Preis nicht stimmt, ist Amazon sofort zur Stelle, um das Geschäft dann online abzuwickeln.

> „Viele Leute meinen, dass unser größter Wettbewerber Bing oder Yahoo ist. Aber unser größter Konkurrent bei den Suchmaschinen ist tatsächlich Amazon."
>
> **EX-GOOGLE-VORSITZENDER ERIC SCHMIDT**[12]

Problemloses, personalisiertes Einkaufen – mobil und darüber hinaus

Mobile Geräte haben den Einzelhändlern auch unzählige Möglichkeiten eröffnet, das Einkaufserlebnis für ihre Kunden angenehmer und maßgeschneidert zu gestalten. Doch noch bevor die Kunden das Geschäft betreten, sollten die Einzelhändler sie bereits mit einem überzeugenden Onlineangebot zu gewinnen versuchen. Dieses Angebot muss den Kunden in der Phase erreichen, wenn er im Internet sucht, recherchiert und schließlich etwas findet, und es muss einen klaren Bezug zum Ladengeschäft haben. Ist diese „Grundversorgung" gesichert, müssen die Händler dem Kunden einen zwingenden Grund geben, das Geschäft aufzusuchen. Viele versuchen bereits, Onlinekunden in die Geschäfte zu locken, indem sie Wunsch-, Rezept- oder Einkaufslisten, Preisnachlässe, Sonderveranstaltungen und Werbeaktionen vor Ort anbieten, die man nur im Geschäft bekommt.

Dort sehen sich die Händler jedoch den zwei größten Herausforderungen gegenüber (vor allem in Lebensmittelgeschäften): die Produkte zu finden und die Wartezeiten an der Kasse. In beiden Bereichen spielte und spielt das Mobiltelefon eine große Rolle. Damit man sich in den Läden besser zurechtfindet, setzen Einzelhändler auf Instore-Navigation, wobei unter anderem WLAN, Bluetooth, Audio-, Video- und Magnetortung, AR- und 3-D-Virtualisierung genutzt werden. Mithilfe ihrer Smartphones können die Kunden dann die gesuchten Produkte schneller finden. Einige Händler haben die Neuerung eingeführt, dass die Wartezeit an den Kassen in einer App angezeigt wird, und auf dem Höhepunkt der Pandemie profitierten viele Händler davon, dass die Kunden Kontakte reduzieren wollten und dadurch die Zahl der kontaktlosen Zahlungen in die Höhe schoss.

In Zukunft – wenn wir alle bereits daran gewöhnt sind, unsere mobilen Geräte zur Selbstbedienung in den Geschäften zu nutzen – werden immer mehr Händler die Vorteile solcher Navigationsdienste mit personalisierten Echtzeitangeboten kombinieren. So kann das auf den einzelnen Kunden zugeschnittene Kauferlebnis genauso erreicht werden, wie es bisher nur online gelang. Mobil verfügbare drahtlose Kommunikation und Augmented Reality bieten Händlern ebenfalls neue Möglichkeiten, Kunden in den Geschäften mit für sie besonders interessanten und kurzfristigen Angeboten anzusprechen. Auf diese Weise bewegen sich die Händler immer auf dem schmalen Grat zwischen „praktisch" und „unheimlich", wenn sie mit neuartigen Technologien auf die Wünsche ihrer Kunden reagieren. Untersuchungen zeigen jedoch, dass die Mehrheit der Kunden für passende Echtzeitangebote empfänglich ist. Einzelhändler werden ihre Kundenbindungsprogramme digitalisieren, die punktebasierten Kundenkarten aus Plastik werden der Vergangenheit angehören und mobile Technologien werden dabei eine zentrale Rolle spielen.

Weiterhin ist es seit einiger Zeit ein zentrales Thema, das Bezahlen an der Kasse möglichst reibungslos zu gestalten. Am bekanntesten ist hier die „Just Walk Out"-Technologie von Amazon, die es den Kunden ermöglicht, auf die Kasse ganz zu verzichten. Wir werden später noch ausführlicher darauf eingehen. Jetzt ist vor allem wichtig, zu betonen, dass mit mehr digitaler Integration und pragmatischem Vorgehen in Bezug auf bargeldlose Bezahlung vor allem die Zeit für die Autorisierung und damit das Anstehen an der Kasse kürzer wird. Lebensmittelhändler beispielsweise verwenden schon seit Längerem Selbstbedienungskassen. Um einen höheren Durchsatz zu erzielen als an einer bemannten Kasse, lassen sie die Kunden ihre Waren selbst scannen, eintüten und bezahlen. Es gibt auch Queue-Busting-Systeme (Vorerfassung des Warenkorbs), bei denen ein Verkäufer zu den Kunden in der Warteschlange kommt und ihre Einkäufe erfasst. Wenn sich kontaktloses Bezahlen ohne PIN-Eingabe (Tap & Go) oder bargeldlose Zahlungen per App (Mobile Wallet) weiter durchsetzen werden, können Kunden den Frust in der Warteschlange bald gänzlich vergessen. Aber es wird sich erst noch herausstellen, ob andere Unternehmen auch willens sind, sich den Herausforderungen des kassenlosen Einkaufens zu stellen.

Darüber hinaus werden digitale Displays die traditionellen Displays aus Pappe ersetzen und als Anlaufstelle für Kundeninformationen dienen – sei es auf dem digitalen Regaletikett, durch Verbindung mit dem Mobilgerät des Kunden oder über eine App. Obwohl das Smartphone bei der Digitalisierung im stationären Handel eine immer wichtigere, ja eine entscheidende Rolle spielt, sind weitere

Technologien hervorzuheben, die den Online- und Offlinehandel weiter zusammenbringen können. Digitale Displays, einschließlich elektronischer Regaletiketten (ESLs), haben zum Beispiel für den stationären Händler auch den Vorteil, dass er Preise und Werbeaktionen flexibel ändern und so mit dem Onlinehändler Schritt halten kann. Modehäuser können sogenannte intelligente oder „magische" Spiegel einsetzen, die den Kunden passende und alternative Produktempfehlungen zeigen, über die sie ihr ausgesuchtes Outfit mit Freunden in sozialen Netzwerken teilen oder einfach einem Verkäufer Bescheid geben können, um zum Beispiel nach weiteren Größen zu fragen. Mittlerweile kann im stationären Handel mithilfe der digitalen Regalverlängerung („endless aisle") und mobiler Kioske ein unbegrenztes Sortiment angeboten werden, dem im traditionellen Handel einfach Grenzen gesetzt sind.

Diejenigen Einzelhändler, die mit der digitalen Ausstattung ihrer Geschäfte am weitesten fortgeschritten sind, wissen, dass man damit das Beste vom Onlinehandel, vor allem in Bezug auf Zugangsmöglichkeiten und Verfügbarkeit, mit dem verbinden kann, was online nicht möglich ist und nur das stationäre Geschäft bieten kann: wie sich ein Produkt anfühlt und dass man es anfassen kann. Dafür haben in manchen Geschäften die Mitarbeiter dieselben Informationen zu Produkt, Preis und Lieferbarkeit wie ihre Kunden, sodass sie den Verkauf „retten" können, indem das Produkt von einem anderen Geschäft geliefert wird und man es dann abholen kann oder dass es online im anderen Geschäft bestellt wird und dann nach Hause geliefert oder ebenfalls abgeholt werden kann. Der Schuheinzelhändler Dune beispielsweise kann dank seiner zentralen Bestandsüberwachung jede Woche Tausende von Schuhen umlagern und bei Schlussverkäufen sicherstellen, dass die richtige Ware an die richtige Filiale geschickt wird. Und vor allem bleibt der Händler dabei so flexibel, dass er über jeden beliebigen Kanal liefern kann, selbst wenn er nur noch ein Paar Schuhe hat.

Inzwischen verschwimmen die Grenzen durch den Einsatz von Augmented Reality (AR) und Virtual Reality (VR) noch mehr. Die

Modekette Zara beispielsweise, die sich dem zunehmenden Wettbewerb durch reine Onlinehändler wie ASOS und Boohoo ausgesetzt sieht, testete 2018 zum ersten Mal AR beim Einkaufen. Wenn Kunden in den Läden ihr Handy auf ein Schaufenster oder einen bestimmten Punkt richten, werden Models auf den Bildschirmen ihrer Smartphones lebendig. Dadurch können aber nicht nur Passanten und Kunden im Geschäft den gewünschten Artikel per Knopfdruck bestellen. Auch Onlinekunden können die App nutzen, um noch vor dem Auspacken den bestellten Artikel am Model zu sehen, indem man das Handy auf die Zara-Kartons richtet. Auf diese Weise schaffen mobile Geräte zukünftig eine ganz neue Art von Einkaufserlebnis.

Anklicken, abholen und zurückschicken

In Sachen Auftragsabwicklung sind die Grenzen zwischen Online und Offline in den letzten Jahren verschwommen. Viele Kunden bevorzugen heute den Besuch eines stationären Geschäfts, um Onlinebestellungen abzuholen und zurückzusenden. Es liegt auch im Interesse der Händler, das zu fördern: Erstens ist die Nutzung des Geschäfts als Abholort weitaus kosteneffizienter als die Lieferung nach Hause, und zweitens lassen die Kunden in der Regel noch Geld im Geschäft, wenn sie erst einmal dort sind. Bei Target konnte man beobachten, dass ein Drittel der Kunden, die ihre Onlinebestellungen im Geschäft abholen, anschließend noch etwas anderes kaufen, und bei Macy's geben die Kunden in der Regel noch einmal 25 Prozent mehr aus, nachdem sie ihre Bestellung abgeholt haben.[13]

> „Die Kunden nehmen zunehmend die von anderen Geschäften entwickelten Dienstleistungen in Anspruch. Amazon kann hier mit anderen großen Unternehmen noch nicht mithalten, wenn es zum Beispiel um die kontaktlose Abholung am Straßenrand („Curbside Pick-up") und die Rückgabe im Geschäft geht."
>
> **JEFF BEZOS, 2020**[14]

Heute, vor allem nach der Pandemie, gibt es kaum noch einen Händler in einem gesättigten Markt, der seinen Kunden nicht die Möglichkeit gibt, ihre Onlinebestellungen direkt vor Ort abzuholen. Das phänomenale Wachstum von Click & Collect (und, in weniger städtischen Gebieten, des vergleichbaren Angebots Curbside Pick-up) ist der Beweis dafür, dass die Kunden das Nützliche des Onlineshoppings – das große Sortiment und den Komfort – mit dem Angenehmen – der Abholung im Geschäft – verbinden wollen. Immerhin leben 90 Prozent der Amerikaner höchstens 16 Kilometer von einer Walmart-Filiale entfernt,[15] und in Frankreich gibt es, egal wo man wohnt, eine Carrefour-Filiale innerhalb von acht Autominuten.[16] Man sollte den Vorteil einer physischen Infrastruktur bei den großen multinationalen Unternehmen nicht unterschätzen.

Wir glauben jedoch, dass es noch Luft nach oben gibt. Die Abholung ist manchmal mühselig, und die Käufer müssen oft noch Schlange stehen. Die Händler können hier Maßnahmen ergreifen, um das Ganze noch reibungsloser zu gestalten, indem sie spezielle Abholstellen am Eingang des Geschäfts einrichten, einen automatisierten Selbstbedienungs-Abholservice einsetzen (wie es Zara getan hat) und auf Technologien setzen, um Wartezeiten zu verkürzen und die Authentifizierung zu vereinfachen. Die Händler müssen außerdem ihre Läden neu gestalten, um das höhere Retourenaufkommen zu bewältigen. In der Vergangenheit lag die Rückgabequote im Einzelhandel bei knapp zehn Prozent des Umsatzes. Heute sind es aufgrund des zunehmenden Onlinehandels und der gestiegenen Kundenerwartungen eher 30 Prozent, und in Sparten wie Bekleidung können es sogar bis zu 40 Prozent sein.[17] Für die Kunden von heute ist es selbstverständlich, dass sie nicht passende Onlinebestellungen auf dem für sie bequemsten Weg zurückgeben können– unabhängig davon, über welchen Kanal sie gekauft haben.

Dies unterstreicht einmal mehr die entscheidende, wenn auch sich wandelnde Rolle des Ladengeschäfts. Unternehmen wie Next in Großbritannien und Home Depot in den USA haben es geschafft – über 80 Prozent ihrer Onlineretouren werden in den Geschäften abgewickelt. BORIS (die liebevolle Abkürzung für „Buy Online Return In Store“ – online kaufen, im Geschäft zurückgeben) ist eine weitere Möglichkeit für Händler, ihre Geschäfte zu nutzen, um vom Wachstum des Onlinehandels zu profitieren – und das nicht nur unter dem Gesichtspunkt, die sehr anspruchsvollen Kunden von heute zufriedenzustellen. Bei einer Rückgabe im Geschäft ist die Wahrscheinlichkeit eines Umtauschs höher als bei einer Rücksendung, und auch die Bereitschaft, noch etwas anderes zu kaufen, ist größer.

Es ist kein Zufall, dass Amazons Vorstoß in den stationären Handel und damit auch eine der ersten Änderungen in den Whole-Foods-Filialen nach der Übernahme darin bestand, dass man Selbstbedienungs-Schließfächer (Amazon Hub Lockers) einführte, die den Kunden eine Alternative zum Postamt für die Abholung und Rücksendung von Onlinebestellungen bieten. Außerdem hat Amazon in seinen eigenen Supermärkten sowie in den Geschäften anderer Händler Abholstationen mit persönlicher Bedienung (Amazon Hub Counters) eingerichtet, wie wir gleich noch erläutern werden.

Immer mehr reine Onlinehändler erkennen den Vorteil einer Zusammenarbeit mit dem stationären Handel, um den Kunden eine größere Auswahl und mehr Komfort bieten zu können. In Großbritannien beispielsweise bietet die Supermarktkette Asda mit ihrem äußerst erfolgreichen „toyou“-Programm Kunden die Möglichkeit, Bestellungen bei verschiedenen Onlinehändlern, darunter ASOS, Wiggle, Gymshark, Boohoo, PrettyLittleThing, Feel Unique und AO.com, in der Asda-Filiale abzuholen und zurückzugeben. Das steigert die Besuchszahlen bei Asda enorm, deshalb räumt das Unternehmen seinem Service für Click, Collect und Return mehr Platz ein und hat als erster britischer Einzelhändler einen automatisierten Paketabholturm (im Grunde einen fünf Meter hohen Turm als Paketausgabestation) eingeführt, um die Abholung noch reibungsloser zu gestalten.

Kooperation ist in Großbritannien das Gebot der Stunde. Ähnliche Partnerschaften gab es auch zwischen Next und Morrisons sowie Waitrose und Sweaty Betty, und man kann davon ausgehen, dass sich dieser Trend weltweit durchsetzen wird. Denn immer mehr Händler erkennen die Vorteile der Kooperation bei Abholung und Rücknahme – sie bieten so dem Kunden einen besseren Service, indem sie den Online- und den Offlinehandel besser miteinander verknüpfen.

Pervasive Computing: Einkaufen ohne Geschäfte oder Bildschirme

Es ist klar, dass wir nicht über eine Verschmelzung von Online und Offline beim Einkaufserlebnis sprechen können, ohne das Internet der Dinge zu erwähnen. Wenn man darüber nachdenkt, wie das Einkaufen in die Privathaushalte eingezogen ist, bemerkt man bereits den Einfluss von AR und VR sowie von sprachgesteuerten und einfachen Lösungen für den Warennachschub. Diese Technologien steigern die ohnehin schon hohen Erwartungen der Verbraucher, die vom Internet in Bezug auf Schnelligkeit, Komfort, Nutzen und individuelle Anpassung verwöhnt sind, noch weiter. Und sie nutzen die Vorteile der „Blended Reality" (Vermischung von AR und VR), die den meisten Kundenentscheidungen heute zugrunde liegt.

Mithilfe von immersiven digitalen Bildschirmen, die über ein spezielles Headset betrachtet werden, können Händler beispielsweise über VR ihr Geschäft in die eigenen vier Wände bringen – im virtuellen Geschäft „Buy+" von Alibaba reicht zum Beispiel ein einfaches Nicken, damit Kunden etwas bestellen können. Für manche mag das noch wie Science-Fiction klingen, aber die Pandemie hat eine Ära des immersiveren Onlinehandels eingeläutet. Im Jahr 2020 haben Unternehmen wie Made, Balmain und Diesel virtuelle Showrooms eingerichtet, um trotz Lockdown den Kontakt zu den Kunden aufrechtzuerhalten. In normalen Zeiten können Kunden auch ihr Zuhause in den Laden mitnehmen – vor der Pandemie nutzten Händler wie IKEA, Macy's und Lowe's ebenfalls VR im Laden, um „Endless aisle"-Bestellungen zu ermöglichen. Die Zukunft gehört dem Einzelhandel, der stationären mit Onlinehandel verbindet.

In der Zwischenzeit zeigt Amazon der Branche immer mehr Möglichkeiten, das Zuhause der Käufer selbst zu einem Verkaufsraum zu machen. Es beginnt beim Echo-Gerät, mit dem man Alexa bitten kann, einen Artikel zur Einkaufsliste hinzuzufügen, und reicht bis zu dem, was die Autoren als den heiligen Gral des vollkommenen Handels betrachten – die automatische Nachbestellung von Waren, bei der man sich vollständig aus der Kaufentscheidung heraushalten kann. All das zielt auf das Gleiche ab: Die Interaktion zwischen Käufer und Händler soll nur noch im Hintergrund stattfinden, und zwar mittels Computerschnittstellen, die pervasiver sind als Tastatur, Maus und sogar Touchscreen.

Amazon mag in diesem Bereich der Vorreiter sein, aber sein größter Konkurrent im stationären Handel drängt offensiv in die gleiche Richtung. „Die Menschen werden auch in Zukunft in Geschäften einkaufen wollen, von denen sie überzeugt sind. Aber es wird immer häufiger vorkommen, dass sie eine Bestellung lieber abholen oder sich liefern lassen möchten", sagte der Walmart-CEO Doug McMillon im Jahr 2021. „Einige Kunden werden uns schließlich erlauben und uns dafür bezahlen, dass wir sie zu Hause automatisch mit den Artikeln versorgen, die sie regelmäßig kaufen. Eine wachsende Zahl von Kunden wird Walmart eher als Dienstleister ansehen. Die Kunden werden uns weiter als den Händler betrachten, der ihre Wünsche und Bedürfnisse erfüllt, aber schneller und stressfreier als früher. Doch eines ist sicher: Nichts ist umsonst."[18]

Online- und Offlinehandel schließen sich also nicht mehr gegenseitig aus. Die erfolgreichsten Unternehmen werden diejenigen sein, die die Dringlichkeit von Investitionen in den digitalen Fortschritt erkennen und gleichzeitig ihre Geschäfte so umgestalten können, dass sie Aktivposten und nicht Passivposten sind. Der stationäre Handel wird eine wichtige Rolle bei der Gestaltung der Zukunft des Einzelhandels spielen, und zwar im Hinblick darauf, komfortabler, vernetzter und mehr vom Kunden bestimmt zu sein.

Was passiert also, wenn es keine Läden mehr gibt?

WEBSHOP CONTRA FILIALE – GRÜNDE FÜR EINE LADENERÖFFNUNG

Nachdem wir nun ermittelt haben, warum die Welt des Onlinehandels mit der Welt des stationären Handels immer weiter zusammenwächst, wollen wir uns ansehen, was das für reine Onlinehändler bedeutet.

Kurz gesagt: Es bedeutet, dass das reine Onlinegeschäft nicht mehr ausreicht.

Ja, der Onlinehandel wird bei der Sortimentsgestaltung immer die Nase vorn haben. Räumliche Beschränkungen lassen wir jetzt einmal beiseite; wie wir bereits festgestellt haben, nutzen stationäre Einzelhändler zunehmend Technologien, um ihren Kunden beide Welten zugänglich zu machen, und stoßen dabei auch in Bereiche vor, die bisher nur mit dem Onlinehandel in Verbindung gebracht wurden – Komfort, individuelle Ansprache, Transparenz von Informationen.

Angesichts steigender Kosten für Versand und Kundenakquise erkennen die reinen Onlinehändler inzwischen, dass es immer mehr Vorteile – finanzieller, logistischer und marketingtechnischer Art – bringt, auch ein Ladengeschäft zu haben. In dem Maße, wie das Onlinegeschäft im Einzelhandel immer mehr an Bedeutung gewinnt, werden auch die oft unterschätzten Kosten des Onlinehandels deutlich. Nach Angaben der globalen Unternehmensberatung AlixPartners gehören dazu unter anderem:

- Versand- und Bearbeitungsgebühren: kostenloser und/oder schneller Versand und Verpackungskosten;
- Kosten im Zusammenhang mit vermehrten Rücksendungen und dem Auffüllen des Lagers, die Rücknahmelogistik und geringere Gewinnmargen bei Artikeln, die über einen anderen Kanal als den vorgesehenen Verkaufskanal zurückgegeben werden;
- Aufstockung des Personalbestands zur Unterstützung der E-Commerce-Abteilungen (einschließlich Merchandising, Planung, Marketing, Content Creation, Webentwicklung und IT, um nur ein paar zu nennen);

- Abgleich der zusätzlichen Marketingausgaben für das Onlinegeschäft mit den herkömmlichen Ausgaben;
- zusätzliche Vertriebs- und Lagerkosten im Zusammenhang mit der Einzelstückkommissionierung;
- reduziertes Filialnetz und dünne Personaldecke;
- kontinuierlicher Anstieg der Arbeits- und Technologiekosten im Zusammenhang mit dem Leistungsumfang bei Omnichannel (Lieferung vom Laden, Onlinekauf, Abholung im Geschäft, Bestellung im Geschäft usw.);
- Schwierigkeiten im Zusammenhang mit der Bestandsverwaltung – Entscheidung für oder gegen die gemeinsame Nutzung von Online- und Ladenbeständen und die damit verbundenen Kosten.[19]

Wie sehen diese Kosten im Vergleich zu denen eines rein stationären Einzelhändlers aus? Nehmen wir zum Beispiel ein Modegeschäft. Nach Angaben von AlixPartners hat ein Bekleidungsartikel bei einem Preis von ungefähr 100 US-Dollar in einem stationären Geschäft einen reinen Warenwert von etwa 40 US-Dollar. Die Betriebskosten wie Miete, Gemeinkosten und Arbeitskosten belaufen sich auf 28 US-Dollar, sodass der Einzelhändler eine Gewinnspanne von 32 Prozent hat.[20]

Derselbe Bekleidungsartikel zum Preis von 100 US-Dollar bei Onlinekauf und Lieferung nach Hause hat auch einen reinen Warenwert von etwa 40 US-Dollar. Die mit der Bearbeitung dieser Bestellung verbundenen Kosten sind jedoch etwas höher als beim Verkauf in einem Ladengeschäft. Beim Onlinekauf muss die einzelne Bestellung von einem Distributionszentrum (DZ) kommissioniert, verpackt und zum Kunden nach Hause geliefert werden, was natürlich teurer ist als der Transport einer Lkw-Ladung vom DZ zum Geschäft. Beim Onlinekauf würden sich die Betriebskosten auf 30 US-Dollar belaufen, sodass dem Onlinehändler eine Gewinnspanne von 30 Prozent verbleibt, das heißt, der Verkauf online bringt etwas weniger Gewinn als der Verkauf im Laden.[21]

Versandkosten

Im Einzelhandel ist natürlich nicht alles so schwarz-weiß, wie es dieses Fallbeispiel vermuten lässt – es gibt eine Reihe von Variablen, die sich auf die Kosten auswirken, zum Beispiel die Produktkategorie, das Ladenformat und die Effizienz der Lieferkette. Es ist jedoch hervorzuheben, dass stationäre Geschäfte immer attraktiver für ursprünglich reine Onlinehändler werden, weil sie damit ihre Kosten senken wollen. Und es sieht nicht so aus, dass zukünftig mit weniger Onlinevolumen – und somit geringeren Kosten – zu rechnen ist. Das weltweite Paketvolumen hat 2019 die 100-Milliarden-Grenze überschritten und wird sich bis 2026 voraussichtlich mehr als verdoppeln.[22]

Da Amazon etwa 40 Cent von jedem US-Dollar einnimmt, den die Amerikaner online ausgeben,[23] überrascht es nicht, dass hier die Lieferkette optimiert und die Versandkosten gesenkt werden sollen. Im Jahr 2020 stiegen die Kosten für die Kommissionierung und den Kundenversand um über 60 Prozent auf 61,1 Milliarden US-Dollar.[24]

Amazon war genauso davon betroffen und arbeitete hartnäckig daran, die lückenlose Kontrolle über die Logistik und Abwicklung der Bestellungen zu behalten. Im Dezember 2019 stellte Amazon laut der Unternehmensberatung MWPVL International nur 50 Prozent seiner Pakete selbst zu. Im August 2020, auf dem Höhepunkt der Pandemie, waren es bereits 67 Prozent, und bis Ende 2022 wird mit einem Anstieg auf 85 Prozent gerechnet.

Amazon verfolgt weiterhin seine eigenen Interessen und steigert die Erwartungen der Kunden an eine kostenlose und immer schnellere Lieferung, um die Attraktivität des gesamten Prime-Ökosystems zu erhöhen. Als ursprünglich reiner Onlinehändler war es für Amazon von entscheidender Bedeutung, mit den stationären Händlern in puncto prompter Belieferung zu konkurrieren. Aber jetzt ist der Geist aus der Flasche gelassen worden. Heutzutage wird eine nahezu sofortige Lieferung von den Kunden als selbstverständlich erachtet, da andere Einzelhändler keine andere Wahl hatten, als ebenfalls Lieferung am nächsten Tag und zunehmend auch noch am selben Tag anzubieten.

Das Problem? Es funktioniert nicht auf Dauer. Und es zeigen sich schon die ersten Risse. In den letzten Jahren hat Amazon die kostenintensiven Versandgebühren für die Zustellung von Getränken, Windeln und anderen schweren Produkten erhöht und gleichzeitig die Bestellmenge von einzeln verpackten preisgünstigen Artikeln (zum Beispiel Seife und Zahnbürsten) limitiert. Außerdem wurde der „Amazon Delivery Day" exklusiv für Prime-Mitglieder eingeführt, wobei zugesichert wurde, dass die Kunden für die Zustellung aller Bestellungen einen bestimmten Wochentag wählen können – aber es erspart Amazon auch die Kosten für mehrere Lieferungen. Wie bereits erwähnt, hat Amazon die Prime-Gebühren für seine verschiedenen Abonnementoptionen – Jahres-, Monats- und Studentenabonnements – erhöht, und es werden mit Sicherheit weitere Preiserhöhungen folgen. Die Kunden sollten damit rechnen, dass sie in Zukunft mehr für den „kostenlosen" Versand zahlen müssen.

Amazon ist diesbezüglich sehr offen gegenüber den Investoren und erklärt, dass die Kosten für den Versand weiter steigen werden, wenn weltweit mehr Kunden zu aktiven Prime-Nutzern werden und Amazon die Versandtarife senkt, teurere Versandarten nutzt und zusätzliche Dienstleistungen anbietet. In der Zwischenzeit sucht Amazon weiter nach Möglichkeiten, mehr Kontrolle über Vertrieb und Logistik bis auf den letzten Meter zu erhalten, um den Versand kosteneffizienter zu gestalten – Drohnen, Robotertechnik, Belohnungssystem für Kunden bei Standardversand, Amazon Flex, Lieferservicepartner und so weiter. Eine physische Präsenz – sei es durch amazoneigene Schließfächer (Locker), die Abholoption in anderen Geschäften, Pop-up-Standorte in Einkaufszentren oder durch eigene Filialen – ist ein weiteres Teil dieses sehr großen Logistik-Puzzles.

Rücksendungen: Die Achillesferse des E-Commerce

Ein weiteres Argument zugunsten von Filialgeschäften? Retouren.

Viele Händler konzentrieren sich so sehr auf das, was vor dem Kauf passiert, dass alles, was danach kommt, eher eine untergeordnete Rolle spielt und keine strategische Priorität hat. Die Erwartungen der

Verbraucher werden immer größer, und das verstärkt noch den Kontrast zwischen einer problemlosen Onlinebestellung und einer komplizierten und oft mit Problemen behafteten Rücksendung. Retouren passen in keinster Weise zum ansonsten problemlosen E-Commerce.

Rücksendungen plagen die Branche schon seit mehr als zehn Jahren, aber während der Pandemie hat sich die Situation besonders verschlimmert. Wie bereits erwähnt, beschleunigte Corona die Verlagerung zum Onlineshopping und verschärfte damit das Dauerproblem des Einzelhandels.

Und, seien wir ehrlich, Retouren sind ein Problem. Sie waren schon immer die Achillesferse des E-Commerce. Und in den letzten Jahren sind sie so problematisch geworden, dass die Händler zu extremen Maßnahmen gegriffen haben, indem sie zum Beispiel Kunden mit zu vielen Rücksendungen sperren oder Kunden den Preis für geringwertige oder sperrige Artikel ohne vorherige Rücksendung erstatten. Einige Retouren lohnen sich für die Einzelhändler tatsächlich nicht, vor allem wenn man die Versand- und Bearbeitungskosten und den Verlust durch den Wiederverkauf der Artikel berücksichtigt.

Dennoch ist eine Rückgabe oder ein Umtausch erst einmal besser als gar nichts. Ob ein Kunde später wieder bei demselben Händler einkauft, hängt davon ab, wie gut er sich auf die Phase nach dem Einkauf vorbereitet hat und wie er diese Aufgabe bewältigt.

Aber sollten die Händler den Kunden die Rückgabe ungeeigneter Artikel erleichtern, oder sollten die Kunden dazu angehalten werden, weniger Artikel zurückzuschicken? Auf den ersten Blick könnte man meinen, die Begrenzung der möglichen Retouren wäre eine gute Strategie. Allerdings sind die Kunden mit den meisten Retouren oft auch die Kunden, die am meisten ausgeben. Daher muss den Händlern bewusst sein, dass nicht alle Kunden gleich sind, und bei ihrem Retourenmanagement müssen sie den Kundenertragswert berücksichtigen: Diejenigen Händler, die hier großzügig sind, haben in der Regel eine sehr treue Kundschaft.

Gleichzeitig müssen die Händler Maßnahmen ergreifen, um die Kosten für Rücksendungen zu verringern – und hier kommen die Ladengeschäfte ins Spiel. Auch die Möglichkeiten, Kunden zu einer Verhaltensänderung zu bewegen, sind noch nicht ausgereizt, zum Beispiel Prämien für schnellere Retouren beziehungsweise die Retouren an einem bestimmten Standort oder längere Fristen für den Umtausch (statt Retoure). An dieser Stelle sei darauf hingewiesen, dass Amazon in den letzten Jahren in aller Stille die „kostenlosen Rücksendungen" eingeschränkt hat – ein Schritt, der andere Händler ermutigen könnte, diesem Beispiel zu folgen.

Am besten wäre es natürlich, es würde gar nichts zurückgehen, aber das ist im digitalen Zeitalter nahezu unmöglich. Der Einzelhandel verändert sich gerade entscheidend, aber solange der E-Commerce wächst, wird sich das Problem mit den Retouren weiter verschärfen. Technologische Innovationen werden eine immer größere Rolle dabei spielen, dass Händler das Problem an der Wurzel packen können und letztlich die Flut der Rücksendungen eindämmen. Retouren dürfen jedoch nicht länger nur als Geschäftskosten betrachtet werden, sondern bedeuten für diejenigen Händler, die das gut im Griff haben, eine Chance, das Retourenproblem vielmehr umzukehren und Kundenloyalität aufzubauen.

Kosten für Kundenakquise

Die steigenden Kosten für die Abwicklung sind nicht die einzige Herausforderung – auch die Kosten für die Neukundengewinnung sind ohne Filialgeschäfte höher. Die Kosten für Kundenakquisition bei Onlinekauf mit Versand ab Lager beinhalten IT- und Marketing-Gemeinkosten, wodurch die Vertriebskosten bis zu viermal so hoch sein können wie die Kosten für den Verkauf im Laden.[25]

Im stationären Handel kommt es vor, dass Kunden an einem Laden vorbeikommen und spontan entscheiden, sich dort umzuschauen. Dieses Konzept der „Laufkundschaft" funktioniert online nicht,[26] insbesondere für kleine und mittlere Unternehmen. Der Raum im digitalen Bereich wird immer knapper und teurer. Es gibt Millionen von Onlinehändlern, die alle über ein einziges Portal um die Aufmerksamkeit der Kunden buhlen – Google.[27] Obwohl Millionen für digitales Marketing ausgegeben werden, machen bezahlte Sucheinträge nur etwa 20 Prozent der Klicks in den Google-Ergebnissen aus, so ein Bericht von Wedbush Securities.[28] Die restlichen 80 Prozent entfallen auf sogenannte organische (unbezahlte) Ergebnisse, was darauf hindeutet, dass für die Händler vor allem die Suchmaschinenoptimierung von entscheidender Bedeutung ist, wenn sie die Besuche auf ihren Websites beibehalten wollen.

Laut einer Studie von Sistrix aus dem Jahr 2020 hat das erste organische Suchergebnis bei Google eine durchschnittliche Klickrate (CTR) von 28,5 Prozent. Dieser Wert sinkt erheblich, wenn man nach unten scrollt – das Suchergebnis an zweiter und dritter Position hat eine CTR von 15 beziehungsweise 11 Prozent. Beim zehnten Ergebnis sinkt dieser Anteil auf nur noch 2,5 Prozent. Und es ist allgemein bekannt, dass Nutzer nur selten auf die zweite Seite der Ergebnisliste von Google gehen – jeder Eintrag dort hat eine CTR von weniger als einem Prozent.[29]

Ein Ladengeschäft kann jedoch als Aushängeschild für ein Unternehmen fungieren und den Kunden die Möglichkeit geben, mit dem Händler auf eine Weise in Kontakt zu treten, die über einen Bildschirm nicht möglich ist. Kurioserweise kurbelt das den Onlineverkauf an. Eine Studie von CACI aus dem Jahr 2019 hat gezeigt, dass britische Händler ohne Ladenpräsenz in einem bestimmten Einzugsgebiet 50 Prozent weniger Onlineverkäufe verzeichneten als solche mit Filialpräsenz.[30] Auch eine Studie des International Council of Shopping Centers (ICSC) ergab, dass das Benutzeraufkommen auf der Website um zehn Prozent zurückging, wenn ein Bekleidungsgeschäft in einem Absatzgebiet geschlossen wurde. Ähnlich erging es den Kaufhausketten und dem Haushaltswaren-Einzelhandel, die einen Rückgang von acht beziehungsweise 16 Prozent hinnehmen mussten.[31]

AMAZON HAT DEN RICHTIGEN RIECHER

Jeff Bezos wurde 2012 in einem Interview gefragt, ob er jemals die Eröffnung von Geschäften in Betracht ziehen würde. „Das würden wir gern, aber nur mit einem außergewöhnlichen Konzept. Was wir bei Amazon nicht so gut können: Me-too-Produkte auf den Markt bringen".

Er fuhr fort: „... wenn ich den stationären Einzelhandel betrachte, ist alles im grünen Bereich. Die Leute, die Ladengeschäfte betreiben, machen das sehr gut. Die Frage, die wir uns immer stellen, bevor wir eine solche Sache in Angriff nehmen, lautet: Was ist die Idee dahinter? Was würden wir anders machen? Was wäre bei uns besser?"[32]

- Seit diesem Interview hat Bezos einiges ausprobiert:
- Amazon-Kioske in Einkaufszentren in ganz Amerika;
- Abhol-Schließfächer in Einzelhandelsgeschäften, Einkaufszentren, Bibliotheken, Universitäten und sogar in Wohngebäuden;
- Pop-up-Stores in den USA und in Großbritannien, in denen Preisschilder gegen scanbare Strichcodes ausgetauscht wurden;
- Buchläden, die gar nicht primär dem Verkauf von Büchern dienen;
- den ersten Supermarkt der USA ohne Kassierer;
- Nutzungsrechte für Alexa und Amazon-Produktrückgabebereiche in Geschäften einiger seiner größten Konkurrenten;
- Treasure Truck (quasi der Black Friday auf Rädern);
- ein Viersternegeschäft, das nur Produkte mit hohen Onlinebewertungen führt;
- einen Friseursalon, der mit Augmented Reality und anderen technischen Funktionen ausgestattet ist;
- und ein paar Drive-in-Supermärkte.

Nein, Amazon ist kein Einzelhändler wie alle anderen.

In der Vergangenheit hatten die Ladengeschäfte von Amazon zwei Funktionen: entweder die Präsentation der Geräte oder Abholstation für Onlinebestellungen. Wie man aus Tabelle 7.1 ersehen kann, erfolgte der Einstieg von Amazon in den stationären Einzelhandel zunächst über Abholschließfächer, Abhol- und Abgabestellen auf Universitätsgeländen und Pop-up-Stores in Einkaufszentren.

Die Einführung von Buchhandlungen durch Amazon im Jahr 2015 (siehe Abbildung 7.1) schien vielleicht paradox, markierte jedoch einen echten Strategiewechsel, da Amazon nun zum ersten Mal Onlinehandel und Preisgestaltung in einem Ladengeschäft praktizierte. „Wir haben 20 Jahre Erfahrung im Onlinebuchhandel genutzt, um ein Geschäft zu entwickeln, das die Vorteile des Offline- und des Onlinekaufs von Büchern vereint", so Jennifer Cast, die ehemalige Vizepräsidentin von Amazon Books[33]

TABELLE 7.1: Entwicklung der stationären Präsenz von Amazon

Jahr der Einführung	Konzept	Primäre Funktion	Beschreibung
2011	Amazon Locker	Logistik	Schließfächer für die Paketabholung in Einzelhandelsgeschäften, Einkaufszentren, Büros, Bibliotheken, Fitnessstudios und sogar bei Musikfestivals. Damit räumt Amazon zwei der größten Probleme beim Onlineshopping aus dem Weg: verpasste Lieferungen und unpraktische Retourenabwicklung.
2015	Pick-up-Stationen auf dem Universitätsgelände	Logistik	Die ersten Abhol- und Rückgabestationen von Amazon mit Personal. Sie versorgen College-Studenten auf dem Campus in den gesamten USA. Im Jahr 2017 wurde dieses Angebot durch die Einführung von „Instant Pickup" erweitert, das es den Kunden ermöglicht, ihre Bestellung innerhalb von zwei Minuten an einem nahe gelegenen Schließfach abzuholen.

Jahr der Einführung	Konzept	Primäre Funktion	Beschreibung
2014 (2019 eingestellt)	Amazon Pop-up	Technologie	30–50 m² große Standorte mit der Möglichkeit, Amazon-Geräte wie Kindles, Fire-Tablets und Echos auszuprobieren. Zuerst in Einkaufszentren, später auch bei Whole Foods und Kohl's, bevor alle Standorte 2019 geschlossen wurden.
2015	Amazon Books	Handel/ Technologie	Buchhandlungen mit digitalen Alleinstellungsmerkmalen: Die Bücher stehen oft mit dem Titel nach vorne im Regal, und Prime-Mitglieder erhalten Vorzugspreise. Wurde entwickelt, um die Prime-Mitgliedschaft anzukurbeln, und damit Kunden sich mit der Technologie bei Amazon in einem Ladengeschäft anfreunden konnten.
2016	Treasure Truck	Handel	Amazon wählt täglich neue Angebote aus, die den Kunden schriftlich übermittelt werden. Die Kunden werden dann benachrichtigt, wo sich der Lkw befindet, an dem sie ihre Waren abholen können. Das schafft einen gewissen Kaufdruck und bringt Spaß in ein normalerweise nüchternes Einkaufserlebnis.
2017	Amazon Fresh Pick-up	Logistik	Ein Abholservice für online bestellte Lebensmittel ähnlich dem beliebten französischen „Drive"-Konzept. Amazon nutzt die Nummernschilderkennung, um Wartezeiten zu verkürzen; die Bestellungen werden direkt in das Auto des Kunden geladen.

Jahr der Einführung	Konzept	Primäre Funktion	Beschreibung
2017	The Hub	Logistik	Schließfächer für die Paketzustellung in Mehrfamilienhäusern. Wie die bekannten gelben Amazon-Schließfächer ist The Hub komplett auf Selbstbedienung ausgerichtet, rund um die Uhr geöffnet und für alle Lieferdienste offen.
2017	Whole Foods	Handel	Übernahme von mehr als 450 Supermärkten in Nordamerika und in Großbritannien. Amazon entschied sich zur Übernahme von Whole Foods wegen des großen Angebots an Bioprodukten, der starken Eigenmarke, der Präsenz in Städten und der Überschneidung mit dem Prime-Kundenstamm. Amazon ist nun offiziell kein reiner Onlinehändler mehr.
2017	Amazon Returns	Logistik	Spezielle Vereinbarung mit der Kaufhauskette Kohl's, dass Amazon-Kunden Rücksendungen in ihrer Kohl's-Filiale vor Ort abgeben können. Behebt das ewige Problem der Onlineretouren und erhöht die Kundenfrequenz bei Kohl's. Wir gehen davon aus, dass dies auf internationaler Ebene eingeführt werden wird.
2017	Amazon Pop Up (früher „presented by Amazon")	Handel	Regelmäßig aktualisierte Themenshops mit den beliebtesten und interessantesten Artikeln von Amazon.com in Shoppingmalls in den USA nach dem Motto „Erst testen, dann kaufen".

Jahr der Einführung	Konzept	Primäre Funktion	Beschreibung
2018	Amazon Go	Handel	Eines der ersten Lebensmittelgeschäfte von Amazon und das erste Geschäft mit kassenlosem Bezahlen („Just Walk Out"). Die Käufer melden sich am Eingang mit ihrer Amazon-App an. Das kassenlose Einkaufen wird durch eine Kombination aus computerbasiertem Sehen (Computer Vision), Erfassung von Daten mittels Sensor (Sensordatenfusion) und maschinellem Lernen (Deep Learning) ermöglicht. Ein noch umfangreicheres Konzept, „Amazon Go Grocery" für den Lebensmittelhandel, wurde 2020 eingeführt, aber im darauffolgenden Jahr in „Amazon Fresh" umbenannt.
2018	Amazon 4-Star	Handel	Läden mit einem sorgfältig ausgewählten Sortiment an Produkten aus den Top-Kategorien von Amazon.com, darunter Geräte, Unterhaltungselektronik, Spielzeug, Spiele, Bücher, Küchen- und Haushaltsartikel und mehr. Jedes Produkt ist von den Kunden mit mindestens vier Sternen bewertet beziehungsweise ein Verkaufsschlager oder aber neu und liegt im Trend bei Amazon.com.

Jahr der Einführung	Konzept	Primäre Funktion	Beschreibung
2019	Amazon Counter	Logistik	Ein Netzwerk von Abholstellen mit angestellten Mitarbeitern, wo Kunden ihre Amazon-Pakete in der Filiale eines Partners abholen können. Bei der Markteinführung arbeitete Amazon mit dem britischen Modehändler Next und der italienischen Buchhandelskette Giunti zusammen und nutzte das Filialnetzwerk von Fermopoint und SisalPay in ganz Italien.
2020	Amazon Fresh	Handel	Ein weiteres Konzept für stationäre Supermärkte mit demselben Namen wie Amazons bisheriger Online-Lieferdienst für Lebensmittel. Die von Grund auf neu konzipierten Amazon-Fresh-Läden bieten Annehmlichkeiten wie den smarten Einkaufswagen (Amazon Dash Cart), mit dem die Kunden an der Warteschlange an der Kasse vorbeigehen können. Auch kann Alexa unterstützend genutzt werden, damit die Kunden mit ihren Einkaufszetteln und den Gängen im Supermarkt klarkommen. Die Geschäfte bieten eine Lieferung am selben Tag und eine Abholung im Geschäft oder kontaktlos an der Straße an.

Jahr der Einführung	Konzept	Primäre Funktion	Beschreibung
2021	Amazon Salon	Handel/ Technologie	Eines der eher unkonventionellen Konzepte von Amazon. Der Friseursalon von Amazon im Londoner Stadtteil Spitalfields erprobt die neuesten Technologien der Branche – von Farbberatungen mittels Augmented Reality (AR) bis hin zur „Point-and-Learn-Technologie".
2022 und danach	Amazon braucht Läden, aber auch eigene Läden? Wir gehen davon aus, dass es mehr neue Geschäftsmodelle geben wird, die sich unterstützend auf die Angebote des Kerngeschäfts im E-Commerce konzentrieren werden. Die Eröffnung von Apotheken, Mode- und Haushaltswarengeschäften kann nicht ausgeschlossen werden.		

HINWEIS: Amazon Go öffnete 2018 offiziell seine Türen.
QUELLE: Amazon; eigene Recherchen, Stand: Juni 2021

ABBILDUNG 7.1: Amazons allererstes Konzept für den stationären Handel – Amazon Books

Die hilfreichste Onlinebewertung wird ebenso angezeigt wie die Gesamtbewertung und die Anzahl der Kundenrezensionen. Es gibt Produktempfehlungen in Form von „Wenn Ihnen das gefällt, dann gefällt Ihnen auch ..." an den Regalen. Die Buchcover werden wie

online präsentiert, und die Bücher müssen mit mindestens vier Sternen bewertet sein, um ins Sortiment aufgenommen zu werden. Das bedeutet eine vergleichsweise kleine Auswahl; die Läden führen nur etwa fünf Titel pro laufendem Regalmeter, während die meisten Buchhandlungen mehr als das Dreifache anbieten.[34] Ursprünglich waren nur 25 Prozent der Verkaufsfläche für andere Artikel als Bücher vorgesehen, zum Beispiel für Bose-Lautsprecher und Kaffeepressen, aber auch für viele Amazon-Eigenprodukte – Kindles, Echo-Lautsprecher, Fire-Tablets sowie Elektronikzubehör aus dem amazoneigenen Basics-Sortiment.

Das Faszinierendste am Konzept von Amazon Books ist jedoch wohl die gewagte Preisgestaltung. Die Bücher sind nicht mit Preisschildern versehen, stattdessen müssen die Kunden den Artikel scannen: Als Prime-Mitglied wird ihnen der Amazon.com-Preis angezeigt, während Nicht-Mitglieder den Listenpreis zahlen. Wie bereits in einem früheren Kapitel kurz angesprochen, sind die Läden eindeutig darauf ausgelegt, die Prime-Mitgliedschaft zu forcieren und – wie bei den Amazon Pop-ups – die Kunden zur Interaktion mit Amazon-Geräten zu animieren, was beides dem gesamten Amazon-Ökosystem zugutekommt. Der Verkauf von Büchern ist zweitrangig.

FRISEURSALON ODER LABOR?

Amazon als ein Unternehmen, das sich nie auf seinen Lorbeeren ausruht, überraschte im Jahr 2021 die Konkurrenz erneut, nämlich mit der Eröffnung seines ersten Friseursalons. Der 140 Quadratmeter große Salon im Londoner Stadtteil Spitalfields bietet die gesamte Palette an Friseurdienstleistungen. Wie es der Zufall will, ist er mit einem Haufen Technologie ausgestattet.
Die Kunden können mithilfe von Augmented Reality virtuell mit verschiedenen Haarfarben experimentieren, und Zeitschriften sind durch Fire-Tablets ersetzt worden. Der Salon dient als Testumgebung für Amazons „Point-and-Learn“-Technologie, bei der die Kunden einfach auf ein Produkt im Regal zeigen und dann

sofort Informationen dazu, einschließlich Markenvideos, auf einem Bildschirm erscheinen. Alle Produkte können direkt per QR-Code am Regal gescannt und bestellt werden.
In einem Exklusivinterview mit den Autorinnen sagte John Boumphrey, der Chef von Amazon UK: „Der Friseursalon bietet uns eigentlich drei Dinge. Erstens haben wir dadurch die Möglichkeit, mit der Industrie die neuesten Technologien weiterzuentwickeln. Zweitens ist die Schönheitsbranche eine sehr persönliche, erlebnisorientierte Branche, und das ist ein neuer Bereich für uns. Und drittens können wir damit unseren Kunden im Bereich der professionellen Schönheitspflege eine größere Auswahl bieten."
Daran zeigt sich einmal mehr, dass Amazon kein Einzelhändler ist – und schon gar kein Friseur –, sondern ein Technologieunternehmen, das Gefallen daran findet, neue Wege für eine bestmögliche Lösung zu finden.

In den folgenden Jahren experimentierte Amazon weiter mit Läden, sowohl als Händler als auch als Technologiedienstleister. In der Folge wurden neue Konzepte im Lebensmittelhandel wie Amazon Go und Amazon Fresh eingeführt, auf die wir in den nächsten Kapiteln eingehen werden. Gleichzeitig schloss das Unternehmen Kooperationen mit bestehenden stationären Händlern wie Kohl's, Best Buy und weniger bekannten Unternehmen wie dem im Direktvertrieb tätigen Matratzenhersteller Tuft & Needle.

Tuft & Needle ist auch ein Händler, der zunächst nur online tätig war. Dann fusionierte er mit Serta Simmons, einem etablierten Matratzenhersteller, und arbeitete mit Amazon zusammen, um den Einkauf in seinem wachsenden Filialnetz angenehmer zu gestalten. Die Filiale in Seattle ist mit Tablets ausgestattet, auf denen die Kunden Produktrezensionen auf Amazon lesen können, mit Echo-Geräten, die Fragen der Kunden beantworten, und mit QR-Codes, die einen Einkauf mit einem Klick über die Amazon-App ermöglichen. Daehee Park, Mitbegründerin von Tuft & Needle, erklärte, dass es viele Diskussionen gab, wie man es mit Amazon aufnehmen könnte, man sich dann aber entschlossen habe, genau das Gegenteil zu tun.

„Wir haben uns gedacht: Warum machen wir nicht einfach mit? Das ist die Zukunft des Einzelhandels und des E-Commerce ... Wir konzentrieren uns auf das, was wir gut können, und nutzen die Amazon-Technologie für den Rest.“[35]

Das könnte ein Modell für andere Unternehmen sein, die beim Onlineverkauf bereits auf Amazon angewiesen sind (Tuft & Needle erzielt rund 25 Prozent seines Umsatzes über Amazon).[36]

Der andere Mitbegründer von Tuft & Needle, J. T. Marino, rät anderen Unternehmen, die über Amazon verkaufen wollen:

- die Konversionsrate zu messen, um festzustellen, ob Amazon die Direktverkäufe steigert;
- zu überlegen, ob man Gefahr läuft, von Amazon abhängig zu werden;
- die Kundenerfahrung in den einzelnen Vertriebskanälen zu bewerten.

„Wir müssen Vertrauensfaktoren schaffen. Wir müssen etwas tun, damit der Kunde Vertrauen fasst und uns eine Chance gibt“, stellte Marino fest.[37]

Wir sind ebenso der Überzeugung, dass Amazon weitere solcher Kooperationen mit dem Einzelhandel eingehen wird, um die tickende Zeitbombe der Onlineretouren zu entschärfen. 2017 hat sich Amazon mit der Kaufhauskette Kohl's zusammengetan, um in deren Filialen in Chicago und Los Angeles ausgewiesene Amazon-Retourenbereiche einzurichten. Anfänglich glaubten Pessimisten, Amazon schmuggle damit ein trojanisches Pferd in die Kaufhäuser – insbesondere in Anbetracht dessen, dass Amazon seine Modemarken ausbaut –, aber es war für beide Parteien ein voller Erfolg und wurde inzwischen auf alle Kohl's-Filialen in den gesamten USA ausgeweitet.

Wie funktioniert das also? Die Kunden geben Amazon-Retouren einfach einem Mitarbeiter von Kohl's vor Ort, ohne dass der Artikel verpackt oder mit einem Aufkleber versehen werden muss. Kohl's verpackt und transportiert die Retouren kostenlos zu Amazon. Einige Filialen verfügen sogar über ausgewiesene Parkplätze für Menschen mit Amazon-Retouren in der Nähe des Ladeneingangs. Unserer Meinung nach ist das ein einzigartiges Angebot, das den dringend benötigten Kundenverkehr in den Geschäften ankurbelt, ohne dass massenweise Kundendaten preisgegeben werden müssen. Diese Kombination von Kooperation und Wettbewerb (Koopetition) gehört sicherlich zu den Optionen mit dem geringsten Risiko.

„Amazon funktioniert. Dieses Retourenkonzept funktioniert. Wir merken, wie der Kundenverkehr steigt. Es kommen neue Kunden", bestätigte Michelle Gass, CEO von Kohl's, im Jahr 2021.[38]

Seit der Kooperation mit Amazon hat Kohl's zwei Millionen neue Kunden gewonnen, von denen etwa ein Drittel zu der begehrten jüngeren Käuferschicht gehört, die sich von Kaufhäusern heutzutage nur schwer erreichen lässt.[39] Und nicht alle diese Kunden kommen nur in den Laden, geben ihre Retoure ab und gehen wieder, wie oft prophezeit wurde. Gass erklärt, dass „manche" auch etwas kaufen, und im Jahr 2020 hat sogar ein größerer Prozentsatz der Amazon-„Rücksender" etwas im Laden gekauft.

Das Konzept von Kohl's funktioniert aufgrund seiner Exklusivität. Aber was würde passieren, wenn an jeder Ecke ein Amazon-Retouren-Hub auftauchen würde?

Denn das ist eindeutig das Ziel von Amazon. Inzwischen hat es mit „Counter" ein ähnliches Konzept ins Leben gerufen, das ein Netz von Abholstationen mit Personal umfasst, an denen die Kunden ihre Amazon-Pakete in den Partnergeschäften abholen können. Zunächst startete Amazon den Service 2019 in Hunderten von Next-Bekleidungsgeschäften in Großbritannien und in Tausenden von Geschäften in Italien in Zusammenarbeit mit der Buchhandelskette Giunti und dem Netzwerk von Fermopoint- und Sisal-Pay-Standorten. Der Service wurde auch in Hunderten von Rite-Aid-Filialen in den USA eingeführt, eine Entscheidung, die der Drogeriehändler möglicherweise bereuen wird, wenn Amazon weiter in diese Branche vordringt.

Bis dahin ist die Kooperation jedoch für beide Seiten von Vorteil. Lord Simon Wolfson, CEO von Next, beschreibt die Kooperation mit Amazon als ein Mittel, „die Möglichkeiten des Internets, das heißt die beispiellose Sortimentsbreite, mit allem Komfort des Einkaufs im Geschäft“ zu kombinieren.[40] Vielleicht kann man daraus auch schließen, dass er Amazon nicht als große Bedrohung für die Modebranche ansieht.

Wir glauben, dass Amazon ähnliche Kooperationen mit anderen bekannten Unternehmen auf der ganzen Welt anstreben wird, um, wie Wolfson es ausdrückt, die „Bedeutung und Betriebsamkeit“ der stationären Geschäfte zu steigern. Es geht darum, dem Diktat der Kunden zu folgen – Koopetition wird in der Zukunft ein zentrales Thema sein.

08

Die Ambitionen von Amazon im Lebensmittelhandel: Eine Plattform, über die man alles verkaufen kann

„Um ein 200-Milliarden-Dollar-Unternehmen zu werden, müssen wir lernen, Kleidung und Lebensmittel zu verkaufen."

JEFF BEZOS, 2007[1]

Der digitale Wandel durchdringt den gesamten Einzelhandel, aber drei Bereiche – Möbel, Mode und Lebensmittel – waren bisher davon noch nicht so betroffen.

Es sind Bereiche, bei denen die Qualität subjektiv ist und nicht immer über einen Bildschirm erfasst werden kann. Es sind Bereiche, wo man das Produkt lieber anschauen und anfassen möchte; und das ist normalerweise wichtiger als Komfort beim Onlinekauf. Daher war die Wahrscheinlichkeit, sich hier bei einer Onlinebestellung für das Falsche zu entscheiden, in der Vergangenheit höher als beim Kauf von 08/15-Produkten wie Büchern oder DVDs, bei denen die Kunden genau wussten, was sie bekommen würden, unabhängig davon, wo sie sie kauften.

Doch als die Pandemie ausbrach, änderte sich das. Wie bereits erwähnt, war die Coronakrise ein Segen für den Onlinehandel, da sich die Verbraucher im Lockdown in Scharen dem Internet zuwandten. Die dramatischste Veränderung fand natürlich in dem Bereich statt, wo das verkauft wird, was jeder braucht: Lebensmittel.

Der Online-Lebensmitteleinzelhandel steht jetzt an einem Wendepunkt. Da Corona – und nicht Amazon – in erster Linie die treibende Kraft für den Wandel im Lebensmittelsektor war, haben sich die Einzelhändler schnell umgestellt. Sie haben sich lobenswerterweise an die veränderte Kundennachfrage angepasst und die Kapazität des Online-Lebensmittelhandels erhöht, um die Welt zu versorgen. Damit haben sie jedoch die Kunden auf den am wenigsten profitablen Einkaufskanal umgeleitet.

Was also bringt die Zukunft? Werden die Kunden, die sich während der Pandemie vielleicht nur widerwillig dem Onlinekauf zugewandt haben, wieder in die Geschäfte gehen, sobald es wieder sicher ist? Oder werden die neu erworbenen digitalen Möglichkeiten die Pandemie überdauern?

In diesem Kapitel soll die Online-Lebensmittelstrategie von Amazon genauer betrachtet werden, bevor wir uns im nächsten Kapitel der Übernahme von Whole Foods Market und Amazons weitergehenden Ambitionen Richtung Supermarkt widmen.

ONLINE-LEBENSMITTELHANDEL IN DEN USA: EIN DAUERBRENNER

Der Supermarktsektor ist ein komplexes Geschäft mit niedrigen Margen, hohen Fixkosten, den unterschiedlichsten Zulieferern und Produkten mit begrenzter Haltbarkeit. Noch komplizierter wird es, wenn man die Lieferung nach Hause einbezieht. Nach Angaben von Goldman Sachs kostet es erstaunliche 23 US-Dollar pro Lieferung, die Lebensmittel zu lagern, zu kommissionieren, zu verpacken und auszuliefern, was die ohnehin schon geringen Gewinnspannen schmälert.[2]

Unterschiedliche Handhabungs- und Temperaturanforderungen, abgelehnte Ersatzware für nicht vorrätige Produkte und Kunden, die zum Lieferzeitpunkt nicht zu Hause sind, machen das Ganze noch komplizierter. Nicht einmal der Weg des Konsumenten vom ersten Kontakt bis zur finalen Kaufentscheidung (Shopper Journey) ist geradlinig – mehrere Kunden können Produkte in ihren Warenkorb legen und Artikel hinzufügen, bis die Bestellung kommissioniert wird. Im Vergleich dazu ist die Lieferung von Büchern ein Kinderspiel.

Eine hohe Bevölkerungsdichte ist ideal für jeglichen E-Commerce, aber für den Online-Lebensmittelhandel ist sie absolut unerlässlich. Das zeigen die weltweit fortschrittlichsten E-Commerce-Märkte für Lebensmittel – Südkorea und Großbritannien. In Südkorea, wo 83 Prozent der Bevölkerung in Städten leben, lag die Marktdurchdringung bei Online-Lebensmittelgeschäften schon vor der Pandemie bei erstaunlichen 20 Prozent. Ein großes, dicht bevölkertes und gut vernetztes Land ist der perfekte Nährboden für den Online-Lebensmittelhandel, einerseits in Hinblick auf die Effizienz der Lieferkette, andererseits auch bezüglich der Kundenakzeptanz (Südkorea hat das schnellste Internet der Welt).

In Ländern mit einer hohen Bevölkerungszahl im ländlichen Raum wie den Vereinigten Staaten ist eine derart flächendeckende Versorgung hingegen nicht so einfach zu erreichen. In Südkorea leben 522 Menschen pro Quadratkilometer, in den USA sind es nur 88.[3] In einem so riesigen, dünn besiedelten Land war es für die meisten amerikanischen Supermärkte in der Vergangenheit schwierig, die für ein Online-Lebensmittelgeschäft erforderlichen Größenvorteile zu erzielen. Dies führte dazu, dass die Unternehmen entweder ganz auf die Lieferung von Lebensmitteln nach Hause verzichteten oder sie nur den Städtern mit viel Geld, aber wenig Zeit angeboten haben.

Laut Credit Suisse gibt es 13 voneinander unabhängige Faktoren in Zusammenhang mit der Akzeptanz und Rentabilität des Online-Lebensmittelhandels:

- Breitbandversorgung
- Ausstattung mit Tablets/Smartphones
- Onlineanteil am Einzelhandelsumsatz
- Verbreitung von Amazon
- Gründungskultur
- Infrastruktur für den Stadtverkehr
- Ballungsgebiete mit mehr als einer Million Einwohnern (geeignet für Abholung im Geschäft)
- Ballungsgebiete mit mehr als fünf Millionen Einwohnern (geeignet für zentrale Verteilung)
- Pro-Kopf-BIP
- Motorisierungsgrad
- Häufigkeit der Doppelverdiener-Haushalte
- Verkaufsflächendichte
- saisonal ungünstige Witterungsbedingungen

Zusätzlich zu der eingeschränkten Verfügbarkeit lief die Kundenakzeptanz für den Online-Lebensmittelhandel in den USA im Vergleich zu anderen Branchen auch deswegen schleppend an, weil damit hohe Lieferkosten verbunden waren, was einige Kunden verständlicherweise davon abschreckte. Noch im Jahr 2021 verlangte Walmart satte zehn US-Dollar pro Bestellung.[4] Außerdem bringt das typische „Endless Aisle“-Konzept des Onlinehandels im Fall von Lebensmitteln weniger Vorteile, und viele Amerikaner waren schon immer zurückhaltend, jemand anderen – sei es ein Mensch oder ein Roboter – ihr Obst oder Gemüse auswählen zu lassen. Das Bedürfnis, frische Lebensmittel anschauen, sie anfassen und sogar riechen zu können, ist ein wichtiger Grund für den Besuch eines Ladengeschäfts. Vor Corona hatten die Menschen ihre festen Gewohnheiten und eigentlich keinen Grund, diese zu ändern.

Der Mensch ist ein Gewohnheitstier, aber nicht für immer. Und wie sich kürzlich gezeigt hat, führt kaum etwas so schnell zu Verhaltensänderungen wie eine Pandemie.

Laut Coresight Research kaufen heute 60 Prozent der Amerikaner Lebensmittel online ein, verglichen mit 37 Prozent im Jahr 2019.[5] 2020 wuchs der Onlineumsatz mit Lebensmitteln in den USA um 54 Prozent auf 96 Milliarden US-Dollar, was einem Anteil von 7,4 Prozent am Gesamtumsatz des Lebensmittelhandels entspricht. Das mag nicht nach besonders viel klingen, aber noch 2018 lag der Anteil des Onlinegeschäfts am Lebensmittelhandel in den USA bei weniger als zwei Prozent.

Wie bereits zu Beginn des Buches erörtert, war der Zeitpunkt des Ausbruchs der Pandemie und des daraus resultierenden Zuwachses im Online-Lebensmittelhandel für Amazon ein Glücksfall. Zu Beginn der Pandemie erhielt Amazon bis zu 50-mal mehr Lebensmittelbestellungen als vorher.[6] Wäre die Pandemie nur fünf Jahre früher ausgebrochen, hätte Amazon tatenlos zusehen müssen, wie Walmart und andere Unternehmen sich in diesem Bereich breitgemacht hätten.

Aber die Strategie von Amazon für den Lebensmittelhandel hat sich in den letzten Jahren stark weiterentwickelt, und als die Pandemie ausbrach, konnte es liefern. Seit 2021 liefert Amazon in 5.000 Städten und Gemeinden in den USA Lebensmittel (2019 waren es noch 2.000). Während der Pandemie begann das Unternehmen auch damit, die Lebensmittelbestellungen der Kunden in die Garage zu liefern. Mit diesem kurz darauf großflächig eingeführten Service machte Amazon den Onlinekauf noch eine Stufe komfortabler.

Warum also glauben wir, dass Amazon Ladengeschäfte braucht, um sich im Lebensmittelhandel durchzusetzen? Obwohl der Online-Lebensmittelhandel während der Pandemie boomte, sollten wir uns auf eine Verlangsamung des Wachstums einstellen, wenn wir zum normalen Leben zurückkehren. Laut Emarketer wird der Onlinehandel 2023 voraussichtlich elf Prozent des gesamten Lebensmittelumsatzes in den USA ausmachen.[7] Mit anderen Worten: Fast 90 Prozent des US-Lebensmittelumsatzes werden nach wie vor in einem stationären Geschäft gemacht.

Für viele Kunden ist es immer noch praktischer – und in manchen Fällen sogar angenehmer –, ins Auto zu steigen und zum nächsten

Geschäft zu fahren. Damit wir uns nicht falsch verstehen, der Onlinehandel mit Lebensmitteln ist im Kommen – und zwar rasend schnell –, aber Supermärkte werden immer gebraucht.

Es überrascht nicht, dass auch der größte Lebensmitteleinzelhändler der USA dieser Meinung ist. Doug McMillon, der CEO von Walmart, glaubt, dass man in den USA einen landesweiten Onlinehandel mit Lebensmitteln nur dann aufbauen kann, „wenn die verderblichen Waren frisch, immer verfügbar und zum richtigen Preis zu bekommen sind. Dafür braucht man eine optimale Lieferkette für verderbliche Waren, damit die Produkte frisch in den Geschäften in der Nähe der Kunden ankommen."[8]

McMillon ist der Ansicht, dass man für erfolgreichen E-Commerce im Lebensmittelhandel nicht nur stationäre Geschäfte braucht, sondern auch „viele allgemeine Handelswaren und Bekleidung, um den Margenmix zu verbessern", und das alles „in großem Umfang, da bei einer großen Warenmenge Preissenkungen und die Vernichtung von Waren reduziert werden können".[9] Auch Amazon erfüllt diese Kriterien und drängt immer stärker auf den Bekleidungsmarkt. An anderer Stelle wurde bereits darauf hingewiesen, dass man die einzelnen Branchen oder Geschäftsbereiche von Amazon nicht isoliert betrachten kann und dass jeder Service eine weitere Speiche im Schwungrad ist. Mit dem Verkauf von Kleidung mit höherer Gewinnspanne, vor allem von Eigenmarken, wird Amazon einen Teil der höheren Kosten für die Lieferung von Lebensmitteln ausgleichen können.

Aus welchen anderen Gründen braucht Amazon Lebensmittelgeschäfte? Weil hier durch Click & Collect und die Zustellung am selben Tag (Same-Day-Lieferung) ein Haloeffekt auf das Onlinegeschäft erzeugt wird, was wiederum zeigt, dass das Einkaufen über alle Kanäle hinweg möglichst nahtlos funktionieren muss. In vielerlei Hinsicht war die Übernahme von Whole Foods Market, mit der Amazon über Nacht knapp zwei Millionen Quadratmeter Einzelhandelsfläche übernahm, ein Eingeständnis, dass der Handel mit Lebensmitteln immer auch stationäre Geschäfte einschließen muss, auch wenn diese vielseitiger gestaltet werden sollten.

Gleichzeitig werden durch die neuen Technologien die Barrieren abgebaut, die traditionell mit dem Onlinekauf von Lebensmitteln verbunden sind – wie es in anderen Branchen bereits geschehen ist. Die Automatisierung – vom automatischen Lagersystem bis hin zum fahrerlosen Lieferwagen – wird die Effizienz der Lieferketten verbessern, und immer mehr Drittanbieter (wie zum Beispiel Instacart) werden die Lieferung übernehmen, und so werden immer mehr Supermärkte ohne hohe Investitionen in Infrastruktur oder IT-Systeme eine schnelle Lieferung anbieten können.

Der Kundennutzen bei der Onlinebestellung von Lebensmitteln explodiert derweil: Die Verbraucher profitieren heutzutage von verbesserten Smartphone-Schnittstellen, einmaliger Authentifizierung, stärkerer Personalisierung und besserer Navigation auf den Websites, automatisierten Einkaufszetteln, Rezeptvorschlägen, Lieferscheinen, Voice-Shopping, vereinfachten Nachbestellungen, Lieferung am selben Tag und von Alternativen zur Lieferung nach Hause wie Click & Collect, Curbside-Pick-up, Lieferung direkt in den Kühlschrank und in die Garage sowie automatische Schließfächer.

Beim Online-Lebensmittelkauf können Kunden ganz nach ihren Wünschen den Einkauf gestalten und ihre Zeit optimal nutzen, da das Einkaufen mithilfe der neuen Möglichkeiten weniger aufwendig ist.

LEBENSMITTEL: AUF ZU NEUEN UFERN UND DIE BEDEUTUNG DER KUNDENFREQUENZ

Der Lebensmitteleinzelhandel ist für Amazon insofern attraktiv, als es sich dabei um den größten Markt für überlebenswichtige Güter handelt – und einen, der reif für Veränderungen ist. Wie weiter unten erläutert wird, ist dieser Bereich für Amazon auch deshalb von entscheidender Bedeutung, weil es damit endlich in einen Bereich mit hoher Kundenfrequenz einsteigen kann.

Kundenfrequenz – ein großer Schritt auf dem Weg zur Dominanz im Einzelhandel

Es ist klar, dass Amazon ohne Lebensmittel im Programm kein „Allesverkäufer“ sein kann. Lebensmittel haben nicht nur den größten Anteil an den Konsumausgaben, sondern der Lebensmittelhandel wird auch über die *Kundenfrequenz* (der durchschnittliche Kunde in den USA besucht laut FMI ein- bis zweimal pro Woche einen Supermarkt)[10] und daher überwiegend durch *Kundengewohnheiten* bestimmt (85 Prozent der Artikel im Einkaufskorb der Kunden sind jede Woche dieselben).[11] Kein anderer Bereich bietet so viele Möglichkeiten der Kundenbindung.

> „[Mit Lebensmitteln] nehmen wir täglich an Ihrem Leben teil. Es gibt nichts, was damit wirklich vergleichbar wäre.“
>
> **WALTER ROBB, EHEMALIGER CO-CEO VON WHOLE FOODS MARKET**[12]

Abgesehen von der Datenerfassung gibt es einen sehr guten Grund, warum Amazon sein umfangreiches Online-Lebensmittelangebot auf Prime-Mitglieder beschränkt. Mit Lebensmitteln steigert Amazon die Kundenfrequenz. Wenn die Menschen ihren wöchentlichen Lebensmitteleinkauf über Amazon abwickeln – und dafür müssen sie ja Prime-Mitglieder sein –, dann ist die Wahrscheinlichkeit groß, dass Amazon auch für Artikel anderer Kategorien die erste Anlaufstelle sein wird. Walter Robb, der ehemalige Co-CEO von Whole Foods Market, drückt es so aus: „Über Lebensmittel kann man alles andere verkaufen.“[13]

Deshalb sollte der Einstieg von Amazon in den Lebensmittelhandel alle Einzelhändler beunruhigen, nicht nur Supermärkte. Über den Lebensmitteleinzelhandel kann Amazon die Nummer eins bei den Einkaufsmöglichkeiten werden. Bereits jetzt bestellen rund 15 Prozent der Konsumenten in den USA siebenmal oder öfter pro Woche etwas bei Amazon.[14] Wenn sich Amazon im Lebensmittelhandel durchsetzen kann, könnte das Unternehmen auch andere Bedürfnisse dieser treu ergebenen Anhänger befriedigen (wenn auch nicht ohne eine strengere Kontrolle durch den Staat).

Es ist kein Zufall, dass man bei Amazon jahrelang das Einzelhandelssortiment ausgebaut hat und mit immer mehr Vorteilen und Angeboten in Prime investiert hat, bevor man sich im großen Stil an den Lebensmittelhandel wagte. Obwohl sich Amazon mit einigen etablierten Lebensmittelhändlern messen muss, ist es diesen in dreierlei Hinsicht voraus: durch die Allgegenwart im digitalen Raum, durch den problemlosen Einkauf über die Amazon-Plattform und durch die Attraktivität von Prime.

AMAZONS KAMPF UM LEBENSMITTEL: DAS LEBEN VOR WHOLE FOODS MARKET

Die Strategie, Kunden mit Lebensmitteln anzulocken und sie dann zum Kauf von margenstärkeren anderen Produkten zu verleiten, ist keineswegs neu. Genau das ist das Konzept der großen Super- und Verbrauchermärkte. Walmart begann in den späten 1980er-Jahren mit dem Verkauf von Lebensmitteln und wurde in nur etwas mehr als zehn Jahren zum größten Lebensmittelhändler in den USA. Das britische Unternehmen Tesco begann als Lebensmittelgeschäft und nahm in den 1960er-Jahren andere Produkte in sein Sortiment auf, wodurch es schließlich zum größten Einzelhandelsunternehmen in Großbritannien wurde. „Amazon verfolgt ziemlich genau dieselbe Strategie", sagt Jack Sinclair, CEO von Sprouts, der zuvor die US-Lebensmittelsparte von Walmart leitete.[15]

Die Übernahme von Whole Foods war ein Wendepunkt für Amazon, aber um die Beweggründe für den Deal zu verstehen, müssen wir ganz von vorne anfangen.

FALLSTUDIE

Ein Beispiel für die Gefahren einer übermäßigen Expansion: Webvan und die Dotcom-Pleite

Eine der spektakulärsten Pleiten infolge der Dotcom-Blase war der Online-Lebensmittelhändler Webvan. Der erste große Lieferdienst für online bestellte Lebensmittel in den USA wurde 1996 von Louis Borders (der heute nicht mehr existierenden Buchhandelskette) mitbegründet, und wie bei vielen Unternehmen zu dieser Zeit lautete die Maxime: „Wachstum um jeden Preis." In weniger als drei Jahren hatte das Unternehmen einen Barmittelabfluss von 800 Millionen US-Dollar, ging an die Börse, meldete dann Konkurs an und stellte seinen Betrieb ein.[16] Sein kometenhafter Aufstieg und Fall machten Webvan zum Musterbeispiel für die Exzesse der Dotcomblase.

Man könnte meinen, dass Webvan einfach seiner Zeit voraus war; schließlich waren die ultralangsamen Modemverbindungen der späten 1990er-Jahre für einen schnellen Online-Einkauf von Lebensmitteln kaum geeignet. Wie Amazon setzte auch Webvan alles darauf, dass es mit Technologie die Einkaufsgewohnheiten der Menschen verändern könnte, aber die Probleme des Unternehmens lagen tiefer. Der grundlegende Fehler? Übermäßige Expansion ohne ausreichende Kundennachfrage.

Webvan verzichtete auf das herkömmliche Ladengeschäft und wählte stattdessen einen zentral organisierten Ansatz für die Zustellung von online bestellten Lebensmitteln. Ähnlich wie Ocado heute baute Webvan hochmoderne automatisierte Logistikzentren mit dem Ziel, Lebensmittel innerhalb von 30 Minuten an die Kunden zu liefern. Man glaubte, dass die einzigartige Technologie von Webvan die Produktivität erhöhen und es Webvan ermöglichen würde, sowohl die Online- als auch die stationäre Konkurrenz auszustechen.

Das Konzept war gar nicht schlecht, aber die Umsetzung. Webvan versuchte gleichzeitig, eine Marke und einen Kundenstamm von Grund auf neu aufzubauen und die Infrastruktur eines etablierten Sektors umzugestalten. Das Vorhaben war sehr kapitalintensiv, denn jedes der großen Hightech-Lager kostete Webvan mehr als 30 Millionen US-Dollar, aber aufgrund der fehlenden Kundennachfrage waren die Lager nicht annähernd voll ausgelastet.[17] Einigen Analysten zufolge verlor Webvan mehr als 130 US-Dollar pro Bestellung, wenn man Abschreibungen, Marketing- und andere Gemeinkosten miteinbezieht.[18]

Richard Tarrant, der CEO von MyWebGrocer, äußerte sich über Webvan im Jahr 2013 wie folgt:

> In einer Branche mit geringen Gewinnmargen, wo jeder jedes Produkt im Umkreis von drei Meilen in den Vereinigten Staaten kaufen kann, bauten sie Lagerhäuser und ein ganzes Vertriebssystem mit Lieferwagen, entsprechendem Personal und so weiter auf. Aber die 36.000 günstig gelegenen Lebensmittelgeschäfte an jeder Geschäftsstraße in Amerika hatten das alles schon.[19]

Unter dem Druck der Investoren expandierte das Unternehmen rasant. In einem Artikel des *Wall Street Journal* aus dem Jahr 1999 stand über die Eröffnung des ersten riesigen Lagers von Webvan im kalifornischen Oakland Folgendes:

> Wenn es gut läuft - und selbst wenn nicht -, plant Borders einige Monate später die Eröffnung eines weiteren riesigen Lebensmittellagers in Atlanta. Geplant sind mindestens 20 weitere Standorte in den gesamten USA, in praktisch jeder Stadt, die groß genug ist, sich eine Sportmannschaft in der ersten Liga leisten zu können.[20]

Webvan hatte die grundsätzlichen Probleme seines Geschäftsmodells noch nicht beseitigt, als es schon einen aggressiven und letztlich verhängnisvollen Expansionsplan in Angriff nahm. Innerhalb von 18 Monaten war der Online-Lebensmittelhändler in zehn großen Ballungsgebieten in den USA vertreten.[21] Zum Vergleich: Ocado brauchte mehr als zehn Jahre, um sein zweites Logistikzentrum zu eröffnen.[22] Webvan „hat die Kardinalsünde im Einzelhandel begangen, nämlich in eine neue Region zu expandieren - in unserem Fall in mehrere Regionen -, bevor wir unsere Geschäftstüchtigkeit auf dem ersten Markt unter Beweis gestellt hatten", sagt Mike Moritz, ein Vorstandsmitglied von Webvan. „Tatsächlich hatten wir noch genug damit zu tun, unsere Geschäftstüchtigkeit in der Bay Area unter Beweis zu stellen, als wir schon in andere Regionen expandierten."[23]

In dem Bestreben, Größenvorteile zu erzielen, übernahm Webvan im Jahr 2000 den Konkurrenten HomeGrocer. Zufälligerweise besaß Amazon zu dieser Zeit eine 35-prozentige Beteiligung an HomeGrocer, woran man damals schon hätte erkennen können, in welche Richtung Jeff Bezos' Vision bezüglich des Lebensmitteleinzelhandels gehen würde - ein Einkauf ganz ohne Stress. Im Jahr 1999 attestierte er HomeGrocer ein „glühendes Interesse am Kundenerlebnis. Seine Einkäufer suchen mir schöneres Obst und Gemüse aus, als ich es selbst könnte ... Man spürt hier wirklich eine ungewöhnliche Liebe zum Detail."[24]

Auch die Übernahme von HomeGrocer konnte Webvan nicht retten – ein Jahr später war das Unternehmen pleite. Dies wirkte sich nachhaltig auf den amerikanischen Lebensmittelmarkt aus und verdarb der Branche auf Jahre, ja sogar Jahrzehnte, den Appetit auf das Onlinegeschäft.

Amazon Fresh: Auferstanden aus der Asche von Webvan

Den Online-Lieferservice für Lebensmittel von Amazon, Amazon Fresh, gibt es schon seit 2007. Wenn man allerdings nicht in Seattle lebt, könnte man meinen, er sei etwas ganz Neues. Amazon erprobte den Dienst *fünf Jahre lang* im Stillen an seinem Heimatstandort, bevor es das Angebot schließlich auf andere Städte in den USA ausweitete. Wenn Amazon etwas aus der Pleite von Webvan gelernt hat, dann, dass ein Geschäftsmodell ausgefeilt sein sollte, bevor man eine Expansion egal welcher Art in Angriff nimmt.

An der Spitze des Amazon-Fresh-Projekts standen vier ehemalige Führungskräfte von Webvan – Doug Herrington, Peter Ham, Mick Mountz und Mark Mastandrea. An dieser Stelle sei darauf hingewiesen, dass Mick Mountz auch Kiva Systems gegründet hat, ein 2012 von Amazon übernommenes Unternehmen, das Lagerroboter herstellt. Kiva basierte auf einer Technologie, die ursprünglich bei Webvan entwickelt worden war, und ist mittlerweile zu einem wichtigen Bestandteil des Konzepts von Amazon Fresh geworden. Interessanterweise wurde mit dem Kauf der Webvan-Domain durch Amazon auch Webvan in gewisser Weise wiederbelebt – Amazon nutzte die Website eine Weile für den Verkauf von nicht verderblichen Lebensmitteln, betreibt sie aber heute nicht mehr.

„Wir hatten viele frühere Webvan-Leute im Team, und wir haben oft auf ihre Erfahrungen zurückgegriffen", sagt Tom Furphy, der zusammen mit Herrington und Ham an der Gründung von Amazon Fresh mitgewirkt hat und später Risikokapitalgeber wurde. „Das war eine gute Strategie, um das Unternehmen verantwortungsvoll aufzubauen."[25]

Doch das Team hatte alle Hände voll zu tun. Amazon vertrieb allgemeine Handelswaren. Somit war auch die Website – und ist es auch heute noch – für die gezielte Suche konzipiert, aber bei Lebensmitteln möchten die Kunden das Angebot in den einzelnen Warengruppen lieber ziellos durchsehen. Und während die meisten Online-Bestellungen zwei bis vier Artikel umfassen, sind es bei Lebensmitteln im Durchschnitt 50 Artikel.[26] Der Schlüssel zum Erfolg im Online-Lebensmittelhandel liegt darin, die Komplexität der Lieferketten und der unterschiedlichen Nutzererfahrungen zu meistern.

Als das Lebensmittelgeschäft bei Amazon ins Laufen kam – wenn auch nur langsam –, gab es zwei wichtige Faktoren, die dem Unternehmen zugutekamen – das Timing und der bestehende Kundenstamm. Ab Mitte der 2000er-Jahre wuchs mit schnellem Breitbandanschluss und mehr Smartphones auch die Nachfrage nach Online-Lebensmittelbestellungen, und im Gegensatz zu Webvan konnte Amazon auf einen bestehenden Kundenstamm zurückgreifen. Man darf allerdings nicht vergessen, dass es Prime erst ein paar Jahre gab, als Amazon Fresh eingeführt wurde. Dies war ein weiterer Grund für die nur sehr langsame Ausweitung des Online-Lebensmittelgeschäfts von Amazon: Das Prime-Angebot musste sowohl ausgereift als auch überzeugend genug sein, sodass Amazon auf einen großen loyalen Kundenstamm zurückgreifen konnte, bevor es mit dem Lebensmittelhandel ernst machte.

Im Jahr 2013 begann Amazon Fresh schließlich, seine Geschäftsaktivitäten über Seattle hinaus auszuweiten. Innerhalb weniger Jahre wurde der Service in Chicago, Dallas, Baltimore, Seattle, in Teilen Kaliforniens (Los Angeles, Riverside, Sacramento, San Diego, San Francisco, San Jose und Stockton), in New York City, im Norden von New Jersey und Virginia, in Philadelphia, Connecticut und, außerhalb der USA, in London eingeführt.[27] Heute liefert Amazon Lebensmittel in mehr als 5.000 Städte und Gemeinden in den USA.

Im Laufe der Jahre hat Amazon mit verschiedenen Markennamen und Tarifsystemen herumexperimentiert, um den Lieferdienst von frischen Lebensmitteln wirtschaftlich zu halten. Eine Zeit lang hieß er Prime Fresh und wurde als Teil eines Prime-Pakets für 299 US-Dollar im Jahr angeboten – das Dreifache der normalen Jahresgebühr für Prime. Für viele Kunden, die sich ja gerade erst an die Onlinebestellung von Lebensmitteln gewöhnten, erwies sich das als zu viel, sodass Amazon Fresh im Jahr 2016 preislich anders gestaltet wurde – es war nach wie vor auf Prime-Mitglieder beschränkt, kostete als monatliches Add-on aber nur erträglichere 14,99 US-Dollar (wie bereits erwähnt gehört es inzwischen zu der breiten Palette an kostenlosen Prime-Services).

Trotz der günstigeren Marktbedingungen war der Onlineverkauf von frischen Lebensmitteln kein leichtes Unterfangen, weshalb sich Amazon gleichzeitig an etwas Vertrauterem versuchte – an unverderblichen Waren.

Spar-Abo (Subscribe & Save): Ein erster Vorgeschmack auf die vereinfachte Nachbestellung

Im Jahr 2007 führte Amazon das Spar-Abo ein, nur wenige Monate bevor es die ersten Amazon-Fresh-Lieferungen gab. Über das Abo-Programm, das auch heute noch läuft, können Kunden Lebensmittel automatisch nachbestellen und liefern lassen (in ein- bis sechsmonatigen Abständen), mit Rabatten von bis zu 15 Prozent. Zum Zeitpunkt der Markteinführung bot dieser Onlinesupermarkt von Amazon, der immer unabhängig von Amazon Fresh war, mehr als 22.000 nicht verderbliche Artikel von führenden Marken wie Kellogg's, Seventh Generation und Huggies sowie eine große Auswahl an Natur- und Bio-Produkten an.[28]

Das Spar-Abo war der erste Schritt zur Kundenbindung im Lebensmittelbereich und verschaffte Amazon enorm viele Daten über die Markenpräferenzen der Kunden und die Preiselastizität – ein Hauptkritikpunkt an dem Programm ist, dass die Preise trotz des versprochenen Rabatts immer noch Amazons dynamischer Preisgestaltung unterliegen, was den Effekt der Kosteneinsparungen durch das Abonnement zunichtemachen kann.

Die Einführung des Spar-Abos zeigte schon früh, mit welcher Strategie Amazon den Lebensmittelmarkt aufmischen wollte – es wollte den Lebensmitteleinkauf stressfreier machen. Denn das war genau das, was Bezos an HomeGrocer bewundert und weswegen er Jahre zuvor eine Minderheitsbeteiligung an dem Unternehmen erworben hatte. Das Spar-Abo war der erste Versuch von Amazon, ein Programm zur einfachen Nachbestellung von Artikeln zu etablieren. In der Folge führte Amazon eine Reihe völlig neuer Instrumente für den Kundenkontakt ein, die sowohl physischer als auch virtueller Natur waren. Damit sollte die Nachbestellung von Waren des täglichen Bedarfs so einfach wie möglich werden:

- **Dash Buttons** (inzwischen eingestellt): bei den Kunden zu Hause angebrachte und mit dem WLAN verbundene Schaltflächen zur Nachbestellung mit einem Klick.
- **Dash Replenishment:** gerätegesteuertes Nachbestellungssystem, zum Beispiel intelligente Brita-Wasserfilterstationen, die automatisch Filter nachbestellen, oder elektrische Haustürschlösser, die Batterien nachbestellen, wenn diese fast leer sind.
- **Alexa:** KI-gesteuerter virtueller Assistent, der das Einkaufen per Sprachbefehl über Echo ermöglicht.
- **Dash Wand** (inzwischen eingestellt): tragbare Geräte, die das Scannen von Strichcodes und sprachgesteuerte Nachbestellungen ermöglichen.
- **Virtual Dash Buttons** (inzwischen eingestellt): Wie der Name schon sagt, handelt es sich dabei um Schaltflächen zum Nachbestellen mit einem Klick in der Amazon-App und auf der Website.

In diesem Zusammenhang darf nicht unerwähnt bleiben, dass Walmart sein eigenes Patent zur Integration des IoT (Internet of Things) für seine Produkte angemeldet hat. Ähnlich wie das Dash-Replenishment-System von Amazon würde dies eine automatische Nachbestellung von Artikeln ohne jegliches Zutun des Kunden ermöglichen. Der Unterschied besteht allerdings darin, dass das Walmart-Patent eine produktgesteuerte und keine gerätegesteuerte Nachbestellung vorsieht, was zu einer breiteren Nutzung führen und die Entwicklung vorantreiben würde.

Der Trend zum automatischen Nachbestellen wird die Zukunft des Einzelhandels maßgeblich mitbestimmen. Amazon möchte einen problemlosen Einkauf ermöglichen und die Einkaufswege verkürzen, so wie es bekanntlich mit dem 1999 eingeführten 1-Click-Verfahren gelungen ist. Schon heute kann man ohne Ladengeschäft oder Bildschirm einkaufen. Man kann Alexa bitten, Artikel in den Amazon-Warenkorb zu legen, während man das Abendessen zubereitet, und in Zukunft wird dies sogar noch reibungsloser funktionieren, wenn sich die Kunden vollständig aus dem Bestellvorgang herausziehen können. Und wenn aus einem Klick dann kein Klick wird, ist Amazon bestens gewappnet, um das Einkaufen von Gütern für den täglichen Bedarf abzuwickeln.

Infolgedessen werden die Verbraucher in Zukunft weniger Zeit für den Einkauf des Lebensnotwendigen aufwenden – ein Trend, auf den im weiteren Verlauf des Buches noch näher eingegangen wird, insbesondere im Hinblick auf die Auswirkungen im stationären Handel. Aber man muss sich immer wieder in Erinnerung rufen, dass im Austausch für den ultimativen Komfort, den Technologien wie Alexa bieten, die Einkäufe direkt an die Einzelhandelsplattform von Amazon weitergeleitet werden. Kein anderer Einzelhändler ist so erfolgreich in den privaten Bereich seiner Kunden eingedrungen.

Nach mehreren Jahren wurde das Sparabo im Jahr 2010 durch die Einführung von Amazon Mom (jetzt treffender als Amazon Family bezeichnet) und die Übernahme von Quidsi gestärkt. Mit Amazon Mom konnten Kunden in der wichtigen Phase der jungen Elternschaft Rabatte auf Windeln erhalten, wenn sie sich für monatliche Lieferungen anmeldeten; der Konkurrent Quidsi war die Muttergesellschaft von Diapers.com, Soap.com und BeautyBar.com. Es ist zwar nicht ungewöhnlich, dass ein Unternehmen einen seiner Konkurrenten aufkauft, aber die Übernahme von Quidsi war umstritten, weil Amazon von vielen Seiten unterstellt wurde, mit Dumpingpreisen zu arbeiten.

Mit anderen Worten: Man senkt selbst die Preise so stark, dass man mit Verlust verkauft, zwingt die Konkurrenz, das Gleiche zu tun, drängt sie so aus dem Geschäft und kann dann die Preise wieder anheben und den vorherigen Verlust ausgleichen.

Laut der Kongressabgeordneten Mary Gay Scanlon war Amazon bereit, in nur einem Monat mit dem Verkauf von Windeln 200 Millionen US-Dollar Verlust zu machen.[29]

Obwohl die Übernahme ein Jahrzehnt zurückliegt – und Quidsi 2017 von Amazon aufgegeben wurde –, stellte sie eines der wichtigsten Themen bei der Anhörung der amerikanischen Kartellbehörden zu Big Tech im Jahr 2020 dar. In internen E-Mails von Amazon, die vom Kongress veröffentlicht wurden, heißt es, Diapers.com sei „kurzfristig der Konkurrent Nr. 1" von Amazon und dass Amazon „die Preise dieser Leute unterbieten muss, koste es, was es wolle".[30]

Der Ende 2020 veröffentlichte Kartellrechtsbericht des Repräsentantenhauses kam zu dem Schluss: „Mit der Schließung des Unternehmens eliminierte Amazon einen Onlinehändler mit einer differenzierten Sortimentsstrategie, der bei den Verbrauchern beliebt war, und reduzierte damit die Anzahl der Alternativen einer Onlinebestellung für die Verbraucher auf dem Windel- und Babypflegemarkt. Außerdem wurde ein potenzieller Wettbewerber in anderen vertikalen Märkten, zum Beispiel für Haushaltswaren, Spielzeug und Haustierbedarf, ausgeschaltet."[31]

Und noch zwei Prime-Angebote: Prime Pantry und Prime Now

Zwei weitere wichtige Markteinführungen erfolgten im Jahr 2014: Prime Pantry, ein Lieferservice mit Fokus auf Haushaltsartikel und nicht verderbliche Waren, und Prime Now, ein Lieferdienst für bestimmte Lebensmittel und Non-Food-Artikel mit Zustellung innerhalb von ein bis zwei Stunden.

Es sollte schon klar geworden sein, dass Amazon ständig Neues ausprobiert. Daher überrascht es nicht, dass diese Services inzwischen ganz regulär über Amazon.com verfügbar sind und die Marken 2021 eingestellt wurden. In der ersten Auflage dieses Buches wurde vorausgesagt, dass Prime Pantry überflüssig wird, wenn Amazon sein Sammelsurium an Lebensmitteldiensten konsolidiert. Was Prime Now anbelangt, so war das Ende vom Lied abzusehen, als Amazon die Same-Day-Lieferung von Lebensmitteln zu einem „kostenlosen" Prime-Service machte. Da die Lieferzeiten von Amazon immer kürzer wurden, waren das Kernangebot von Amazon und Prime Now nur noch schwer voneinander zu unterscheiden. Dies alles spielte jedoch eine entscheidende Rolle dabei, wie Amazon zu der jetzigen Strategie bei der Vermarktung von Lebensmitteln gekommen ist. Sehen wir uns also an, wie alles anfing.

Ursprünglich war Prime Pantry auf den typischen monatlichen Großeinkauf ausgerichtet. Kunden konnten einen 110-Liter-Karton mit bis zu 20 Kilogramm nicht verderblichen Haushaltswaren gegen eine pauschale Liefergebühr von 5,99 US-Dollar befüllen. Wenn Kunden Artikel in ihren Online-Warenkorb legten, wurde ihnen der prozentuale Füllstand des Kartons angezeigt. Das Konzept war innovativ und mit geringem Risiko verbunden – die Lieferung von Müsli und Waschmittel ist zwar nicht narrensicher, aber wirtschaftlich rentabler als die Lieferung von verderblichen Lebensmitteln. Amazon brauchte fünf Jahre, um seinen Lebensmitteldienst Amazon Fresh über Seattle hinaus auszuweiten; Prime Pantry wurde am ersten Tag in allen 48 aneinander angrenzenden Bundesstaaten der USA (also allen außer Alaska und Hawaii) eingeführt.

Mit Prime Pantry konnte Amazon die Nachfrage nach Produkten austesten, deren kostenloser Versand zu teuer gewesen wäre. Dass man keine frischen Nahrungsmittel bestellen konnte, mag für Kunden in den USA kein K. o.-Kriterium gewesen sein, aber international (wie zum Beispiel in Großbritannien) konnte Prime Pantry deshalb weniger überzeugen. Hier erwarten die Verbraucher, dass beim Online-Lebensmittelkauf aus dem gesamten Sortiment bestellt werden kann. Außerdem führen die hohe Filialdichte im Lebensmitteleinzelhandel und der im Vergleich zu US-amerikanischen Haushalten geringere Stauraum dazu, dass die Briten nicht in so großen Mengen einkaufen wie die US-Bürger.

TABELLE 8.1: Amazons Meilensteine im Lebensmittelhandel

Jahr	Amazons Meilensteine im Lebensmittelhandel	Kategorie
1999	Erwerb einer 35-prozentigen Beteiligung an HomeGrocer.com	Online-Lebensmittelhandel
2000	Webvan erwirbt HomeGrocer	Online-Lebensmittelhandel
2001	Webvan meldet Konkurs an; die Website wird in Amazon.com eingegliedert	Online-Lebensmittelhandel
2007	Start von Amazon Fresh	Online-Lebensmittelhandel
2007	Start von Sparabo	Online-Lebensmittelhandel
2011	Übernahme von Quidsi	Online-Lebensmittelhandel
2012	Übernahme von Kiva Robotics	Online-Lebensmittelhandel
2013	Amazon Fresh expandiert außerhalb von Seattle	Online-Lebensmittelhandel
2014	Start von Dash Wand	Smarthome
2014	Start von Prime Pantry	Online-Lebensmittelhandel
2014	Start von Prime Now	Online-Lebensmittelhandel
2015	Start von Dash Buttons	Smarthome
2015	Start des Nachbestellungsdienstes Dash	Smarthome
2015	Start von Echo/Alexa für das Einkaufen per Sprachbefehl	Smarthome
2015	Start von Amazon Restaurants	Online-Lebensmittelhandel
2016	Amazon Fresh wird international eingeführt und schließt Lieferverträge mit Morrisons und Dia ab	Online-Lebensmittelhandel
2016	Einführung der ersten Eigenmarken bei Lebensmitteln	Online-Lebensmittelhandel
2017	Start von Amazon Fresh Pickup	Stationärer Handel
2017	Übernahme von Whole Foods Market	Stationärer Handel
2017	Amazon Fresh wird in bestimmten Postleitzahlbereichen in neun Bundesstaaten der USA zurückgefahren	Online-Lebensmittelhandel
2017	Start von Virtual Dash Buttons	Online-Lebensmittelhandel
2017	Start von Amazon Meal Kits	Online-Lebensmittelhandel
2018	Start der Lieferung und Abholung von Lebensmitteln von Whole Foods Market	Online-Lebensmittelhandel

Jahr	Amazons Meilensteine im Lebensmittelhandel	Kategorie
2018	Start von Amazon Go	Stationärer Handel
2019	Amazon Fresh expandiert mit 1- und 2-Stunden-Lieferungen in weitere Städte	Online-Lebensmittelhandel
2019	Lebensmittellieferung von Amazon Fresh und Whole Foods Market wird mit Prime-Mitgliedschaft kostenlos	Online-Lebensmittelhandel
2019	Die Lieferung von Lebensmitteln ist in mehr als 2.000 Städten und Gemeinden der USA möglich	Online-Lebensmittelhandel
2020	Start von Amazon Go Grocery	Stationärer Handel
2020	Start von Amazon Dash Cart	Stationärer Handel
2020	Einführung der Amazon-Fresh-Supermärkte	Stationärer Handel
2020	Ausweitung der Abholung von Lebensmitteln bei Whole Foods Market auf alle Filialen in den USA	Online-Lebensmittelhandel
2020	Amazon startet in ausgewählten Städten die Lieferung von Lebensmitteln mit Amazon Key in die Garage durch Amazon Fresh und Whole Foods Market	Online-Lebensmittelhandel
2021	Ankündigung der Umbenennung von Amazon Go Grocery in Amazon Fresh	Stationärer Handel
2021	Die Lieferung von Lebensmitteln ist in mehr als 5.000 Städten und Gemeinden der USA möglich	Online-Lebensmittelhandel
2021	Ausweitung der Lieferung mit Amazon Key in die Garage der Kunden auf alle Städte, in denen die Zustellung von Amazon Fresh und Whole Foods Market verfügbar ist	Online-Lebensmittelhandel
2021	Prime Pantry wird eingestellt	Online-Lebensmittelhandel
2021	Prime-Now-App und -Website werden weltweit eingestellt, 1- und 2-Stunden-Lieferungen werden auf die Amazon-App und -Website übertragen	Online-Lebensmittelhandel
2021	Einführung von Amazon-Fresh-Geschäften auf internationaler Ebene	Stationärer Handel

QUELLE: Eigene Recherche der Autorinnen; Amazon

Aber waren die amerikanischen Prime-Mitglieder bereit, jedes Mal sechs US-Dollar dafür zu bezahlen, sich einen Karton mit Haushaltswaren vor die Haustür liefern zu lassen (wobei einige der Artikel bereits auf dem normalen Marktplatz von Amazon erhältlich waren)? Prime-Mitglieder waren mittlerweile auch eine Zustellung innerhalb von zwei Tagen gewohnt, aber die Lieferung von Pantry dauerte bis zu vier Werktage. So innovativ das Konzept war – der tatsächliche Nutzen für die Kunden war nicht klar zu erkennen. Amazon überarbeitete daraufhin das Modell, sodass Prime-Mitglieder nicht mehr pro Lieferung, sondern fünf US-Dollar pro Monat zusätzlich zu ihrer jährlichen Prime-Mitgliedschaftsgebühr zahlten. Nachdem nun Prime Pantry für den Monats- und Amazon Fresh für den Wocheneinkauf sorgte, hatte Amazon ein weiteres Ziel vor Augen – Einkaufen mit mehr Komfort. Die Einführung der kostenlosen Lieferung innerhalb von zwei Stunden mit Prime Now (oder innerhalb einer Stunde für eine Pauschalgebühr von 7,99 US-Dollar) exklusiv für Prime-Mitglieder revolutionierte das Onlineshopping; man darf nicht vergessen, dass die Same-Day-Lieferung zu dieser Zeit oft noch ein kostenpflichtiger Service war (5,99 US-Dollar für Prime-Mitglieder; 8,99 US-Dollar für alle anderen). Prime Now, das ursprünglich den Codenamen „Houdini“ trug, war insofern von Bedeutung, als Amazon dadurch die Kunden effektiver bei bestimmten Einkaufsanlässen ansprechen und so auch die Umsatzpotenziale besser ausschöpfen konnte. Und damit revolutionierte Amazon die Branche vollständig.

Trotz aller Bemühungen konnte kein Wettbewerber in der westlichen Welt ein so großes Sortiment wie Prime Now anbieten – 20.000 Lagereinheiten (Stock-Keeping Units, SKUs) in den Kategorien Lebensmittel und allgemeine Waren – und alles in einem so kleinen Zeitfenster von einer oder zwei Stunden liefern. Und vor allem ging das nicht kostenlos.

Tesco kam dem mit seinem Service Tesco Now noch am nächsten, der 2017 in Großbritannien eingeführt und 2019 still und leise wieder eingestellt wurde. Die Kunden konnten sich ihre Lebensmittel von dem Drittanbieter Quiqup innerhalb von ein bis zwei Stunden liefern lassen, allerdings konnten sie nur 20 Artikel aus einem Sortiment von 1.000 Artikeln auswählen und mussten mindestens 5,99 Britische Pfund Versandkosten bezahlen. Amazon bot 20-mal mehr Artikel ohne zusätzliche Kosten für die Kunden.

Mit der Einführung von Whoosh, einem einstündigen Lieferservice, der zurzeit in der Willenhall-Express-Filiale in Wolverhampton erprobt wird, unternahm Tesco 2021 einen zweiten Versuch in Sachen Expresslieferung. Aber die Lieferung kostet immer noch eine Gebühr von fünf bis sieben Britische Pfund pro Bestellung, was zwar für die Rentabilität des Modells notwendig sein mag, aber unserer Meinung nach bei den Kunden, die Komfort ohne Kosten erwarten, nicht gut ankommen dürfte.

Amazon habe Prime Now ins Leben gerufen, um „unseren Kunden ein Gefühl von Magie zu vermitteln ... um den Menschen die Zeit zu schenken, die sie brauchen, ihr Leben zu leben, anstatt durch die Stadt zu verschiedenen Geschäften zu fahren, um Lebensmittel einzukaufen“, erklärte Mariangela Marseglia, ehemalige Leiterin von Amazon Prime und jetzt leitende Country Managerin für Italien und Spanien.

Prime Now wurde in weniger als vier Monaten von der ursprünglichen Idee zur Markteinführung gebracht. Zunächst belieferte Amazon nur einen einzigen Postleitzahlbereich in Manhattan, weil es den Ablauf vor der Einführung perfektionieren wollte, und Marseglia war davon überzeugt, dass Prime Now, wenn es in Manhattan funktionierte, auch überall sonst funktionieren würde. An einem Dezembertag im Jahr 2014 ging um 8:51 Uhr bei Amazon die erste Prime-Now-Bestellung ein, und zwar für ein Videospiel mit dem treffenden Namen „Rush“. Um 9:00 Uhr war der Artikel kommissioniert und verpackt, und um 10:01 Uhr wurde er an den Kunden geliefert.

An Heiligabend ist Prime Now besonders beliebt, da Amazon in einzigartiger Weise Kunden beim Einkauf helfen kann, wenn bereits „Holland in Not“ ist. Ein Kunde in Manchester bestellte einmal an Heiligabend um 22 Uhr Schmuck, Damenparfüm und eine PlayStation-Konsole und bekam die Sachen bis 23 Uhr geliefert. Amazon macht nicht nur Kunden glücklich, sondern rettet vielleicht auch noch so manche Ehe!

Die beiden anderen Bereiche beim Einkauf, die Amazon mit Prime Now besser abdecken konnte, waren einerseits die Suche nach Geschenken und andererseits der Feierabendeinkauf von Lebensmitteln, wobei Letzteres in Ländern wie Großbritannien immer beliebter wird. Um dem Einkauf „noch heute Abend" gerecht zu werden, hat Amazon in den letzten Jahren die letztmögliche Bestellzeit immer weiter nach hinten verschoben. In einigen Postleitzahlgebieten von Großbritannien können Kunden bis 16 Uhr bestellen und ihre Bestellung noch am selben Abend erhalten.

Die Prinzipien hinter dem schnellen Lieferservice von Amazon werden später in diesem Buch noch erörtert, aber zunächst muss man verstehen, wie sich Prime Now auf Amazon und auf das Marktumfeld unmittelbar auswirkte. Innerhalb eines Jahres nach dem Start in Manhattan wurde Prime Now in mehr als 30 Städten eingeführt – hauptsächlich in Nordamerika, aber auch in London, Mailand und Tokio. Im Jahr 2016 gab es Prime Now schon in mehr als 50 Städten in neun Ländern rund um den Globus. Es wurde sogar als Pforte für den Eintritt in neue Märkte genutzt – 2017 startete Amazon in Singapur mit Prime Now.

Unter allen bisherigen Lieferdiensten für Lebensmittel von Amazon hat Prime Now zweifellos die Branche am meisten erschüttert. An die Stelle des Preiskriegs ist der Zeitkrieg getreten, und viele Supermärkte auf der ganzen Welt setzen jetzt alles daran, nicht nur die Same-Day-Lieferung, sondern zunehmend auch die Lieferung innerhalb einer Stunde oder weniger anzubieten. Dies hat sich selbst auf reifere Online-Lebensmittelmärkte wie Großbritannien ausgewirkt. Obwohl Amazon nur einen verschwindend geringen Anteil an der britischen Lebensmittelbranche hat, wirkte es als unglaublicher Katalysator für Veränderungen der Lieferzeiten. Wie haben die Wettbewerber darauf reagiert?

- Tesco führte landesweit die Same-Day-Lieferung ein, zusätzlich zu den bereits erwähnten Testläufen der Lieferung innerhalb einer Stunde;
- Sainsburys führte Chop Chop, einen Service für die Lieferung innerhalb einer Stunde, in 50 Filialen in 20 britischen Städten ein;[32]
- Ocado hat kleine Auslieferungslager eingerichtet, um das Wachstum seines Ein-Stunden-Lieferservice Zoom zu fördern;
- Waitrose, Co-op, Aldi, Marks & Spencer und das zu Amazon gehörende Whole Foods Market sind Partnerschaften mit dem Onlinelieferdienst Deliveroo eingegangen (an dem Amazon eine Minderheitsbeteiligung hält);
- Morrisons und Booths sind auf den Zug aufgesprungen und arbeiten mit Amazon zusammen;
- Außerdem gibt es Lieferdienste, die Bestellungen unmittelbar ausliefern (On-Demand-Lieferungen), zum Beispiel Weezy, Zapp, Jiffy, Getir, Dija, Fancy und Gorillas, die sogar Amazon alt aussehen lassen, weil sie Lebensmittel innerhalb von 15 Minuten oder noch schneller liefern.

Unserer Meinung nach sträubten sich britische Lebensmittelhändler auf breiter Front, vor dem Markteintritt von Amazon eine Same-Day-Lieferung anzubieten, weil a) die Kunden nicht dringend danach verlangten und b) es unnötige Kosten und Probleme mit sich brachte. Aber Amazon hat den Geist aus der Flasche gelassen, und jetzt, vor allem im Zuge der Pandemie, gibt es kein Zurück mehr.

Wie schon so oft hat Amazon einen neuen Trend hinsichtlich kürzerer Lieferzeiten ausgelöst, was das Einkaufsverhalten und die Kundenerwartungen so stark verändert hat, dass einige Konkurrenten mittlerweile die amazoneigene Infrastruktur nutzen, um am Markt zu bestehen. Nicht nur Morrisons und Booths in Großbritannien verkaufen über Prime Now; Amazon hat ähnliche Lieferverträge mit vielen nationalen und unabhängigen Lebensmittelhändlern auf der ganzen Welt abgeschlossen, darunter Dia in Spanien und Monoprix in Frankreich. Ein langjähriger Liefervertrag mit dem amerikanischen Naturkosthändler Sprouts wurde erwartungsgemäß nach der Übernahme von Whole Foods im Jahr 2018 gekündigt – Sprouts tat sich stattdessen mit Instacart zusammen.

Derzeit sind diese Partnerschaften für Amazon von entscheidender Bedeutung, denn trotz der zahlreichen Innovationen tut sich Amazon schwer, als ernst zu nehmender Lebensmittellieferant angesehen zu werden. Was nützt die Infrastruktur ohne ein überzeugendes Angebot? Durch die Lieferverträge und die Übernahme von Whole Foods, die im weiteren Verlauf des Buches noch näher betrachtet wird, erlangt Amazon unmittelbar Bekanntheit und Authentizität im wettbewerbsintensiven Lebensmittelhandel und kann, worauf es vor allem ankommt, mehr über den Onlineverkauf von Lebensmitteln lernen.

Und das ist der springende Punkt. Wenn sich Amazon im Lebensmittelbereich sowie im Non-Food-Bereich von der Konkurrenz abheben will – durch Sortimentsauswahl und Komfort –, dann muss es in die Rolle des Gastgebers schlüpfen. Es muss anderen Einzelhändlern und Unternehmen den Zugang verschaffen; es ist der Marktplatz, es liefert die Infrastruktur. Im Non-Food-Bereich gibt es immer mehr Händler, die sich der Plattform von Amazon wegen ihrer unbestreitbaren Reichweite anschließen. Theoretisch hätte Amazon das Gleiche im Lebensmittelhandel tun können – aber dann kaufte es Whole Foods Market. Irgendwann wird man sich bei Amazon entscheiden müssen, ob man sich als Supermarkt oder als Marktplatz betätigen will.

09

Die schöne neue Supermarkt-Ära

> „Ich will nicht, dass die Leute denken, dass sich hier nichts ändern wird. Denn die Dinge werden sich ändern. Gar keine Frage."
>
> **JOHN MACKEY,**
> **CEO UND MITGRÜNDER VON WHOLE FOODS MARKET, 2017** [1]

Die Unternehmen haben erkannt, dass sich Online und Offline nicht mehr gegenseitig ausschließen, und bemühen sich jetzt verstärkt, beides miteinander zu verbinden. Und die große Frage ist: Wer wird das als Erster schaffen? Die alteingesessenen Einzelhandelsketten glauben, dass sie sich erfolgreich im Onlinehandel durchsetzen können, bevor sich die Online-Anbieter im stationären Einzelhandel zurechtfinden. Amazon ist da anderer Meinung.

Die 13,4-Milliarden-Dollar-Übernahme von Whole Foods Market durch Amazon im Jahr 2017 war ein Wendepunkt für die Lebensmittelbranche. Damit deutete sich an, dass Amazon nach mehreren Jahren Testphase im stationären Handel jetzt durchstarten wollte.

Allerdings betreibt Amazon heutzutage nicht nur Whole-Foods-Filialen, sondern baut auch zunehmend sein eigenes Supermarktportfolio auf.

Aufgrund der ständigen Versuchsballons von Amazon kann man in Bezug auf die Strategie des Unternehmens für den stationären Lebensmittelhandel schon den Überblick verlieren. Amazon-Fresh-Läden in den USA (siehe Abbildung 9.1) sind nicht das Gleiche wie Amazon-Fresh-Läden in Großbritannien. Und sie dürfen beide nicht verwechselt werden mit Amazon Fresh, dem Online-Lebensmittelangebot des Unternehmens. Inzwischen wurde Amazon Go Grocery in Amazon Fresh umbenannt. Aber damit ist nur Amazon Fresh in den USA gemeint, nicht Amazon Fresh in Großbritannien (das eher Amazon Go in den USA entspricht).

Amazon hat viele Stärken, aber das Branding gehört nicht dazu.

Nichtsdestotrotz entwickelt sich Amazon zu einer ernsten Bedrohung für Lebensmittelhändler sowohl in den USA als auch international. Dieses Kapitel befasst sich mit der spektakulären Übernahme von Whole Foods Market durch Amazon und mit der Frage, wie die derzeitigen Versuche von Amazon im stationären Handel den Supermarkt für Kunden des 21. Jahrhunderts grundlegend verändern werden.

ABBILDUNG 9.1: Eröffnung des ersten Amazon-Fresh-Supermarkts 2020 in Los Angeles

DER AMAZON-ERFINDUNGSDRANG MACHT AUCH VOR SUPERMÄRKTEN NICHT HALT

Nach allem, was bisher in diesem Buch besprochen wurde, dürfte die Übernahme einer Supermarktkette durch Amazon keine große Überraschung darstellen. Unmittelbar vor der Ankündigung der Übernahme prognostizierten wir, dass Amazon „ohne die aktive Übernahme eines anderen Einzelhändlers in den nächsten fünf Jahren wahrscheinlich keinen nennenswerten Einfluss auf den Lebensmittelsektor haben wird". Einige Wochen später wurde der Whole-Foods-Deal bekannt gegeben (siehe Abbildung 9.2).

ABBILDUNG 9.2: Die Zukunft des Einzelhandels bedeutet virtuellen und nicht virtuellen Verkauf: Die Übernahme von Whole Foods Market war der wichtigste Schritt von Amazon in den stationären Handel.

In der Branche reagierte man anfangs mit gemischten Gefühlen. Einerseits stellte der Vorstoß von Amazon in den Supermarktbereich einen Umbruch dar, was von den etablierten Lebensmittelhändlern verlangte, ihr Angebot deutlich zu verbessern, wodurch es natürlich auch Verlierer geben würde. Andererseits war das Geschäft der beste Beweis dafür, dass der stationäre Einzelhandel eine Zukunft hat. Vielleicht sogar eine rosige.

Auch die Anleger schienen dieser Meinung zu sein. Nach der Verlautbarung stieg der Börsenwert von Amazon um 15,6 Milliarden US-Dollar – etwa zwei Milliarden US-Dollar mehr, als es für Whole Foods bezahlt hatte. Damit kostete die Übernahme Amazon praktisch nichts, während der Rest des Sektors 37 Milliarden US-Dollar an Marktwert verlor.[2]

Vor der Übernahme waren drei Dinge ganz klar: 1) Bei Amazon wurde der Drang zum stationären Handel immer größer; 2) ohne Ladengeschäfte wäre Amazon im Lebensmittelhandel immer zu wenig präsent; und 3) Amazon hatte das Potenzial, das Kundenerlebnis von Grund auf zu verändern.

Zu dieser Zeit testete das Unternehmen an seinem Heimatstandort Seattle im Stillen zwei neue Formate für den Lebensmitteleinkauf: die kassenlosen Amazon-Go-Läden, auf die wir gleich noch zu sprechen kommen werden, und Amazon Fresh Pickup, einen Service, der es Prime-Mitgliedern ermöglicht, zu einer bestimmten Abholstation zu fahren, egal ob Supermarkt oder nicht, und sich die Lebensmittel zum Auto bringen zu lassen. Weltweit gesehen war Amazon Fresh Pickup nicht so revolutionär – französische Lebensmittelhändler betrieben diese „Drive-in"-Konzepte schon seit Jahren –, aber in den USA war die Idee noch vergleichsweise unbekannt, bevor die Nachfrage nach der Abholung von Bestellungen an der Ladentür pandemiebedingt in die Höhe schoss. Tatsächlich war unter den großen Lebensmittelhändlern Walmart der einzige, der zu dieser Zeit einen ähnlichen Service aktiv ausprobierte.

ABBILDUNG 9.3: Amazon hat bei den kleinflächigen Supermärkten (Convenience Stores) mit seinem ersten kassenlosen Laden, Amazon Go, für Unruhe gesorgt.

Für Amazon war es am naheliegendsten, für die Expansion in den stationären Handel Amazon Fresh Pickup zu wählen. Der Handelsriese nutzte seine logistische Kompetenz, drückte dem Ganzen mit dem etablierten Amazon-Bezahlverfahren die eigene Handschrift auf und setzte sogar Nummernschilderkennung ein, um die Wartezeiten zu verkürzen. Die Kunden können ihre Einkäufe schon 15 Minuten nach der Bestellung abholen. Auch heute, ein paar Jahre nach dem Start, gibt es Amazon Fresh Pickup noch, wird unserer Meinung nach aber wohl nicht über die Testphase hinauskommen. Stattdessen wird Amazon die Lehren aus diesem Konzept in seinen Gesamtplan für das stationäre Geschäft einfließen lassen. Das ist jetzt besonders wichtig, da die Nachfrage nach der kontaktlosen Abholung wohl auch nach der Pandemie weiter zunehmen wird.

Obwohl die Expansion von Amazon in den stationären Handel unvermeidlich war, stand ebenso fest, dass Amazon seinen Namen niemals für 08/15-Supermärkte hergeben würde. Und da bei Amazon sowohl absolute Kundenorientierung als auch Erfindungsreichtum im Vordergrund stehen, hatte die Supermarktbranche ernsthafte Veränderungen zu erwarten. Eins ist sicher: Amazon wird immer den Status quo infrage stellen und das Kundenerlebnis drastisch verbessern, sei es durch die Lieferung von Lebensmitteln ans Auto oder durch die Abschaffung von Warteschlangen. Das war allerdings erst der Anfang.

WARUM WHOLE FOODS MARKET?

Unserer Meinung nach verfolgt Amazon beim Lebensmitteleinzelhandel folgende Ziele:

1. Der Online-Lebensmittelhandel soll eine breite Palette bieten, sodass die Kunden vor allen Dingen nach ihrem Gusto einkaufen können, so wie sie es bei anderen Waren gewohnt sind.
2. Der Lebensmitteleinkauf wird mittels Technologie so gestaltet, dass er nicht mehr als lästige Pflicht empfunden wird. Amazon ist in einer hervorragenden Position, die einfache und automatische Nachbestellung von Alltagsprodukten tatsächlich einzuführen, und wird ein besonderes Interesse haben, hier Eigenmarken zu entwickeln.
3. Das Einkaufserlebnis wird von moderner Technik unterstützt, um beim Einkauf Schwierigkeiten bei der Orientierung im Laden und der Bezahlung zu minimieren und gleichzeitig hyperpersonalisierte Empfehlungen und Vergünstigungen in Echtzeit zu ermöglichen. Die Zugehörigkeit zur Amazon-Familie macht Whole Foods vom „Klassendödel“ zum „Schülersprecher“, wie es der ehemalige CEO von Whole Foods John Mackey ausdrückte.[3]

4 Ganze Kategorien von Produkten werden aus den Ladengeschäften verschwinden, wodurch Platz für Neues geschaffen wird wie: a) Produkte, die den Kunden mehr ansprechen, etwa frische und zubereitete Lebensmittel; b) Mischangebote – von Kochkursen bis zu Co-Working-Spaces; c) Click & Collect/Rückgabeschalter; d) Abwicklung von Online-Lebensmittelbestellungen, um der Nachfrage nach Same-Day-Lieferung gerecht zu werden.

5 Prime wird, wie bereits erwähnt, die Grundlage für die Lebensmittelstrategie von Amazon darstellen. Schließlich besteht der Fokus beim Einstieg in den Lebensmittelhandel für Amazon darin, dass es die Kunden Woche für Woche erreichen will und sie so in das Gesamtökosystem des Unternehmens einbinden kann.

Wenn man das berücksichtigt, insbesondere die Punkte über frische Produkte und die Nutzung der Läden als Mini-Logistikzentren, kann man langsam verstehen, warum Amazon Whole Foods Market interessant fand. Mit dem deutlichen Fokus auf verderbliche Waren, die mehr als zwei Drittel des Umsatzes der Supermarktkette ausmachen, mit ihren kitschigen Verkaufsdisplays und renommierten Eigenmarken – auch in der begehrten Frischekategorie – würde es die eigenen Schwächen ausgleichen können. Zuvor hatte es Gerüchte über die Übernahme eines großen Discounters wie Target oder BJ's Wholesale Club durch Amazon gegeben. Unserer Meinung nach brauchte Amazon jedoch ein Lebensmittelgeschäft nicht nur wegen der Vertrauenswürdigkeit im Bereich verderblicher Lebensmittel, sondern auch weil die Whole-Foods-Filialen keine Non-Food-Produkte führen und es somit zu weniger Sortimentsüberschneidungen kam.

Natürlich gab es deutliche Überschneidungen innerhalb der Zielgruppen, denn beide Unternehmen sind bei Verbrauchern sehr beliebt, die wohlhabend und gebildet sind und oft unter Zeitdruck stehen. Whole Foods hat diese Gruppe vielleicht sogar ein wenig zu deutlich angesprochen – eine der ersten Änderungen von Amazon bestand darin, das „Whole Paycheck"-Image als hochpreisiger Anbieter durch Preissenkungen loszuwerden. Das geschah im Laufe der Zeit in allen Bereichen, jedoch mit besonderem Augenmerk auf Vergünstigungen für Prime-Mitglieder, wie in Kapitel 5 erläutert.

Whole Foods passte auch deshalb gut zu Amazon, weil das Unternehmen zwar landesweit präsent war, aber nicht zu viele Filialen hatte – Amazon wollte mehrere Hundert Filialen, nicht mehrere Tausend. Das ist einerseits wichtig, weil Amazon den Onlineverkauf von Lebensmitteln ausbauen will und damit weniger Einzelhandelsfläche benötigt. Andererseits ist Whole Foods für Amazon ein riesiges Versuchslabor. Dabei ist es hilfreich, ein fokussierteres, schlankeres Filialportfolio zu haben, wenn mit Preisgestaltung, Merchandising und Layout herumexperimentiert und das Konzept so lange überarbeitet wird, bis es schließlich marktreif ist.

Entscheidend war auch, dass Whole Foods in städtischen Gebieten gut aufgestellt ist. Dadurch wird die Infrastruktur von Amazon für die sogenannte letzte Meile nicht nur ergänzt, sondern auch vervollständigt, denn so verfügt es über weitere Standorte, von denen aus Lebensmittel innerhalb weniger Stunden ausgeliefert werden können. Wie im letzten Kapitel erörtert wurde, gehören kurze Lieferzeiten zu den besonderen Wettbewerbsvorteilen von Amazon im Lebensmittelbereich. Daher überrascht es nicht, dass es diesen Service offensiv in allen Whole-Foods-Filialen in den USA eingeführt hat. Als Amazon Whole Foods kaufte, erwarb es nicht nur 460 Filialen. Es erwarb 460 Mini-Lagerhäuser.

Allerdings liegt Amazon im Vergleich zu seinen internationalen Konkurrenten in dieser Hinsicht noch zurück. In China ist das Versprechen, Kunden in einem Umkreis von drei Kilometern innerhalb von 30 Minuten zu beliefern, das wichtigste Merkmal der Supermarktkonzepte mit Online-to-Offline-Strategie wie zum Beispiel bei Hema von Alibaba und 7fresh von JD.com. Im Gegensatz zu Amazon sind die asiatischen Handelsriesen organisch in den stationären Handel hineingewachsen und haben Supermärkte von Grund auf neu aufgebaut, die den Bedürfnissen der Kunden von heute gerecht werden.

DER WECKRUF

> „Als Amazon Whole Foods kaufte, signalisierte es dem gesamten Lebensmittel- und Einzelhandel: Amazon ist im Anmarsch."
>
> **APOORVA MEHTA, CEO VON INSTACART**[4]

Amazons Innovationstempo scheint rasant zu sein – gefühlt stellt das Unternehmen jede Woche einen anderen Bereich auf den Kopf –, aber bei der Umsetzung geht Amazon bekanntermaßen äußerst methodisch vor. Die gesamte Branche hält nun den Atem an und beobachtet, ob der Handelsriese eine der grundlegendsten Aufgaben im Einzelhandel bewältigen kann – den Betrieb von Ladengeschäften. Amazon lässt sich bei so etwas gerne Zeit, es experimentiert herum und bastelt an verschiedenen Konzepten für den stationären Handel, um die steile Lernkurve im Lebensmittelhandel zu bewältigen.

Die Übernahme war unterdessen ein Weckruf für die etablierten Supermärkte, nicht nur ihr eigenes Onlinegeschäft auf Vordermann zu bringen, sondern auch ihre Ladengeschäfte digital aufzurüsten. Diese Aufgabe konnten die meisten Einzelhändler nicht allein stemmen.

Initialzündung für Ocado

Zwei Wochen nach dem Whole-Foods-Deal strahlte der CEO von Ocado, Tim Steiner, auf der Halbjahreskonferenz des Unternehmens in London über das ganze Gesicht. Eine der größten Bedrohungen für das Geschäft war gleichzeitig die größte Chance. Auf die Frage, was er von der Whole-Foods-Übernahme halte, meinte Steiner, dass sie lediglich den Online-Lebensmittelhandel ankurbeln würde, was letztlich zum Wachstum seines Unternehmens beitragen würde. „Der Lebensmitteleinzelhandel verändert sich, und wir sind in der idealen Position, um andere Händler bei der Umsetzung ihrer Ambitionen im Onlinehandel zu unterstützen."[5] Steiners Botschaft ähnelte der Aussage des Instacart-CEOs Apoorva Mehta, der im selben Jahr den Deal zwischen Amazon und Whole Foods als „verkappten Segen“ bezeichnete.[6]

Jahrelang hatte man bei Ocado den Investoren versprochen, einen internationalen Partner für die Ocado Smart Platform, die unternehmenseigene Technologieplattform für den Online-Lebensmittelhandel, zu finden. Nachdem das Unternehmen den ersten selbst gesetzten Termin für die Bekanntgabe im Jahr 2015 verpasst hatte, verloren die Anleger nach Monaten beziehungsweise nach Jahren langsam die Geduld. Vielleicht waren die Ambitionen von Ocado, sich vom Einzelhändler zum globalen Technologieanbieter zu wandeln, überzogen?

2017 unterzeichnete Ocado endlich den ersten lang erwarteten Vertrag mit der französischen Groupe Casino – weniger als sechs Monate nach der Übernahme von Whole Foods durch Amazon. Durch die Vereinbarung erhält Casino die Exklusivrechte für die Nutzung der Robotertechnik, der Online-Technologie und der Liefersoftware von Ocado in Frankreich. Seitdem hat Ocado mehrere weitere Vereinbarungen mit Einzelhändlern auf der ganzen Welt bekannt gegeben, unter anderem mit Sobeys (Kanada), ICA (Schweden), Kroger (USA), Bon Preu Group (Spanien), AEON (Japan) und Coles (Australien). Mit der Übernahme von Whole Foods verankerte Amazon sein Engagement im Lebensmittelhandel, sie wirkte als Anstoß für Supermärkte auf der ganzen Welt, in ihre eigenen digitalen Angebote zu investieren.

Darüber hinaus ist Steiner der Meinung, dass die Pandemie die Verlagerung hin zum Onlinehandel *dauerhaft* forciert hat, was für Ocado eine weitere Chance darstellen könnte: die eigene Technologie nicht mehr zu lizenzieren und vielleicht außerhalb Großbritanniens einen Alleingang zu starten. „In den nächsten fünf oder zehn Jahren kann es durchaus sein, dass wir uns entscheiden, Einzelhandel außerhalb des Vereinigten Königreichs zu betreiben“, sagte Steiner im Jahr 2021.[7]

Zwischenzeitlich hat der Vorstoß von Amazon auf den Lebensmittelmarkt in jedem Fall zu erstaunlichen Bündnissen geführt. Obwohl

Einkaufsallianzen in Europa nichts Ungewöhnliches sind, waren viele Beobachter schockiert, als zwei der weltweit größten Lebensmitteleinzelhändler – Tesco und Carrefour – im Jahr 2018 ihre Kräfte bündelten. Diese strategische Allianz wurde 2021 beendet, aber manche Analysten halten eine künftige Fusion nicht für ausgeschlossen.

Technologiepartnerschaften sind jetzt in Mode, wobei insbesondere Google und Microsoft die Anti-Amazon-Allianzen anführen. Übernahmen im Einzelhandel gibt es nun auch vermehrt, entweder um mit Amazon Schritt zu halten oder sich von dem Unternehmen abzusetzen. Allein Walmart hat in den letzten Jahren mehrere rein digitale Marken geschluckt – und wieder abgestoßen –, vom inzwischen aufgelösten Marktplatz Jet.com bis zum Start-up-Unternehmen Zeekit, das sich auf virtuelle Umkleidekabinen spezialisiert hatte.

> „Auch ich bin der Meinung, dass für viele Händler, auch wenn sie sich wacker geschlagen haben, die Zusammenarbeit mit Unternehmen wie Amazon wahrscheinlich eine gute Möglichkeit ist, um in der digitalen Welt zurechtzukommen."
>
> **MARCUS EAST,**
> **EHEMALIGER GESCHÄFTSFÜHRER VON MARKS & SPENCER**[8]

Einige entscheiden sich sogar fürs „Team Amazon" (siehe Tabelle 9.1). Wie in diesem Buch bereits oft erwähnt, wenden sich immer mehr Händler an Amazon, um von der Größe und dem Fachwissen des Unternehmens zu profitieren, und riskieren mit solchen Partnerschaften im Gegenzug für eine schnelle Erweiterung ihres digitalen Angebots, sich den Feind ins Haus zu holen. Andere wiederum bleiben dabei, dass eine Zusammenarbeit mit Amazon für sie nicht infrage kommt. „Wir hassen Amazon", sagte Tarsem Dhaliwal, Geschäftsführer der britischen Supermarktkette Iceland, im Jahr 2018. „Die werden uns schikanieren und uns Schreckliches antun. Sie werden uns benutzen, wir wollen nichts mit ihnen zu tun haben."[9]

TABELLE 9.1: Beispiele für Koopetition: wie Einzelhandelsmarken auf Amazon bauen

Konzept	Partner im Einzelhandel
Marketplace	Under Armour, The Children's Place, Chico's FAS, Adidas, Calvin Klein
Schließfächer für Abholungen	Casino/Monoprix, Rite Aid, 7-Eleven, Stein Mart, Save-A-Lot, Shell, Repsol, Morrisons, Co-op
Schnelle Lieferung (früher „Prime Now")	Morrisons, Booths, Dia, Casino/Monoprix, Bio c'Bon
Alexa-Integration	Ahold Delhaize, Ocado, Morrisons, Dominos, Gousto, JD Sports, AO.com, B&H Photo, Woot
Abholung und/oder Rückgabe in Amazon-Filialen	Kohl's, Next, Rite Aid, GNC, Health Mart
Mit Amazon-Technologie ausgestattete Geschäfte	Tuft & Needle, Calvin Klein
Zusammenarbeit bei exklusiven Produkten/ Dienstleistungen	Best Buy (exklusive Reihe von Smart-TVs); Tuft & Needle (exklusive Matratze)
Amazon Pop Up (früher „presented by Amazon")	Zu den teilnehmenden Marken gehören Mattel, DOVE, Samsung, Hover-1, Nordic Track, Stasher, Seventh Generation, Nature's Way, Burt's Bees, Brita, Green Toys, re-spin by Halle Berry und viele mehr

QUELLE: eigene Recherche; Amazon

AUF WIEDERSEHEN WHOLE FOODS, WILLKOMMEN AMAZON FRESH?

Auch wenn sich Amazon den Einstieg in den Lebensmittelhandel erkaufen musste, ist doch offensichtlich, dass es eher im Sinne von Amazon gewesen wäre, ein neues Konzept von Grund auf aufzubauen. Ein Konzept mit dem Potenzial, den Lebensmitteleinkauf zu revolutionieren, indem Störfaktoren beseitigt und die physische und die digitale Welt nahtlos miteinander verbunden werden.

Es ist auch offensichtlich, dass Whole Foods Market, trotz aller Bemühungen von Amazon, die Breite der Bevölkerung einfach nicht anspricht. Amazon hat in den letzten Jahren sicher viel aus seinem Whole-Foods-Abenteuer gelernt, aber wenn man im Lebensmittelsektor wirklich Fuß fassen will, muss man den Kunden eine größere Auswahl an Formaten bieten. Mit diesem Balanceakt sind die meisten Supermärkte vertraut: Sie müssen mehrere Filialmodelle betreiben, um unterschiedliche Bedürfnisse zu befriedigen, ohne sich selbst umsatzmäßig zu schaden.

Amazon Go war bisher das aggressivste Format des Unternehmens, und bis 2021 hatte Amazon etwa 30 Geschäfte in Betrieb genommen (siehe Abbildung 9.3). Wie bereits erwähnt, sind wir der Meinung, dass diese kassenlosen Läden ein großes Potenzial haben, insbesondere im Reise-Einzelhandel, aber sie haben auch ihre Grenzen. Die Läden sind winzig (im Durchschnitt zwischen 110 und 210 Quadratmeter groß) und daher vor allem als Convenience-Shop beziehungsweise für den kurzen Abendeinkauf geeignet.

Während der Coronakrise, als die meisten Einzelhändler schon Probleme hatten, für volle Regale zu sorgen, lancierte Amazon neue Formate – oder, wie es ein Bloomberg-Artikel aus dem Jahr 2021 prägnant ausdrückte: „Amazon begann während [der] Pandemie still und leise mit dem Aufbau einer Lebensmittelkette."

Das Ladenschild „Amazon Go Grocery" wurde Anfang 2020 an zwei Läden zum ersten Mal angebracht. Das größere Geschäft war etwa sechsmal so groß wie der ursprüngliche Amazon-Go-Laden und bot mit 5.000 SKUs (Stock Keeping Units) etwa das Fünffache an Sortiment. Die Kunden konnten nach wie vor „einfach rausgehen", an einer Kasse brauchten sie sich nicht anzustellen („Just Walk Out"-Technologie).

Ein noch bedeutenderer Marktauftritt erfolgte im selben Jahr etwas später: Amazon Fresh wurde eröffnet, der erste große Lebensmittelladen des Unternehmens. „Fresh Stores sind für Amazon eher eine All-in-Strategie. Ein sehr strategischer, langfristig angelegter Zug", so ein ehemaliger Amazon-Mitarbeiter gegenüber Bloomberg. Mit einer Größe von 2.300 bis 4.200 Quadratmetern sehen die Läden wie gewöhnliche amerikanische Supermärkte aus, sind aber mit einigen Hightech-Features ausgestattet. Die meisten Läden verfügen nicht über die „Just Walk Out"-Technologie (deren Einführung in großem Stil kompliziert ist, obwohl Amazon es jetzt bereits ausprobiert); stattdessen ist es in den Fresh-Märkten möglich, die Schlange an der Kasse zu umgehen, indem die Kunden einen Dash Cart verwenden. Die Dash-Cart-Kunden legen ihre Einkaufstaschen direkt in den smarten Einkaufswagen, melden sich mit ihrem Fresh-QR-Code in der Amazon-App an, gehen einkaufen und verlassen dann den Laden über die Dash-Cart-Kassenspur, um ihre Zahlung automatisch abzuschließen.

Im gesamten Geschäft gibt es digitale Preisschilder und Echo-Show-Geräte, mit denen die Kunden Alexa fragen können, in welchem Gang sich das Müsli befindet, ohne sich an einen Mitarbeiter wenden zu müssen. Und natürlich bieten die Läden Same-Day-Lieferung und -Abholung sowie eine Abhol- und Rückgabestelle für Artikel, die bei Amazon.com gekauft wurden. Fresh-Märkte bieten wettbewerbsfähige Preise und traditionelle Marken wie Kellogg's, Kraft und Coca-Cola zusätzlich zu einem wachsenden Portfolio von Amazon-Eigenmarken an, wie im nächsten Kapitel gezeigt wird.

Man darf nicht vergessen, dass Amazon aufgrund seines Datenreichtums Kaufentscheidungen gezielt beeinflussen kann, und zwar nicht nur online, sondern zunehmend auch im stationären Handel. So analysierte Amazon beispielsweise die Dichte der Prime-Mitglieder pro Postleitzahlgebiet, um zu ermitteln, wo die ersten Fresh-Märkte angesiedelt werden sollten. Mehrere davon waren ehemalige Standorte von Toys R Us.

War es das also? Wird Amazons Vision vom Supermarkt der Zukunft Wirklichkeit? Abgesehen von ein paar Hightech-Elementen unterscheidet sich ein Amazon-Fresh-Laden auf den ersten Blick kaum von einem herkömmlichen Lebensmittelgeschäft und wirkt auf manche vielleicht sogar etwas enttäuschend. Aber wenn Amazon in großem Stil Lebensmittelhandel betreiben will, müssen die Läden sowohl wirtschaftlich profitabel sein als auch ein herausragendes Kundenerlebnis bieten.

Amazon Fresh beseitigt die wichtigsten Störfaktoren im Supermarkt - die Suche nach Lebensmitteln und das Bezahlen. Und die Möglichkeit, das Geschäft als Logistikzentrum zu nutzen, wird für die Kunden nach der Pandemie von großer Bedeutung sein. Das Gegenargument ist, dass diese beiden „Unterscheidungsmerkmale" reproduzierbar sind - und die traditionellen Lebensmittelgeschäfte holen schnell auf.

Aber Amazon hat noch ein entscheidendes As im Ärmel: Prime. Wir haben von Anfang an gesagt, dass Prime die Grundlage für die Lebensmittelstrategie von Amazon darstellen würde. Die Konkurrenz mag versuchen, Technologien nachzuahmen und Lieferangebote zu kopieren, aber mehr als 200 Millionen treue Kunden rund um den Globus gewinnen und halten zu können ist nicht so schnell nachzumachen. Und schon gar nicht über Nacht. Amazon wird an seiner Strategie für den Lebensmittelhandel weiter feilen, bis das richtige Wachstumsmodell gefunden ist - und man kann darauf wetten, dass es sich um Prime drehen wird.

10

Ein Eigenmarkenkonglomerat: Es wird eng

Spotted Zebra. Revly. Stone & Beam. Solimo. Kennen Sie diese Marken? Vermutlich nicht.

Amazon hat in aller Stille ein eigenes Markenportfolio aufgebaut, doch nur eine Handvoll davon trägt den Namen des Unternehmens. Im Jahr 2020 bot es fast 23.000 Produkte von über 100 verschiedenen Eigenmarken an, mehr als dreimal so viele wie noch im Jahr 2018.[1]

> „Ihre Marge ist meine Chance."
>
> **JEFF BEZOS**[2]

Warum führt Amazon so viele Eigenmarken ein? Zunächst einmal weil es dazu beitragen kann, Amazon nachhaltig rentabel zu machen. Mit Eigenmarken kann Amazon die Margen vergrößern, ohne die Preise zu erhöhen. Das ist umso wichtiger, je weiter Amazon in den Markt für margenschwache Kategorien wie frische Lebensmittel und andere schnelllebige Konsumgüter vordringt. Durch Eigenmarken gibt es mehr Auswahl und ein besseres Preis-Leistungs-Verhältnis, das heißt, die Kunden bekommen fürs gleiche Geld mehr. Auch Prime-Mitglieder profitieren davon, denn sie erhalten exklusive Rabatte und teilweise auch exklusiven Zugang zu dem Eigenmarkensortiment von Amazon.

Aber am wichtigsten ist wahrscheinlich, dass Amazon durch Eigenmarken mehr Druck auf die Lieferanten ausüben kann. An dieser Stelle sei darauf hingewiesen, dass es sich hierbei um eine bewährte Strategie handelt, die keineswegs nur Amazon verfolgt; aber hier wird das Ganze kompliziert, denn Amazon macht mehr als die Hälfte seines Umsatzes mit Produkten von Drittanbietern. Allein durch die Menge an Kundendaten, über die man bei Amazon verfügt, kennt man die Bedürfnisse der Kunden am besten und kann deshalb Eigenmarkensortimente entwickeln, die genau auf diese Bedürfnisse zugeschnitten sind.

Die einzigartige Doppelrolle von Amazon als Marktplatz und Einzelhändler ist in den letzten Jahren zunehmend kritisch hinterfragt worden. Verfolgt Amazon eine ganz eigene Strategie, oder geht es in Wirklichkeit wie jeder andere Einzelhändler vor? Wir werden dies noch genauer untersuchen, aber zunächst muss erläutert werden, wie sich Eigenmarken in den USA entwickelt haben und warum sie dort von den Kunden im Vergleich zu anderen Ländern nur langsam angenommen wurden.

KUNDENMENTALITÄT NACH DER GROSSEN WIRTSCHAFTSKRISE

Die Amerikaner hatten schon immer eine starke Affinität zu landesweit bekannten Herstellermarken. Der größte Einzelhändler des Landes, Walmart, bezeichnet sich selbst regelmäßig als „Haus der Marken“ (House of Brands), und viele Haushaltsprodukte kennt man heute noch unter ihrem Markennamen – zum Beispiel Kleenex, Tupperware, Q-Tips, Band-Aids, Saran Wrap und so weiter.

Doch schon vor einem halben Jahrhundert warnten Einzelhandelsanalysten wie Victor Lebow vor den Gefahren der Ähnlichkeit von Produkten. In einem Aufsatz im *Journal of Retailing* von 1955 schrieb Lebow:

> Mehrere Studien haben gezeigt, dass ein Großteil der Kunden auf Nachfrage nicht sagen kann, in welchem Supermarkt oder welcher Supermarktfiliale genau sie gerade eingekauft haben. Aber diese Gleichartigkeit des Sortiments, das sich wie ein Ei dem anderen ähnelt, ist die Chance für ein andersgeartetes Sortiment, das anders aussieht, individuell gestaltet ist und einen ganz eigenen Charakter hat.[3]

Lebow war seiner Zeit weit voraus: Es sollte mehr als 50 Jahre dauern, bis man sich seinen Rat zu Herzen nahm. Eigenmarken haben sich im amerikanischen Lebensmittelsektor in der Vergangenheit nur langsam durchgesetzt, was darauf zurückzuführen ist, dass der Markt sehr fragmentiert ist und es – bis noch vor Kurzem – kaum Lebensmitteldiscounter gab. Ein Blick über den Atlantik reicht, um zu sehen, welche Möglichkeiten sich für Eigenmarken bieten, wenn ein Markt hoch konzentriert ist und es von Aldi- und Lidl-Filialen nur so wimmelt; in Großbritannien und in der Schweiz zum Beispiel entfällt die Hälfte des gesamten Lebensmittelumsatzes auf Eigenmarken. In den USA waren die Eigenmarkenprodukte jedoch schon immer das Stiefkind im Vergleich zu den Herstellermarken und oft nur im untersten Regal zu finden. Billig, aber um welchen Preis? Daher nahm der Verkauf von Eigenmarkenprodukten bisher nur in Zeiten wirtschaftlicher Unsicherheit zu. Bei den ersten Anzeichen eines Aufschwungs ließen die Kunden die Eigenmarken wieder links liegen und griffen zu den Herstellermarken.

Doch am Ende der großen Wirtschaftskrise im Jahr 2009 geschah etwas Interessantes. Dieses Mal kehrten viele Verbraucher nicht zu ihren alten Gewohnheiten zurück; es schien sich dauerhaft etwas geändert zu haben. Für Sparsamkeit musste man sich nicht mehr schämen, sondern man war stolz darauf, und das Konzept des qualitäts- und preisbewussten Einkaufens („Smart Shopping") setzte sich durch. Was unterschied diese Rezession von früheren? Die Nutzung von Technologie.

Es war der Beginn der Smartphone-Ära – einer technischen Entwicklung, die bald unser ganzes Leben bestimmen und für viele unverzichtbar werden sollte. Als die Wirtschaftskrise zu Ende ging, hatten die Verbraucher direkten Zugang zu Informationen, was zu einem noch nie da gewesenen Maß an Preistransparenz und damit zu mehr Einflussnahme führte.

Die Fragmentierung der Medienlandschaft und Fusionen unter Supermärkten hatten gleichzeitig zu einer Machtverschiebung weg von den Herstellermarken geführt, wodurch eine Kundenbindung schwieriger zu erreichen war. Das war ein fruchtbarer Boden für die Entwicklung von Eigenmarken. Viele Supermärkte sahen hier eine Chance, durch Qualitätsverbesserung und Produktkommunikation die Kundenbeziehungen zu vertiefen und aus ihrem Eigensortiment mit No-Name-Nachahmerprodukten eigenständige Marken zu machen. Gleichzeitig wurden die bekanntlich weniger markentreuen Millennials während der Wirtschaftskrise erwachsen, was den Einzelhändlern zusätzliche Möglichkeiten eröffnete, in neue, margenstärkere Kategorien wie Bioprodukte und Kochboxen zu expandieren.

AMAZONS AMBITIONEN IN RICHTUNG EIGENMARKEN

> „Seit die ersten Handelsmarken im 19. Jahrhundert auf den Markt kamen, haben die Kunden von dem Wert profitiert, den sie bieten."
>
> **AMAZON, 2020**[4]

Auch Amazon erkannte, dass sich das Verhalten der Verbraucher geändert hatte, und führte im Jahr 2009 sein AmazonBasics-Sortiment ein. Zu dieser Zeit hatte es sich bereits mit einer Handvoll anderer Marken wie Pinzon (Küchengeräte), Strathwood (Outdoor-Möbel), Pike Street (Bad- und Haushaltsprodukte) und Denali (Werkzeuge) im Bereich Eigenmarken versucht. Bei AmazonBasics war es jedoch das erste Mal (abgesehen von Hardware), dass der Name Amazon auf einem Produkt stehen sollte. Daher war es sinnvoll, in einer risikoarmen, handelsüblichen Kategorie zu beginnen, die das Kernsortiment von Amazon ergänzte – Elektrozubehör.

Das AmazonBasics-Sortiment lag preislich etwa 30 Prozent unter dem der großen Marken und war zunächst auf Zubehör wie Kabel, Ladegeräte und Batterien beschränkt. Doch schon nach wenigen Jahren war fast ein Drittel der Batterien, die Amazon verkaufte, von AmazonBasics, das Label übertraf damit Herstellermarken wie Energizer und Duracell.[5] Nicht einmal zehn Jahre nach dem Start wurde AmazonBasics auf Dutzende von Kategorien ausgeweitet – Haushalt, Möbel, Haustierbedarf, Reisezubehör, Fitness und so weiter – und ist heute eine der meistverkauften Marken auf der Amazon-Plattform.

Das dürfte kaum überraschen. Wie in diesem Buch bereits beschrieben, ist Amazon in der beneidenswerten Lage, für viele Verbraucher die erste Anlaufstelle bei einer Produktsuche zu sein. Aus diesen Suchanfragen und natürlich auch den Bestellungen selbst kann Amazon eine unglaubliche Menge an Erkenntnissen über die Kundenwünsche gewinnen, wodurch das Unternehmen identifizieren kann, welche Investitionen in Eigenmarken für bestimmte Kategorien sinnvoll sind und priorisiert werden sollten.

Keith Anderson, Senior Vice President (SVP) of Strategy and Insights bei Profitero, erklärt:

> Es gibt einen großen Unterschied, mit welcher Absicht Suchanfragen auf Händler-Websites und Suchanfragen bei Google oder herkömmlichen Suchmaschinen eingegeben werden. Wir stellen häufig fest, dass der Kontext dieser Suchanfragen auf der

Website eines Händlers sehr viel detaillierter ist. Es geht oft um den Produktnutzen oder bestimmte Merkmale, und Amazon kann feststellen, wonach die Menschen suchen und was sie auf der Website entweder finden oder, was vielleicht genauso wichtig ist, nicht finden.[6]

Die Regeln selbst schreiben

Amazon hat also bereits einen Wissensvorsprung, wenn es darum geht, welche Anforderungen Eigenmarken erfüllen müssen. Und es hat noch einen weiteren massiven Wettbewerbsvorteil: Sichtbarkeit.

In einem Ladengeschäft kaufen Unternehmen für ihre Marken Verkaufsflächen im Regal, um sicherzustellen, dass sie vom Kunden wahrgenommen werden. Der Supermarkt stellt dann innerhalb der entsprechenden Warengruppe gerne seine Eigenmarke als „gleichwertiges Produkt zur Herstellermarke" neben den Markenführer. Das Ziel des Einzelhändlers ist es, seine eigenen, margenstärkeren Waren bestmöglich zu platzieren, weil so die Chance auf Umsatz damit steigt.

Das gleiche Prinzip gilt für ein virtuelles Regal. Für viele Marken gibt es heute nichts Wichtigeres als die Sichtbarkeit auf der mächtigsten Einzelhandelsplattform der Welt. Das Problem ist, dass Amazon-Kunden nicht nach Marken suchen; etwa 70 Prozent[7] aller Suchanfragen auf der Website enthalten Gattungsnamen (zum Beispiel „Rasierschaum", nicht „Gillette"). Und bei diesen Suchanfragen ohne Nennung einer Marke oder nur mit Schlagwörtern lenkt Amazon die Kunden zunehmend auf die Amazon-Eigenmarkenartikel.

Unternehmen können natürlich für die Platzierung bei Amazon bezahlen – und Amazon macht damit ein zunehmend gutes Geschäft. Wie in Kapitel 4 erörtert, spielt die Sichtbarkeit eine immer größere Rolle, je mehr Marken sich auf dem Amazon-Marktplatz tummeln. Und genau hier wird es etwas kompliziert: Die Marken, die mit den Eigenmarken von Amazon konkurrieren, sind dieselben Marken, die Amazon für den *Verkauf* und zunehmend auch für die *Werbung* auf Amazons Plattform bezahlen. Amazon ist letztlich Freund und Feind der Drittanbieter zugleich.

Werbung mag eines der neueren Geschäftsfelder von Amazon sein, aber Amazon ist eine sehr wichtige Plattform. Und es investiert weiter, zum Beispiel durch den Einsatz von Deep-Learning-Modellen, um den Kunden noch mehr gesponserte Produkte anzuzeigen, die für sie infrage kommen. „Wir arbeiten weiter daran, die Anzeigen auf den Produktdetailseiten zu optimieren. Und wir haben festgestellt, dass unter anderem das Sponsored-Brands-Videoformat gut und rasch angenommen wurde", sagte Brian Olsavsky, CFO von Amazon, im Jahr 2021.[8]

> „Die Kunden mögen unsere Eigenmarken – sie haben im Durchschnitt höhere Kundenbewertungen, niedrigere Rückgaberaten und höhere Wiederkaufsraten als andere vergleichbare Marken, die wir verkaufen."
>
> **AMAZON, 2020**[9]

Wenn Sie heute auf Amazon nach Kaffee suchen, sehen Sie als Erstes oben auf der Seite ein von Folgers gesponsertes Werbebanner. Sie brauchen jedoch nur ein wenig nach unten zu scrollen, um ein ähnliches Banner von Amazon mit Eigenmarkenwerbung „Featured from Our Brands" sowie andere Produkte aus dem Amazon-Fresh- und Solimo-Sortiment auf der ersten Seite der Suchergebnisse zu finden. Amazon-Eigenmarkenprodukte tragen auch oft ein Banner mit dem Hinweis, dass der Artikel ein Bestseller, ein gesponsertes Produkt oder „Amazon's Choice" ist (eine von einem Algorithmus ermittelte Empfehlung, die ursprünglich für das sprachgesteuerte Einkaufen über Alexa entwickelt wurde und unter anderem zur Voraussetzung hat, dass der Artikel über Prime erhältlich, auf Lager und mit einer Bewertung von mindestens vier Sternen versehen ist).

Amazon hat hier alle Trümpfe in der Hand. Während es Umsätze aus der Onlinewerbung generiert, optimiert es gleichzeitig die Platzierung seiner Eigenmarken mit dem Ziel, möglichst viele Kunden für sich zu gewinnen. Das ist, als ob ein Unternehmen für einen exponierten Regalplatz im Supermarkt bezahlt und dann die Eigenmarke des Marktes danebensteht. Aber etwas ist bei Amazon anders – es gibt Kundenrezensionen. Man stelle sich einen Kunden vor einem Supermarktregal vor, der versucht, sich zwischen einer vertrauten Herstellermarke wie Heinz oder Coca-Cola und einer weniger bekannten Eigenmarke zu entscheiden. Der Kunde sieht natürlich, dass die Eigenmarke billiger ist, aber was ist mit der Qualität? Schmeckt das Produkt so gut wie das altbekannte? Rümpfen die Kinder vielleicht die Nase?

Amazon kann an dieser Stelle dank seiner nutzergenerierten Rezensionen die Kunden beeinflussen – online, aber auch zunehmend in den Geschäften durch elektronische Regaletiketten (ESL). Wenn der Kunde dann sieht, dass der Artikel der Eigenmarke Tausende 4,5-Sterne-Bewertungen hat, wird er damit wahrscheinlich eher einen Versuch wagen. Um Vertrauen in seine Eigenmarkenartikel aufzubauen und mehr Beachtung zu finden, hat Amazon proaktiv sein Amazon-Vine-Programm genutzt, um die Zahl der Kundenrezensionen zu diesen neuen Artikeln zu erhöhen. Im Rahmen dieses Programms, an dem man nur auf Einladung von Amazon teilnehmen kann, erhalten die aktivsten Rezensenten kostenlos neue und erstmalig angebotene Produkte und veröffentlichen dann ihre Meinung darüber. Obwohl Vine auch für Erst- und Drittanbieter zur Verfügung steht, nutzt man es bei Amazon natürlich, um Kunden auf seine Eigenmarken aufmerksam zu machen.

Amazon muss die schwierige Balance zwischen der Verkaufsförderung von Eigenmarken und der Erfüllung der Kundenwünsche halten. Aber in puncto Marken und Verkäufer geht es jetzt zur Sache. Viele haben die Segel gestrichen und verkaufen über Amazon, weil die Reichweite einfach unbestreitbar groß ist, aber je mehr die Amazon-Eigenmarken in den Mittelpunkt rücken, desto größer wird auch der Einfluss von Amazon.

Und je mehr sich Voice-Shopping durchsetzt, desto schwieriger wird es für die anderen Anbieter werden: Alexa liefert nur zwei

Suchergebnisse. „Bei der Sprachsuche ist man entweder ganz vorne dabei oder kann gleich das Feld räumen, denn jenseits des ersten oder zweiten Platzes gibt es keine Zukunft“, so Sebastien Szczepaniak, ein ehemaliger Amazon-Manager, der jetzt die E-Commerce-Abteilung von Nestlé leitet.[10] In den nächsten Kapiteln wird erörtert, wie genau Alexa Suchergebnisse priorisiert. An dieser Stelle soll nur erwähnt werden, dass in Fällen, in denen die Einkaufshistorie des Kunden nicht bekannt ist, die Empfehlung von Alexa immer ein „Amazon's Choice“-Produkt ist.

Es gibt jedoch auch gute Nachrichten für Drittanbieter. Die Sprachsteuerung funktioniert am besten, wenn die Kunden genau wissen, was sie wollen. Wenn also bereits Markentreue vorhanden ist, verkürzt Alexa einfach den Kaufprozess und merkt sich die Vorlieben des Kunden für das nächste Mal – und das ist von entscheidender Bedeutung.

Zuweilen hat Amazon zu aggressiveren Maßnahmen gegriffen, um mehr Kunden für die Amazon-Eigenmarken zu gewinnen. So hat es beispielsweise Werbung für seine Eigenmarkenprodukte auf den Produktdetailseiten anderer Marken geschaltet, und früher hatte Amazon die Funktion „Hot Link“ (mit der Kunden sich schnell Produktalternativen anzeigen lassen können) auf der Detailseite seiner eigenen Marke für Feuchttücher deaktiviert.

Die Suchfunktion ist von Amazon auch genutzt worden, um Kunden zu den eigenen, margenstärkeren Produkten zu lotsen, ein Ansatz, der sogar intern umstritten war. Berichten zufolge hat das Unternehmen an seinem Produktsuchsystem herumgebastelt, um Artikel, die für das Unternehmen profitabler sind, besser sichtbar zu machen, wozu natürlich auch die eigenen Marken gehören. Irgendwann einmal hat Amazon Werbespots für seine Eigenmarken geschaltet, die in den Suchergebnissen der Nutzer an prominenter Stelle auftauchten. Bei einer Suche nach „Babynahrung Quetschbeutel“ erschien beispielsweise ein Banner der Amazon-Eigenmarkenprodukte unter dem Reiter „Bestbewertete Eigenprodukte“ ganz oben in den Suchergebnissen.

„Wenn [firmeneigene Daten] genutzt werden, um für Eigenmarkenprodukte zu werben, kann ich mir vorstellen, dass das als unfair und vielleicht sogar als unanständig empfunden wird", sagte die ehemalige Amazon-Führungskraft Andrea Leigh.[11] Und natürlich ist diese Art von Verhalten auch dem Gesetzgeber nicht verborgen geblieben. Seit Jahren fordert die US-Senatorin Elizabeth Warren die Zerschlagung großer Technologieunternehmen, weil ihrer Meinung nach die Nutzung von Online-Marktplätzen zum Vertrieb von Eigenprodukten, wie es bei Amazon praktiziert wird, letztlich den Wettbewerb einschränkt.

Kartellrecht und „interne Wettbewerber"

Überraschenderweise verfolgt Amazon weiterhin eine Taktik der alten Schule – die Nachahmung. Amazon stellt billigere Klone einer Reihe von Markenartikeln in verschiedenen Kategorien her – von Bocciakugeln über Schnellkochtöpfe bis hin zu Verdunkelungsrollos. Keiner regt sich mehr darüber auf, dass Amazon hart mit Drittanbietern umgeht, aber ein solches Vorgehen hat wenig zu tun mit „rückwärts arbeiten, um vorwärtszukommen". Es erscheint seltsam, dass Amazon – ein Unternehmen, das normalerweise in vorderster Reihe steht und den Kunden in den Mittelpunkt seines Handelns stellt – eine Imitationsstrategie verfolgt, die das Risiko birgt, den Wert der eigenen Marke herabzusetzen und das Vertrauen der Kunden zu untergraben. Die Kunden wollen eigentlich keine Nachahmerprodukte. Gerade für Amazon sollten die ständigen Probleme mit Fälschungen und gefälschten Bewertungen auf der Amazon-Website Grund genug sein, die Finger von Nachahmermarken zu lassen.

Nachahmung ist die höchste Form der Anerkennung, zumindest für die führenden und mit ethischer Verantwortung handelnden Unternehmen, die eher vor der Gefahr von billigen Kopien geschützt sind. Nachdem Amazon einen Wollsneaker vorgestellt hatte, der dem Allbirds-Wolllaufschuh „verblüffend ähnlich" sah, aber nur halb so viel kostete, forderte der Allbirds-CEO Joey Zwillinger Jeff Bezos auf: „Bitte klaut unser Konzept der Nachhaltigkeit."[12]

Man muss sich natürlich darüber im Klaren sein, dass sich Amazon in vielerlei Hinsicht eben wie ein Einzelhändler verhält. Walmart, der Hauptkonkurrent von Amazon, hatte sogar einmal seine eigenen Allbirds-Replika-Sneakers im Sortiment, sie wurden von Online-Rezensenten liebevoll „Walbirds" genannt. Und Walmart ist hier der Goliath, das Unternehmen erwirtschaftet rund 80 Milliarden US-Dollar Umsatz mit Eigenmarken – im Vergleich zu drei Milliarden US-Dollar bei Amazon.[13] Tatsächlich machen Eigenmarkenprodukte in der Regel zwischen 15 und 90 Prozent des Umsatzes eines Einzelhändlers aus – Walmart liegt am unteren Ende dieser Skala (macht dies aber durch die Menge wieder wett), während die überwältigende Mehrheit der Artikel, die in Supermärkten mit begrenztem Sortiment wie Aldi und Trader Joe's verkauft werden, aus dem jeweiligen Eigenmarkensortiment stammen. Amazon ist der Ausreißer – nur ein Prozent aller Verkäufe von Sachgütern entfallen auf Eigenmarkenartikel.[14]

Was soll also die ganze Aufregung? Warum bekommt Walmart, ein Unternehmen, das doppelt so groß ist wie Amazon und über ein wesentlich größeres Eigenmarkengeschäft verfügt, nicht genauso viel negative Publicity für seine „Walbirds" oder andere Nachahmerprodukte?

Der Unterschied besteht darin, dass Amazon Zugang zu einem über Jahrzehnte aufgebauten, detaillierten Schatz an Kundendaten hat, die zum eigenen Vorteil genutzt werden können. Amazon kann „alles über den Kunden herausfinden: [welches Produkt] ihm gefällt, welche Kunden es gekauft haben, wie viele Kunden es gesucht und nicht gekauft haben, wer auf ein ähnliches Produkt geklickt hat, sodass es weitere Produktvorschläge machen kann", erklärte Jason Boyce, ein ehemaliger Verkäufer auf Amazon.[15]

Nach Angaben der Europäischen Kommission hat Amazon Kenntnis über „die Zahl der bestellten und gelieferten Produkte, die von den Händlern über den Marktplatz erzielten Einnahmen, die Anzahl der Aufrufe von Angeboten der Händler, die Versanddetails, die bisherige Aktivität der Händler und die geltend gemachten Verbraucherrechte für Produkte (zum Beispiel in Anspruch genommene Garantien)".[16]

Eine große Rolle spielt auch, dass abgesehen von dem Beispiel mit den „Walbirds"-Schuhen Nachahmerprodukte von Einzelhändlern in der Regel in generischen Produktkategorien wie Müsli und Waschmittel anzutreffen sind. Amazon produziert jedoch Nachahmungen von Nischenprodukten, die von Kleinunternehmern hergestellt werden, die Amazon für ihr Überleben brauchen. Im Jahr 2020 hatte Amazon weltweit 2,3 Millionen aktive Drittanbieter auf seinem Marktplatz, und geschätzt mehr als ein Drittel von ihnen ist auf Amazon als einzige Einnahmequelle angewiesen.[17]

> „Viele große Technologieunternehmen besitzen einen Marktplatz, auf dem Käufer und Händler Geschäfte abschließen, und sind gleichzeitig selbst auf dem Marktplatz aktiv. Dies kann zu einem Interessenkonflikt führen, der den Wettbewerb untergräbt. Amazon vernichtet kleine Unternehmen, indem deren Waren, die auf dem Amazon-Marktplatz verkauft werden, kopiert werden und dann als Eigenmarken erhältlich sind."
>
> **US-SENATORIN ELIZABETH WARREN, 2019**[18]

Wenn Nachahmung nach hinten losgeht

Der in San Francisco ansässige Kamera- und Reisetaschenhersteller Peak Design hatte seine Schultertasche „Everyday Sling" bereits seit mehreren Jahren auf Amazon angeboten, als Amazon Ende 2020 eine nahezu identische Version namens „AmazonBasics Everyday Sling" vorstellte. Um auf die Strategie von Amazon aufmerksam zu machen, veröffentlichte der Verkäufer ein Satire-Video mit dem Titel „Das Märchen von den zwei Schultertaschen: Peak Design und Amazon Basics".

„Die Amazon-Tasche sieht der Tasche ‚Everyday Sling' von Peak Design verdächtig ähnlich, aber Sie müssen nicht für all den unnötigen Schnickschnack wie jahrelange Forschung und Entwicklung, recycelte, mit dem Textilsiegel Bluesign zertifizierte Materialien, eine lebenslange Garantie, fair bezahlte Fabrikarbeiter und völlige CO_2-Neutralität bezahlen. Stattdessen bekommen Sie nur eine Tasche.“[19]

Nach der Veröffentlichung des Videos wurde der Eigenmarkenartikel von Amazon mit negativen Bewertungen überschwemmt – das ging so weit, dass die Bewertungen vorübergehend gesperrt werden mussten.[20]

Das Verhältnis von Amazon zu seinen Drittanbietern ist seit jeher ein heikles Thema und unterstreicht die zunehmende Kontrolle, der sich Amazon stellen muss, wenn es sowohl auf der eigenen Plattform als Verkäufer agiert als auch diese Plattform als Infrastruktur zur Verfügung stellt. In der Öffentlichkeit bezeichnet Amazon seine Drittanbieter als „Partner“, aber hinter verschlossenen Türen sind sie „interne Wettbewerber“.[21] Amazon hat immer behauptet, dass die Unternehmensrichtlinien es den Mitarbeitern verbieten, Daten von Drittanbietern zu nutzen, um die eigenen Verkäufe zu steigern. Als Jeff Bezos jedoch 2020 zum ersten Mal vor dem Kongress aussagte, gab er zu, dass das nicht stimmt: „Ich kann Ihnen nicht garantieren, dass nie gegen diese Vorgabe verstoßen worden ist.“[22]

Die Anhörung im Kongress war Teil einer Untersuchung zur Frage, ob die einst unantastbaren Tech-Giganten ihre Macht missbrauchen und gegen das Kartellrecht verstoßen. Neben Bezos sagten auch die CEOs anderer großer Technologieunternehmen aus – Mark Zuckerberg von Facebook, Sundar Pichai von Google und Jack Dorsey von Twitter. Die Gesetzgeber nahmen Bezos wegen der aggressiven Wettbewerbspraktiken von Amazon in die Mangel und stützten sich dabei auf einen brisanten Bericht des *Wall Street Journal* von Anfang 2020, in dem stand, dass Amazon-Mitarbeiter heimlich auf Händlerdaten zugreifen, um die umsatzstärksten Produkte für möglichen Wettbewerb zu finden. „Die Führungskräfte wussten die internen Beschränkungen bei Amazon aber zu umgehen, um Zugang zu Berichten über einzelne Verkäuferdaten zu erhalten. Dies war Teil einer Praxis, die als ‚going over the fence‘ (über den Zaun klettern) bezeichnet wird“, so das *Wall Street Journal*.[23]

„Sie haben Zugang zu allen Preis- und Lagerbestandsinformationen der Händler, sowohl in der Vergangenheit als auch in der Gegenwart und Zukunft, und Sie bestimmen über die Teilhabe von Drittanbietern auf Ihrer Plattform. Sie können also die Spielregeln für Ihre Konkurrenten festlegen, müssen aber diese Regeln selbst nicht befolgen. Halten Sie das für fair gegenüber den kleinen und mittleren Unternehmen, die versuchen, auf Ihrer Plattform zu verkaufen?“

DIE ABGEORDNETE IM REPRÄSENTANTENHAUS PRAMILA JAYAPAL (D-WA) BEFRAGT JEFF BEZOS VOR DEM KONGRESS, 2020[24]

Die 16-monatige Untersuchung des Kongresses kam zu dem Schluss, dass Amazon in der Tat „eine Monopolstellung gegenüber vielen kleinen und mittleren Unternehmen hat, die praktisch keine Alternative zu Amazon haben, um Onlinekunden zu erreichen“, und dass das Unternehmen „im Umgang mit Drittanbietern extrem wettbewerbswidriges Verhalten an den Tag gelegt hat“.[25] Inzwischen gibt es Forderungen nach einer breit angelegten Reform des Kartellrechts, auf die später noch eingegangen wird und die möglicherweise große Technologieunternehmen wie Amazon zerschlagen würde. Zum jetzigen Zeitpunkt handelt es sich lediglich um Empfehlungen für potenzielle Rechtsvorschriften, die nicht zu unmittelbaren Maßnahmen gegen Amazon führen werden.

„Wir müssen verhindern, dass Plattformen mit so einer Doppelfunktion und mit Marktmacht, wie etwa Amazon, nicht den Wettbewerb verzerren. Daten über die Geschäftstätigkeit von Drittanbietern dürfen nicht zum Vorteil von Amazon genutzt werden, wenn Amazon mit diesen Händlern selbst im Wettbewerb steht.“

MARGRETHE VESTAGER, GESCHÄFTSFÜHRENDE VIZEPRÄSIDENTIN, EUROPÄISCHE KOMMISSION[26]

Es ist jedoch klar, dass bestimmte Aspekte des Kartellrechts für das digitale Zeitalter überarbeitet werden müssen – und das gilt auch außerhalb der USA. Zuletzt geriet Amazon in Europa unter Beschuss: Im Jahr 2020 stellte die Europäische Kommission fest, dass Amazon durch die Verzerrung des Online-Wettbewerbs gegen die Kartellvorschriften verstieß.[27] Die Untersuchung ergab, dass „sehr detaillierte Echtzeitdaten" über Angebote und Verkäufe anderer Händler verwendet wurden, die Entscheidungen über die Einführung neuer Produkte, die Preisgestaltung, den Umfang der Lagerware und die Wahl der Lieferanten beeinflusst haben.[28] Amazon sieht sich rund um den Globus mit einer Reihe von kartellrechtlichen Untersuchungen konfrontiert, aber dies sind die ersten formellen Anklagen gegen das Unternehmen – und möglicherweise ein Zeichen dafür, dass noch weitere folgen werden.

Eine Fashion-Macht?

Amazon wird vielleicht nicht als die erste Adresse für Fashionistas wahrgenommen, aber laut Wells Fargo wickelt das Unternehmen in den USA mehr als ein Drittel aller Onlinebestellungen von Bekleidung ab (und elf bis zwölf Prozent *aller* Umsätze in der US-Textilbranche).

Um Glaubwürdigkeit zu schaffen und für mehr Auswahl zu sorgen, hat Amazon in aller Stille ein Portfolio von sehr zielgerichteten Untermarken aufgebaut – unter anderem Lark + Ro, Goodthreads, Amazon Essentials, Daily Ritual.

Im Jahr 2019 machten Eigenmarken 9 Prozent der Umsätze von Amazon als Erstanbieter in der Kategorie Bekleidung, Schuhe und Accessoires aus (siehe Tabellen 10.1 und 10.2).

TABELLE 10.1: Eigenmarkenanteil am Gesamtangebot

Kategorie	Erstanbieteranteil am Gesamtangebot	Eigenmarkenanteil des Erstanbieteranteils	Drittanbieteranteil am Gesamtangebot
Unterhaltungselektronik	4 %	<1 %	96 %
Beauty	4 %	<1 %	96 %
Haushalt & Küche	1 %	<1 %	99 %
Textilien	8 %	<1 %	92 %
Bücher	34 %	<1 %	66 %
Verbrauchsgüter	3 %	<1 %	97 %
Spielzeug	9 %	<1 %	91 %

QUELLE: Amazon

HINWEISE: Die Daten basieren auf dem Amazon-Geschäftsjahr 2019; Textilien beinhalten Bekleidung, Schuhe und Accessoires; Unterhaltungselektronik umfasst Smart Speaker (intelligente Lautsprecher).

TABELLE 10.2: Eigenmarkenanteil am Gesamtumsatz

Kategorie	Erstanbieteranteil am Gesamtumsatz	Eigenmarkenanteil am Erstanbieteranteil	Drittanbieteranteil am Gesamtumsatz
Unterhaltungselektronik	43 %	3 %	57 %
Beauty	35 %	<1 %	65 %
Haushalt & Küche	33 %	4 %	67 %
Textilien	28 %	9 %	72 %
Bücher	74 %	<1 %	26 %
Verbrauchsgüter	41 %	2 %	59 %
Spielzeug	42 %	<1 %	58 %

QUELLE: Amazon

HINWEISE: Die Daten basieren auf dem Amazon-Geschäftsjahr 2019; Textilien beinhalten Bekleidung, Schuhe und Accessoires; Unterhaltungselektronik umfasst Smart Speaker (intelligente Lautsprecher).

TABELLE 10.3: Amazon-Eigenmarkensortiment für Lebensmittel und schnelldrehende Konsumgüter (Fast Moving Consumer Goods, FMCG)

Jahr der Einführung	Marke	Babypflege	Lebensmittel und Getränke	Gesundheit, Beauty und Körperpflege	Haushaltswaren	Haustierbedarf	Vitamine und Nahrungsergänzungsmittel
2009	AmazonBasics				x		
2014	Amazon Elements	x					x
2016	Happy Belly		x				
2016	Mama Bear	x					
2016	Presto				x		
2016	Wickedly Prime		x				
2017	AmazonFresh		x				
2017	Whole Foods Market*		x	x	x		x
2017	365 by Whole Foods Market*	x	x	x	x		x
2018	Amazon Basic Care			x			
2018	Wag					x	
2018	Solimo		x	x	x	x	x
2018	Mountain Falls**	x		x			
2018	Nature's Wonder**						x
2018	P2N**						x
2018	Cinque Terre**		x				
2018	Kalista**		x				

(Fortsetzung)

Jahr der Einführung	Marke	Babypflege	Lebens-mittel und Getränke	Gesundheit, Beauty und Körperpflege	Haushalts-waren	Haustier-bedarf	Vitamine und Nahrungs-ergänzungs-mittel
2018	Le French Pantry**		x				
2018	Mix-A-Licious**		x				
2018	Nature's Instincts**						x
2018	Powers & Powers**		x				
2018	Roast Ridge Coffee Roasters**		x				
2018	Simply Sweet**		x				
2018	Zesty Bee**		x				
2018	Super Organics**		x				
2019	Belei			x			
2019	Sugarly Sweet**		x				
2019	Santa Ninfa**		x				
2020	Fresh		x				
2020	Amazon Kitchen		x				
2020	Cursive		x				
2021	Aplenty		x				
2021	By Amazon***		x				

* erworbene Marken von Whole Foods Market
** exklusiv bei Amazon, aber nicht im Besitz von Amazon
*** nur in Großbritannien

Amazon hat eine große Reichweite, aber kann das Unternehmen vor den Kunden glaubwürdig als Modehändler auftreten? Eignen sich die Alleinstellungsmerkmale „Bequemlichkeit" und „große Auswahl" wirklich für die Mode, eine Kategorie, in der sich alles um das Produkt dreht? Bekanntermaßen ist der Modesektor genauso unbeständig wie der Lebensmittelhandel. Ohne Zweifel ist Amazon in der Lage, Kleidung ohne Ende zu verkaufen, aber der Verkauf von Socken und T-Shirts ist nicht dasselbe wie der Verkauf von Mode.

> „Die Marke Amazon hat nichts mit Luxus zu tun; bei der Marke Amazon dreht sich alles nur um Komfort, Preis, Wert, Geschwindigkeit; emotional ansprechend ist sie überhaupt nicht."
>
> **JOSÉ NEVES, CEO VON FARFETCH**[29]

Der Verkauf von Eigenmarken-Bekleidung trägt dazu bei, die Gesamtmarge von Amazon zu verbessern, die weiter unter Druck geraten wird, wenn Amazon sich immer mehr auf den Lebensmittelhandel konzentriert. Entscheidend ist auch, dass durch diese Eigenmarken Warenlücken geschlossen werden können, wenn bestimmte Modemarken nicht bereit sind, ihre Produkte über Amazon zu verkaufen. „Sagte man ‚Amazon', dachte die Leute lange Zeit an Toilettenpapier oder Katzenfutter", meinte Elaine Kwon, eine ehemalige Führungskraft bei Amazon im Bereich Mode. „2014 waren viele Marken sehr zögerlich, überhaupt öffentlich bekannt zu geben, dass sie mit Amazon zusammenarbeiten wollten."

Doch das Kräfteverhältnis verschiebt sich. Die Pandemie hat dafür gesorgt, dass mehr Kleidung online gekauft wird, sehr zum Vorteil von reinen Online-Modehändlern wie Asos, Zalando und Boohoo. Amazon ist heute allgegenwärtig und kann als Vertriebskanal von kaum einem Unternehmen mehr übergangen werden. Beim Verkauf über Amazon geht es aber nicht nur darum, mehr zu verkaufen – es sorgt auch für eine größere Kontrolle bei der Preisgestaltung und

Präsentation ihrer Produkte, die oft bereits zu einem großen Teil über Drittanbieter auf Amazon verkauft werden.

> „2020 war ein Jahr, wie wir es noch nicht erlebt haben. Es hat uns aber auch die Chancen aufgezeigt, die noch vor uns liegen. Die Pandemie hat Veränderungen in der Modeindustrie beschleunigt, die schon lange im Gange waren."
>
> **ZALANDO-AKTIONÄRSBRIEF, 2021**[30]

Die Eindämmung solcher Drittverkäufe war der Hauptgrund dafür, dass man sich bei Nike entschloss, selbst über Amazon zu verkaufen – eine Entscheidung, die bei ihrer Ankündigung im Jahr 2017 für Aufsehen sorgte. Laut Morgan Stanley war Nike bereits die führende Bekleidungsmarke auf Amazon, auch wenn das Unternehmen nicht direkt über die Website verkaufte. Als Teil der Vereinbarung erklärte sich Amazon bereit, seine Website auf Nike-Fälschungen zu überwachen und Drittanbietern den Verkauf von Nike-Produkten zu verbieten.

Die Zusammenarbeit war jedoch nur von kurzer Dauer, da Nike nur schwer gegen die Angebote von Drittanbietern ankam, die mehr Bewertungen hatten als Nikes geprüfte Einträge und dadurch einen Vorteil hatten. Nike beendete nach nur zwei Jahren die Zusammenarbeit mit Amazon und lancierte ein Direktvertriebsmodell (Direct-to-Consumer, D2C), das im Großen und Ganzen erfolgreich war.

Der Schritt löste in der Branche viele Diskussionen aus – würden andere Marken dem Beispiel von Nike folgen und Amazon den Laufpass geben? Als eine der wertvollsten Marken der Welt konnte Nike vielleicht auf Amazon verzichten – aber viele andere können das nicht. Für die meisten Unternehmen ist Amazon nach wie vor unverzichtbar, um ihre Produkte zu vermarkten, und der Weggang von Nike zeigt, dass Amazon den Spagat schaffen muss, große Marken anzuziehen und gleichzeitig den Kunden über seinen Marktplatz ein breites Sortiment zu bieten. Man darf sich da nicht täuschen – Amazon braucht etablierte Marken, um sein Modegeschäft auszubauen. Eigenmarken sind wichtig, aber es dauert lange, eine solche Marke aufzubauen, und man muss sich fragen, ob Amazon es schafft, als führende Modemacht angesehen zu werden, wo man Amazon doch normalerweise als „einfach und praktisch" einstuft. Amazon muss ein Alleinstellungsmerkmal auch in der Mode finden. Das nahezu unbegrenzte Angebot ist zugkräftig, kann den Kunden aber auch überfordern – eine Suche nach einem schwarzen Kleid liefert mehr als 40.000 Ergebnisse.

Amazon ist zwar nicht die erste Adresse, wenn es um die Suche nach Kleidung geht, aber das Unternehmen gleicht seine Schwächen durch Innovationen aus. Wenn man bedenkt, dass Amazon ein Technologieunternehmen ist, das davon getrieben ist, den Status quo zu ändern, gibt es für Amazon genügend verbesserungswürdige Dinge im Modehandel. Wir haben über die Einführung von Prime Wardrobe gesprochen, wodurch die Kaufhürde der Vorauszahlung weggefallen ist und der Trend zum „Erst probieren, dann zahlen" angeheizt wurde. Wir erwarten jedoch, dass Amazon noch weiter gehen wird, um das Einkaufserlebnis zu verbessern und vor allem die Retourenquote zu senken. So können beispielsweise Verbraucheraufklärung und Größenempfehlungen das Kundenvertrauen erhöhen, und Amazon sollte in seinem Vorgehen von der Tatsache bestärkt werden, dass die Kunden gleich beim ersten Mal das passende Teil bestellen wollen.

Mit dem interaktiven Modul „360-Grad-Bilder" von Amazon können Kunden Kleidungsstücke von allen Seiten betrachten und so die Passform besser einschätzen. Es wird derzeit nur im Luxusbereich eingesetzt, könnte aber auch in der gesamten Bekleidungskategorie verfügbar gemacht werden, damit das Einkaufen noch komfortabler wird und mehr Spaß macht. Amazon probiert hier noch vieles aus, und natürlich ist einiges davon gescheitert, ohne dass jemand das mitbekommen hätte.

So wurde beispielsweise die Alexa-gesteuerte Kamera mit Modeberatung namens Echo Look, die man zu Hause aufstellte, im Jahr

2021 eingestellt. Das Gerät sollte das Outfit eines Nutzers bewerten und auf der Grundlage von früheren Einkäufen und dem Wetter modische Ratschläge geben. Diese Funktion wurde inzwischen in die Amazon Shopping-App und in Alexa-fähige Geräte integriert.

Amazon hat eine Reihe von Patenten rund um die Mode angemeldet, darunter einen Blended-Reality-Spiegel, mit dem Kunden Kleidung in einem virtuellen Raum virtuell anprobieren können, und eine automatisierte Textilfabrik zur On-Demand-Produktion von Kleidung, in der ein Kleidungsstück erst auf Bestellung schnell hergestellt wird – eine Entwicklung, mit der man nicht nur das Modegeschäft mit Eigenmarken vorantreiben würde, sondern die gesamte Lieferkette komplett umgestalten und damit den gesamten Bekleidungssektor umkrempeln könnte. Amazon gehört auch Body Labs, das mithilfe künstlicher Intelligenz 3-D-Körperscans erstellt, und es hat einen KI-Modedesigner entwickelt, der Empfehlungen auf der Grundlage von Produkten aussprechen kann, die zum Beispiel auf Instagram zu sehen sind.

„Im Einzelhandel ging es schon immer darum, Kundenerwartungen zu erfüllen und zu antizipieren", so äußerte sich John Boumphrey, Länderchef bei Amazon für Großbritannien und früherer Leiter des Modegeschäfts von Amazon in Europa, im Interview mit uns. „Was können wir tun, damit wir auf jeden Fall weiterhin für die Kunden von Interesse sind? Wie können wir dafür sorgen, dass wir unseren Kunden auch weiterhin ein erstklassiges Erlebnis bieten?"

Wenn es Amazon gelingt, die Schwachpunkte im Modehandel abzubauen, könnte das den Einkauf von Bekleidung revolutionieren. Ausgeschlossen ist das jedenfalls nicht.

Das Marken-Dilemma: Amazons Sammelsurium an Lebensmittelmarken

Im Jahr 2014 führte Amazon seine erste große Eigenmarke für die Kategorie der schnelldrehenden Konsumgüter (Fast-Moving Consumer Goods, FMCG) ein – Amazon Elements. Viele in der FMCG-Branche befürchteten, dass das Premium-Sortiment an

Windeln und Feuchttüchern den lang erwarteten ersten Schritt von Amazon in den Bereich der Eigenmarken bedeuten würde. Doch schon nach zwei Monaten wurden die Windeln wieder eingestellt.

Das Feedback war nur mäßig, worauf man bei Amazon mit dem Hinweis reagierte, das „Design" müsse noch „verbessert" werden. Für ein FMCG-Eigenmarkendebüt waren Windeln eine äußerst riskante Kategorie; Qualität mag manchmal subjektiv empfunden werden, aber entweder tut es eine Windel oder sie tut es nicht, und in einer Kategorie wie Babypflegeprodukte gibt es nicht oft eine zweite Chance. Dennoch betrieb Amazon die Marke Elements weiter, zunächst ausschließlich für Feuchttücher, bevor es schließlich – es wirkte etwas bizarr – auch Vitamine und Nahrungsergänzungsmittel hinzunahm. Aber wie wir wissen, sieht man bei Amazon Misserfolge als Chance zur Weiterentwicklung und Verbesserung, und folgerichtig tauchten Windeln unter einer eigenen Marke einige Jahre später wieder auf – dieses Mal unter dem Label Mama Bear.

Die Produktlinie, zu der auch Bio-Babynahrung gehört, war eines von mehreren neuen FMCG-Sortimenten, die Amazon im Jahr 2016 auf den Markt brachte, bevor es Whole Foods übernahm. Unter anderem gehörten dazu: Happy Belly (Studentenfutter, Nüsse, Gewürze, Eier und Kaffee), Presto (Papierhandtücher, Toilettenpapier, Waschmittel) und Wickedly Prime (Gourmet-Snacks wie Kartoffelchips, Popcorn, Suppe, Tee). Nach dem Elements-Fiasko blieb Amazon vorsichtig und wagte sich an verderbliche Waren zunächst nicht heran.

Das änderte sich mit der Übernahme von Whole Foods, durch die Amazon auch die von den Kunden gut angenommenen Eigenmarken erbte – 365 Everyday Value und die nach dem Unternehmen benannte „Whole Foods Market"-Linie. Über Nacht wurde Amazon zu einem ernst zu nehmenden Lebensmittelhändler mit einem überzeugenden Angebot an Eigenmarken. Vier Monate nach der Übernahme erzielte 365 nach Angaben von Edge by Ascential einen Umsatz von 10 Millionen US-Dollar und wurde damit die zweitgrößte auf Amazon erhältliche Eigenmarke.

Zusätzlich zu all den oben genannten Vorteilen sind Eigenmarken für Lebensmittelhändler besonders wichtig, da Produkte dieser Warengruppe häufig gekauft und ständig verbraucht werden. Wir wissen ja, dass Amazon es sich zum Ziel gesetzt hat, den Lebensmitteleinkauf zu vereinfachen, indem es die Nachbestellung von Waren des täglichen Bedarfs automatisiert. Das allein wäre schon sehr gut fürs Geschäft, aber es wäre noch besser, wenn es ein Eigenmarkenprodukt wäre, das nachbestellt wird.

Seit der Übernahme von Whole Foods hat Amazon im Stillen weitere FMCG-Produktlinien eingeführt, darunter Wag, Solimo, Aplenty, „By Amazon" (nur in Großbritannien), Basic Care und Mountain Falls, um nur ein paar zu nennen (siehe Tabelle 10.4). Man mag es dem Experimentiermodus bei Amazon zuschreiben, aber irgendwann muss das Unternehmen bezüglich seines Eigenmarkenportfolios einheitlicher und in sich schlüssiger werden.

Das führt uns zu einem wichtigen Punkt: Wie groß darf die Bandbreite einer Marke sein? Amazon ist der Diversifizierungskönig, aber die Ausweitung auf neue Sektoren und Dienstleistungen birgt die Gefahr, dass die Marke verwässert wird – oder noch schlimmer, dass die Kunden die Marke komplett ablehnen. Werden Kunden neben Echos, Kindles, Video- und Musikstreamingdiensten auch Lebensmittel der Marke Amazon kaufen und in Zukunft möglicherweise auch Apotheken, Friseursalons und Finanzdienstleistungen namens Amazon akzeptieren? Im Lebensmittelbereich wird Amazon wohl das Sammelsurium von Eigenmarken behalten, aber das macht das Unternehmen nicht weniger gefährlich. Die Konkurrenz sollte vorrangig in Eigenmarken investieren, während die Lieferanten sich mit Strategien zur Verteidigung ihrer Marktanteile beschäftigen sollten. Eine bessere Kundenbindung wird unverzichtbar, und gegebenenfalls sollte auch die Produktion von Eigenmarken in Betracht gezogen werden.

TABELLE 10.4: Das FMCG-Eigenmarkensortiment von Amazon

Kategorie								
Jahr der Einführung	**Marke**	**Babypflege**	**Beauty und Pflege**	**Lebensmittel und Getränke**	**Gesundheit und Körperpflege**	**Haushaltswaren**	**Haustierbedarf**	**Vitamine und Nahrungsergänzungsmittel**
2014	Amazon Elements	x						x
2016	Happy Belly			x				
2016	Mama Bear	x						
2016	Presto					x		
2016	Wickedly Prime			x				
2017	AmazonFresh			x				
2017	Whole Foods Market*		x	x	x	x		
2017	365*	x	x	x	x	x		x
2017	Engine 2 Plant-Strong*			x				
2018	Basic Care**				x			
2018	Wag						x	
2018	Solimo		x	x	x	x		x
2018	Mountain Falls**	x	x		x			

* Erworbene Marken von Whole Foods Market
** Exklusiv bei Amazon, aber nicht im Besitz von Amazon

11

Technologie und reibungsloser Einzelhandel

„Wir sind stolz auf die Differenzierung, die wir durch ständige Innovation und konsequente Ausrichtung auf das Kundenerlebnis erreicht haben."

JEFF BEZOS[1]

In Kapitel 6 haben wir uns erstmals mit dem Einkauf als „Wunschkonzert" beschäftigt. Wir erörterten die Auswirkungen von technologischen Entwicklungen auf den Einzelhandel und wie sich dadurch unser Einkaufsverhalten komplett verändert – der Einkauf wird zum „Wunschkonzert".

Der Schlüssel zum Verständnis, was das für den Normalverbraucher im täglichen Leben bedeutet, liegt darin, wie der Kunde dieses „Wunschkonzert" gestaltet. Kurz gesagt: Die rasante technologische Entwicklung hat den Verbrauchern die Möglichkeit gegeben, den Einkauf zu einem Wunschkonzert zu machen. Die Digitalisierung des modernen Lebens bewirkt nicht nur, dass wir mehr „Spaß" und schöne Gefühle beim Einkaufen haben wollen und das im Vergleich zum eher nüchternen Wocheneinkauf auch bekommen; die sogenannte „Konsumentisierung" der Technologie schürt auch bei immer mehr Verbrauchern die Erwartungen an Komfort, Schnelligkeit, Transparenz und Attraktivität.

Wie man auch in der jüngsten und turbulenten Vergangenheit in der Welt gesehen hat: Menschen werden immer etwas einkaufen müssen. Auch wenn wohl keine Apokalypse im Einzelhandel droht, so beruhen die Befürchtungen um die Zukunft der Branche doch auf der Tatsache, dass viele bekannte Einzelhandelsketten auf der Strecke geblieben sind. Wir behaupten jedoch, dass der Untergang bei einigen keineswegs unvermeidlich war. Zumindest nicht, bis Corona kam. Die Unternehmen hatten es versäumt, sich auf den modernen, mit digitalen Medien ausgestatteten und selbstbewussten Kunden einzustellen. Deshalb kann man nicht allein Amazon für diese Pleiten verantwortlich machen. Es ist allerdings Fakt, dass immer mehr Einzelhandelsunternehmen daran scheitern, die technologischen Möglichkeiten dazu zu nutzen, sich digital weiterzuentwickeln und von der Konkurrenz abzuheben, um so auf die Herausforderung der Branche mit ihren „Wunschkonzert"-Kunden zu reagieren. Daher macht es Sinn, sich genau anzusehen, wie es Amazon offenbar gelungen ist, sowohl der Konkurrenz als auch den Bedürfnissen seiner Kunden einen Schritt voraus zu sein.

In den nächsten beiden Kapiteln wird näher untersucht, wie Amazon die Technologieentwicklung besonders in den beiden Bereichen der künstlichen Intelligenz (KI) und der Sprachsteuerung nutzt. Dies wird verknüpft mit den ursächlichen Treibern des technologischen Wandels – die diese Entwicklung überhaupt erst möglich machen – und den zukünftigen Erwartungen und dem Bedarf bezüglich eines perfekten Einkaufserlebnisses bei den heutigen „Wunschkonzert"-Kunden in der Hoffnung, dass diese Kombination funktioniert. Anhand dieser Untersuchung wird sich zeigen, dass nicht nur die geschäftlichen Aktivitäten von Amazon, sondern vor allem auch der dafür erforderliche technologische Vorsprung weiterhin blasierte Händler zur Strecke und die gesamte Einzelhandelsbranche dazu bringen wird, für Kundenerlebnisse zu sorgen, die das Einkaufen im Geschäft so unkompliziert machen wie den Onlinekauf und auch den reinen Zweckeinkauf mit mehr Spaß verbinden.

100 PROZENT KUNDENORIENTIERT

Einzelhandelsunternehmen, die den „Wunschkonzert"-Kunden nicht verstehen und ihr Angebot nicht entsprechend anpassen, werden mit ihrer Selbstgefälligkeit auch nicht mit den Auswirkungen des technologischen Wandels schritthalten können; sie erkennen nicht, dass das Internet, mobile Technologien und darauf aufbauende technologiegestützte Dienstleistungsinnovationen wie Click & Collect oder der Einsatz neuer Medien die Einzelhandelslandschaft für immer verändern.

Bevor wir uns mit der Entwicklung der Technologie befassen, wollen wir zunächst ihre allgemeinen Auswirkungen auf die gesamte Branche untersuchen und wie sie den Kunden die Möglichkeit gegeben hat, den Einkauf zum Wunschkonzert zu machen. Wir stehen kurz vor einem größeren Wendepunkt, an dem mehr als die Hälfte der Weltbevölkerung über das Handy Zugang zum Internet hat. Die breite Akzeptanz von Technologie im Einzelhandel hat dazu geführt, dass der Kunde bezüglich des Kaufprozesses alles fest im Griff hat. An dieser Stelle wird es unmöglich, den Albtraum namens Amazon zu ignorieren. Es ist leicht zu erkennen, dass die Verlagerung im Gleichgewicht der Kräfte von den Händlern hin zu den Kunden nicht nur mit der technologischen Entwicklung korreliert, sondern dass man bei Amazon diese Verlagerung auch genutzt hat, um das Wachstum und die Entwicklung des eigenen Unternehmens zu fördern. Wenn man das verstanden hat, ist es ein Leichtes, nachzuvollziehen, dass jedes erfolgreiche Unternehmen, genau wie Amazon, Technologie zu seinem eigenen Vorteil und zu dem seiner Kunden nutzen kann. Im Fall von Amazon hat aber auch der Wunsch, die

Kunden zu „begeistern", wie Bezos es ausdrückte, dazu beigetragen, dass es seinen technologischen Vorsprung nutzen konnte. Das zeigt, dass die Bedürfnisse der Kunden für ein Unternehmen im Mittelpunkt aller Innovation stehen müssen – eine Lektion, von der jedes Unternehmen lernen kann.

In einem seiner legendären Briefe an die Aktionäre schrieb Bezos:

> Schauen Sie in ein aktuelles Lehrbuch über Softwarearchitektur, und Sie werden nur wenige Muster finden, die wir bei Amazon nicht anwenden. Wir verwenden hochleistungsfähige Transaktionssysteme, aufwendiges Rendering und Objekt-Caching, Workflow- und Warteschlangensysteme, Business Intelligence und Datenanalyse, maschinelles Lernen und Mustererkennung, neuronale Netze und probabilistische Entscheidungsfindung sowie eine Vielzahl anderer Techniken. Und obwohl viele unserer Systeme auf dem neuesten Stand der Informatikforschung aufbauen, war dies oft nicht ausreichend; unsere Softwarearchitekten und -entwickler mussten die Forschung in Richtungen vorantreiben, die noch kein Wissenschaftler eingeschlagen hatte. Für viele der Probleme, mit denen wir konfrontiert sind, gibt es keine Lösungen aus dem Lehrbuch, und so erfinden wir – glücklicherweise – neue Ansätze ...

Kaum zu glauben, dass das mehr als zehn Jahre her ist. Wie konnte also Amazon so erfolgreich werden, als die neuen Technologien von den Kunden angenommen wurden und als Folge davon der Onlinehandel zunahm? Wie bereits festgestellt, liegt es unserer Meinung nach sicherlich daran, dass Amazon in erster Linie ein Technologieunternehmen ist und erst in zweiter Linie ein Einzelhändler. Aber es gelingt dem Unternehmen, seine Kunden in den Mittelpunkt der technologischen Innovationen zu stellen, die für die Geschäftsstrategie von Nutzen sind. Von den 14 Führungsprinzipien von Amazon ist beispielsweise das erste „100 Prozent kundenorientiert". Wie in Kapitel 2 erwähnt, bewährte sich diese absolute Kundenorientierung, als die Menschen immer öfter mithilfe von neuer oder weiterentwickelter digitaler Technologie ihre Einkäufe erledigten. Es ist jedoch nicht zu unterschätzen, wie wichtig es ist, dass das Kerngeschäft von Amazon auf technologischer Innovation aufbaut. Bevor wir uns diesem Aspekt zuwenden, sollten wir einen Schritt zurückgehen, denn das war nicht immer so.

Amazon Web Services (AWS) wurde im Jahr 2002 im wahrsten Sinne des Wortes aus der Not geboren – nämlich aus dem Bedarf an ausreichender Rechenkapazität und standardisierten, automatisierten Computerinfrastrukturen für den Betrieb des Einzelhandelsmarktplatzes von Amazon. Amazon nutzte die Fortschritte bei Netzwerken, Speicherung, Computerleistung und Virtualisierung und vermarktete ab 2006 seine Cloud-Computing-Kompetenz als Dienstleistungsangebot.

Der unmittelbare Erfolg von AWS blieb jedoch aus. Während dieser Zeit fragten sich die Aktionäre sicherlich, ob das Unternehmen jemals einen Gewinn erwirtschaften würde, und der sinkende Aktienkurs spiegelte dies wider. Relativ gesehen war das Unternehmen kleiner als Walmart. In der Zwischenzeit hatte Amazon jedoch in aller Stille seinen Marktanteil über die schnell wachsende Nachfrage nach Cloud-Computing-Diensten konsolidiert.

Dann, im Jahr 2015, einem sehr wichtigen Jahr für Amazon und knapp zehn Jahre nach der Gründung von AWS, wurde erstmals bekannt, wie profitabel AWS geworden war, mit Gewinnspannen, die mit denen von Starbucks konkurrierten, und die Anleger sahen ihre Amazon-Aktien nun langsam im Wert steigen. Zu den AWS-Kunden gehören heute Netflix (ein weiteres Beispiel für einen Wettbewerber, bei dem ohne Amazon nichts mehr läuft)[2], die NASA[3] und Einzelhändler wie Gilt, Ocado und Under Armour[4]. AWS war schon damals für zwei Drittel des Gewinns von Amazon verantwortlich und bleibt bis heute Amazons wichtigste Einnahmequelle. Und deshalb ist Amazon für uns kein durchschnittliches Einzelhandelsunternehmen. Es ist in erster Linie ein Technologieunternehmen.

Die Macht der Besessenheit

Wenn man überlegt, was für Amazon bei der technologischen Innovation am bedeutsamsten war, dann ist das dritte Führungsprinzip – „Erfinden und vereinfachen" – das wichtigste.

Obwohl AWS sein Potenzial voll ausgeschöpft und Amazon zu dem Giganten von heute gemacht hat, schreckte man zu Beginn nicht davor zurück, die eigenen Abläufe neu zu erfinden und zu vereinfachen. Anschließend etikettierte man das Ergebnis um und verkaufte es an Unternehmen und Kunden gleichermaßen weiter. Und das mit solchem Erfolg, dass sich der Marktwert von AWS zehn Jahre nach der Gründung mehr als verachtfacht hatte und Amazon im Jahr 2021 die bisher höchste Marktkapitalisierung erreichte – nicht zuletzt, weil die ganze Welt im Jahr 2020 online unterwegs war. Dies hat auch dem Einzelhandelsgeschäft ein hervorragendes Jahresergebnis verschafft und zu einer enormen Steigerung der Rechenleistung geführt, die für den Aufbau der hochentwickelten KI-basierten Systeme erforderlich ist. Mit diesen KI-Systemen werden die umfangreichen Abläufe im globalen E-Commerce, bei den Lieferketten und in der Logistik vorangetrieben und die nächsten Schritte im digitalen Einzelhandel eingeläutet – Automatisierung und Sprachsteuerung.

Wie in Kapitel 2 erörtert, gibt Amazon selbst zu, dass es sich es leisten kann, „über lange Zeit hinweg missverstanden zu werden". Wenn die Erfolgsgeschichte von AWS das noch nicht deutlich genug zeigt, dann wenden wir uns dem Prime Day als weiterem würdigen Beweis zu.

Amazon veranstaltete den ersten Prime Day zehn Jahre nach der Einführung von Prime. Obwohl einige Berichte über den ersten Rabatttag die wenigen spektakulären Angebote bemängelten, stellte ChannelAdvisor (ein führender Anbieter cloudbasierter E-Commerce-Lösungen) fest, dass der Prime Day den Umsatz von Amazon in den USA um 93 Prozent und in Europa um 53 Prozent gesteigert hatte. Am zweiten Prime Day stiegen die Gesamtbestellungen im Vergleich zum Vorjahr um 60 Prozent. Das war ein solcher Schlag für die Konkurrenz im stationären Handel, dass sie auch heute noch kaum mit dem jährlichen Amazon-Rabatttag mithalten kann. Im Jahr 2020 existierte der Prime Day bereits in 20 Ländern und bot auch schon seit drei Jahren den Amazon-Kunden, die den Sprachassistenten Alexa nutzen, besondere Prämien. Mit der Frage, warum Alexa so wichtig geworden ist, werden wir uns später näher beschäftigen. An dieser Stelle sollte man sich aber vor Augen halten, dass der Amazon Prime Day 2020 3,5 Milliarden Dollar einbrachte. Allerdings – das relativiert diese Summe etwas – hat Alibaba, der chinesische Konkurrent von Amazon, im selben Jahr während seiner Rabattaktion zum Singles' Day am 11. November, einem inoffiziellen chinesischen Feiertag, etwa 74 Milliarden US-Dollar eingenommen.[5]

Obwohl das chinesische Pendant den Prime Day klein aussehen lässt, ist die Aktion ein gutes Beispiel für das phänomenale Wachstum von Amazon. Um dieses Wachstum in den richtigen Kontext zu stellen: In dem Jahr, als AWS im zehnten Jahr seit Bestehen erstmals Gewinn erzielte und der Prime Day eingeführt wurde, überschritt der Umsatz von Amazon zum ersten Mal die 100-Milliarden-Dollar-Marke. Es war wohl das erste Jahr, in dem das Amazon-Schwungrad eigenständig lief. Das Umsatzwachstum war die letzte von Jeff Bezos' „drei Säulen", wobei AWS für die Kostenbasis sorgte, während Prime die Kundengewinnung und -bindung vorantrieb.

Die Macht der Innovation

Der erste Technologietrend, den sich Amazon zunutze gemacht hat, ist die schnell wachsende Zahl von Personen, die über mobile Geräte auf das Internet zugreifen. Nach Angaben der Mobilfunkbetreiber wird die Zahl der Mobilfunknutzer mit Einzelvertrag im Jahr 2021 5,8 Milliarden erreichen, was 73 Prozent der Weltbevölkerung entspricht.[6] Weitere internet- und mobilfunkgestützte Entwicklungen, die das Einkaufen verändert haben, sind Zahlungen über Onlinebanking und über sogenannte mobile Geldbörsen mit den Endgeräten selbst. Debit- und Kreditkartenzahlungen, die sogenannten

„Card-not-present"-Zahlungen, und PayPal, das Zeit spart und zusätzliche Sicherheit bei der Eingabe von Zahlungsinformationen bietet, haben die Kunden an das Onlineshopping herangeführt, in der gleichen Art und Weise, wie kontaktlose Kredit- und Debitkartenzahlungen den Weg für die Einführung mobiler Geldbörsen im Geschäft geebnet haben.

Nahtlose Einkaufserlebnisse

Der gemeinsame Nenner dieser Innovationen ist die Nachfrage der Verbraucher nach immersiven, mobilen und personalisierten Erlebnissen. Deshalb versuchen die Unternehmen, „Störfaktoren" im Kundenerlebnis zu beseitigen, und zwar in Bezug auf Geschwindigkeit, Komfort, Transparenz und Attraktivität während des gesamten Einkaufs. Solche Störfaktoren können beispielsweise sein, dass man online nach etwas sucht, über die App etwas findet oder in ein Geschäft geht, nur um festzustellen, dass der gesuchte Artikel nicht vorrätig ist oder dass man an der Kasse lange anstehen muss. Um solche Probleme zu vermeiden, kann der Händler dem Kunden etwa die Möglichkeit bieten, das gewünschte Produkt online zu bestellen und sich nach Hause liefern zu lassen, oder er muss dem Kunden, wenn er den Artikel gefunden hat, von der Suche nach Bewertungen oder Angeboten – was am besten für ihn ist – bis hin zur schnellen Bezahlung über das Handy mit Expressversand behilflich sein. Alles, was das Kundenerlebnis unnötigerweise stört, wie Warteschlangen, Lieferprobleme oder ein schlechter Kundenservice, passt dagegen nicht zu den heutigen Wunschkonzert-Kunden. Um den Kunden mehr von dem zu geben, was sie verlangen, wird zur Verbesserung des Kundenerlebnisses das „Was" beim problemlosen Einkauf durch den Einsatz digitaler Mittel ermöglicht, wobei das „Wie" durch Technologie bereitgestellt wird. Das ist der Grund, warum Amazon mit seiner Nutzung von Technologien einen beispiellosen Vorteil hat und warum es falsch ist, dass sich stationäre Händler und Onlinehändler direkt mit dem Unternehmen vergleichen.

Technologietreiber

Die Technologie verändert nicht nur, die Art, wie die Verbraucher mit den Händlern interagieren, sondern sie verringert auch die Kluft zwischen physischer und digitaler Welt. Damit man versteht, wie Amazon seinen technologischen Vorsprung erfolgreich genutzt hat, um ein problemloses digitales Einkaufserlebnis zu bieten, muss man zunächst die primären Technologietreiber analysieren, die für einen reibungslosen Einkauf der Wunschkonzert-Kunden zielführend sind. Diese Treiber sind:

1 allgegenwärtige Konnektivität
2 nahtlose Schnittstellen und
3 Autonomous Computing.

Die Auswirkungen des ersten Treibers zeigen sich daran, welchen Einfluss das Mobiltelefon zu Hause und unterwegs, in Geschäften und an anderen öffentlichen Orten hat. Man kann tatsächlich überall immer mehr online sein, was auf die Entwicklung von Mobilfunknetzen der fünften Generation (5G) zusammen mit der flächendeckenden Verfügbarkeit von WLAN, mit kabellosem Laden und mit all den Geräten und Hilfsmitteln zurückzuführen ist, durch die wir ständig mit dem Internet verbunden und mit immer höherer Geschwindigkeit online sein können. Und je mehr wir davon Gebrauch machen, desto selbstverständlicher erwarten wir, dass die Auswahl immer größer, die Onlinesuche immer anwenderfreundlicher wird und die Reaktions- und Lieferzeiten immer kürzer werden.

Um den zweiten Treiber der Technologieentwicklung – mehr „nahtlose Schnittstellen“ zu schaffen – besser zu verstehen, wirft man am besten einen Blick zurück auf die frühen Tage der Computertechnik vor dem Internet, als die Idee eines mit der Hand bedienten Zeigegeräts oder einer „Maus“ noch relativ neu war. So schrieb der Reporter Gregg Williams 1984 über die Vorstellung des ersten Macintosh-Computers, dass dieser „uns dem perfekten und brauchbaren Computer einen Schritt näher bringt“.

„Der Apple Lisa war wichtig, weil er der erste kommerzielle Computer war, der über eine Maus und ein Betriebssystem mit grafischer Benutzeroberfläche verfügte. Der Macintosh ist ebenso wichtig, weil er so einen Computer, ebenfalls mit grafischer Benutzeroberfläche, erschwinglich macht."

GREGG WILLIAMS, 1984[7]

Fast 40 Jahre später verwenden wir ganz selbstverständlich Trackpads und Trackbälle, Zeiger, Stifte und Grafiktabletts, ganz zu schweigen von anderen PC-Peripheriegeräten wie Kopfhörern und Mikrofonen und sogar intelligenten Brillen, Uhren und anderen sogenannten Wearables. All diese Entwicklungen eint die Suche nach einer naht- und problemlosen Schnittstelle zu Computergeräten. Das führt dazu, dass die Schnittstelle so benutzerfreundlich wird, dass die Technologie selbst eigentlich im Hintergrund „verschwindet", sodass die Funktionen ganz einfach in den Vordergrund treten und die speziellen Bedürfnisse der Anwender erfüllen können. Das vielleicht am weitesten verbreitete Beispiel für eine nahtlose Schnittstelle in der heutigen Zeit ist der Touchscreen; das geht so weit, dass ein Kind, das nach der Markteinführung des Apple-iPhones geboren wurde, eher auf dem Bildschirm eines Computergeräts herumdrückt, als nach einem Einschaltknopf zu suchen.

Autonomous Computing (selbststeuernde Datenverarbeitung)

Während Netzwerkverbindungen und Schnittstellen bisher hardwarebasiert waren, beruht der dritte globale Technologietreiber auf der Entwicklung von zunehmend „intelligenter" Software, die fast selbstständig denken und Antworten auf Fragen geben kann, ohne dass sie unbedingt mit den notwendigen Informationen programmiert werden muss. Stattdessen können autonome Computersysteme verschiedenartige Datenquellen miteinander vergleichen und zueinander in Beziehung setzen, ihre eigenen Algorithmen ergänzen und komplexe „Was wäre, wenn"-Fragen beantworten. Die künstliche Intelligenz (KI), einschließlich des maschinellen Lernens, der Verarbeitung von natürlicher Sprache (Natural Language Processing – NLP) und der Deep-Learning-Techniken, könnte eigentlich ohne die Entwicklung des Autonomous Computing als dritter globaler Technologietreiber nicht existieren. Tatsächlich ist die Entwicklung der künstlichen Intelligenz für viele Fortschritte beim funktionalen Programmieren in den vergangenen 20 Jahren verantwortlich, von Suchalgorithmen, Spamfiltern und Systemen zur Betrugsbekämpfung bis hin zu selbst fahrenden Kraftfahrzeugen und smarten persönlichen Assistenten.

Es lässt sich nachverfolgen, wie diese Treiber den Aufstieg von Amazon zum Marktführer beeinflusst haben, wo dann das Unternehmen aus seiner technologischen Entwicklung aufgrund dieser Triebkräfte Kapital geschlagen hat. Damit wurden größere digitale Kapazitäten aufgebaut, um der steigenden Nachfrage nach problemloseren Einkaufserlebnissen zu genügen.

Die Macht der Voraussicht

Die Versuche von Amazon, aus Technologieentwicklungen außerhalb der eigenen Kernkompetenzen (zum Beispiel Cloud-Computing und Einzelhandel) Kapital zu schlagen, zeigten bei allen drei Technologietreibern gemischte Ergebnisse. Schließlich kann auch Amazon, wie schon gesagt, manchmal aufs falsche Pferd setzen – ohne Frage. Aber man kann ziemlich sicher darauf wetten: Wenn Amazon es dann geschafft hat, ist der Erfolg so groß, dass die Misserfolge mehr als wettgemacht werden.

Betrachten wir in diesem Zusammenhang zunächst die Entwicklungen von Amazon, die durch das Streben nach allgegenwärtiger Konnektivität und nahtlosen Schnittstellen vorangetrieben wurden. Einige werden sich vielleicht noch an den unglücklichen Einstieg in die Smartphone-Herstellung erinnern, ein wichtiges Beispiel, das bereits in Kapitel 2 angesprochen wurde. Nach der Vorstellung des Amazon Fire Phone im Jahr 2014 wurde das Gerät mit einer Reihe negativer Kritiken bedacht, die das Gerät nicht nur als „zum Vergessen",[8] sondern auch als „mittelmäßig" abtaten.[9] Ein Reporter, der das Gerät als „zum Vergessen" bezeichnete, riet den Verbrauchern sogar, „auf das Nachfolgermodell zu warten".

Das Fire Phone war jedoch ein derartiger Flop, dass es kein Nachfolgermodell gab. Nur einen Monat nach der Markteinführung und den schlechten Kritiken senkte Amazon den Preis seines Smartphones von 199 US-Dollar (für die 32-GB-Version) auf nur 99 Cent. Als hätte es damit den kläglichen Misserfolg des Geräts nicht schon deutlich genug eingestanden, gab Amazon noch im selben Jahr bekannt, dass es mit der Entwicklung, der Herstellung und der aufsehenerregenden Veranstaltung anlässlich dessen Markteinführung 170 Millionen Dollar Verlust gemacht hatte. Amazon hatte damals vielleicht das Glück, dass die hervorragenden AWS-Zahlen aus demselben Jahr, auf die weiter oben in diesem Kapitel hingewiesen wurde, die Aufmerksamkeit auf sich zogen.

Da in diesem Buch die Erfolgsgeheimnisse von Amazon analysiert werden sollen, wollen wir einen Moment darauf eingehen, wie und warum das Fire Phone gescheitert ist – vor allem, weil das Unternehmen seither offenbar aus seinen Fehlern gelernt hat. Es besteht weitgehend Einigkeit, dass der Versuch von vornherein zum Scheitern verurteilt war, auf dem Höhepunkt der Popularität des iPhone von Apple ein eigenes Smartphone auf den Markt zu bringen, auf dem sowieso nur eine Handvoll Android-Geräte, vor allem von Samsung, konkurrenzfähig waren. In einem Markt, der von zwei großen Anbietern mobiler Betriebssysteme dominiert wurde, hätte sich das Smartphone von Amazon entweder über den Preis oder über die Qualität von der Konkurrenz abheben müssen, aber das tat es nicht. Gleichzeitig muss man allerdings anerkennen, dass man das bei Amazon schnell erkannt und Abhilfe geschaffen hat.

Das Fire Phone hat jedoch Amazons Ambitionen offenbart, seine Schritte in Richtung PC-Hardware über seinen ersten E-Reader hinaus, den Kindle, der 2007 auf den Markt kam, auszuweiten. Marcus

Wohlsen schrieb damals für *Wired.com*: „Das [Fire-Phone-]Projekt war von Anfang an zum Scheitern verurteilt, denn eigentlich braucht niemand ein Smartphone von Amazon – außer Amazon selbst.“[10] Bei Amazon glaubte man vielleicht, dass über das Fire Phone näher an die Kunden heranzukommen wäre und man eine weitere Speiche in das Schwungrad bekäme, um so die Kunden an das Ökosystem von Amazon zu binden. Eine Anwendung namens Firefly, die mit dem Fire Phone geliefert wurde, sollte genau das tun. Firefly war ein Tool zur Text-, Ton- und Objekterkennung, mit dem Käufer Millionen verschiedener Produkte identifizieren und dann online kaufen konnten – natürlich mit nahtloser Schnittstelle zu Amazon. Doch obwohl der Preis mehrmals gesenkt wurde, wurde das Mobiltelefon später wieder eingestellt.

Aus Fehlern gelernt

Amazon hat aus dem Misserfolg des Fire Phone gelernt, und der Fehltritt hat die Ambitionen des Unternehmens, von neuen Technologien zu profitieren, die eine allgegenwärtige Konnektivität und nahtlose Schnittstellen ermöglichen könnten, sicherlich nicht gedämpft. Immerhin konnte es mit dem Erfolg seines Fire-Tablets (das 2011 auf den Markt kam) seinen Ruf bezüglich Hardwareentwicklung retten. Das Tablet, das zum Zeitpunkt der Markteinführung des Fire Phone bereits in der vierten Generation auf dem Markt war, baute auf Amazons E-Book-Verkäufen und dem Erfolg des Kindle auf und bietet den Nutzern außerdem direkt vom Startbildschirm aus Zugriff auf die Amazon-Website. Aber abgesehen vom Amazon-Store waren keine anderen Verbindungen möglich, und auch nutzten die frühen Versionen nicht die neueste Touchscreen-Technologie, obwohl der Touchscreen durch die iPhones von Apple vier Jahre zuvor zum Standard geworden war. In letzter Zeit kamen auch zig Millionen neue Nutzer von Amazon Fire TV hinzu, die hauptsächlich mit dem Amazon Fire TV Stick über ihre Smart-TVs auf die Amazon-Dienste zugreifen. Hinsichtlich der ersten beiden globalen Technologietreiber war Amazon jedoch in seinem Kerngeschäft, dem Einzelhandel, wesentlich erfolgreicher. Hier erzielte das Unternehmen in der Vergangenheit mit den Konzepten der allgegenwärtigen Konnektivität und der nahtlosen Schnittstellen weit bessere Ergebnisse.

1-CLICK ZU KEIN-CLICK

Betrachtet man die Entwicklung von Amazon über die Zeit im Hinblick auf diese beiden Technologietreiber, kann man schnell erkennen, wie wichtig deren Anwendung für die Beseitigung von Problemstellen beim Online-Einkaufserlebnis war. Das „1-Click"-Patent von Amazon ist das Paradebeispiel für eine solche Anwendung, auch wenn das Patent 2017 ausgelaufen ist. Viele Branchenbeobachter bezweifelten, dass man die Idee, dass Rechnungs-, Zahlungs- und Versanddaten zuerst eingegeben werden müssen, bevor man dann Produkte in den Warenkorb legen, zur Kasse gehen und diese Produkte mit einem Klick kaufen kann, überhaupt patentieren könnte. Sie waren der Meinung, dass damit ein unlauterer Wettbewerb im Onlinehandel durch eine Monopolstellung von Amazon entstünde, wobei es eigentlich bloß effizient das einsetzte, was schnell zum Standard im Onlinehandel wurde. Aber man kann vielleicht gut nachvollziehen, dass das damals im Jahr 1999 als bahnbrechende Innovation und als erster Hinweis darauf angesehen wurde, wie Amazon den Schwachstellen beim Onlinekauf entgegentreten und damit den Status quo verändern würde. Nach der Erteilung des Patents verklagte Amazon den US-Buchhändler Barnes & Noble, weil dieser eine ähnliche Methode wie die im Patent beschriebene angewandt hatte, um seinen Kunden Folgekäufe zu ermöglichen. (Die beiden Unternehmen einigten sich 2002 auf einen Vergleich unbekannten Inhalts.)

In der Zwischenzeit verschaffte das Patent – das Amazon rigoros durchsetzte – dem Unternehmen fast 20 Jahre lang einen bedeutenden Vorteil gegenüber der Konkurrenz, die entweder mehr Klicks bei der Bestellung einbauen oder Amazon Lizenzgebühren für die Nutzung der „1-Click"-Bestellung zahlen musste. Diese Funktion war für Amazon deshalb so wichtig, weil man damit eine Schwachstelle beim Onlinekauf besser beheben konnte: den Warenkorbabbruch.

Wie alle Onlinehändler in der Anfangszeit verfolgte man auch bei Amazon, wie die Kunden sich online Artikel ansahen und in ihren Warenkorb legten. Aber die Abbruchraten im Online-Handel, also das Verhältnis zwischen der Zahl der „verlassenen Warenkörbe" zur Zahl der begonnenen und/oder abgeschlossenen Bestellvorgänge, waren schon immer hoch. Eine kürzlich durchgeführte Analyse von 44 verschiedenen E-Commerce-Websites im Jahr 2020 ergab, dass die durchschnittliche Warenkorbabbruchrate bei 69,8 Prozent lag.[11] Es dürfte niemanden überraschen, dass Amazon seine Abbruchraten nicht veröffentlicht. Händler, die über den Amazon Marketplace verkaufen und verständlicherweise anonym bleiben wollen, haben jedoch berichtet, dass es Amazon gelungen ist, die Abbruchquote konstant unter dem Durchschnitt zu halten. Eine andere Veröffentlichung, die von einer Umsatzsteigerung bei Amazon durch diese technologische Besonderheit um relativ bescheidene fünf Prozent ausgeht, schätzt den Wert des Patents auf 2,4 Milliarden US-Dollar jährlich.[12]

Auch Vergünstigungen haben ihren Preis

Der Vorteil, den sich Amazon mit seinem 1-Click-Patent verschafft hat, zeigt, was für ein großes Problem der Bezahlvorgang im Einzelhandel sein kann – sowohl online als auch offline. Man muss sich nur überlegen, wie oft man schon in einem Geschäft durch eine lange Schlange an der Kasse davon abgehalten wurde, etwas zu kaufen – viele Menschen gehen dann „einfach raus" (auf die Bedeutung dieses Begriffs werden wir später noch eingehen). Aber auch hier war man bei Amazon wieder einmal der Konkurrenz einen Schritt voraus, indem Amazon nicht nur seine Erfahrungen mit der 1-Click-Technologie nutzte, sondern auch die nötigen Features entwickelte, um den

Händlern, die über den Amazon Marketplace verkaufen, sowohl die Zahlung als auch die Auftragsabwicklung zu erleichtern. Inzwischen gibt es Services wie „Amazon Pay“, wodurch Kunden von Drittanbietern auf deren E-Commerce-Websites mit den bei Amazon gespeicherten Kreditkarten- und Versandinformationen die Bestellung abschließen können (so wie Google oder Facebook mit der Einmalanmeldung [Single Sign-on] die Registrierung auf einer Website beschleunigen). Dadurch wird der Kaufvorgang auf wenige Klicks reduziert, da er auf der E-Commerce-Basis von Amazon abläuft – natürlich gegen Entgelt und Nutzungsgebühr, um konkurrenzfähig zu sein.[13]

Das letzte und vielleicht wichtigste Beispiel dafür, wie Amazon die Weiterentwicklung des problemlosen Einkaufens bestimmt und sein Führungsprinzip „Erfinden und Vereinfachen“ umgesetzt hat, führt uns zurück zu Prime. Wir haben bereits erläutert, inwieweit die Kaufabwicklung einem Kaufabschluss im Wege stehen kann. Aber die Versandkosten halten noch mehr Kunden vom Kauf ab. Untersuchungen des Baymard-Instituts bei Verbrauchern in den USA (allerdings reine Besucher der Website ohne Kaufabsicht ausgenommen) ergaben, dass hohe Zusatzkosten im Zusammenhang mit Versand, Steuern und Gebühren der Hauptgrund für den Warenkorbabbruch sind.

Amazon hat mit seinem Prime-Service zwei wesentliche Schwachstellen beim Onlineshopping beseitigt. Durch das Angebot einer monatlichen oder jährlichen Pauschalgebühr für den Expressversand fielen einerseits die versteckten Kosten für den Versand vor dem Bezahlen weg, andererseits wurde auch mit dem Vorurteil aufgeräumt, dass Online-Einkäufe länger brauchen als Einkäufe im Ladengeschäft. Nimmt man noch das Streaming von Multimedia-Inhalten on demand und Live-Events hinzu, wie weiter oben in diesem Buch beschrieben, wird schnell verständlich, dass die Zahl der Prime-Mitglieder mit mehr als 200 Millionen Nutzern weltweit viele andere beliebte Online-Abonnementdienste wie Spotify (mit 158 Millionen Premium-Abonnenten) und Apple Music (72 Millionen) in den Schatten stellt und sich damit als Eckpfeiler für das Schwungrad-Ökosystem der Amazon-Dienste erwiesen hat.

Als die bemerkenswerteste digitale Innovation von Amazon im Einzelhandel zeichnet sich Prime vor allem durch seine Transparenz und die mit Prime verbundenen Vorzüge aus. Zusätzlich verschafft Prime Amazon eine dauernde Einnahmequelle, wodurch es ein wettbewerbsfähiges Angebot für die Kaufabwicklung auf der sogenannten letzten Meile finanzieren kann. Die Entwicklung von Prime, zusammen mit der Funktionalität und Raffinesse des kürzlich abgelaufenen 1-Click-Patents, könnte folglich auch den Grundstein für die inzwischen eingestellten Dash Buttons sowie für den Einkauf per Sprachbefehl mit dem Sprachassistenten Alexa gelegt haben – allesamt dazu gedacht, den Kunden noch weiter in das Schwungrad-Ökosystem von Amazon zu ziehen.

Automatisierte Nachbestellung ohne großen Aufwand

Wie bereits in Kapitel 8 erwähnt, führte Amazon die Dash Buttons im Jahr – Sie können es sicherlich erraten – 2015 ein. Obwohl sie inzwischen eingestellt wurden, stellten sie einen wichtigen Schritt auf dem Weg vom 1-Click- zum „Kein-Click"-Onlineshopping dar. Sie verhalfen Amazon und seinen Markenpartnern zum ersten Mal zu physischen, mit Markennamen beschrifteten Einkaufsknöpfen bei den Kunden zu Hause. Einige Analysten hielten die Einführung am Tag vor dem 1. April für einen verfrühten Aprilscherz, andere spotteten über die technisch relativ simple Idee, dass über eine drahtlose Internetverbindung die Nachbestellung per Knopfdruck mit Weiterleitung an die Amazon-App des Besitzers ausgelöst wurde. Um ungewollte Nachbestellungen zu vermeiden, musste der Kunde die Nachbestellung noch in der App bestätigen. Die Dash Buttons und ihr Nachfolger aus dem Jahr 2017, der sprachgesteuerte Dash Wand mit Strichcodescanner, wurden zwar 2019 beziehungsweise 2020 eingestellt, doch das Konzept hatte den gleichen und erfolgreichen Grundgedanken wie Amazon Prime: Nutzer mittels Abonnement an Amazon zu binden.

Amazon hat aus den Dash-Projekten gelernt, dass die Entwicklungen im Bereich Smarthome, der Alexa-Sprachassistent und Echo-Geräte spezielle Hardware für die automatische Nachbestellung überflüssig gemacht haben und dass nun gleichermaßen in angrenzenden Bereichen experimentiert werden kann. Das „Spar-Abo", eine Onlinefunktion von Amazon, bietet einen ähnlichen Service wie die früheren Dash-Dienste. Einige Haushaltsgerätehersteller haben Dash direkt in ihre Produkte eingebaut, um den Kunden eine schnelle Nachbestellung der entsprechenden Artikel zu ermöglichen. Außerdem gibt es den Dash Cart – so hat Amazon kürzlich seinen smarten Einkaufswagen für den Lebensmitteleinzelhandel getauft, der bereits im Zusammenhang mit dem Engagement von Amazon im Lebensmittelhandel erwähnt wurde.

Amazon ist es gelungen, die Erkenntnisse, die es über unser Kaufverhalten bei den Projekten mit den Mobilgeräten und den Vorrichtungen für die automatische Nachbestellung gewonnen hatte, für die Sprachassistenten oder die eigene mobile App zu nutzen, die in vielen Ländern die Nummer eins unter den Shopping-Apps ist. Wenn man dann noch bedenkt, dass heute mehr als die Hälfte der Verbraucher in den USA ihre Suche nach einem Produkt bei Amazon beginnen, wird deutlich, warum das Unternehmen mittlerweile im Onlinebereich so dominant ist. Auf den Smartphones der Millennials (von denen viele nach der Einführung des World Wide Web im Jahr 1991 geboren wurden) war Amazon sogar die wichtigste App, ohne die sie sich ein Leben nicht vorstellen konnten.[14] Amazon hat sich jedoch nicht damit begnügt, Neuerungen zu entwickeln und eine Geschäftsstrategie zu verfolgen, die auf allgegenwärtiger Konnektivität und nahtlosen Schnittstellen basiert, wodurch die Art und Weise, wie wir leben, arbeiten und einkaufen, grundlegend verändert wird. Amazon hat sich vielmehr zum Ziel gesetzt, sowohl den physischen als auch den digitalen Einkaufsprozess noch schneller und unkomplizierter zu gestalten, indem es sich auf autonome Datenverarbeitungsfunktionen stützt.

12

KI und Sprachsteuerung: Neue Ufer im Einzelhandel

„Die Menschen sind damit beschäftigt, sich in der heutigen virtuellen Welt um Arbeit und Familie zu kümmern. Sie haben genug von Zoom und Teams. Es ist schön, über sprachgesteuerte Apps Essen und Lebensmittel zu bestellen, während man andere Dinge tut, und jederzeit mit fremden Leuten zu chatten, ohne vor einer Kamera sitzen zu müssen."

PARNA SARKAR-BASU,
GESCHÄFTSFÜHRERIN BRAND AND BUZZ MARKETING[1]

Um das bisherige Ergebnis unserer Erläuterungen bezüglich der zentralen Rolle der Technologie für die Geschicke von Amazon und der gesamten Einzelhandelsbranche zusammenzufassen: Globale Technologietreiber haben das Wachstum von Amazon erst ermöglicht, und wenn Amazon nicht in erster Linie ein Technologieunternehmen wäre, hätte es von diesen Treibern nicht profitieren können. Und das hängt damit zusammen, dass der „Wunschkonzert"-Kunde das Internet, Touchscreens und Apps sowie andere digitale technologische Innovationen angenommen hat. Es wurde auch erörtert, wie das Unternehmen mithilfe seiner technologischen Möglichkeiten seine unheimliche Innovationsfähigkeit dort anbringen konnte, wo aus dem reinen Zweckeinkauf ein Erlebniseinkauf wird.

Dank der Technologietreiber, die sich Amazon zunutze gemacht hat, war es möglich, ein richtiges Einkaufserlebnis im Onlinehandel zu schaffen und ganz neue Erfahrungen beim Einkauf zu entwickeln wie die Lieferung innerhalb einer Stunde und automatische Nachbestellungen. Aber wir haben die revolutionärste Innovation bewusst bis zum Schluss aufgehoben, nämlich die Sprachtechnologie. Nachdem wir die Auswirkungen der ersten beiden globalen Technologietreiber (allgegenwärtige Konnektivität und nahtlose Schnittstellen) auf den Einzelhandel als Branche und die Dominanz von Amazon in dieser Branche dargelegt haben, kommt nun der dritte Treiber – Autonomous Computing – mit der Sprache zum Tragen.

Um die Bedeutung dieses dritten Technologietreibers für die Geschicke von Amazon zu verstehen, ist es wichtig, den Unterschied zwischen Technologiesystemen zu kennen, die zuvor aufwendig handgesteuerte und fehleranfällige Abläufe „automatisieren" und digitalisieren sollen, und solchen Technologiesystemen, die so programmiert sind, dass Probleme eigenständig, also autonom, gelöst werden. Diese Systeme werden auch als „lernende Maschinen" bezeichnet, und mit ihnen wurde die Entwicklung von miteinander verbundenen Teilgebieten der KI, darunter maschinelles Lernen, künstliche neuronale Netze und neuro-linguistisches Programmieren (NLP), möglich.

Die Entwicklung des Autonomous Computing, das über die einfache Automatisierung hinausgeht und somit ein Eingreifen durch den Menschen überflüssig macht, wäre ohne extrem vernetzte Systeme wie das Internet und ohne netzwerkfähige Komponenten für den Zugriff auf die gespeicherten Informationen wie PCs mit Desktop Client, Smartphones und Tablets nicht möglich gewesen. Auch das Cloud-Computing, mit dem ebenfalls allgegenwärtige Konnektivität und Zugang zu gespeicherten Daten erreicht werden soll, ist ein wesentlicher Baustein für autonome Rechensysteme. Die riesigen Datenmengen, die dadurch entstehen, dass die Menschen über immer mehr Schnittstellen immer mehr Aspekte des Lebens ins Digitale verlagern – von Musik über Nachrichten bis hin zu Erinnerungen –, speisen diese Systeme mit vielfältigen und möglicherweise unstrukturierten Daten, aus denen Erkenntnisse zu unzähligen „Was wäre, wenn"-Szenarien gewonnen werden können.

Der bisher wichtigste Schritt bei der Entwicklung zunehmend autonomer Computersysteme ist die künstliche Intelligenz (KI). Und die KI hat kassenlose Läden, Chatbots, Robotertechnik, fahrerlose Autos, Drohnen und Sprachassistenten Wirklichkeit werden lassen, und wir haben gerade erst begonnen, ihr Potenzial zu nutzen. Der Markt für KI im Einzelhandel soll ab 2020 weltweit mit einer durchschnittlichen jährlichen Wachstumsrate (Compound Annual Growth Rate, CAGR) von 34,4 Prozent steigen und bis 2027 19,9 Milliarden US-Dollar erreichen.[2] Angesichts der Existenz von AWS, der riesigen Datenmengen, die über die Amazon-Kunden bereits vorliegen, und des unermüdlichen Strebens von Amazon nach Vereinfachung im Namen der Innovation ist die Dominanz von Amazon im schnell wachsenden Bereich der KI und ihrer Anwendung durch Sprachsysteme sicher kein Zufall.

DIE BEDEUTUNG VON PRODUKTEMPFEHLUNGEN

Nachdem die KI nun als Kulminationspunkt der wichtigsten Treiber für die heutige technologische Innovation ausgemacht wurde (insbesondere aufgrund des Bedarfs an autonomeren Computersystemen) und bevor wir uns direkt auf die Sprachtechnologie als ihre derzeitige Krönung stürzen, sollten wir – wie bereits im Fall der allgegenwärtigen Konnektivität und der nahtlosen Schnittstellen – näher darauf eingehen, wie Amazon von der Entwicklung von KI-Systemen in seinem gesamten Unternehmen und nicht nur bei den

Kunden zu Hause profitiert hat. So kann besser nachvollzogen werden, wie das Unternehmen sein Ziel erreicht hat, Schwachstellen beim normalen Einkaufsprozess zu beheben, und so einen sich selbst verstärkenden positiven Kreislauf schaffen konnte, der wiederum zu mehr Umsatz und Wachstum führt.

Tatsächlich ist es die KI, auf der die Leistungsfähigkeit der Such- und Empfehlungsmaschinen von Amazon beruht. In den 1990er-Jahren war Amazon einer der ersten Onlinehändler, die stark auf Produktempfehlungen setzten, was dem Unternehmen auch beim Cross-Selling half, als es begann, nicht mehr nur Bücher, sondern auch andere Produkte zu verkaufen. Dabei handelt sich um einen Bereich der Technologieentwicklung, den Bezos als „die praktische Anwendung des maschinellen Lernens" bezeichnet hat. Die Kompetenz von Amazon beim maschinellen Lernen im Bereich der Produktsuche und -empfehlungen unterstützt auch die ausgefeilte Lieferkettenkompetenz sowie die jüngste Amazon-Funktionalität: Einkauf mit Sprachassistent. Bei all diesen Anwendungen kann das Unternehmen die enorme Rechenleistung seiner Tochterfirma AWS nutzen, um Milliarden von Datenpunkten zu verarbeiten und so eine Vielzahl von Optionen und Ergebnissen zu testen, um schnell herauszufinden, was sich kosteneffizient beim Kunden umsetzen lässt und was nicht. In der Vergangenheit kam mehr als ein Drittel der Amazon-Bestellungen aufgrund von KI-generierten Produktempfehlungen zustande.[3] Das Unternehmen hat außerdem sein KI-Framework DSSTNE (ausgesprochen wie „destiny", deutsch „Schicksal") kostenlos öffentlich zur Verfügung gestellt, um die Möglichkeiten des Deep Learnings über die Sprach- und Objekterkennung hinaus auf Bereiche wie die Produktsuche und Empfehlungen auszuweiten. Die Entscheidung, den Quellcode von DSSTNE öffentlich zugänglich zu machen, zeigt auch, dass man bei Amazon erkannt hat, dass es wichtiger ist, zusammenzuarbeiten, als an dem enormen Potenzial der KI zu verdienen.

Auf der Amazon-Website können diese Produktempfehlungen personalisiert werden; sie richten sich nach den Kategorien und

Produktbereichen, in denen die Kunden zuvor gesucht oder gesurft haben. Das soll die Konversionsrate erhöhen. Ebenso kann die Empfehlungsmaschine von Amazon Produkte anzeigen, die gesuchten oder angesehenen Produkten ähnlich sind, in der Hoffnung, Kunden für Konkurrenzmarken oder -produkte zu begeistern. Es gibt auch Empfehlungen wie: „Auf Artikel bezogen, die du dir angesehen hast." Oder sie beziehen sich auf Produkte, die „oft zusammen gekauft" werden, oder man erfährt, „Kunden, die diesen Artikel gekauft haben, kauften auch ...", um den durchschnittlichen Auftragswert zu erhöhen. In diesen Fällen arbeiten KI-gestützte Entscheidungsmaschinen nach dem Prinzip „Wenn dies, dann das" (If This, Then That, IFTTT) im Hintergrund, um die Artikel im Warenkorb mit anderen, dazu passenden Produkten abzugleichen. Wenn man beispielsweise nach einem bestimmten Gerät sucht, schlägt Amazon die passende Hülle oder ein kompatibles Peripheriegerät vor.

Das gesamte Affinitätsmarketing wird durch KI-basierte Algorithmen für maschinelles Lernen unterstützt, die das Angebot auf der Website bei jedem Kunden dynamisch darauf abstimmen, um welchen Kunden es sich genau handelt. Das kann von unzähligen Variablen abhängen, zum Beispiel von der Kaufhistorie und den Vorlieben der Kunden sowie davon, was auf Lager ist und was schnell verkauft werden muss. Nur KI-basierte Systeme sind in der Lage, so etwas in Echtzeit bereitzustellen. Daher ist die KI auch die Grundlage für das wachsende Werbegeschäft von Amazon.

Die chinesische Alibaba Group nutzt KI-gesteuerte Produktempfehlungen für Kunden ohne vorhandene Transaktionsdaten. Laut Wei Hu, Leiter der Alibaba Merchant Service Business Unit für Datentechnologie, findet ihr Programm Datenpunkte aus anderen Browsing- und Einkaufsdaten, um neuen Kunden für sie interessante Artikel anzuzeigen. Kunden, die erneut auf den Tmall- und Taobao-Plattformen der Alibaba Group surfen, erhalten Produktempfehlungen, die nicht nur auf ihren früheren Transaktionen, sondern auch auf dem Browserverlauf, dem Produktfeedback, den

Lesezeichen, dem geografischen Standort und anderen Daten zu Online-Aktivitäten basieren. Allein während einer einzigen „Singles' Day"-Rabattaktion nutzte Alibaba seine KI-Empfehlungsmaschine, um 6,7 Milliarden personalisierte Taobao-Einkaufsseiten zu erstellen, die auf den Zielkundendaten der Händler basierten. Laut Alibaba führte diese umfangreiche Personalisierung zu einer 20-prozentigen Verbesserung der Konversionsrate gegenüber dem Singles' Day vom Vorjahr.[4]

DIE BEDEUTUNG VON INTERAKTIONEN

Einer der letzten, ausgereifteren Bereiche der KI-Entwicklung, die speziell im Online-Kundenservice eingesetzt werden, sind Chatbots, die so genannt werden, weil sie dialogfähige und KI-basierte NLP-Algorithmen verwenden, um allgemeine Probleme und Fragen zu bearbeiten. Ähnlich wie die Sprachdialogsysteme (Interactive Voice Response, IVR), die von Unternehmen für die Triage von Kundenanrufen verwendet werden, können Amazon-Kunden mit dem Amazon Assistant chatten und sich beim Einkauf helfen lassen. Das Unternehmen geht noch einen Schritt weitergegangen und testet auf künstlichen neuronalen Netzen basierende KI-Systeme, die allgemeine Service-Anfragen automatisch bearbeiten und Mitarbeiter im Kundenservice bei der Antwort auf Kundenanfragen unterstützen können.

Die meisten textbasierten Online-Kundenservicesysteme verwenden regelbasierte Chatbots für einfache Anfragen, zum Beispiel um den Status einer Bestellung zu überprüfen oder eine Rückerstattung zu veranlassen. Wenn diese Systeme eine Anfrage nicht erkennen oder bearbeiten können, leiten sie die Anfrage an einen Mitarbeiter im Kundenservice weiter.

Die künstlichen neuronalen Netze, die Amazon einsetzt, gehen über das regelbasierte Autonomous Computing hinaus, dadurch können die Systeme ein breiteres Spektrum an Interaktionen bearbeiten. Laut Amazon führt das zu besseren Ergebnissen, und die Servicemitarbeiter können sich so auf Aufgaben konzentrieren, bei denen mehr menschliches Urteilsvermögen gefragt ist.

Die nächste Stufe beim Einsatz von Chatbots für den Einkauf geht ebenfalls über die Beantwortung von Kundenanfragen hinaus und führt in den Bereich des sogenannten Conversational Commerce, bei dem der Chat- oder Sprachassistent einen Kauf beeinflussen kann. Der „Sephora Virtual Artist", ein AR-integrierter Chatbot, kann für Kunden ein virtuelles Umstyling anhand von Selfies erstellen. Der Kik-Bot des Modehändlers H&M ist ein digitaler Styleberater, der die Kundenhistorie nutzt, um personalisierte Empfehlungen je nach Vorlieben des Kunden abzugeben. Dadurch, dass Zahlungen direkt während des Chats getätigt werden können, tragen diese Bots auch zur Umsatzsteigerung bei. Die Unternehmensberatung Deloitte erwartet, dass die Nutzung von Chatbots in den nächsten Jahren jeweils um 20 Prozent auf mehr als zehn Milliarden Interaktionen ansteigen wird.

Für die Interaktion mit Kunden setzen Einzelhändler und Unternehmen schon länger Chatbots ein. Amazon entwickelt inzwischen auch Bots für innerbetriebliche Abläufe. Der AWS-Chatbot-Dienst Amazon Lex soll Unternehmen bei der Entwicklung von Bots helfen, die die Produktivität ihrer Kontaktzentren erhöhen, einfache Aufgaben automatisiert erledigen und die Effizienz der Abläufe steigern. Mit dieser Technologie arbeitet auch Alexa. Shopify, einer der Konkurrenten von Amazon im Onlinehandel, bietet ebenfalls einen virtuellen Assistenten namens Kit an: Er kümmert sich zum Beispiel um Werbung in sozialen Netzwerken, versendet Dankes-E-Mails und erstellt und bewirbt Rabattcodes.

Abgesehen von Produktempfehlungen, Personalisierung und Chatbots ist Amazon noch in vielen anderen Bereichen von KI-Systemen abhängig, um sein riesiges operatives Geschäft sowie die kundenorientierten Abläufe zu steuern. Wenn es aber um die KI-Systeme geht, die bei Amazon eingeführt wurden und bezüglich unserer Untersuchung der Best Practices im Einzelhandel am bedeutendsten sind, darf auch nicht unerwähnt bleiben, wie Amazon die KI bei der Lieferkette und der Einführung der „Just Walk Out“-Technologie bei kassenlosen Geschäften einsetzt.

DIE KOMPLEXITÄT DER LIEFERKETTEN

Um wiederum nachvollziehen zu können, welche immensen Vorteile die Nutzung von KI bezüglich der Lieferkette für Amazon hat, muss man sich erst darüber im Klaren sein, vor welchen Herausforderungen die Branche diesbezüglich allgemein steht. Eine weltweite Untersuchung der IHL-Gruppe ergab, dass sich (verschärft durch die Corona-Pandemie) die Kosten für Bestandsverzerrungen, die durch Fehl- und Überbestände bei Lieferketten und in Geschäften verursacht wurden, im Jahr 2020 auf 1,8 Billionen Dollar beliefen.[5]

Als die Regale in den Lebensmittelgeschäften aufgrund von Panikkäufen leer geräumt waren und Händler ohne systemrelevante Produkte, deren Läden geschlossen bleiben mussten, darum kämpften, schnell ein Onlinegeschäft aufzubauen, war selbst Amazon nicht gegen die Auswirkungen von Corona auf die Lieferketten gefeit. Zu Beginn der Pandemie informierte Amazon die Händler in einigen Ländern, dass es in den Lagern keine Produkte außerhalb der Grundversorgung mehr annehmen würde, und löste damit bei vielen Unternehmen Chaos aus.[6] Der plötzliche Anstieg an Bestellungen überraschte das Unternehmen, es konnte nur mit Mühe die Lieferfristen einhalten, bald gab es kein Händedesinfektionsmittel und keine Papierhandtücher mehr und es war mit vermehrter Preistreiberei konfrontiert. Wie alle anderen Unternehmen auch wollte es schnell alle notwendigen betrieblichen Änderungen vornehmen, um die Gesundheit der Lagerarbeiter zu gewährleisten, ohne die Produktivität zu beeinträchtigen. Aber das geschah erst, nachdem Amazon mit negativer Presse konfrontiert worden war, weil es zwei Mitarbeiter entlassen hatte, die öffentlich ihre Bedenken hinsichtlich fehlender Hygienemaßnahmen für Lagerarbeiter geäußert hatten. Selbst Jeff Bezos musste schon früh die Auswirkungen des Coronavirus auf die Versorgungskette von Amazon anerkennen. „Die derzeitige Krise zeigt die Anpassungsfähigkeit und Widerstandsfähigkeit von Amazon wie nie zuvor, aber sie ist auch die schwierigste Zeit, die wir je erlebt haben", gab er zu verstehen.[7]

Vor diesem Hintergrund wird verständlich, warum Amazon in diesem Bereich schon länger vorankommen möchte – auch schon, als noch die „prädiktive Analytik" die Grenzen der ersten Vorstöße in die KI darstellte. Das Patent für den „vorausschauenden Versand" schlug hohe Wellen, weil damit die Absicht des Unternehmens deutlich wurde, die Effizienz der Lieferkette durch KI noch weiter zu steigern, indem man die Waren schon in die Nähe der Kunden transportiert, bevor diese überhaupt wissen, dass sie sie kaufen wollen. Schließlich hat Amazon mit seinem Versprechen der kostenlosen Prime-Lieferung innerhalb von zwei Tagen wohl mehr zu verlieren als seine Konkurrenten. Das Vorgehen ermöglicht es dem Unternehmen, die Produkte, von denen es erwartet, dass sie von Kunden in einem bestimmten Gebiet nachgefragt werden, auszusuchen, zu verpacken und zu versenden, bevor sie bestellt werden – basierend auf früheren Bestellungen und anderen Faktoren. Die Pakete liegen in Versandzentren oder auf Lastwagen bereit, bis eine Bestellung eintrifft. Das Potenzial dieses Systems wurde schnell deutlich, auch Praveen Kopalle, Professor für Management am Dartmouth College, erkannte: „Wenn diese Strategie gut umgesetzt wird, hat sie das Potenzial, die prädiktive Analytik auf die nächste Stufe zu heben und es dem datenversierten Unternehmen zu ermöglichen, seinen Stamm an treuen Kunden erheblich zu erweitern."[8]

Ralf Herbrich, ehemaliger Manager für maschinelles Lernen bei Amazon, merkte jedoch an, dass es bei manchen Artikeln viel schwieriger ist als bei anderen, die Nachfrage vorherzusagen.[9] Bei Kleidung beispielsweise muss das Unternehmen entscheiden, welche Größen und Farben in welchem Lager vorrätig sein sollen, je nachdem, welche Figuren und welcher Stil bei den Kunden in der

Nähe ausgeprägt sind. Die Nachfrage kann außerdem durch wechselnde Trends und die verschiedenen Jahreszeiten sowie durch außergewöhnliche Faktoren wie Lockdown-Panik beeinflusst werden.

Die rasche Ausweitung von Prime war für Amazon schon immer Motivation, die allgegenwärtige Konnektivität seiner Cloud-Dienste zu nutzen, um das operative Logistikgeschäft zunehmend autonomer und befehlsgesteuerter zu gestalten, und das über viele Jahre. So setzt das Unternehmen neben Robotern in seinen Lagern auch Lieferdrohnen mit autonomer Funktionalität ein, um das Wachstum zu fördern. Mit der Übernahme von Kiva Systems, dem Robotikunternehmen, das Amazon mit Lagerrobotern zur Automatisierung der Auftragsabwicklung beliefert hat und das nun das Rückgrat der Robotikabteilung von Amazon bildet, hat Amazon deutlich gemacht, dass es die Effizienz seiner Lager zu steigern beabsichtigt. Heute wird die Anzahl der Roboter des Unternehmens auf mehr als 200.000 Stück geschätzt. Damit würden Roboter mindestens 25 Prozent der Belegschaft von Amazon ausmachen, wobei sie bei der Erledigung ihrer Aufgaben in unterschiedlichem Grad KI-gestützt autonom arbeiten. Bei Amazon hat man auch Versuche mit Lieferdrohnen gemacht und mit einer halbautonomen Drohne zum ersten Mal eine Paketzustellung durchgeführt. Im Idealfall sollte es so weit gehen, dass „Drohnen von Prime Air eines Tages so normal sein werden wie Postautos auf der Straße".[10] (Die Auswirkungen von Prime Air werden in Kapitel 16 näher untersucht.)

Einkaufen ohne Kasse (Just Walk Out)

Auch wenn die Bedeutung der benutzerfreundlichen kassenlosen „Just Walk Out"-Technologie ebenfalls in anderen Kapiteln untersucht wird, müssen wir hier festhalten, dass gerade diese Technologie als Beweis dafür zu sehen ist, dass alle Technologien bei Amazon dem Ziel dienen, sich nicht nur bei den Kunden zu Hause, auf den mobilen Geräten, die uns überall begleiten, oder mit der eigenen Lieferkette und der Bestellabwicklung breitzumachen. Jetzt hat es sich vorgenommen, den stationären Einzelhandel zu erobern. Wenn sich die Einzelhändler schon durch die unaufhaltsame Verminderung ihres Marktanteils im stationären Handel durch den Onlinehandel unter Druck gesetzt fühlten, dann kommen die kassenlosen Läden von Amazon einer existenziellen Bedrohung für das stationäre Geschäft und die dort beschäftigten Mitarbeiter gleich.

Die „Just Walk Out"-Technologie von Amazon erkennt, welche Produkte die Kunden aus den Regalen nehmen oder zurückstellen, und speichert das in einem virtuellen Einkaufswagen, sodass den Kunden die Artikel, mit denen sie das Geschäft verlassen, automatisch berechnet werden. Diese Technologie ist nicht nur im Zusammenhang mit dem Einsatz von künstlicher Intelligenz bei Amazon von Bedeutung. In Kombination mit computerbasiertem Sehen (Computer Vision) und Sensorfusionstechnologien wird sie eingesetzt, um im Einzelhandel für ein störungsfreieres Einkaufserlebnis zu sorgen, was dann durch die Lizenzierung der Technologie an andere Einzelhändler und in anderen industriellen Anwendungen weiter zu Geld gemacht werden kann. Es zeigt auch eindeutig, wie Amazon die Treiber des technologischen Wandels genutzt hat, um dieses Einkaufserlebnis durch die vollständige Eliminierung des Kassiervorgangs möglich zu machen.

„Just Walk Out" nutzt die Treiber des technologischen Wandels, um den „Wunschkonzert"-Kunden zu bedienen:

1 *Allgegenwärtige Konnektivität*: Kundenaktivitäten und Zuordnung der Ausgaben werden an jedem Punkt des Einkaufsvorgangs angezeigt – online oder offline.
   - **a)** Die Kunden können den Laden nicht einmal betreten, ohne sich vorher mit ihren persönlichen Daten und Zahlungsangaben bei Amazon zu registrieren.
   - **b)** Die Kunden müssen sich mit der Amazon-App auf ihrem Mobilgerät identifizieren, um Zugang zum Geschäft zu erhalten, wodurch auch ihr Besuch im Geschäft und ihre Einkäufe mit ihrer Online-Identität verbunden werden können.

2 *Nahtlose Schnittstellen*: Beseitigung aller Hindernisse für den Einkauf, wie zum Beispiel technische Probleme, die bei „Scan as you shop"-Selbstbedienungssystemen auftreten können, bei denen die Kunden ihre eigenen Handys oder eigens vom Händler bereitgestellte Handscanner verwenden müssen, was für die Unternehmen mit hohen Kosten verbunden ist.

   a) Der Einsatz einer App ist die problemloseste Methode, um den Kunden beim Betreten des Ladens ein störungsfreies Erlebnis zu bieten.

   b) Die Abschaffung jeglicher Schnittstellen mit Menschen im problembehaftetsten Teil des Einkaufsprozesses in einem Geschäft – der Kasse – macht das Einkaufen für die Kunden so schnell und einfach wie noch nie.

3 *Autonomous Computing*: KI- und Computer-Vision, Sensorfusion und Deep-Learning-Technologien ermöglichen die „Just Walk Out"-Technologie.

   a) Die „Just Walk Out"-Technologie funktioniert ohne manuelle Eingriffe, sodass weder Kassenpersonal noch Hardware benötigt werden.

   b) Außerdem entfällt der Warenschwund als Hauptverlustquelle für den traditionellen stationären Einzelhandel. Den Kunden werden alle Artikel berechnet, mit denen sie den Laden verlassen, auch wenn sie sie vor den vielen Computer-Vision-basierten Trackingkameras des Geschäfts zu verstecken versuchen.

DAS UNGENUTZTE POTENZIAL DER SPRACHSTEUERUNG

Es hat eine Weile gedauert, um an diesem Punkt anzukommen. Aber jetzt wird im Kontext der Erfolgsbilanz von Amazon bei der Nutzung der wichtigsten Technologietreiber deutlich, wie entscheidend es war, dass das Unternehmen auf die Sprachsteuerung gesetzt hat –

vor allem wenn man bedenkt, dass die Zahl der Geräte, die Verbraucher zur Interaktion mit Sprachassistenten nutzen werden, Prognosen zufolge von 4,2 Milliarden im Jahr 2020 um 113 Prozent auf über 8,4 Milliarden Geräte im Jahr 2024 steigen wird.[11] Tatsächlich sagte David Limp, Senior Vice President von Amazon Digital Devices, schon früh voraus, dass „Sprachsteuerung im heimischen Umfeld allgegenwärtig sein wird. Die Kinder von heute werden aufwachsen und nie einen Tag erlebt haben, an dem sie nicht mit ihrem Zuhause sprechen konnten."[12]

Amazon hat sein erstes sprachgesteuertes Hardwaregerät, den Lautsprecher Echo mit dem KI-gesteuerten Sprachassistenten Alexa, im Jahr – Überraschung! – 2015 auf den Markt gebracht. Genau wie mit AWS, 1-Click, Prime, der Amazon-App, Amazon Pay, Dash, Lieferung per Drohne, Robotern und Just Walk Out hat Amazon versucht, eine neue Art der nahtlosen Computerschnittstelle zu schaffen, und dabei ausgeklügelte KI-Systeme verwendet, die die Stärken des Unternehmens voll ausspielen, sein bestehendes Ökosystem nähren und es weiter in die alltäglichen Funktionen der Häuser und Wohnungen der Kunden einbetten. Das Marktforschungsinstitut Juniper Research prognostiziert, dass sich der Umsatz mit Transaktionen über Sprachsteuerung (Voice Commerce) bis 2025 weltweit auf 164 Milliarden US-Dollar belaufen wird, was in den kommenden fünf Jahren einer CAGR von 630 Prozent gegenüber den 22 Milliarden US-Dollar im Jahr 2020 entspricht.[13] Mit dem Sprachassistenten Alexa verfolgt Amazon nicht nur das Ziel, den Umsatz von Amazon.com zu steigern; damit sollen die „Wunschkonzert"-Kunden auch immer abhängiger vom Amazon-Ökosystem und immer stärker an die Plattform gebunden werden. Aus diesem Grund sagen manche auch, dass „Amazon gewonnen hat, indem es den Smartphone-Krieg verloren hat".[14]

Wäre nämlich das Fire Phone bei seiner Markteinführung ein Erfolg gewesen, hätte sich Amazon seither nur damit beschäftigen müssen, die Hardware und das Betriebssystem Fire OS seiner Mobilgeräte auf dem neusten Stand zu halten. Vielleicht hat das Management von Amazon erkannt, dass es den Smartphone-Krieg mit

Apple und Google, deren Kerngeschäft auf der Entwicklung mobiler Software und Hardware und nicht auf dem Einzelhandel beruht, niemals gewinnen wird. In jedem Fall waren die Einführung des sprachgesteuerten Echo-Geräts und die jährlich präsentierten überarbeiteten und erweiterten Nachfolgegeräte ein echtes Unterscheidungsmerkmal für Amazon. Gleichzeitig war es der Höhepunkt seiner Schwungrad-Strategie, die auf den drei Säulen basiert, die wiederum auf den drei globalen Treibern der technologischen Entwicklung beruhen und die immer mehr störungsfreie Einkaufserlebnisse im Einzelhandel möglich machen.

Der Vorteil, als Erster auf dem Markt zu sein

Während sich der Markt für Sprachassistenzgeräte noch in einem relativ frühen Entwicklungsstadium befindet, hat Amazon seinen Erstanbietervorteil bereits gefestigt. Amazon-Kunden können Unterhaltungssendungen, Sportübertragungen und Filme (mit Fire TV) sehen, den Küchentimer einschalten, Musik hören, den Wetterbericht abrufen, sogar die Alexa-App auf ihrem Telefon mit ihrem Auto über Echo Auto verbinden und natürlich bei Amazon einkaufen – und das alles nur per Sprachbefehl und mit dem Ziel, dass die sprachgesteuerten Geräte von Amazon für sie so unentbehrlich werden, dass sich Amazon immer fester im Leben seiner Kunden etablieren kann. Das ist ein weiteres Beispiel dafür, wie Amazon einen „Burggraben" um seinen Kundenstamm herum aufbaut, und ein weiterer Grund, warum sich die Kartellwolken über dem Unternehmen zusammengezogen haben. Erwähnenswert ist auch, dass der Black Friday und der Prime Day Amazon sicherlich geholfen haben, mehr Echo-Geräte zu verkaufen. Das Unternehmen nutzt diese künstlichen Werbeaktionen, um exklusive Rabatte für Bestellungen über Alexa anzubieten, damit sich die Kunden mit dem sprachgesteuerten Einkauf vertraut machen können.

Shira Ovide von Bloomberg hat damals in Anspielung auf das Scheitern des Fire Phones richtig beobachtet: „Amazon baut eine Zukunft auf, die vom Smartphone losgelöst ist, aber die gesamte

Software-Intelligenz dieses Geräts und noch mehr mitbringt – und dabei das Unternehmen in den Mittelpunkt stellt. Amazon kann sich auf diese Zukunft einlassen, weil es in der jüngsten Vergangenheit verloren hat."[15] Heute wird jeder Kunde, der ein Alexa-Gerät kauft, weiter ins Schwungrad-Ökosystem von Amazon hineingezogen, denn es ist kaum möglich, nichts mit Amazon zu tun zu haben, wenn man ein solches Gerät benutzt. Ähnlich ist es bei Google und Apple, die ihre Kunden in ihre jeweiligen Ökosysteme einschleusen und sie dort fest verankern, indem sie Problemstellen beseitigen und ihre verschiedenen Eigenprodukte miteinander kompatibel machen. „Die Standardoption für den Kauf von Produkten über die Amazon-Geräte ist Amazon", so Ovide weiter.

Das eigene Ökosystem steht im Mittelpunkt der Sprachtechnologieentwicklung von Amazon, und so überrascht es vielleicht nicht, dass Alexa nicht hauptsächlich zum Einkaufen gedacht ist. Die drei meistgenutzten Sprachbefehle beim Einkaufen mit Alexa betreffen die Produktsuche, das Hinzufügen von Artikeln zur Einkaufsliste und die Nachverfolgung eines Pakets.

TÄTIGKEITEN, BEI DENEN SPRACHASSISTENTEN BEREITS REGELMÄSSIG EINGESETZT WERDEN:

51 % Produktrecherche
36 % Hinzufügen eines Artikels zur Einkaufsliste
30 % Paketnachverfolgung
22 % Kauf eines Produkts
20 % Abgabe von Bewertungen oder Rezensionen
18 % Kontaktaufnahme mit dem Support
17 % Nachbestellung von Artikeln
Voicebot Smart Speaker Consumer Adoption Report

Diese Ergebnisse werden durch eine von Strategy Analytics durchgeführte Studie gestützt, die ergab, dass im Jahr 2019 weltweit 147 Millionen Smart Speaker verkauft wurden. Amazon blieb mit

26,2 Prozent Marktführer, nachdem es 2018 noch 33,7 Prozent gewesen waren, gefolgt von Google mit 20,3 Prozent im Vergleich zu 26 Prozent im Vorjahr. Aber das war nicht immer so. Nur wenige Jahre nach der Einführung von Alexa, dem Sprachdienst für den Amazon Echo, war das an Amazon-Kunden, die die Beleuchtung, die Sicherheitssysteme und die Heizungsanlagen in ihrem Haus per Sprache steuern wollten, meistverkaufte Gerät der Nest-Thermostat vom Konkurrenten Google. Amazon zog daraufhin alle Nest-Geräte vom Verkauf über die Amazon-Website zurück und zeigte damit deutlich, wie gnadenlos es vorzugehen bereit ist, um die Konkurrenz auszuschalten.

Sprachsteuerung: Die nächste Herausforderung

Die entscheidende Frage, die sich jeder Einzelhändler und Markenartikler stellt, lautet: Wird die Sprachsteuerung den Umsatz in anderen Vertriebskanälen steigern oder verringern? Es überrascht nicht, dass sich der Anteil der Verbraucher, die von zu Hause aus einkauften, zum Höhepunkt der Corona-Pandemie verdoppelt hatte und das Interesse an und der Verkauf von sprachgesteuerten Geräten angekurbelt wurde. Während 92,4 Prozent der Verbraucher in den USA fernsehen, 54,7 Prozent ein Smart-TV besitzen und 17 Prozent während des Fernsehens einkaufen, besitzt fast ein Drittel (32,6 Prozent) einen Sprachassistenten und 30 Prozent fahren ein vernetztes Auto.

Um aus der zunehmenden Akzeptanz und dem Wachstumspotenzial Kapital zu schlagen, hat Amazon Drittanbieter animiert, eigene Alexa Skills zu entwickeln und im Alexa-Skill-Store bereitzustellen. Außerdem wurde die „Alexa Knowledge Skills"-Sprachapplikation eingeführt, mit der Entwickler Produktkataloge integrieren und Verzeichnisse und andere Daten in den Sprachassistenten einbauen können. Der Benutzer kann Alexa dann einfach nach Informationen fragen, ohne einen bestimmten Skill aufrufen zu müssen.

Da Prognosen zufolge die Zahl der digitalen Sprachassistenten bis 2024 die Weltbevölkerung übersteigen und mit einer 4-Jahres-CAGR von 19 Prozent auf 8,4 Milliarden Sprachassistenten wachsen wird, muss Amazon sein Voice-Ökosystem ausbauen, um seinen Marktanteil zu halten.[16]

Zusätzlich beunruhigt die Einzelhändler und Markenartikler die Frage, wie sich die Verwendung der Sprachsteuerung auf die Auffindbarkeit ihrer Produkte auswirken wird, falls die Unmengen von Ausgaben für Marketing und Werbung nicht so leicht auf die Sprachplattform übertragbar oder dort weniger wirkungsvoll sind. Tatsache ist, dass Alexa nur zwei Ergebnisse zu einer Suchanfrage liefert, im Gegensatz zu den seitenlangen Ergebnissen, die Amazon bei der Suche auf dem Smartphone oder am PC liefert (zusammen mit den Anzeigen, Empfehlungen und verschiedenen anderen Marketinginstrumenten, die das Einkaufserlebnis abrunden). Die bisherige Forschung hat ergeben, dass sich verschiedene Faktoren bestimmen lassen, welche dieser Ergebnisse bei der Suche per Sprachsteuerung von Alexa genannt werden (Quelle: One Click Retail):

1. Kaufhistorie – Alexa bietet an, denselben Artikel erneut zu bestellen, wenn er zuvor schon einmal gekauft wurde.
2. Wenn Alexa auf keine Kaufhistorie zurückgreifen kann, wird eine „Amazon-Auswahl" angeboten – eine dynamisch vorgenommene Kennzeichnung, die bestimmten Artikeln auf der Grundlage einer Reihe von Faktoren zugewiesen wird, die beim Launch des ersten Echo-Geräts eingeführt wurden. Dazu gehört, dass das Produkt über Prime verfügbar sein muss und somit über den Service „Versand durch Amazon" (Fulfilment by Amazon – FBA) abgewickelt wird – von Amazon selbst oder einem Verkaufspartner von Amazon, der FBA nutzt; das Produkt muss vorrätig und wiederbestellbar sein; und es muss eine Bewertung von 4,0 oder höher haben.
3. Wenn es keine Kaufhistorie und keine Amazon-Auswahl gibt, liefert Alexa dieselben beiden organischen Suchergebnisse, die auch bei der Amazon-Suche auf einem Smartphone oder einem PC als erste angezeigt würden.

Die gute Nachricht ist also: Die normalen Suchbegriffe – Schlüsselwörter, Produktnamen, -merkmale und -beschreibung – funktionieren auch dann, wenn man über Alexa bei Amazon ganz vorne liegen will. Anders ausgedrückt: Beschreibt man ein Produkt, das sowohl die Klickrate als auch in der Folge die Umsätze steigert, so sind es sowohl bei herkömmlichen als auch bei Sprachsteuerungs-Suchergebnissen dieselben Begrifflichkeiten, die ausschlaggebend dafür sind, wie weit oben im Suchranking das Produkt erscheint – vorerst.

Jeff Bezos hat öffentlich erklärt, dass Amazon Alexa nach denselben Prinzipien entwickelt hat, nach denen es auch das Geschäftsmodell von Amazon aufgebaut hat: mit dem Fokus auf Produkte, die die Kunden wahrscheinlich lieber kaufen, unabhängig davon, ob die Produkte von Amazon oder von Drittanbietern verkauft werden.

Er sagte bei einer Anhörung des US-Kongresses zum Kartellrecht für große Technologieunternehmen: „Es gibt eine Vielzahl von Möglichkeiten, mit Alexa einzukaufen, und Amazon steckt noch in den Kinderschuhen, wenn es darum geht, was für die Kunden am hilfreichsten ist und welche Tools und Funktionen wir entwickeln können, die das Einkaufserlebnis verbessern. Ein beliebtes und hilfreiches Tool von Alexa besteht beispielsweise darin, Vorschläge zu häufig gekauften Produkten zu machen. Als Grundlage dienen dabei die früheren Bestellungen, unabhängig davon, ob sie bei Amazon oder einem Drittanbieter getätigt wurden. Wenn ein Kunde noch nie einen Artikel im Amazon-Shop gekauft hat, wird Alexa ein hoch bewertetes und preisgünstiges Produkt besonders empfehlen. Darüber hinaus können die Kunden die Produktvorschläge von Alexa fast immer später auf dem Telefon oder Computer nochmals ansehen."

Bezos verriet, dass ein von Alexa vorgeschlagenes Produkt nur in einem niedrigen einstelligen Prozentsatz der Fälle gekauft wird. Er sagte auch, dass sich der Anteil der direkt über Alexa getätigten Verkäufe von Drittanbietern seit der Markteinführung mehr als verdoppelt hat, das bedeutet für das Jahr 2020 45 Prozent aller Verkäufe über Alexa. Dieser Prozentsatz sei niedriger als die gesamten Verkäufe von Drittanbietern auf Amazon (etwa 58 Prozent der physischen Artikel), so Bezos. Das liege zum Teil daran, dass die Kunden Alexa überproportional häufig für die Bestellung von Verbrauchsartikeln für den Haushalt (wie Papierhandtücher oder Batterien) nutzen, bei denen Amazon mit besonders konkurrenzfähigen Preisen aufwartet. Ein Bericht eines US-Kartellunterausschusses stellte jedoch fest: „Sprachassistenten-Ökosysteme sind ein aufstrebender Markt mit einer hohen Tendenz zum Lock-in (einer Art Abhängigkeitsverhältnis eines Kunden zu einem Anbieter) und zu Selbstbevorzugung. Amazon hat das Alexa-Ökosystem durch die Übernahme ergänzender und konkurrierender Technologien sowie durch den Verkauf seiner Alexa-fähigen Smart Speaker mit hohen Rabatten schnell ausgebaut."[17]

Auch in Bezug auf das wachsende Anzeigengeschäft von Amazon scheint es nur eine Frage der Zeit zu sein, bis das Unternehmen seinen Einflussbereich auch über die Sprachsteuerung finanziell ausnutzen will, obwohl Amazon immer wieder betont hat, dass Alexa werbefrei bleiben soll. Jeff Bezos gab allerdings kurz vor seinem Rücktritt als CEO bei einer Anhörung im US-Kongress zu, dass „es mich nicht überraschen würde, wenn Alexa unsere eigenen Produkte bewirbt".

Dennoch ist die Sprachsteuerung ein Tor zum Amazon-Einkaufsökosystem, das die Wettbewerber nicht ignorieren können. Sie haben schnell Alexa-Skills in ihr Portfolio aufgenommen, ganz ähnlich wie zu Beginn der Smartphone-Ära, als Apps für die App-Stores von Apple und Android in aller Eile entwickelt wurden. Tatsächlich gehörten Online-Lebensmittelhändler wie Ocado und Peapod (das von Ahold Delhaize übernommen und in die US-Marke Stop & Shop integriert wurde) zu den ersten Unternehmen weltweit, die sich auf Alexa eingelassen haben. Mit dem Alexa-Skill von Ocado können Kunden Produkte zu ihrer Bestellung hinzufügen, den Gesamtbetrag ihrer Bestellung überprüfen und zum Beispiel fragen, welche Produkte gerade Saison haben. Von den direkten Konkurrenten von Amazon hat zum Beispiel Google ein Konkurrenzprogramm namens Shopping Actions eingeführt, das später in Buy on Google umbenannt wurde und einen universellen Einkaufswagen für Einkäufe auf dem Handy, dem PC oder über ein sprachgesteuertes Gerät bietet. Große Einzelhändler, darunter Walmart, Target, Ulta Beauty, Costco und Home Depot, haben sich dem Programm angeschlossen, um Produkte weit oben bei der Google-Suche zu platzieren, und das auch bei der Verkaufsplattform Google Express, bei der App für den Google Assistant und bei Smart Speakern wie dem Google Home.[18]

Alexa hält das Schwungrad-Ökosystem von Amazon weiter am Laufen und ist trotz der bestehenden Konkurrenz zurzeit das neueste technologiebasierte Wettbewerbsinstrument von Amazon, das Konkurrenten wie Ocado dazu zwingt, mit dem Amazon-System zu arbeiten, um sich gegen einen Konkurrenten behaupten zu können, der einen beispiellosen technologiegestützten Wandel im Einzelhandel vorantreibt.

„Man kann in dieser Branche nicht überleben, ohne ein wenig paranoid zu sein und sich ständig nach seinen Konkurrenten umzuschauen", meinte Carrie Bienkowski einmal, die ehemalige Marketingchefin von Peapod. „Vor zehn Jahren fand man es bequem, sich Lebensmittel nach Hause liefern zu lassen. Aber eines der Dinge, die wir wirklich verinnerlicht haben, ist die Tatsache, dass wir uns über die bloße Lieferung von Lebensmitteln hinaus weiterentwickeln müssen."

Auch wenn man Ocado und Ahold Delhaize dafür loben könnte, dass sie sich auf die „Co-opetition" eingelassen haben und Software entwickeln, mit der sie über Alexa verkaufen können, wird der wahre Gewinner ihrer Bemühungen wahrscheinlich nicht der Verbraucher, sondern Amazon sein. Das erklärt, warum Amazon in den Ausbau seines Alexa-Hardware- und Software-Ökosystems investiert hat, denn jetzt soll nicht nur der Online-Einkauf leichter gemacht werden – es wurden sprachaktivierte Funktionen und Bildschirme hinzugefügt (was der Idee von zunehmend nahtlosen Computerschnittstellen, die im Hintergrund „verschwinden", zuwiderlaufen mag). Die Bemühungen von Amazon, das Ökosystem so auszubauen, dass es mehr smarte Geräte – vom Herd bis zum Fernseher – steuern kann, haben weltweit rund 100.000 Alexa-Skills hervorgebracht, die mit einer ähnlich großen Anzahl smarter Geräte von Drittanbietern zusammenarbeiten können.

Spencer Millerberg, der Gründer und ehemalige CEO von One Click Retail, rät daher, dass es bei der Entscheidung, wie viel in die Produktsuche über Alexa investiert werden soll, darum geht, „was im Vordergrund steht. Wenn Sie ein CEO im Musikgeschäft sind, dann muss das [bei der strategischen Entwicklung] unbedingt ganz vornan stehen. Wenn Sie der CEO eines Markenherstellers sind, wird es wohl ein bisschen weniger [Priorität] haben, weil Alexa nicht hauptsächlich zum Einkaufen benutzt wird; wenn Sie hingegen in der Hausautomatisierung tätig sind, müssen Sie vielleicht einen Mittelweg finden. Wir müssen uns vor allem auf das Wesentliche konzentrieren."[19]

Danny Silverman, General Manager bei Spotlight by Ascential (früher unter dem Namen Clavis Insight bekannt), fügt hinzu: „Letzten Endes beruht die Sprachsuche auf den gleichen Dingen wie die Suche auf dem PC und dem Handy. Wenn Sie über die Daten und Erkenntnisse verfügen, um zu verstehen, was [in Bezug auf das Ranking bei den Suchergebnissen auf Amazon] funktioniert und was nicht, und wenn Sie diese für Desktop und Smartphone optimieren, werden Sie auch über die Sprachsteuerung erfolgreich sein."

So wie man also die Weiterentwicklung des problemlosen Einzelhandels mithilfe der wichtigsten Technologietreiber nicht verstehen kann, ohne Amazon zu berücksichtigen, ist es auch unmöglich, sich vorzustellen, dass der wachsende Einfluss des Unternehmens bei der Nutzung von KI und Sprachsteuerung nachlassen wird.

Smarte Technologie für den Einzelhandel

Aber wo bleibt der Rest des Einzelhandels bei all diesen Innovationen, die zu wirklich problemlosen Einkaufserlebnissen führen? Tatsächlich werden viele Händler angesichts der jüngsten Gewinnwarnungen und

Insolvenzen in der Branche wohl versuchen, sich über digitale Technologien von der Konkurrenz abzusetzen, um die schwierigen Zeiten zu überstehen und ihr Geschäft zukunftssicher zu machen. Uwe Weiss, Geschäftsführer von Blue Yonder, vertritt die Ansicht, dass der „Amazon-Effekt" – im Sinne einer fortlaufenden Veränderung und Weiterentwicklung des Einzelhandelsmarktes durch die Technologisierung des Konsums und den „Wunschkonzert"-Kunden – in Zukunft noch mehr Einfluss haben wird, wenn die Unternehmen um Marktanteile und Kundentreue kämpfen. Was zum Beispiel die Auswirkungen auf bekannte Marken betrifft, so wartet die Branche gespannt, ob die Sprachsteuerung einen spürbaren Einfluss auf die Markentreue und die Marketingstrategien hat – insbesondere wenn die Sprachsysteme werbefrei bleiben. Ein ausgefeiltes content- und attributgesteuertes Management, das sich um Top-Rankings bei den Suchergebnissen kümmert, wird vonnöten sein und könnte in einigen Unternehmen drastische Umstrukturierungen erforderlich machen.[20]

Weiss hat darauf hingewiesen, dass traditionelle Einzelhändler angesichts der Tatsache, dass Amazon bereits KI einsetzt, um personalisierte Einkaufsempfehlungen zu geben und seine Lieferketten zu optimieren, umso aggressiver bei der Einführung von Technologien der nächsten Generation vorgehen müssen, wenn sie ihren Marktanteil halten wollen. Er erklärte: „Da die traditionelleren Einzelhändler von Schließungen bedroht sind, muss Innovation mehr denn je im Mittelpunkt stehen." Und er betonte, dass sich der Bereich der KI unglaublich schnell entwickelt. Die Architektur, auf der das Empfehlungssystem von Amazon läuft, basiert auf maschinellem Lernen, sodass die Vorschläge, was man als Nächstes kaufen, ansehen oder lesen sollte, „unglaublich smart" sind; die DeepMind-Abteilung von Google wiederum verleiht ihren KI-Algorithmen jetzt eine „Vorstellungskraft", sodass sie vorhersagen können, wie sich eine bestimmte Situation entwickeln wird, und daraufhin Entscheidungen treffen können. „Dies führt zu mehr Konversionen und Upselling im gesamten Unternehmen und gibt Amazon Aufschluss darüber, wie es die Produkte für seine Kunden bepreisen und wie viel Lagerbestand es vorhalten sollte", fährt Weiss weiter fort.

Zu Recht warnt er jedoch davor, Technologie um der Technologie willen einzusetzen, vor allem in Bereichen, in denen der Vorsprung von Amazon nicht einzuholen ist – weil Amazon in erster Linie ein Technologieunternehmen ist. Obwohl das Potenzial von KI zur Steigerung von Produktivität, Effizienz und Personalisierung im Einzelhandel vielversprechend ist, rät er den Einzelhändlern, keine überzogenen Erwartungen an KI und maschinelles Lernen zu stellen. „KI im Einzelhandel sagt nicht die Zukunft voraus – zumindest noch nicht!", betont er. „Die KI analysiert unzählige komplexe Verhaltens- und sonstige Merkmale, um Muster und Trends zu erkennen. Aufgrund dieser Trends können die Händler fundierte Entscheidungen treffen, die zu präziseren Lagerbeständen und einer Preisgestaltung führen, die besser auf die Produktlebenszyklen abgestimmt ist."

Weiss weist auch darauf hin, dass traditionelle Einzelhändler, insbesondere im Lebensmittelbereich, ihren Ansatz in Bezug auf Technologie und Daten grundlegend anpassen müssen, wenn sie überleben und mit Online-Giganten wie Amazon konkurrieren wollen. „Einzelhändler müssen anfangen, Daten als einen ihrer wichtigsten Vermögenswerte zu betrachten und als Schlüssel für eine bessere Beziehung zu ihren Kunden, für die Optimierung ihrer Lieferkette und Preisgestaltung sowie für erfolgreichen Wettbewerb mit der Online-Konkurrenz", schloss er. Untersuchungen haben zum Beispiel gezeigt, dass mehr als die Hälfte aller Echo-Geräte bei den Kunden in der Küche steht. Die Chance, hier mehr Bestellungen in Produktbereichen im Zusammenhang mit der Zubereitung von Mahlzeiten und bei spontanen Bestellungen für Haushaltswaren und Lebensmittel zu erhalten, könnte also für Händler mit entsprechendem Geschäftsumfeld zunächst größer sein. Die Einführung der smarten Kamera Echo Look, wie in Kapitel 10 erwähnt, sollte Amazon den Markt für Modebekleidung öffnen, und zwar in Verbindung mit einer App, die Styling-Vorschläge machte und über die man Fotos und Videos über soziale Medien teilen konnte. Dieses

Gerät wurde jedoch vom Echo Show abgelöst, das über einen Bildschirm verfügt und so den Nutzern Video- und Sprachanrufe ermöglicht. Das Amazon-Feature Style by Alexa, das ebenfalls von KI und Sprache unterstützt wird, gibt Modetipps, und jedes Alexa-fähige Gerät versucht zu helfen, wenn es gefragt wird: „Alexa, was soll ich anziehen?" Auf diese Weise erweitert die Sprachsteuerung den Trend zum Einkaufen „jetzt sofort" und kann sogar zum Gatekeeper für den Käufer werden, insbesondere für Lebensmittelhändler und FMCG-Marken im Hinblick auf das Verkaufsvolumen. Einige haben damit begonnen, Sprachsteuerung in ihre Apps zu integrieren, und damit die Technologie noch einen Schritt weiterentwickelt. Mit der App des US-Einzelhändlers Target können sich Kunden über den Status ihrer Bestellung informieren, was zum Beispiel sehr praktisch ist, wenn man gerade mit dem Auto auf dem Weg ist, um eine Bestellung abzuholen.

Es ist vielleicht nicht verwunderlich, dass die Lebensmittelhändler, die sich nicht mit Amazon zusammentun wollen, eine „Anti-Amazon-Allianz" mit Google und dessen konkurrierendem Sprachassistenten gebildet haben, wogegen man bei Google natürlich nichts einzuwenden hatte. Ebenso wenig überrascht, dass Walmart, Tesco und Carrefour ganz erpicht darauf waren, dabei zu sein und Funktionen entwickeln zu können, mit denen ihre Kunden über den Google-Shopping-Dienst mit Google Assistant online Waren bestellen können. Carrefour beispielsweise hat sich mit Google zusammengetan, um einen Online-Sprachassistenten namens „Lea" zu entwickeln, der Teil der auf fünf Jahre angelegten, 3,5 Milliarden Dollar schweren Pläne des französischen Einzelhändlers zur digitalen Transformation ist. „Lea wurde entwickelt, um unseren Kunden das tägliche Leben zu erleichtern – sie können damit ihre Einkaufszettel verwalten ... nur mit ihrer Stimme", erklärte der französische Einzelhandelsriese damals. 2020 hat er einen sprachbasierten Lebensmitteleinkaufsdienst eingeführt, der die Software Google Assistant nutzt, um Kunden mit der E-Commerce-Plattform von Carrefour zu verbinden.

Harte Konkurrenz

Google ist derzeit die einzige brauchbare Sprachplattform-Alternative zu Alexa, wenn es ums Einkaufen geht. Auch wenn Google im Vergleich zu Amazon weit abgeschlagen auf dem zweiten Platz liegt, kann der Google Assistant selbst einen weitaus höheren Verbreitungsgrad für sich in Anspruch nehmen und wird nach Angaben von Google von über 500 Millionen Menschen weltweit genutzt. Von Januar 2018 bis September 2020 stieg die Zahl der von Google Assistant unterstützten smarten Geräte von rund 1.500 auf 50.000, von 5.500 Herstellern. Dazu gehören Haushaltsgeräte von LG, Kopfhörer von Bose und eine Reihe von Lautsprechern verschiedener Unternehmen, Staubsaugerroboter, smarte Steckdosen und natürlich Auto-Entertainment-Systeme mit Android Auto sowie alle Geräte mit Android-Betriebssystem. Die dem zugrunde liegende Google-Express-Shopping-Plattform ist jedoch im Vergleich zum Amazon Marketplace, mit Fulfilment by Amazon und den Prime-Services, in Bezug auf Umfang, Reichweite und Abwicklungsgeschwindigkeit relativ klein.

Auch andere Akteure mischen mit. Sogar Starbucks ist eine Partnerschaft mit der Shinsegae Group in Südkorea eingegangen und hat die Stimmerkennungsbestellung mit Bixby, dem Sprachassistenten von Samsung, als Erweiterung der mobilen Bestell- und Bezahltechnologie von Starbucks eingeführt. Das Home-Pod-Gerät von Apple verfügt über den Sprachassistenten Siri. Es bietet zwar eine sprachgesteuerte Smart-Home- und audiovisuelle Steuerung und Geräteintegration sowie Nachrichten-, Wetter-, Kalender- und Kartenfunktionen, mit denen man zum Beispiel fragen kann, wo es in der Nähe das beste vegetarische Essen gibt, aber Apple hat noch keine Partnerschaften und kein Ökosystem aufgebaut, mit dem man darüber einkaufen könnte. Aber die iOS-Einkaufslisten-App Grocery nutzt Siri und basiert auf der „Erinnerungen"-App von Apple.

Ob die Kunden Alexa und entsprechenden Pendants der Konkurrenz die Durchführung von Einkäufen anvertrauen möchten, ist jedoch eine ganz andere Frage. Denn die Art der Bedienung hat bei einigen Geräten zur Folge, dass sie von vornherein immer eingeschaltet sind und zuhören, während andere eine separate physische Interaktion mit dem Gerät erfordern, bevor sie auf eine Sprachansage reagieren – man denke nur an Apple und das lange Drücken der Home-Taste, um Siri auf einem iOS-Gerät zu aktivieren. Stattdessen wurde berichtet, dass Alexa in Gesprächen oder sogar im Fernsehen Wörter falsch verstehen kann und diese für ein Stichwort hält, auf das sie reagieren muss. Solche versehentlichen Aktivierungen haben zu Berichten geführt, dass Alexa zufällige gruselige Lacher von sich gab oder sogar dachte, sie sei aufgefordert worden, das Gespräch zwischen einem Mann und seiner Frau aufzuzeichnen und die Aufnahme dann an einen Mitarbeiter des Mannes zu senden.[21]

Daraufhin wurde bekannt, dass das KI-System, auf dem Alexa beruht, zusätzliches Training mit menschlichem Input benötigte, bei dem ein Team von Mitarbeitern aus der ganzen Welt Audioclips überprüft und den sprachgesteuerten Assistenten unterstützt, auf Befehle richtig zu reagieren.[22] Manche fragen sich, ob dies die Vermutung untermauert, dass Amazon – abgesehen von den offensichtlichen Bedenken hinsichtlich des Datenschutzes – einen unfairen Vorteil hat, weil es potenziell Zugang zu den Kundenaufzeichnungen hat.

TABELLE 12.1: Markteinführungen von Amazon-Technologie-Hardware, 2011–2021

Amazon-Gerät	Einführungsdatum	Preis bei Markteinführung	Funktionsweise
Kindle Fire	November 2011	$199	Tablet-Computer
Fire TV	April 2014	$70	Smart TV-Medien-Streaming-Gerät
Fire Phone	Juli 2014	$199	Smartphone (im August 2015 eingestellt)
Dash Button	März 2015	$4,99	Automatische Nachbestellungsvorrichtung mit einem Klick (im Februar 2019 eingestellt)

Amazon-Gerät	Einführungsdatum	Preis bei Markteinführung	Funktionsweise
Echo	Juni 2015	$100	Smart Speaker und Sprachassistent
Echo Dot	März 2016	$50	Mini-Version des Smart Speakers und Sprachassistenten
Amazon Tap	Juni 2016	$80	Batteriebetriebener Smart Speaker und Sprachassistent (im Dezember 2018 eingestellt)
Echo Look	April 2017	$120	Smart Speaker, Sprachassistent und Freisprechkamera (im Juli 2020 eingestellt)
Echo Show	Juni 2017	$230	Smart Speaker und Bildschirm, Sprachassistent und Videokonferenzsystem
Dash Wand	Juni 2017	$20	Batteriebetriebener, sprachgesteuerter Lebensmittelscanner (im Juli 2020 eingestellt)
Cloud Cam	Oktober 2017	$120	Heim-Überwachungskamera (im Oktober 2019 eingestellt)
Blink	Oktober 2017	$100	Smarte batteriebetriebene Heim-Überwachungskamera und Türklingel
Echo Plus	Oktober 2017	$150	Smart Speaker, Sprachassistent und Hub für vernetzte Heimgeräte (im September 2020 eingestellt)
Echo Spot	Dezember 2017	$130	Smart Speaker, Sprachassistent und digitaler Wecker
Echo Connect	Dezember 2017	$35	Telefonie-Anschluss für Echo-Geräte
Echo Buttons	Dezember 2017	$20	Spielsteuerungserweiterung für Echo-Geräte

Amazon-Gerät	Einführungsdatum	Preis bei Markteinführung	Funktionsweise
Ring Alarm	Juli 2018	$119	Alarm-Sicherheitsset mit Tastatur, Sirene und Bewegungssensoren
Echo-Wanduhr	September 2018	$30	Synchronisiert die Zeit mit einem gekoppelten Echo-Gerät
Echo Sub	September 2018	$129	Subwoofer, der mit anderen Echo-Lautsprechern verbunden werden kann
Amazon Smart Plug	September 2018	$25	Smarte Alexa-gesteuerte Steckdose
Fire TV Recast	November 2018	$280	Digitaler Videorekorder mit einer Antenne für die Wiedergabe über Fire TV oder Echo-Show-Geräte
Echo Link	Dezember 2018	$199	Smarter netzbetriebener Sprachassistent-Lautsprecher mit Ausgangsanschlüssen und Lautstärkeregelung
Echo Link Amp	Mai 2019	$299	Smarter netzbetriebener Sprachassistent-Lautsprecher und -Verstärker
Echo Auto	September 2019	$25	Smarter Bluetooth-fähiger Alexa-Anschluss für die mobile App im Auto
Echo Loop	September 2019	$179,99	Tragbarer smarter Ring für Alexa-Aktivierung
Echo Flex	November 2019	25 $	Smarter netzbetriebener Alexa-Lautsprecher
Echo Buds	Oktober 2019	$130	Kabellose In-Ear-Kopfhörer mit Alexa-Integration
Echo Input	Dezember 2019	$100	Smartes netzbetriebenes Sprachassistenten-eingabegerät ohne integrierte Lautsprecher

Amazon-Gerät	Einführungsdatum	Preis bei Markt-einführung	Funktionsweise
Luna Game Controller	September 2020	$49,99	Amazon Luna Gaming-Plattform mit Cloud-verbundenem Controller
Always Home Cam	September 2020	$250	Luftbild-Sicherheitskamera für Innenräume
Amazon eero 6	September 2020	$129	App-gesteuerter drahtloser Mesh-Router
Echo Frames	Dezember 2020	$249,99	Tragbare Alexa-fähige smarte Brille mit Mobilgerät
Ring Car Alarm, Cam & Connect	Dezember 2020	$59,99 bis $199,99	Smartes Sicherheitssystem im Auto

QUELLE: eigene Recherche

Ähnliche Bedenken wurden laut, als Amazon das Unternehmen Eero kaufte, einen Anbieter von Internet-Routern, der dafür bekannt war, großen Wert auf Datenschutz zu legen. Doch für den Einzelhandelsriesen ist der Einstieg in das WLAN-Geschäft mit Endkunden nur ein weiterer Schritt in der Entwicklung eines Smart-Home-Ökosystems, das sich immer tiefer im Leben der Kunden breitmacht. Aber diese Einstellung hat auch kartellrechtliche Bedenken im Zusammenhang mit der Sprachkommunikation geschürt. So beschuldigte Patrick Spence, der CEO von Sonos, Amazon und Google in einer Stellungnahme vor dem amerikanischen Kongress, den Markt für Smart Speaker durch ihre jeweiligen Such- und E-Commerce-Angebote zu subventionieren und den Markt für andere smarte und sprachgesteuerte Geräte möglicherweise auf unfaire Weise zu beherrschen.

Die andere Unbekannte ist die Frage, wie sich die Verwendung der Sprachsteuerung im Geschäft auswirken wird. Mit dieser Frage beschäftigt sich das nächste Kapitel näher. Amazon hat inzwischen als erstes Unternehmen mit Toyota und BMW bahnbrechende Vereinbarungen zur Integration von Alexa in Autos getroffen. Auch andere sind auf den Zug aufgesprungen, sogar Hersteller von Satellitennavigationssystemen wie Garmin, wo man Kameras mit Alexa-Integration anbietet. Das ermöglicht die Verwendung von Sprachbefehlen, um Wegbeschreibungen abzurufen, Musik abzuspielen, zu telefonieren, smarte Geräte in einem vernetzten Auto zu steuern und Bestellungen für Produkte und Dienstleistungen aufzugeben, zum Beispiel für die Lieferung oder Abholung von Speisen zum Mitnehmen. Aber hier muss Amazon mit den eigenen Sprachsteuerungssystemen der Autohersteller konkurrieren, und auch Apple hat mit seinem CarPlay-System, das die iOS-Geräte von Apple mit dem Auto verbindet, um Navigation, Musik und Sprachsteuerung zu integrieren, eine beachtliche Zugkraft erreicht – ganz zu schweigen von der Aussicht, dass Apple sein eigenes Auto auf den Markt bringen wird.[23]

Wenn sich etwas aus dieser Untersuchung über die Schlüsselrolle von Amazon bei der Entwicklung von KI und deren Einsatz in Sprachanwendungen im Streben nach einem problemloseren Einkaufserlebnis lernen lässt, dann, dass die KI die Fähigkeit besitzt, die Kapitalrendite sowohl im Laden als auch online zu verbessern, indem sie den Einkaufsprozess vereinfacht, die Bestandsgenauigkeit verbessert und die Lieferkette optimiert und so das Wachstum unterstützt. In der KI kulminiert die Entwicklung der Treiber des technologischen Wandels mit der Nutzung von Daten, die von den digitalen, durch technologische Innovation und Entwicklung ermöglichten Einkaufswerkzeugen erzeugt werden. Die KI ist in dieser Hinsicht vor allem deshalb so wichtig geworden, weil Unternehmen wie Amazon sie nutzen, um dem Kunden von heute mehr Komfort, Unmittelbarkeit, Transparenz und Relevanz zu bieten, wenn dieser versucht, das Funktionale zweckmäßig zu gestalten und den Spaß am Einkaufen in den Vordergrund zu stellen. Es liegt auf der Hand, dass Einzelhändler die Technologie, insbesondere KI und digitale

Tools und Daten, als entscheidend ansehen sollten, wenn es darum geht, mit Online-Disruptoren im Wettlauf um die Anpassung an die heutigen digitalen Verbrauchererwartungen mitzuhalten. In jedem Fall sollte nun offensichtlich sein, inwiefern Amazon ihnen bisher den Weg gewiesen hat.

13

Das Geschäft der Zukunft: Wie die digitale Automatisierung das Kundenerlebnis bereichern wird

> „Im Wesentlichen melden Sie sich bei Ihrer Amazon-App an, kaufen ein und gehen wieder."
>
> **JEFF HELBLING, VIZEPRÄSIDENT DER AMAZON FRESH STORES**[1]

In den letzten beiden Kapiteln wurde deutlich, wie Amazons technologische Innovation und der First-Mover-Vorsprung dem Unternehmen Vorteile verschafft haben: sowohl online mit der Entwicklung seiner E-Commerce-Dienste und -Funktionen als auch im Smarthome mit seinen verschiedenen Hardware-Geräten und dem Sprachassistenten Alexa. Hier hat Amazon digitale Shopping-Tools mit KI-basierten Fähigkeiten eingesetzt, um Onlineshopping reibungsloser zu machen und das Erlebnis durch maßgeschneiderte Empfehlungen zu personalisieren. Die Leichtigkeit, mit der Amazon den Online-Einkauf und die kostenlose Lieferung innerhalb von 48 Stunden ermöglicht, hat eine fortwährende Debatte über die Rolle des Unternehmens im Hinblick auf das bevorstehende Sterben des stationären Einzelhandels angeheizt. Wir haben bereits erklärt, dass wir der Meinung sind, dass der stationäre Handel noch lange nicht im Niedergang begriffen ist – der Großteil der Verkäufe wird immer noch in den Geschäften getätigt.

Wir sind jedoch der Meinung, dass die Einzelhandelsketten mehr als ein Vierteljahrhundert nach der Gründung von Amazon viel davon lernen können, wie Amazon die digitalen Automatisierungs- und Innovationsfähigkeiten in den stationären Einzelhandel einbringt. Ebenso könnte Amazon davon profitieren, die Art und Weise zu analysieren, wie die traditionellen Einzelhandelsketten seit mehr als 40 Jahren den stationären Handel meistern. In diesem Kapitel wird gezeigt, dass die Vorteile des Ladengeschäfts genau die Faktoren betreffen, die Amazon online zu überwinden versucht hat: die Möglichkeit des Sehens, Anfassens und Ausprobierens; die unmittelbare Befriedigung, die Einkäufe direkt mit nach Hause nehmen zu können; die Chance der menschlichen Interaktion durch kompetenten Kundenservice und Experten. Genau an diesen physischen Vorteilen liegt es auch, dass so viele Verkäufe immer noch im Laden abgewickelt werden, auch wenn der Artikel online bestellt wurde. Dies ist der Hauptgrund dafür, dass Amazon mit seinen Amazon 4-Star-, Books- und Pop-up-Geschäften sowie seinen verschiedenen Convenience Stores und Lebensmittelläden – darunter Whole Foods, Amazon Go und Amazon Fresh – den unvermeidlichen Schritt in die Offline-Welt vollziehen musste, um auch nur annähernd das derzeitige Wachstumsniveau zu halten. Die Auswirkungen von gemischten Online-zu-Offline-Diensten spielen auch eine wichtige Rolle bei der Untersuchung der Logistik-Strategie von Amazon in Kapitel 15. Geht es darum, wie sich Ladengeschäfte in Zukunft entwickeln werden, können – und müssen, angesichts der Pandemie – deren Betreiber sicherlich einiges von Amazon und dessen E-Commerce-Kollegen lernen. Insbesondere wenn sie das Einkaufserlebnis im Laden attraktiver gestalten wollen – ohne Menschenmassen, Warteschlangen oder leere Regale.

Paradoxerweise zeigt der Schritt von Amazon in den stationären Handel auch genau, welche Fähigkeiten klassischer Einzelhändler Amazon sich dringend noch aneignen muss: Marketing und Merchandising einer Marke oder mehrerer Marken auf begrenztem Raum und die Kunst der Kuratierung durch saisonale Aktionen und Schlussverkäufe im Gegensatz zu den „endlosen Gängen“, die mit dem Einkaufserlebnis auf Amazon.com verbunden sind. Außerdem ein bestimmtes Vorgehen bei Einkauf, Planung und Prognosen, um die Produkt- und Personalverfügbarkeit zu maximieren und gleichzeitig die Bestandsbelastung und die Durchlaufzeit für die Kunden zu minimieren; und die Fähigkeit, die Kunden mit dem Gesamterlebnis im Geschäft zu überraschen und zu begeistern. Um mit Amazon konkurrieren zu können, müssen die Einzelhändler diese inhärenten Vorteile der Ladengeschäfte kanalisieren und ausbauen. Diese Vorteile können durch den Einsatz der drei Treiber des technologischen Wandels – allgegenwärtige Konnektivität, nahtlose Schnittstellen und Autonomous Computing – im Rahmen der digitalen Automatisierung kombiniert, verbessert oder erweitert werden.

Wenn man den Fokus auf das Ladengeschäft verlagert, zeigt sich zum einen, dass Amazon eine Vorreiterrolle bei der digitalen Automatisierung und Innovation einnimmt, um die üblichen Problempunkte im Einzelhandel – Produktauswahl und Bezahlvorgang – zu beseitigen. Zum anderen zeigt sich, wie die Konkurrenz den Amazon-Effekt mittels ihrer stationären Präsenz überwinden möchte und Technologie zur Bereicherung des Kundenerlebnisses einsetzt. In diesem Zusammenhang werden wir untersuchen, wie Amazon die Phasen des Suchens, Stöberns und Entdeckens beeinflusst hat und wie Einzelhändler digitale Tools in ihren Geschäften einsetzen können, um von Amazons Einfluss sowohl im Online- als auch im Einzelhandel zu profitieren.

ONLINE RECHERCHIEREN, OFFLINE KAUFEN

Um zu verstehen, warum das traditionelle Geschäft mit seiner reinen Transaktionsorientierung bedroht ist, muss man einen Schritt zurückgehen. In der ersten Phase des Onlinehandels entdeckten viele Kunden das Internet und Onlineshopping über PC und Laptop, sodass die E-Commerce-Umsätze zunahmen und die Umsätze sowie die Kundenfrequenz in den traditionellen Geschäften sanken. Trotz der beschleunigten Digitalisierung infolge der weltweiten pandemiebedingten Lockdowns im Jahr 2020 (durch die die Einstellung der Verbraucher gegenüber stationären Geschäften auf die Probe gestellt wurde), blieben die Beweggründe für die Wahl des Kaufkanals in der ersten Hälfte dieses Jahres im Vergleich zu den Vorjahren weitgehend gleich. Komfort war in den meisten Einzelhandelskategorien nach wie vor der wichtigste Faktor, und auch die Lieferung nach Hause und die Warenverfügbarkeit waren wichtig. Rund 86 Prozent der Verbraucher gaben an, dass Komfort bei Onlinebestellungen ausschlaggebend für ihre Entscheidung für den Online-einkauf war (ein Anstieg von drei Prozent im Vergleich zu 2019), während 69 Prozent das Gleiche über ihren Einkauf in Ladengeschäften sagten, was einen Rückgang von nur acht Prozent im Vergleich zum Vorjahr bedeutete.[2]

Weltweit greifen die Konsumenten aktuell primär über das Handy auf den Onlinehandel zu, sodass es keine physischen Grenzen gibt, von wo aus man einkaufen kann. Wenn man soziale Medien, mobile Zahlungen, Sprachsteuerung und Apps in die Gleichung miteinbezieht, müssen Einzelhändler ihre digitale Präsenz weiterentwickeln – manche sagen sogar umkrempeln –, um wettbewerbsfähig zu bleiben. Die Einzelhändler haben es sich nicht nehmen lassen, durch die Einführung ihrer eigenen E-Commerce-Kanäle aus dem Onlinehandel Kapital zu schlagen. Einige haben sogar damit begonnen, ihre E-Commerce-Kanäle mit Online-zu-Offline-Diensten wie Click & Collect zu verbinden. Aus diesem Grund spielen Apps und andere mobilfähige Anwendungen auch eine zentrale Rolle im Ladengeschäft der Zukunft, da es die Schnelligkeit, Bequemlichkeit, Transparenz und Attraktivität, die mit dem Online-Einkauf verbunden wird, so auch direkt im Laden gibt.

Aber auch hier hat Amazon einen Vorsprung: Fast die Hälfte aller Millennials hat die Amazon-App auf dem Startbildschirm ihres Handys, wie eine Umfrage eines US-Medienanalyseunternehmens ergab.[3]

Die Online-Dominanz von Amazon wird weiterhin einen starken Einfluss auf die Onlinerecherche vor dem Einkauf haben, unabhängig davon, wo der Kunde die Produktsuche durchführt – und so wird Amazon den Ladengeschäften möglicherweise auch das eine oder andere Geschäft wegschnappen. Betrachtet man jedoch die zwei Drittel der Kunden, die ausschließlich im Geschäft oder in Kombination mit Onlinediensten einkaufen, so zeigt sich, dass die Popularität von ROBO (research online, buy offline – online recherchieren, offline kaufen) oder „Webrooming“, wie es auch genannt wird, den stationären Handel begünstigt. Fast die Hälfte (45 Prozent) der Verbraucher, die vor der Pandemie ein Produkt in einem Geschäft kauften, sagten, dass sie sich zuerst online über das Produkt informiert hatten. Laut einer McKinsey-Umfrage gaben 2020 75 Prozent der Menschen, die zum ersten Mal digitale Kanäle genutzt hatten, an, dass sie diese auch weiterhin nutzen werden, wenn die Dinge wieder „normal“ werden.[4] Man könnte also sagen, dass ein Einzelhändler durch die Online-Produktsuche genauso viel Umsatz an Amazon verlieren kann, wie er durch den ROBO-Trend im Laden gewinnt.

> *„Webrooming“*
> Substantiv, informell
> Definition: Die Praxis, online zu Produkten recherchieren, um viele Optionen zu prüfen und zu vergleichen, dann aber in ein stationäres Geschäft zu gehen, um den Kauf abzuschließen, wird auch als „research online, buy offline – online recherchieren, offline kaufen“ (ROBO) bezeichnet. Häufig nutzen Verbraucher diese Methode, wenn sie genau wissen wollen, wie das Produkt im wirklichen Leben aussieht, bevor sie den endgültigen Kauf tätigen.

Bei ROBO muss sich der Einzelhändler in der Phase der Produktsuche durchsetzen und Amazon im Hinblick auf den Preis, das Produktangebot und die Informationen oder den Standort schlagen – wobei wir bereits wissen, dass Ersteres angesichts der Dominanz des Online-Riesen leichter gesagt als getan ist. Im Zuge des ROBO-Trends hat sich Amazon mit der Einführung der „Price Checker"-App, mit der Kunden Barcodes scannen und sofort den Ladenpreis mit Onlinepreisen vergleichen können, frühzeitig einen Vorteil verschafft. Ende 2011 gab es sogar einen Tag lang einen einmaligen Rabatt von fünf Prozent (bis zu fünf US-Dollar) auf drei Artikel, insgesamt also 15 US-Dollar, um die Kunden zur Nutzung der App zu bewegen. Darüber hinaus werden die Kunden gebeten, Amazon Informationen über die Preise in den Geschäften und deren Standorte mitzuteilen. So kann Amazon sicherstellen, selbst die günstigsten Angebote zu haben. Es wurde sogar ein Amazon-Shopper-Panel eingeführt, das Kunden belohnt, die ihre Quittungen für Einkäufe bei Nicht-Amazon-Händlern einsenden.

Amazon hat den Early-Mover-Vorteil, frühzeitig die Bedeutung von Kundenbewertungen und -rezensionen für die Verbesserung der verfügbaren Produktinformationen erkannt zu haben, auch beim Einstieg in den stationären Handel genutzt. Einer Umfrage von Podium zufolge – einem Unternehmen für Onlinemarketing aus Utah – lesen 82 Prozent der Verbraucher Bewertungen, bevor sie eine Kaufentscheidung treffen, und 93 Prozent geben an, dass Online-Bewertungen ihre Kaufentscheidung beeinflussen. Amazon ist Vorreiter im Hinblick darauf, Kundenrezensionen zu Produkten und zu Marketplace-Verkäufern als entscheidenden Faktor dafür zu nutzen, wie weit oben ein Produkt in den Suchergebnissen erscheint. Damit hat Amazon einen offensichtlichen Vorteil gegenüber Einzelhändlern mit weniger gut entwickelten E-Commerce-Funktionen. Dennoch kann ein Einzelhändler Onlinebewertungen zu seinem eigenen Vorteil nutzen. Manch ein Anbieter von E-Commerce-Systemen geht davon aus, dass 50 oder mehr Bewertungen pro Produkt die Online-Konversionsrate um 4,6 Prozent erhöhen können, während die Wahrscheinlichkeit, dass ein Kunde einen Kauf tätigt, nachdem er eine Bewertung gelesen hat, um 58 Prozent steigt.[5]

Angesichts der Pionierrolle von Amazon, Kunden online zum Kauf von Produkten zu bringen, die sie nicht in echt gesehen haben, wird verständlich, warum Amazon in den „Amazon Books"-Läden – dem ersten Vorstoß des Unternehmens in den stationären Einzelhandel – die Bewertungen und Rezensionen der Kunden in den Mittelpunkt stellte. Darüber hinaus wurden die Mitarbeiter in den Geschäften mit Handhelds für den Kundenservice ausgestattet. In Kapitel 7 wurde erwähnt, wie in den Läden statt auf eine große Auswahl auf Ästhetik gesetzt wird und die traditionelle Herangehensweise der Buchhändler an den Verkauf umgekrempelt wird, indem mobile digitale Dienste für den Zugang zu mehr Informationen und Auswahl benutzt werden.

An dieser Stelle sei jedoch darauf hingewiesen, dass einige Branchenvertreter schon bald, nachdem Amazon vorgeworfen worden war, dem traditionellen Buchhandel den Todesstoß zu versetzen, einwandten, dass der Vorstoß von Amazon in ihr Geschäftsgebiet auch zeigt, wie wenig Erfahrung das Unternehmen mit dem Einzelhandel in Ladengeschäften hat. Im Vergleich etwa zu den großzügigen und mit Glas verkleideten „Town Square"-Läden von Apple hoben Kommentatoren auch das relativ spartanische Erscheinungsbild der „Amazon Books"-Läden hervor.

Es könnte sein, dass die Buchhandlungen von Amazon bloß seelenlose Verlustbringer sind. Nimmt man aber den größeren Kontext des Ladengeschäfts der Zukunft in den Blick, erkennt man, dass das Ziel von Amazon nicht unbedingt darin bestand, Geld zu verdienen, sondern auszutesten, wie die Vorteile des online Einkaufens auf das Einkaufen im Laden übertragen werden können. Hier zeigt sich, welch entscheidende Rolle das Mobiltelefon spielt. Die Fokussierung auf einen Kunden, der mit einem mobilen Gerät in das Geschäft kommt – was sich als wichtiger Faktor für das kundenzentrierte Angebot von Amazon erweist –, ist zum Unterscheidungsmerkmal des Unternehmens im stationären Handel geworden. Amazon ist zum einen in der Lage, Kunden in der Filiale anhand ihrer Kaufhistorie und ihrer Vorlieben zu identifizieren und dies mit den Angeboten und Empfehlungen abzugleichen, die sie online erhalten. Zum anderen kann das Unternehmen diese Zuschreibungen sowohl online als auch in der Filiale genau messen und sowohl das Angebot in der Filiale als auch die kundenspezifischen Preisangebote, Produktinformationen und Werbeaktionen entsprechend der tatsächlichen Kaufgewohnheiten der Kunden verfeinern.

Das Ziel von Amazon bestand von Anfang an darin, eine Einzelhandelsumgebung im Laden zu schaffen, in der sich die Kunden leicht ausweisen können, sodass Amazon die von ihnen mitgeteilten Daten nutzen kann, um das Einkaufserlebnis zu personalisieren und so zu gestalten, dass es dazu passt, in welcher Phase des Einkaufs sich die Kunden gerade befinden. Durch die Weitergabe von Preis- und anderen Informationen an eine App, die sich auf dem persönlichen Gerät des Kunden befindet, kann Amazon potenziell jedes Angebot, jede Empfehlung und jeden Preis für jeden Kunden in Echtzeit personalisieren, unabhängig davon, ob er sich in einem Amazon- oder einem Konkurrenzgeschäft befindet, und so die Akquise, Konversion und Kundenbindung optimieren.

STANDORT ALS AUSGLEICH FÜR MANGELNDE RELEVANZ

Auch wenn Produktbewertungen und Rezensionen vorher dem reinen Onlinehandel vorbehalten waren und dort zum Informationsgewinn bei der Produktrecherche beitrugen, ist es Amazon gelungen, sie mithilfe der Mobiltelefone in die „Amazon Books“-Läden zu übertragen und so das Kundenerlebnis dort zu personalisieren und zu verbessern. Aber die Daten, die die Kunden mit Onlinebestellungen generieren, bestimmen auch alles andere an diesen Läden – von der Sortierung über das Merchandising bis hin zur Preisgestaltung und zu den Werbeaktionen –, sodass Amazon die Offline-Ergebnisse mit der Online-Ausführung verknüpfen kann und umgekehrt, was zu einem sich selbst verstärkenden Kreislauf der ständigen Verfeinerung und Verbesserung führen soll.

Man darf nicht vergessen, dass die Vermarkter wegen des Einflusses der Digitalisierung die Recherchephase beim Einkaufen als „Zero Moment of Truth“ (ZMOT, deutsch: nullter Moment der Wahrheit, ein von Google 2011 geprägter Begriff) betrachten.[6] Da die Kunden online genauso anonym nach Produkten suchen können wie im Geschäft, sollte es nicht überraschen, dass Amazon Funktionen, die den ZMOT positiv beeinflussen können, indem sie die Konversion fördern, in den stationären Handel exportiert. Will man den Vorteil des Ladengeschäfts im ZMOT ausnutzen – zum Beispiel, um einen ROBO-Verkauf zu unterstützen –, ist die standortbezogene Suche oder „In meiner Nähe“-Suche ein wichtiges Instrument für stationäre Händler, um den Vorteil der sofortigen Bedürfnisbefriedigung auszunutzen (wenn das gesuchte Produkt vorrätig ist). Das liegt daran, dass schon lange vor der Zeit von Amazon mangelnde Relevanz durch einen guten Standort ausgeglichen werden konnte. Deshalb verfügen die größten Einzelhändler der Welt auch über ein so umfangreiches und in einigen Fällen dichtes Filialnetz.

Wie Google selbst angedeutet hat, geht es bei der „In meiner Nähe“-Suche nicht mehr nur um den Standort, sondern auch darum, Menschen zeitnah mit Produkten in Verbindung zu bringen und einen Ort zu finden, der das Produkt führt. Der Suchgigant hat darauf hingewiesen, dass Suchanfragen mit „in meiner Nähe“ und den Varianten „kann ich kaufen?“ oder „zu kaufen“ vor der Pandemie um 150 Prozent gestiegen sind.[7] Das liegt daran, dass die Kunden oft Produkte suchen, weil sie unmittelbar ein Bedürfnis befriedigen möchten, wobei laut Google auch fast ein Drittel aller mobilen Suchen mit dem Standort zusammenhängen. Wenn es also um Unmittelbarkeit geht, hat das Ladengeschäft vor dem Onlineshop fast immer die Nase vorn – vor allem wenn der Einzelhändler auch die Möglichkeit bietet, bei vergriffenen Beständen den Verkauf zu „retten“, indem er den Online-Bestand zur Bestellung im Geschäft bereitstellt. Das ist ein weiterer Grund für die Erwartung der Kunden, im Laden das gleiche Angebot und das gleiche Erlebnis wie im Internet zu erhalten – online ist es möglich, warum also nicht auch im Laden?

Allerdings hat der Standort der Ladengeschäfte, wie wir während der Pandemie gesehen haben, deren Rolle als Logistikzentren gefestigt. Rund 80 Prozent aller Onlinebestellungen wurden per Übergabe am Straßenrand abgewickelt, was zeigt, wie wichtig es im digitalen Zeitalter ist, über eine stationäre Infrastruktur zu verfügen und diese zu nutzen. Diese hat auch zu den bereits erwähnten 15-Minuten-Lieferungen und einstündigen Click&Collect-Diensten geführt, was die wichtige Rolle der Läden als wesentlicher Bestandteil der E-Commerce-Abwicklung weiter unterstreicht.

Aus diesem Grund müssen auch stationäre Geschäfte auf ihren Websites die grundlegenden Anforderungen der Suchmaschinenoptimierung (SEO) beachten, damit sie und ihr Inventar online gefunden werden können. Andere Google-Funktionen wie das patentierte Knowledge Panel, das rechts neben den Suchergebnissen erscheint, sollen Nutzern dabei helfen, Marken zu entdecken oder Unternehmen zu finden; und wie bei Amazon können die bezahlte Suche und die Shopping-Express-Plattform dafür sorgen, dass ein stationäres Geschäft in dem Moment entdeckt wird, wenn Amazons schnelles Lieferangebot noch nicht verfügbar ist. In Kapitel 15 wird untersucht, wie Google seine „WACD"-Vorteile (What Amazon Can't Do – was Amazon nicht kann) durch Logistik weiter ausnutzt.

Um den Druck auf Amazon und andere Einzelhändler zu erhöhen, deren Geschäfte in erster Linie oder ausschließlich online abgewickelt werden, hat Google mit dem Tool „See What's In Store" (Aktuelle Angebote im Geschäft, SWIS) den Kunden die Möglichkeit gegeben, in Geschäften in ihrer Nähe nach Waren zu suchen. Man kann nach einem bestimmten Produkt suchen und herausfinden, welche Geschäfte in der Nähe diesen Artikel vorrätig haben, oder über die Hauptsuchleiste von Google das gesamte verfügbare Inventar eines einzelnen Geschäfts durchsuchen. Durch die Auswahl des nächstgelegenen Geschäftsstandorts wird eine zweite Suchleiste im Google

Knowledge Panel generiert, in der die Kunden das Inventar des betreffenden Geschäfts durchsuchen können. Man kann auch den Namen eines bestimmten Produkts in die Google-Shopping-Suchleiste eingeben, und die Ergebnisse zeigen, welche lokalen Geschäfte diesen Artikel vorrätig haben. Allerdings müssen die Geschäfte dafür bezahlen, dass sie in den Ergebnissen der Anzeigen für lokales Inventar erscheinen. Obwohl die Werbekosten für kleinere lokale Unternehmen unerschwinglich sein können und sich die Funktion bei den Kunden nicht durchgesetzt hat, wurde eine Reihe von Technologieprodukten entwickelt, mit denen Einzelhändler ihr Ladeninventar mit einem Google-Business-Eintrag verknüpfen können.

„Der Onlinehandel hat oft die Nase vorn, weil die Leute nicht wissen, wo es welchen Artikel gibt. Das ist ein großer Nachteil der lokalen Geschäfte gegenüber Amazon. Wenn Sie wüssten, dass etwas nur einen Häuserblock entfernt erhältlich ist oder dass Sie es in einem Geschäft vor Ort abholen können, ohne auf den Versand warten zu müssen, würden Sie es vielleicht nicht online bestellen."

MARK CUMMINS, CEO VON POINTY, EINEM IN DUBLIN ANSÄSSIGEN TECHNOLOGIEUNTERNEHMEN, DAS VON GOOGLE ÜBERNOMMEN WURDE, UM SWIS ZU BETREIBEN[8]

Amazon verfügt zwar noch nicht über ein umfangreiches Filialnetz, das mit denen seiner globalen Konkurrenten bei Lebensmitteln und allgemeinen Waren mithalten kann, aber Google kann sich noch so sehr bemühen, durch Funktionen wie Anzeigen für lokales Inventar und SWIS aufzuholen – Amazon bleibt dominant, wenn es um die Produktsuche geht. Werden Kunden allerdings nach dem Grund dafür gefragt, geben sie nicht am häufigsten den Preis an (Abbildung 13.1), was wiederum darauf hindeutet, dass Amazon im ROBO-Krieg noch auf anderen Wegen angreifbar sein könnte.[9]

Geht es um den ZMOT und damit um die Produktrecherche vor dem Kauf, darf man das Aufkommen der visuellen Suche nicht außer Acht lassen. Der Technologieanbieter Slyce liefert visuelle Suchmaschinen-Bilderkennung für zahlreiche Einzelhändler, darunter Home Depot, Urban Outfitters und Tommy Hilfiger in den USA und Großbritannien. Das Unternehmen sagt, dass die Qualität seiner Bilderkennung besser ist als die von Amazon und Google, da es für die erste Stufe der Bilderkennung spezielle Klassifizierer und Detektoren entwickelt hat. Mithilfe von maschinellem Lernen wird die Software darauf trainiert, nutzergenerierte Fotos unterschiedlicher Qualität zu erkennen. Wenn Unternehmen diese Technologie in ihre Websites oder mobile App-Suche integrieren, steigt laut Slyce der durchschnittliche Bestellwert um 20 Prozent, und die Konversionsraten sind um 60 Prozent höher.

ABBILDUNG 13.1: Die wichtigsten Gründe, warum Verbraucher in den USA ihre Produktsuche auf Amazon beginnen[10]

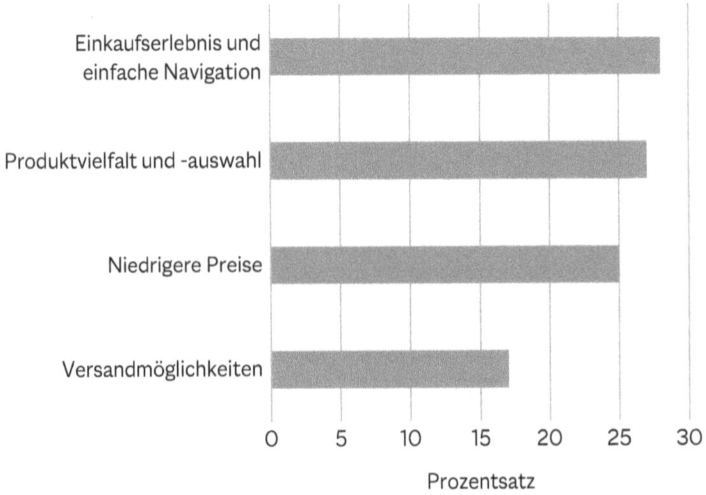

Hier hatte Amazon einen Vorsprung, als es zum ersten Mal seine Bilderkennungs- und KI-Fähigkeiten für maschinelles Lernen nutzte und eine visuelle Suchlösung in seiner App einführte: Amazon Remembers, vorgesehen zum Scannen der Strichcodes von Büchern. Die App wurde als zusätzliche Kamerasuchfunktion namens „Flow“ vorgestellt. Die Funktion wurde später als App namens Firefly in das unglückselige Fire Phone integriert und vor einigen Jahren auch als Feature für das Kindle Fire HD eingeführt. Die visuellen Fähigkeiten der Amazon-App wurden so weit ausgebaut, dass sie mittlerweile fast jeden Gegenstand erkennen kann.[11] Dank einer Partnerschaft mit Samsung, im Zuge deren die Funktion auch in eines der Galaxy-S-Modelle – den Verkaufsschlager des Unternehmens – integriert wurde, steigerte sich die Funktionalität der App immer weiter. Mit der Kamera des Galaxy S und dem Samsung-Assistenten Bixby können Kunden ein Foto eines Artikels oder eines Strichcodes machen, um relevante Ergebnisse aus dem Produktkatalog von Amazon zu erhalten. Das Unternehmen hat sich auch mit Snapchat zusammengetan, sodass Nutzer der App ein Foto von einem Objekt machen und es dann auf Amazon.com kaufen können, und sich damit den Trend zum Social Commerce zunutze gemacht, der bereits in Kapitel 3 vorgestellt wurde.

Die umgekehrte Bildersuche ist ein weiteres visuelles Suchwerkzeug, das genauso gut zu einem Kauf in einem Onlineshop führen kann wie dazu, dass die Kunden nach der Onlinesuche in ein Geschäft gehen und den Artikel dort kaufen. Amazon hat die Möglichkeit der Suche nach Artikeln, die einem von einem Kunden hochgeladenen Bild sehr ähnlich sind, dadurch genutzt, dass Drittanbietern spezielle Apps für die Amazon-Tablets entwickeln können. Zudem gibt es eine Reihe von Google-Browsererweiterungen, über die Kunden die Google-Bildersuche nutzen können, um im Chrome-Browser Artikel auf Amazon.com zu finden. In Kombination mit der Online-Echtzeitanzeige der Regalbestände im Geschäft könnte das Potenzial dieses Werkzeugs voll ausgeschöpft werden, um die Kunden in die Geschäfte zu locken. Aber nur Einzelhändler, die sowohl online als auch in Filialen vertreten sind, können dieses Tool nutzen – und nur dann, wenn ihre Kunden-, Bestands- und Bestellansichten ständig synchronisiert und auf dem neuesten Stand sind. Funktionen wie die visuelle Suche können also dazu beitragen, die Kluft zwischen Offline und Online zu überbrücken, und zwar sowohl im Geschäft als auch online. Sie können das Kundenerlebnis verbessern, indem sie die Möglichkeit bieten, eine Auswahl ähnlicher Produkte nach ihren visuellen Merkmalen zu durchsuchen. So ist es nicht verwunderlich, dass die Microsoft-Suchmaschine Bing über eine eigene visuelle Suchfunktion verfügt und auch Pinterest mit der Einführung von Lens in diese Entwicklung eingestiegen ist. Entscheidend ist an diesem Punkt, dass Einzelhändler genau prüfen, wie sie solche digitalen Werkzeuge nutzen und online so leicht auffindbar machen, dass sie Amazon durch den eigenen Filialstandort, das Angebot und die Produktverfügbarkeit in Kombination mit dem Preis das Geschäft wegschnappen können. Wenn das nicht der Fall ist, dann müssen sie jetzt auch online konkurrenzfähig sein.

DAS GESCHÄFT ALS AUSSTELLUNGSRAUM

Alle Entwicklungen, die bisher untersucht wurden, können sowohl außerhalb als auch innerhalb eines Geschäfts stattfinden. Die Tatsache, dass Smartphones so weit verbreitet sind, hat zur Folge, dass Kunden überall Produkte suchen können, aber diese Suche kann auch einen erheblichen Einfluss auf die Kaufentscheidung haben, wenn sich der Kunde in einem Geschäft befindet. Während sich ROBO auf die Such- und Kaufphase eines Einkaufs bezieht, bei der das Stöbern ein rein virtuelles Erlebnis ist, bringt das Konzept des „Showrooming" die Kunden während des Stöberns direkt in das Geschäft. Anders als bei ROBO ist es jedoch das Geschäft, das beim Verkauf den Kürzeren zieht.

„Showrooming"
Substantiv, informell
Definition: Wenn Kunden ein Geschäft besuchen, um sich ein Produkt anzusehen, den Kauf dann aber tatsächlich online abschließen, manchmal zu einem niedrigeren Preis. Im Wesentlichen fungiert der Shop als Produkt-Showroom für Onlinekäufer.

Es sollte daher nicht überraschen, dass Amazon – auch aufgrund seiner Online-Dominanz – doppelt so häufig für Showrooming genutzt wird wie Google.[12] Speziell für Prime-Mitglieder nutzt Amazon seine Daten und KI-Kenntnisse, um exklusive Waren-SKUs zu umgehen und mittels der Empfehlungsmaschine vergleichbare konkurrenzfähige Artikel anzubieten. Das funktioniert bei funktionalen Artikeln, die sich leicht anhand der Marke oder der Beschreibung zuordnen lassen (zum Beispiel in den Kategorien Bücher oder Haushaltswaren), besser als in Bereichen wie Mode oder Elektronik, wo das Aussehen und die Haptik des Artikels wichtiger sind.

Und Amazon hat diese Einschränkung mit seinem Anti-Showrooming-Patent anerkannt.[13] Das Patent, das sich diesen Trend zunutze macht, soll verhindern, dass die Kunden in den amazoneigenen Geschäften Showrooming betreiben. Es beinhaltet einen Mechanismus, mit dem festgestellt werden kann, auf welche Inhalte ein Kunde über einen mit dem WLAN-Netz des Geschäfts verbundenen Browser zugreift. Wird der Inhalt als Produkt- oder Preisinformation von der Website eines Konkurrenten eingestuft, kann Amazon eine Reihe von Maßnahmen ergreifen: vom Vergleich des gesuchten Produkts mit dem im Laden erhältlichen Produkt über die Übermittlung von Preisvergleichsinformationen oder eines Gutscheins an ihren Browser bis hin zum Vorschlag eines ergänzenden Artikels oder sogar zur völligen Sperrung des Inhalts. Natürlich bedeutet dies auch, dass Amazon von allen zukünftigen Versuchen von Technologieanbietern oder Einzelhändlern, ähnliche Systeme zu entwickeln, profitieren wird, was das Ausmaß seiner Wettbewerbsstärke verdeutlicht.

Die gleichen visuellen Suchfunktionen von mobilen Apps und Geräten, die Bilderkennungsfunktionen und -merkmale enthalten, können genutzt werden, um den Kunden im „nullten Moment" (ZMOT) zu gewinnen, und zwar sowohl bei Einkäufen, bei denen „online recherchiert, offline gekauft" wird (ROBO), als auch als Reaktion auf Showrooming im Geschäft. Augmented Reality (AR) beruht auf ähnlichen Fähigkeiten zur Bilderkennung und des maschinellen Lernens wie die, die Kunden für die Bildersuche nutzen – allerdings in Kombination mit zusätzlichen Entwicklungen in den Bereichen des maschinellen Sehens (Computer Vision) und der Geolokalisierung auf mobilen Geräten. Im Gegensatz zu den Headsets und Controllern für die virtuelle Realität (VR) werden bei AR Bilder, Texte, Videos, Grafiken und andere Medien über das Bild der realen Welt gelegt, das die Smartphone-Kamera anzeigt. AR ist ein Bereich, dessen Potenzial Einzelhändler und Marken gerade erst auszuschöpfen beginnen, aber für das Ladengeschäft der Zukunft kann die Technik Marketing und Merchandising während der Produktsuche vor dem Kauf sowohl innerhalb als auch außerhalb des Geschäfts wirklich verbessern.

IKEA zum Beispiel war eines der ersten Unternehmen, die AR im Heimbereich einsetzten, indem es eine AR-Funktion zur Visualisierung von 3-D-Modellen von IKEA-Möbeln in den Wohnungen der Kunden entwickelte. Das Möbelhaus ist auch einer der größten Einzelhandelsnutzer von Apples AR-Software-Development-Kit (SDK) für das Apple-Betriebssystem iOS mit der IKEA Place App, mit der sich 3D-Renderings erstellen und aus verschiedenen Blickwinkeln betrachten lassen. Kürzlich wurde eine Funktion eingeführt, mit der man mithilfe der iPhone-LiDAR-Sensoren ganze Räume gestalten kann. Wayfair und Home Depot haben ähnliche Funktionen eingeführt, die den Nutzern bei der Gestaltung und Dekoration ihres Zuhauses helfen. Das kann Amazon natürlich nicht auf sich sitzen lassen: Deshalb ist in der Amazon-App eine ähnliche Funktion, „View in Your Room", verfügbar, die AR-Ansichten von Produkten aus der Amazon-Home-Abteilung bietet.

Yihaodian von JD.com, Chinas größtes Online-Lebensmittelgeschäft, hat mit der Idee von AR-Convenience-Stores experimentiert, in denen Kunden mit ihrer mobilen App virtuell an den vorgesehenen Standorten einkaufen können. Auch Lego hat in seinen Geschäften AR-Automaten installiert. Mit diesen können sich Kunden ein fertig gebautes Modell anzeigen lassen, wenn sie die Schachtel vor eine Kamera halten, wobei die fertigen Modelle auf der Schachtel in der Hand der Kunden zu stehen scheinen. Das Unternehmen hat auch die Lego-X-App auf den Markt gebracht, mit der Lego-Fans auf ihren Handys mit 3D-Legosteinen Modelle bauen können. Der japanische Bekleidungshändler Uniqlo arbeitete mit dem AR-Spezialisten Holition zusammen, um in einigen seiner Läden einen „magischen Spiegel" einzuführen, mit dem die Kunden sehen können, wie sie aussehen würden, wenn sie ein Kleidungsstück in einer anderen Farbe trügen. Die Kosmetikmarke Max Factor hat mit Blippar, einem AR-Webbrowser, zusammengearbeitet, um alle Produkte interaktiv zu gestalten, sodass die Kunden über die Blippar-App auf jedes Produkt zugeschnittene Multimedia-Inhalte sehen können.

Die Anwendung von AR zur Maximierung der Konversion bei so subjektiven Käufen wie Wohnkultur, Mode und Make-up liegt auf der Hand. Aber kürzlich hat auch Nike, eine der größten Schuhmarken der Welt, eine AR-gestützte Funktion für seine Fit-App eingeführt, die mithilfe von Computer Vision, Data Science und KI-basierten Algorithmen für maschinelles Lernen und Empfehlungen Füße komplett ausmessen kann. Das britische Unternehmen Hotter, das ebenfalls Schuhe verkauft, macht etwas Ähnliches. Beide Unternehmen berichten, dass die Kunden sich durch die AR-Funktion beim Onlinekauf sicherer fühlen und damit auch die Zahl der Retouren abnimmt.

DAS DIGITALE KUNDENERLEBNIS

Auch wenn sie nicht mit der Amazon-App Showrooming betreiben oder mit Blippar Produkte im Regal scannen, um auf AR-Inhalte zuzugreifen, entwickeln die Verbraucher immer anspruchsvollere, von den Erfahrungen im Onlineeinkauf geprägte Erwartungen an das Niveau der digitalen Interaktion oder des Selbstbedienungsdienstes im Geschäft. Die Voraussetzung dafür, diese Erwartungen zu erfüllen, ist WLAN. Ja, zugegeben, es erleichtert das Showrooming, aber dafür reichen auch mobile Daten, wenn im Geschäft Netzabdeckung vorhanden ist. Der Unterschied besteht darin, dass WLAN für alle Einzelhändler auch der wesentliche Verbindungspunkt mit den Kunden ist, wenn sie ihre Investitionsrendite an allen kundengerichteten digitalen Touchpoints im Geschäft maximieren möchten. Eine (anonyme) Wortmeldung zu den Gründen, warum Einzelhändler in ihren Geschäften WLAN eingeführt haben, wies darauf hin, dass auch WLAN-lose Geschäfte oft Umsatz an Amazon verlieren, weil die mobilen Datensignale nicht bis in die Tiefen dieser Ladenlokale vordringen und die Kunden dann das Geschäft zum Showrooming verlassen, um ein Datensignal zu bekommen, und nie wieder zurückkommen.

Auch wenn die mobile Datenabdeckung und -geschwindigkeit mit der Entwicklung neuer Netzwerkprotokolle und Bandbreiten weiter zunehmen wird, ist ein Hauptgrund für die Einführung von WLAN in Geschäften, dass damit noch mehr digitale Berührungspunkte leichter zugänglich werden, die das Einkaufserlebnis verbessern und die Kunden davon abhalten, den Einkauf woanders zu erledigen. Zumindest kann mit WLAN sichergestellt werden, dass der ZMOT überall im Laden stattfinden kann, auch direkt am Regal, wo der Einzelhändler oder die Marke den größten Einfluss haben. Es wurde bereits darüber gesprochen, wie Kunden mithilfe der integrierten Kamerafunktion eines Mobilgeräts ähnliche Produkte, nach denen sie in der Offline-Welt suchen, online finden können. Aber die Geolokalisierungsfunktionen in diesen mobilen Geräten zeigen, wie weit sich auch die Kartierungsfunktionen mittlerweile entwickelt haben.

Genaue standortbezogene und mobiloptimierte Echtzeit-Informationen über das Geschäft und dessen Angebot können die Kunden in einen Laden locken. Und sobald sie diesen betreten haben, können die Kunden mithilfe mobiloptimierter unternehmenseigener Websites und Apps mit Wegeleitsystem schnell zum richtigen Regal und so zum gesuchten Produkt finden. Der französische Lebensmittelhändler Carrefour hat einen In-App-Service getestet, mit dem Kunden über ihr Mobiltelefon Wegbeschreibungen zu Sonderangeboten in einem Geschäft erhalten – oft im Zusammenhang mit individuellen Vorlieben. Das Unternehmen hat in seinen 28 rumänischen Hypermärkten 600 Bluetooth-Low-Energy-Funkbaken (sogenannte BLE Beacons) eingesetzt, die sich mit einer App auf den Smartphones der Kunden oder den mit Samsung-Tablets ausgestatteten, von Carreor zur Verfügung gestellten Einkaufswagen verbinden und den genauen Standort eines Kunden ermitteln können. Der Euralille-Hypermarkt von Carrefour im französischen Lille installierte im Rahmen einer umfassenden Renovierung 800 programmierbare Philips-LEDs, um nicht nur Energie zu sparen, sondern auch die visuelle Lichtkommunikation (VLC) von Philips zu nutzen, die Lichtwellen mit Daten über Produkte und Werbeaktionen kodiert und die Informationen direkt an die Kamera des Kunden-Smartphones überträgt. Eine App zeigt dann die Informationen an, in welcher Richtung ein Produkt zu finden ist.

Smarter Raum

Der Vorteil, selbst eine Internetverbindung im Laden zur Verfügung zu stellen, liegt in den Informationen, die aus den erzeugten Daten gewonnen werden können. So haben Einzelhändler bisher Systeme zur Personenzählung verwendet, die die Kundenströme auf der Grundlage von Infrarotkamerabildern oder der Anzahl der Personen erfassen, die das Geschäft betreten oder verlassen, das heißt: die Schwelle zum Geschäft überschreiten. Das Geschäft der Zukunft wird Daten aus WLAN- und Kartierungssystemen sowie andere Technologien zur Überwachung der Kundenfrequenz nutzen, um die Gestaltung und das Layout der Läden entsprechend dem Einkaufsverhalten der Kunden zu verbessern, insbesondere in Geschäften mit regelmäßig aktualisierten Sortimenten und Angeboten. 2017 führte Apple ein AR-Software-Development-Kit (SDK) für sein mobiles Betriebssystem ein – ARKit für iOS –, um die Apple-Kartenfunktionen um immersive virtuelle Funktionen und 3D-Funktionen zu erweitern und gegenüber dem Konkurrenten Google Maps aufzuholen. In Verbindung mit Entwicklungen wie VLC und der visuellen Suche kann AR-Mapping auch dazu verwendet werden, das Einkaufen in Geschäften zu gamifizieren. Shopkick war in dieser Hinsicht schon früh ein Vorreiter. Es arbeitete mit den US-Einzelhändlern Best Buy, JCPenney, Target und Macy's zusammen und bot Kunden standortbezogene Vergünstigungen und Angebote, wenn sie in den teilnehmenden Geschäften eincheckten und die Barcodes bestimmter Artikel scannten. Starbucks und das Telekommunikationsunternehmen Sprint haben mit Nintendo zusammengearbeitet, um in ihren Läden Pokémon-Go-AR-„Köder", genannt PokéStops, zu platzieren, dadurch Spieler in die Geschäfte zu locken und die Besucherzahlen zu erhöhen. Andere Einzelhändler haben mit der Gamifizierung von AR-basierten Marketinginitiativen experimentiert, zum Beispiel mit Schnitzeljagden.

Elektronische Regaletiketten (ESLs) sind keine neue Technologie, wenn es um die Digitalisierung von Geschäften geht. Sie sind trotzdem ein Beispiel dafür, warum WLAN im Geschäft der Zukunft zur Grundausstattung gehören sollte, wo mithilfe von Technologie digitale Berührungspunkte in das Kundenerlebnis am ultimativen ZMOT in der Entdeckungsphase des Einkaufs eingebaut sind. Abgesehen von der Tatsache, dass eine große ESL-Studie ergab, dass für 80 Prozent der Verbraucher der Preis den größten Einfluss auf die Kaufentscheidung im Ladengeschäft hat, liegen für 67 Prozent der Einzelhändler die Kosten für die manuelle Verwaltung von Änderungen der Etikettierung oder Beschilderung im Zusammenhang mit der Preisgestaltung und Verkaufsförderung im Laden bei unglaublichen 1,00 bis 4,99 Prozent des durchschnittlichen monatlichen Ladenumsatzes.[14]

Der Austausch von Papierpreisschildern, bei dem eine Gruppe von Mitarbeitern mit vorgedruckten Schildern oder am Gürtel getragenen Etikettendruckern bewaffnet durch den Laden zieht, ist nicht nur kostspielig und ineffizient. Wenn sich der Laden in der EU befindet, können die Ungenauigkeiten, die bei altmodischen Preisauszeichnungsmethoden gern auftreten, auch zu Verstößen gegen die Vorschriften über die Genauigkeit der Preisauszeichnung[15] und der Produktinformationen[16] führen. Und wegen des Zeitverlusts bei der manuellen Preisänderung ist auch die Fähigkeit der stationären Geschäfte, schnell auf Preisnachlässe der Konkurrenz zu reagieren, stark eingeschränkt. Dadurch sind sie gegenüber den mächtigen KI-gesteuerten dynamischen Preisgestaltungsalgorithmen von Amazon im Nachteil, mit denen jeden Tag die Preise von Millionen Artikeln geändert werden. Unternehmen wie Walmart und Best Buy nehmen im Vergleich dazu nur Zehntausende von Preisänderungen in einem ganzen Monat vor.[17]

Die ESL-Studie ergab auch, dass genaue Preisangaben die wichtigste Information sind, die Kunden angezeigt bekommen möchten (82 Prozent). Dabei vertrauen allerdings nur 43 Prozent immer darauf, dass die angezeigten Preise mit den an der Kasse gezahlten Preisen übereinstimmen. Auch insofern können ESL das Kundenerlebnis verbessern, indem sie das Vertrauen der Kunden in die Genauigkeit der Preisangaben am Regal stärken. In Verbindung mit den verbesserten Fähigkeiten von KI-Computer-Vision-Software kann die Gesichtserkennung das Einkaufserlebnis sogar noch weiter personalisieren. Intel zum Beispiel hat seine RealSense-Technologie für ESL vorgeführt. Sie unterstützt die AMW Smart Shelf und die „Automated Inventory Intelligence"-Software, die von der Hershey Company und Pepsi in einigen Walmart-Filialen getestet wird. Die Software ermöglicht eine digitale Regalbeschriftung, die erkennt, wenn Menschen an den Regalen vorbeigehen, und die dann die Preise anzeigt. Wenn niemand in der Nähe ist, werden stattdessen

Werbebilder gezeigt. Kroger verfügt dagegen über eine eigene intelligente Regallösung, mit der nach Angaben des Unternehmens die Preise nahtlos geändert und den Kunden ein personalisiertes Einkaufserlebnis geboten werden kann.

Die bidirektionale drahtlose Kommunikationskapazität, die für die Aktualisierung von ESL erforderlich ist, kann auch für den Kundenkontakt genutzt werden, indem über WLAN, Bluetooth-Beacons oder die gleiche Nahfeldkommunikationstechnologie (NFC), die von mobilen Geldbörsen und kontaktlosen Kredit- und Debitkarten verwendet wird, eine Verbindung zum Smartphone des Kunden hergestellt wird. In der Zukunft wird es immer wichtiger werden, diese Verbindung zu nutzen, um dann, wenn der Kunde am Regal steht, zur Verbesserung des Kundenerlebnisses ergänzende Produktempfehlungen, Bewertungen und Angebote anzuzeigen. Ein ESL kann das Interesse weiter steigern, indem es detailliertere Informationen zu Preis, Herkunft, Allergien und so weiter bietet, als es auf einem herkömmlichen Etikett möglich ist. Einige Händler haben bereits großformatige ESL eingesetzt, um mehr Informationen anzeigen zu können, zusammen mit QR-Codes, über die online weitere Informationen zugänglich sind. Der französische Baumarktbetreiber Leroy-Merlin hat ESL eingesetzt, um die bekannten Schwachstellen von Papieretiketten im Hinblick auf Genauigkeit, Produktivität und Preisgestaltung zu vermeiden. Aber es nutzte ESL auch, um den Kunden eine automatische Echtzeit-Geolokalisierung der Produkte im Geschäft anzubieten. Amazon setzt bereits seit einiger Zeit ESL in einigen seiner Geschäfte ein. Aber erst vor Kurzem hat das Unternehmen sie auch in seinen neuesten Convenience Stores und Lebensmittelgeschäften eingeführt.

Digitale Verkaufsstellen

WLAN, Beacons, VLC, ESL und AR können verschiedene Elemente von Ladengeschäften in digitale Verkaufsstellen verwandeln. Die Lifestyle-Marke Ted Baker hat in Großbritannien Schaufensterpuppen getestet, die mit Beacons ausgestattet sind und beispielsweise Werbebotschaften aussenden können. Bei Bidoo verändert man mittlerweile digitale Werbetafeln so, dass sie das Gesicht der Kunden zeigen, wenn diese an den auf ihre Vorlieben zugeschnittenen Angeboten vorbeigehen. Mit der Mikrostandort-App des Unternehmens können Kunden Angebote in nahe gelegenen Geschäften annehmen und dann einlösen. Inzwischen werden Beacons auch im Drive-in-Bereich eingesetzt. Man kann per Sprachsteuerung im Auto eine Pizza-Hut-Bestellung aufgeben, und das Restaurant wird mittels Beacons über die bevorstehende Ankunft der Gäste informiert. Die Bezahlung erfolgt über Visa und den Onlinebezahldienst Visa Checkout, der in das Armaturenbrett des Fahrzeugs integriert ist.

Ein weiterer wichtiger Bereich ist die interaktive digitale Beschilderung. Samsung bietet seine cloudbasierte Nexshop-Softwareplattform für digitale Geschäfte mit Echtzeit-Verhaltenserfassung über IP- und Mobilgeräte an, die von so unterschiedlichen Unternehmen wie dem Audiohersteller Harman, dem Automobilhersteller BMW und der Friseurkette TONI&GUY eingesetzt wird. Zusätzlich zu den Analysefunktionen können Geschäfte mithilfe von cloudbasierten Inhalten über Tablets oder interaktive Displays mit den Kunden interagieren und so ein besseres Kundenerlebnis schaffen. Eine Reihe von Luxusmarken, darunter L'Oréal, Luxottica und LVMH, nutzen die MemoMi-Smart-Mirror-Technologie von Finish Line und Elo, mit der Kunden ein Foto von sich selbst in neuer Kleidung machen und das Bild auf viele verschiedene Hintergründe legen können. Das Bild wird den Kunden per SMS weitergeleitet, sodass es leicht in sozialen Netzwerken geteilt werden kann.

Das US-amerikanische Unternehmen 1-800-Flowers ist noch einen Schritt weiter gegangen und hat seine Geschäfte, die telefonische Bestellung, den Onlineshop sowie die mobilen und sozialen Medien um KI-gestützten Dialoghandel erweitert. Damit war es das erste Einzelhandelsunternehmen, das einen Facebook-Messenger-Einkaufs-Bot eingeführt hat, einen KI-gesteuerten Concierge namens

GWYN („Gifts When You Need") einsetzt und Partnerschaften mit Amazon und Google eingegangen ist, damit Kunden per Sprachsteuerung Bestellungen aufgeben können.

Aber die Nutzung der Sprachsteuerung im Geschäft der Zukunft hat begonnen, sich zu entwickeln, und Amazon und Alexa weisen den Weg. So wurde beispielsweise SmartAisle, ein von der Mars Agency entwickelter, sprachgesteuerter Einkaufsassistent, kürzlich in den USA von BevMo!-Läden getestet. Das eigenständige System besteht aus einem smarten Amazon-Echo-Lautsprecher, LED-Navigationslichtern und einem maßgeschneiderten Verkaufspunkt, der in ein Warendisplay eingebaut ist. Nach der Eingabe des Befehls „Alexa, öffne SmartAisle" wird der Kunde durch eine Reihe einfacher Fragen zu seinen Vorlieben (in der Testphase für Whisky), zum Beispiel Art und Geschmack, geführt. Dann bekommt er eine Auswahlliste von drei Produkten angezeigt, die durch Regalbeleuchtung hervorgehoben werden.

In den eigenen stationären Geschäften geht Amazon jedoch mit gutem Beispiel voran und erweitert die Interaktions- und Kaufpunkte über seine kassenlose „Just Walk Out"-Technologie hinaus. Das Unternehmen hat die Amazon Dash Carts in den großen Amazon-Fresh-Lebensmittelgeschäfte eingeführt, mit denen Kunden die Kassenschlange umgehen können, indem auf alle Artikel im Einkaufswagen die „Just Walk Out"-Funktionen und auch neue Alexa-Funktionen angewendet werden, mit denen die Kunden ihre Einkaufszettel verwalten und besser durch die Gänge navigieren können. Kunden können Alexa und Alexa-Einkaufslisten verwenden, um Artikel im Geschäft zu finden. Bei ihrer Ankunft können sie ihre Alexa-Einkaufsliste über die Amazon-App oder den integrierten Bildschirm des Amazon Dash Carts abrufen. So kann man schnell durch die Gänge navigieren, und die Artikel werden während des Einkaufs abgehakt. Im gesamten Geschäft stehen sogar Amazon-Echo-Show-Geräte zur Verfügung, mit denen die Kunden Alexa um Hilfe bitten können. Am besten sagt man laut Amazon einfach: „Alexa, wo finde ich die scharfe Soße?"

Das Geschäft der Zukunft wird mit Sicherheit digital unterstützte Hilfe anbieten. Aber wo bleibt das Personal im Einzelhandel, wenn der Schwerpunkt auf der Selbstbedienung liegt? Der IT-Manager eines Einzelhandelsunternehmens, der (aus offensichtlichen Gründen) ungenannt bleiben soll, beklagte vor einigen Jahren auf einer Branchenveranstaltung, dass „die Kunden, wenn sie in den Laden kommen, durch ihre Handys mehr Informationen zur Verfügung haben als unsere Ladenmitarbeiter". Hier kann im Rahmen eines digitalen Systems zur Pflege des Kundenstamms, wie es im Luxuseinzelhandel zur Betreuung hochwertiger Kunden verwendet wird – das sogenannte „Clienteling" –, das Ladenpersonal mit digitalen Geräten ausgestattet werden, um den beratungsintensiven Verkauf in Bereichen wie Gesundheit und Beauty, Unterhaltungselektronik, Automobil und Luxus zu unterstützen. Die britische Drogerie- und Beautykette Boots hat die MyBeauty-App eingeführt, mit der die Mitarbeiter Produktinformationen, Bewertungen und Rezensionen anzeigen, den Bestand online nachschlagen und auf der Grundlage von Online-Analysen personalisierte Kundenempfehlungen abgeben können. Sephora, ebenfalls ein Kosmetikunternehmen, hat sich mit ModiFace zusammengetan, um die Technologie für den „Sephora Virtual Artist" zu entwickeln, der sowohl über die App als auch in ausgewählten Geschäften verfügbar ist. Angeblich besuchen angemeldete Kunden die App mehrmals im Monat. Sie können hier nicht nur Inhalte und personalisierte Nachrichten checken, sondern auch eine digital unterstützte Beratung mit einem Mitarbeiter im Geschäft in Anspruch nehmen.

Die Bedeutung des menschlichen Kontakts

Die Rolle des Personals im Geschäft der Zukunft wird daher darin bestehen, mehr digital unterstützte Beratungs- als Transaktionsdienstleistungen vorzunehmen. Mitarbeiter müssen zu echten Markenbotschaftern werden. Ähnlich wie bei der Kundenberatung kann das Personal mit integrierten Barcode-Scannern, Kartenzahlungs- und PIN-Eingabegeräten insbesondere für den bargeldlosen

Verkauf eingesetzt werden, um Warteschlangen zu vermeiden. Allerdings muss der Prozess des Eintütens und der Entfernung von Sicherheitsetiketten in der Praxis berücksichtigt werden. Vor allem im Lebensmittelhandel sind Self-Scan-Systeme und automatisierte Kassensysteme weiter verbreitet. Sie erhöhen zwar die Geschwindigkeit und den Durchsatz an der Kasse, verlagern aber auch die gesamte Last des Einkaufs auf den Kunden. Hinzu kommt, dass die Kunden aufgefordert werden, ihre Kundenkarten als Teil des Bezahlvorgangs zu scannen, kurz bevor sie das Geschäft verlassen! Der Spruch „unexpected item in bagging area" (unerwarteter Artikel im Einpack-Bereich), häufig zu hören an Selbstbedienungskassen in britischen und amerikanischen Geschäften, hat schon als Inspiration für so manches Internet-Meme gedient, woran sich die starke Abneigung der Verbraucher gegen diese Systeme zeigt. Die Händler dagegen müssen das erhöhte Diebstahlrisiko akzeptieren, das sie mit sich bringen. Walmart hat seine mobile App „Scan & Go" im Jahr 2018 wegen geringer Akzeptanz eingestellt. Gerüchten zufolge war hier die Zahl der Diebstähle ebenfalls sehr hoch. Sam's Club und Costco bieten jedoch ähnliche Instore-Scan- und Bezahl-Apps an, und Starbucks ermöglicht die Bezahlung mit der Wertkartenfunktion seiner App – zudem können die Kunden für eine schnellere Abholung auch im Voraus bestellen. Es ist auch erwähnenswert, dass Walmart wohl gezwungen war, während der Pandemie im September 2020 die Scan-&-Go-Funktion über die Walmart+-App wieder einzuführen, da die Nachfrage nach sicheren, berührungsarmen Selbstbedienungsmöglichkeiten im Laden sehr groß war.

Die letzte Phase des Einkaufserlebnisses konzentriert sich also auf den Checkout und die Bezahlung, wobei die nächste Entwicklungsstufe von der unbemannten Kasse zum unbemannten Geschäft und zum „kassenlosen" oder „kassenfreien" Einkaufen führt. Hier ist China führend. F5 Future Stores betreibt in der chinesischen Provinz Guangdong unbemannte 24-Stunden-Läden, die vollständig von Roboterarmen betrieben werden. Typischerweise bestehen die Geschäfte aus drei Verkaufsautomaten und einem Reinigungsautomaten. Der erste Automat verkauft schnelllebige Konsumgüter (FMCG) wie Getränkedosen und benötigt durchschnittlich sieben Sekunden, um eine Bestellung abzuschließen; der zweite verkauft frische Lebensmittel wie Nudeln und Hackfleischbällchen und benötigt etwa 50 Sekunden, um das Gericht zu servieren; und der dritte Automat verkauft Getränke wie heißen Kaffee, was er in 20 Sekunden erledigen kann. Weitere Beispiele für unbemannte Geschäfte sind die Minute- und BingoBox-Filialen von Auchan China und der selbst fahrende Wheelys MobyMart, bei dem der Kunde über eine App Zugang zum Geschäft erhält und die Waren durch das Scannen von QR-Codes oder mittels Computer Vision bezahlt, über die das Konto des Kunden beim Verlassen des Geschäfts belastet wird. Es gibt auch die 7-Eleven-„Signature"-Läden in Südkorea und sogar einen riesigen fahrbaren Tmall-Automaten von Alibaba in Guangzhou, der eher wie ein Gebäude aussieht. Diese Konkurrenten von Amazon haben den Standard gesetzt, aber es ist unwahrscheinlich, dass Läden in Zukunft vor allem unbemannte, robotergesteuerte Kisten sein werden. Aufgrund der hohen Kosten für die eingesetzte Technologie wird dieses Konzept auf kleine Convenience Stores beschränkt sein, und der menschliche Kontakt wird in Branchen, die einen beratungsintensiveren Verkauf erfordern, weiterhin relevant sein. Aber auch Walmart und das portugiesische Unternehmen Sonae haben bereits autonome Einkaufswagen für Kunden mit eingeschränkter Mobilität getestet.

Roboter innerhalb des Geschäfts, wie zum Beispiel der von Target getestete Simbe's Tally, könnten allerdings die repetitive und mühsame Aufgabe der Regalprüfung übernehmen, bei der das Angebot auf vergriffene, nur noch gering vorhandene und falsch platzierte Artikel sowie Preisfehler untersucht wird. Andere, wie der LoweBot des US-amerikanischen Baumarkts Lowe's, sind sogar in begrenztem Umfang zur Kundeninteraktion fähig. LoweBot kann mehrere Sprachen verstehen und verwendet einen 3D-Scanner, um Personen in den Geschäften zu erkennen. Die Kunden können den Roboter bei der Suche nach einem beliebigen Produkt um Hilfe bitten, indem sie entweder mit ihm sprechen oder Artikel auf einem Touchscreen an seiner Brust eingeben. Der Roboter führt sie dann mithilfe smarter Lasersensoren zu den Produkten. Woolworths in Australien setzt einen Gefahrenerkennungsroboter namens Millie ein. Aber im Gegensatz zu einem ähnlichen Roboter namens Marty, der in Giant- und Stop & Shop-Filialen in den USA eingesetzt wird, kann Millie nicht nur die Mitarbeiter auf verschüttete Flüssigkeiten aufmerksam machen, sondern diese auch aufwischen. Der Pepper-Roboter von Softbank wurde bereits in verschiedenen Situationen zum Kundenkontakt eingesetzt, zum Beispiel bei der Entgegennahme von Pizza-Hut-Bestellungen in Asien, und der Elektronikhändler MediaMarktSaturn hat einen Roboter namens Paul genutzt, der Kunden begrüßt und bei der Navigation unterstützt. Der deutsche Einzelhändler gehört auch zu den vielen Unternehmen auf der ganzen Welt, die von Starship entwickelte autonome Lieferroboter testen. Dennoch werden Roboter das Verkaufspersonal in den Geschäften oder das Lieferpersonal außerhalb der Geschäfte in nächster Zeit nicht vollständig ersetzen können.

Mikrologistik ist ein weiterer Bereich der Robotikanwendung in Geschäften, der für die Kunden unsichtbar bleibt. Walmart beispielsweise nutzt Robotersysteme von Alphabot, um die Onlinebestellungen der Kunden schneller abzuwickeln. Sie rollen auf Schienen um die Lagerbehälter mit den Lebensmitteln herum, holen Artikel heraus und fahren in den dreistöckigen Lagerhallen hoch und runter. Das smarte Ladenkonzept von Walmart, das sogenannte Intelligent Retail Lab, verfügt über eine Reihe von an der Decke montierten Kameras zur Überwachung des Lagerbestands, um vergriffene Waren zu erkennen. Auf diese Weise nutzen Einzelhändler die technologischen Möglichkeiten, um nicht nur das Kundenerlebnis in den Geschäften zu verbessern, sondern auch die Produktivität der Geschäfte und des Personals zu steigern.

Vom Self-Checkout zur Abschaffung des Checkouts

Damit kommen wir zu den kassenlosen Läden von Amazon, deren erster 2018 in Seattle eröffnet wurde. Der mit Computer Vision,

Sensorfusion und KI ausgestattete Laden nutzt die von Amazon patentierte „Just Walk Out"-Technologie, mit der die Kunden den Laden einfach verlassen können, ohne dass überhaupt ein Kassiervorgang durchlaufen werden muss. Die Kunden müssen am Eingang ihre Amazon-App scannen und eine Zahlungsform hinterlegt haben, die beim Verlassen des Ladens belastet wird, je nachdem, was sie den Computer-Vision- und Sensor-Fusion-Systemen zufolge aus den Regalen genommen haben. Das Schöne daran ist, dass Amazon genau weiß, wer sich in den Geschäften aufhält und wer was bei jedem Schritt tut – und die Technologie vermeidet Warenschwund. Der Erfolg des kassenlosen Modells, insbesondere bei der Gewinnung von Stammkunden,[18] hat dazu geführt, dass weitere Filialen in den USA und in London eröffnet wurden. Die Läden sind jedoch nicht gänzlich ohne Personal, denn es sind Mitarbeiter vor Ort, um die Regale wieder aufzufüllen und frische Lebensmittel zuzubereiten, den Zugang zu altersbeschränkten Waren wie Alkohol zu kontrollieren und den „Click & Collect"-Schalter für Online-Bestellungen zu bedienen. Und sie funktionieren nur in dicht bevölkerten Gegenden mit hohem Kundenaufkommen, da nur durch das margenstarke Convenience-Format die Kosten für die Technik getragen werden können.

Diese Kostengleichung ist mit der Einführung des Amazon-Dash-Wagens in den größeren Amazon-Fresh-Lebensmittelläden, der für kleine bis mittelgroße Einkäufe konzipiert ist, ebenfalls stärker in den Fokus gerückt. Der Wagen wird über einen QR-Code der Prime-App freigeschaltet und nutzt eine Kombination aus Computer-Vision-Algorithmen und Sensorfusion, um die in den Wagen gelegten Artikel zu identifizieren. Wenn der Kunde das Geschäft über die Amazon-Dash-Cart-Kassenspur verlässt, erkennen Sensoren automatisch den Einkaufswagen, und die Zahlung wird über die auf dem Amazon-Konto registrierte Kreditkarte abgewickelt. Außerdem gibt es oben am Wagen einen Bildschirm, über den man auf eine Alexa-Einkaufsliste zugreifen, Artikel abhaken, sich die Zwischensumme des Warenkorbs anzeigen lassen kann, und einen Coupon-Scanner.

Mithilfe einer weiteren Initiative in diesem Zusammenhang, dem „Amazon One"-Scanner, können Kunden bezahlen, indem sie ihre Handfläche scannen. Während es das System noch in zwei Filialen in Seattle testete, erklärte Amazon auch, dass man Gespräche mit anderen Unternehmen führe, um es weiterzuverkaufen. Es könnte, so Amazon, eine alternative Zahlungs- oder Treuekartenoption werden oder sogar für die Zugangskontrolle zu Orten wie Büros oder Sportstadien dienen.

Obwohl der Kostenfaktor andere Einzelhändler von der Übernahme der Technologien abschrecken könnte, haben Just Walk Out, der Dash-Wagen und Amazon One die Konkurrenz vor neue Herausforderungen gestellt, vor allem wenn sich die Kunden nach der Pandemie an Selbstbedienung und berührungsarme Einkaufsumgebungen gewöhnt haben, in denen Investitionen zuvor an Produktivitätsgewinnen wie dem Kassendurchsatz gemessen wurden. Auch der Einzelhandelskonzern Ahold Delhaize hat bereits ein kassenloses Konzept getestet, bei dem der Einkauf durch Berühren der elektronischen Regaletiketten mit einer kontaktlosen Karte erfolgt, um die Transaktionen zu verifizieren. Bei Sainsbury's hat man kurzzeitig die Möglichkeit getestet, dass Kunden die Kasse umgehen und ihren Einkauf mit dem Mobiltelefon bezahlen. Tesco, Konkurrent von Sainsbury's auf dem britischen Markt, experimentierte mit der „Scan-and-Go"-Technologie, mit der Kunden in der Express-Filiale am Hauptsitz von Tesco in Welwyn Garden City ihre Einkäufe über die Scan-Pay-Go-Smartphone-App des Einzelhändlers bezahlen können. Der Tech-Riese Microsoft wiederum arbeitete an einem kassenlosen Ladenkonzept, bei dem Kameras an den Einkaufswagen angebracht werden, um die Einkäufe zu verfolgen, während die Kunden durch die Gänge gehen. JD.com war seinem US-amerikanischen Konkurrenten einen Schritt voraus und eröffnete 2017 in Partnerschaft mit Auchan die bereits erwähnte BingoBox als erstes automatisiertes Geschäft ohne Ladenpersonal (wobei ein Remote-Kundenservice verfügbar ist und das Geschäft täglich manuell aufgefüllt wird). Im selben Jahr wurde der erste bediener- und kassenlose

D-Mart-c-Store am Hauptsitz von JD eröffnet. Dieser sogenannte Smart Store ist mit einer Reihe von reaktionsschnellen Intel-Technologien ausgestattet, dazu gehören intelligente Regale und Kameras, Gateways und Sensoren, intelligente Schalter für kassenloses Einkaufen und intelligente digitale Beschilderung. Das System von JD bietet dank der Wahlmöglichkeit zwischen einer kostengünstigen flächendeckenden oder einer schrittweisen Einführung Flexibilität, sodass die Eigentümer stationärer Einzelhandelsgeschäfte ihren Betrieb ohne großen Aufwand und mit geringen Kosten verbessern können. Es steht auch im Zeichen der Vision des JD.com-Gründers und -Vorstandsvorsitzenden Richard Liu, in den nächsten Jahren in jedem Dorf in China einen modernen Lebensmittelladen zu eröffnen.[19] Auch Albertsons und Sam's Club in den USA testen die kassenlose Technologie in mehreren Filialen.

Aber die Maßnahmen von JD.com und Alibaba im stationären Handel verdienen wohl mehr Anerkennung als das „Just Walk Out"-System von Amazon, da sie leichter zugängliche digital unterstützte Erlebnisse sowohl neuen als auch bestehenden Kunden bieten. Das 7fresh-Konzept von JD.com und die Freshippo-Supermärkte von Alibaba konzentrieren sich ebenfalls auf Frische, Convenience und Foodservice und vereinen das Beste aus dem stationären Handel mit QR-Codes, App-basierten digitalen Touchpoints einschließlich ESL und Zahlungsmöglichkeiten. Auch hier spielt das mobile Bezahlen eine Schlüsselrolle für das Geschäft der Zukunft, in dem – wenn es den Einzelhändlern ernst ist mit der Automatisierung dieses letzten, problembehafteten Schrittes beim Einkaufen – auch die Identität des Kunden mit der durchgeführten Transaktion und den gekauften Artikeln verknüpfen werden kann. Bei der Identitätsüberprüfung werden zunehmend nicht mehr nur persönliche Identifikationsnummern (PIN) und sogar Gesichtserkennungsscans verwendet, sondern immer ausgefeiltere biometrische Systeme, die den damit verbundenen Sicherheits- und Datenschutzbedenken nicht entgegenstehen. Sowohl Visa als auch MasterCard haben biometrische Bezahlverfahren vorgestellt, mit denen die Kunden die

Warteschlangen an den Kassen umgehen können. KFC hat in China in Zusammenarbeit mit der zu Alibaba gehörenden Firma Ant Financial Services das erste „Smile-to-Pay"-Zahlungssystem des Landes eingeführt. Alipay-Kunden können ihre Zahlungen durch eine Kombination aus Gesichtsscan und der Eingabe ihrer Mobiltelefonnummer authentifizieren, sodass sie nicht mehr zu ihrem Portemonnaie – und noch nicht mal zum Smartphone – greifen müssen. Der „Signature"-Laden von 7-Eleven in Seoul verwendet „HandPay", ein biometrisches Verifizierungssystem, das Handvenenmuster scannt.

Während viele etablierte Einzelhändler mit Ladengeschäften damit konfrontiert sind, dass dort weniger verkauft wird und die Läden zu groß sind, haben andere Akteure mit digitaler Ausrichtung die entscheidende Bedeutung einer stationären Präsenz erkannt. Läden unterstützen das Omnichannel-Angebot, indem sie zusätzliche Flexibilität bei der Abholung von Bestellungen, bei Retouren, beim Service und bei der Präsentation von Artikeln in einem physischen Umfeld bieten. Einzelhändler sollten daher nahtlose technische Schnittstellen, allgegenwärtige Konnektivität und autonome digitale und mobile Datenverarbeitung einsetzen, damit das Geschäft jede Phase des Einkaufs – offline und online – unterstützen kann, von der Suche und dem Stöbern bis hin zur Entdeckungs- und Bezahlphase, und zwar auf eine Weise, die der Geschwindigkeit, Zugänglichkeit und Verfügbarkeit des Internets entspricht.

Für Onlinehändler spielen Läden eine andere Rolle als der traditionelle Laden, der einfach nur Produkte verkauft. Wir sind davon überzeugt, dass diese Unternehmen, mit ihren Kompetenzen und Fähigkeiten im Bereich der Technologie, die Vision des digitalisierten und automatisierten Ladens der Zukunft vorantreiben und diesen zu einem leistungsfähigen, greifbaren Kontaktpunkt innerhalb ihrer breiteren Kundenökosysteme machen können.

14

Neudefinition des Ladengeschäfts: Von der Transaktion zum Erlebnis

> „Stationäre Läden müssen etwas bieten, was man von der Couch aus nicht bekommt."
>
> **RACHEL SHECHTMAN, GRÜNDERIN VON STORY**[1]

Was ist die Aufgabe eines Ladengeschäfts? In den vorangegangenen Kapiteln wurde gezeigt, wie das Einkaufserlebnis in Geschäften durch den Einsatz von Technologie von Problemen befreit und extrem personalisiert wird. Mit der Beseitigung von Ärgernissen wie der schwierigen Auffindbarkeit von Produkten und Warteschlangen an der Kasse wird der Einzelhandel das stationäre Geschäft endlich ins 21. Jahrhundert holen und einen Grad an Annehmlichkeit und Bequemlichkeit erreichen, wie man es bisher nur vom Onlineshopping kannte.

Je mehr Produktarten auch online zu bestellen sind, desto wichtiger wird es für Einzelhändler werden, das stationäre Geschäft neu zu erfinden. Heutzutage kann man buchstäblich alles online kaufen und bekommt es dank Prime in der Regel noch am selben oder nächsten Tag geliefert. Mit Amazon ist das Einkaufen vollkommen mühelos geworden. Künftig wird dies noch einen Schritt weiter gehen, indem Schnelllieferanbieter in den Städten Lieferungen innerhalb von einer Stunde oder weniger zur Norm machen und auf längere Sicht bestimmte Haushaltsprodukte einfach automatisch nachgeliefert werden. In dem Maße, wie unsere Häuser und Wohnungen smarter werden, wird auch das Leben der Kunden einfacher. Ein Erwachsener trifft derzeit durchschnittlich jeden Tag sage und schreibe 35.000 Entscheidungen.[2] In Zukunft werden unsere smarten Wohnungen jedoch alle einfachen, alltäglichen Nachbestellungen von Haushaltsprodukten übernehmen, sodass wir mehr Zeit für angenehmere Dinge haben. Die Kunden müssen nicht mehr durch die Gänge der Supermärkte laufen, wenn ihnen das Bleichmittel oder das Toilettenpapier ausgeht. Sie werden weniger von ihrer wertvollen Zeit damit verbringen, Produkte des täglichen Bedarfs zu kaufen, und wir sind überzeugt, dass die Auswirkungen auf den stationären Handel immens sein werden; Einzelhändler sollten heute die Ladengestaltung, die Gründe für einen Ladenbesuch und den allgemeinen Zweck des Geschäfts überdenken.

In der Zukunft werden wir eine größere Divergenz zwischen funktionalem und unterhaltsamem Einkaufen erleben. Niemand kann „funktional" so gut wie Amazon, also muss sich die Konkurrenz auf den Spaßfaktor konzentrieren. Wer sich heute im Einzelhandel durchsetzen will, muss sich dort hervortun, wo Amazon es nicht kann, und sich daher weniger auf das Produkt als vielmehr auf das Erlebnis, Dienstleistungen und Know-how konzentrieren.

WACD – What Amazon Can't Do (was Amazon nicht kann) – ist zu einem gängigen Akronym im Einzelhandel geworden, da Wettbewerber verzweifelt nach Wegen suchen, um im Zeitalter von Amazon weiter zu bestehen. Sogar die Terminologie selbst – Begriffe wie „Einzelhändler", „Geschäft" und „Verkäufer" – muss überdacht werden: Apple bezeichnet seine Filialen heute als „Town Squares" und die Fahrradbekleidungskette Rapha ihre als „Clubhouses". In ähnlicher Weise verzichten viele Einkaufszentren auf das Wort „Mall" zugunsten von Begriffen wie „village", „town centre" und „shoppes".[3] Andere haben das Konzept des Erlebniseinzelhandels auf die Spitze getrieben: Das britische Kaufhaus John Lewis lässt seine Kunden in einem Apartment im Geschäft übernachten und plant sogar, ganze Wohnungen zu vermieten, während der US-amerikanische Einrichtungshändler West Elm Hotels betreibt.

Nicht alle Einzelhändler werden die Mittel oder den Anreiz haben, zu so extremen Maßnahmen zu greifen, aber eines ist klar – die Ladengeschäfte müssen wieder zu echten Ausflugszielen werden. Es kann nicht mehr nur um die Produkte gehen; stattdessen müssen Einzelhändler die Menschen über ihren Sinn für das Wesentliche und für die Gemeinschaft ansprechen und ein Erlebnis bieten, das so fesselnd ist, dass wir unsere Bildschirme dafür links liegen lassen. Schon vor der Pandemie machte Angela Ahrendts, die ehemalige Vizepräsidentin von Retail, die Beobachtung, dass „die Menschen zwar stärker digital vernetzt sind als je zuvor, sich viele aber auch isolierter und einsamer fühlen". Stationäre Geschäfte sind dazu in der Lage, den zunehmenden Wunsch der Menschen nach sozialen Verbindungen im heutigen post-pandemischen digitalen Zeitalter zu befriedigen.

Im digitalen Zeitalter darf nicht außer Acht gelassen werden, wie wichtig es ist, auch einmal nicht online zu sein. In den nächsten zehn Jahren werden immer mehr Einzelhändler in Erlebnisse investieren, die es Kunden, die unter Bildschirmmüdigkeit leiden, ermöglichen werden, sich von ihren Geräten zu lösen, zu entschleunigen und den Moment zu genießen. Dies ist einer der Gründe für das jüngste Wiederaufleben des stationären Buchhandels, eines Konzepts, von dem man einst glaubte, es sei schon so gut wie tot. Wenn Begriffe wie „Waldbaden" in den allgemeinen Sprachgebrauch übergehen, wie lässt sich dies dann im Einzelhandel umsetzen? Könnten wir in Zukunft digitale Entgiftungszonen in den Geschäften sehen, so wie wir in den Zügen Ruheabteile haben? Achtsamkeitskurse? Mehr Grünflächen?

Wir stehen am Anfang einer Ära der Partizipation. Für Einzelhändler bietet sich hier eine ungenutzte Chance, bei den Kunden ein Gefühl der Zugehörigkeit zu schaffen, wie es bei Yogakursen und Kartoffelschäl-Workshops innerhalb der Läden (ja, das gibt es wirklich) nicht möglich wäre. Aber um einen Kundenstamm zu gewinnen, müssen Einzelhändler mutig sagen, wer sie sind und wofür sie stehen. Die Zeiten, in denen man alles für jeden war, sind vorbei.

Wir haben bereits ausgiebig über den Trend zu einem gemischten Einkaufserlebnis gesprochen, da die Online- und die Offline-Welt immer mehr verschmelzen. Aber auch der stationäre Einzelhandel wird in dem Sinne gemischter werden, dass es in den Verkaufsräumen nicht mehr nur um den Einzelhandel geht. Die Zukunft, insbesondere für Einkaufszentren und größere Geschäfte wie Kaufhäuser, liegt in der Nutzungsmischung, was die Zusammenarbeit mit allen möglichen unkonventionellen Partnern ermöglicht. Diese Ideen sind nicht ganz neu: Retailtainment (oder „retail theater“, Einzelhandelstheater) und die Positionierung des Einzelhandels als Freizeitbeschäftigung gehören bereits seit hundert Jahren zu den Strategien der Einzelhändler. Harry Gordon Selfridge selbst sagte einmal, dass „ein Geschäft ein soziales Zentrum sein sollte, nicht nur ein Ort zum Einkaufen“.[4]

Dies ist auch heute noch ein guter Rat für Einzelhändler. Trotz aller Vorzüge ist das Einkaufen bei Amazon immer noch auf Funktionalität ausgerichtet. In der Tat ist „Transaktion“ vielleicht eine passendere Bezeichnung für das Amazon-Erlebnis. Und obwohl das von Amazon durchaus beabsichtigt ist, stellt es auch eine Gelegenheit für Konkurrenten dar, sich davon abzuheben, indem sie ihren Geschäften eine gewisse Persönlichkeit und Seele verleihen und so die Grenzen zwischen Einzelhandel, Gastgewerbe und Lifestyle weiter verwischen.

Im Ladengeschäft der Zukunft wird man nicht nur Dinge kaufen, abholen und zurückgeben, es wird nicht nur ein Ort der Transaktion sein. Es wird ein Ort sein, an dem man essen, spielen, entdecken und sogar arbeiten kann. Es wird ein Ort sein, an dem man Produkte mieten, neue Fähigkeiten erlernen und mit anderen in Kontakt treten kann. Es wird immersiv, unvergesslich und, um es in den Worten von John Denver zu sagen: Es wird Ihre Sinne erfüllen. In einer zunehmend digitalen Welt wird das Ladengeschäft keine andere Wahl haben, als sich von der Transaktions- zur Erlebniswelt zu entwickeln.

Vor der Pandemie wurde der „Erlebniseinzelhandel" als allumfassende Lösung für die Probleme der stationären Geschäfte angesehen. Wir sind davon überzeugt, dass dieses Konzept mit aller Macht zurückkehren wird, auch wenn die Einzelhändler nicht mehr so sehr nach dem Gießkannenprinzip vorgehen sollten. Bevor wir nun unsere Argumente für diese Einschätzung darlegen, sollten wir mit einigen Mythen aufräumen, denn, seien wir ehrlich, „Erlebnis" kann ein schwammiges Wort sein.

Erstens: Wie bereits zu Beginn dieses Buches gesagt, geht es beim Erlebniseinzelhandel nicht darum, ein paar Fitnessstudios und Brow Bars einzubauen und ansonsten genauso weiterzumachen wie bisher. Es bedarf eines gewaltigen kulturellen Wandels, bei dem dem Verkaufspersonal neue Fähigkeiten vermittelt werden und es dazu angespornt wird, einen hervorragenden Service zu bieten.

Zweitens darf es Erlebniseinzelhandel nicht nur in Flagship-Stores geben. Zwar besteht in den Städten wohl ein größerer Bedarf an Erlebniseinzelhandel, doch geht es hier um die Verbesserung des Kundenerlebnisses insgesamt. Man darf nicht unterschätzen, wie wichtig Konsistenz in dieser Frage ist.

Kritiker werden einwenden, dass nicht alle Einzelhändler ihre Geschäfte zu Erlebniswelten umwandeln müssen, wenn sie dafür das beste Preis-Leistungs-Verhältnis oder das komfortabelste Erlebnis bieten können. Da ist etwas Wahres dran – wir glauben nicht, dass Aldi oder Lidl zum Beispiel im Jahr 2030 ganz anders aussehen werden. Aber auch Unternehmen wie Primark haben erkannt, dass es sinnvoll ist, in den Geschäften Erlebnisangebote zu schaffen – vom Friseursalon bis zum Disney-Café –, um sich von der Online-Konkurrenz abzuheben.

VOM GESCHÄFT ZUM LIFESTYLE-CENTER: ALLES MUSS ZUR MARKE PASSEN

Ihre Marke um eine soziale Dimension zu erweitern, kann Einzelhändlern helfen, sich sowohl von der Online- als auch von der Offline-Konkurrenz abzuheben. Es ist allerdings wichtig, dass eine solche Diversifizierung zur eigenen Marke des Einzelhändlers passt. Das mag offensichtlich scheinen, aber man braucht sich nur daran zu erinnern, als vor zehn Jahren Tesco in den Filialen Cafés und Restaurants eröffnete, die auf echtes Handwerk setzten, sowie gehobene Bäckereien, Yogastudios und sogar Fitnessstudios. Doch schon 2016 hatte Tesco all die Unternehmen, in die es nur wenige Jahre zuvor investiert hatte, wieder verkauft: Harris + Hoole, Giraffe und Euphorium.

Es gab verschiedene Gründe für den Strategiewechsel: eine neue Führung, die Notwendigkeit, nicht zum Kerngeschäft gehörende Vermögenswerte zu rationalisieren, um das Kerngeschäft mit Lebensmitteln zu sanieren, sowie die Tatsache, dass diese Konzessionen größtenteils verlustbringend waren. Wir sind der Meinung, dass die Strategie insofern grundlegend fehlerhaft war, als der Anspruch der Partnermarken nicht mit der Positionierung von Tesco als preisgünstigem Lebensmittelgeschäft mit Massenansprache übereinstimmte. Nach dem Kauf eines frisch gemahlenen Piccolo Macchiato drehten sich die Kunden um und sahen sich einer Reihe von roten und gelben Schildern gegenüber, auf denen 3-für-2-Angebote angepriesen wurden.

Tesco ist es damals vielleicht nicht gelungen, das Konzept des Superstores neu zu erfinden, aber das Unternehmen hat durch die Experimente sicherlich viel gelernt. Heute hat die Kette erfolgreich Leerräume durch Partnerschaften mit anderen Einzelhändlern gefüllt, darunter Holland & Barrett, Arcadia Group (bevor deren Marken an ASOS und Boohoo verkauft wurden), Currys (früher bekannt als Currys PC World), AO.com und Next. Sicherlich gibt es einige Überschneidungen im Angebot, aber die Konzessionen schaffen ein Alleinstellungsmerkmal für Tesco, während die Partner von der regelmäßigen Kundenfrequenz des Supermarkts profitieren.

Vor zehn Jahren hätte Tesco nicht im Traum daran gedacht, sich mit Konkurrenten zusammenzutun, aber heute haben sie in Amazon einen gemeinsamen Feind. Durch die Koopetition können sie den Kunden ein besseres Angebot bieten und sich gemeinsam gegen den Giganten aus Seattle wehren.

Obwohl bei den frühen Versuchen des Unternehmens, in den Tesco-Filialen Einkauf, Freizeitangebote und Gastronomie unter einem Dach zu vereinen, die Partner nicht zur eigenen Marke passten, hatte man mit dem Konzept den richtigen Riecher. Aber vielleicht war die Zeit noch nicht reif für einen so radikalen Plan zur Neuerfindung.

EIN ORT ZUM ESSEN

Essen: Modischer Kundenbringer

> „Ein Bildschirm liefert zwar Produkte, aber letztendlich wollen die Menschen die Dinge anprobieren, den Stoff anfassen und einen Service erleben, den es nur im Geschäft gibt, und es gibt keinen besseren Weg, die Menschen in ein Geschäft zu locken, als Essen."
>
> **RICHARD COLLASSE, PRÄSIDENT VON CHANEL JAPAN**[5]

Heute kämpfen die Einzelhändler ums Überleben und versuchen, ihre stationären Geschäfte umzugestalten. Eine bewährte Methode zur Erhöhung der Besucherzahlen und der Verweildauer ist die Einrichtung von Cafés und Restaurants. Von McDonald's in Walmart-Filialen bis hin zu der prachtvollen Gastronomie-Etage im Berliner KaDeWe in Berlin – die Gastronomie war schon immer eine natürliche Fortsetzung des Einzelhandels. Das gilt vor allem für Kaufhäuser und andere Megastores wie zum Beispiel IKEA, dessen schwedische Küche ebenso berühmt geworden ist wie das Billy-Bücherregal.

„Wir haben die Fleischbällchen schon immer als ‚den besten Sofa-Verkäufer' bezeichnet", sagt Gerd Diewald, der Leiter des US-Lebensmittelgeschäfts von IKEA, „denn mit hungrigen Kunden macht man keine Geschäfte. Wenn man ihnen etwas zu essen gibt, bleiben sie länger, sie können über ihre [möglichen] Käufe sprechen und treffen eine Entscheidung, bevor sie das Geschäft verlassen."[6]

Was hat sich also geändert? Die Liste der Einzelhändler wächst, und damit auch die Breite ihres Angebots.

Zu Beginn des Buches wurde erörtert, dass der Modehandel besonders stark von der Pandemie betroffen ist und zudem unter ständigem Druck durch Online-Modeketten steht, die flexibel agieren können. Allein bei ASOS fügt man jede Woche 5.000 neue Produkte zum Angebot hinzu. Welcher stationäre Einzelhändler kann da mithalten?

Es überrascht daher nicht, dass viele Modeketten jetzt auf gastronomische Erlebnisse setzen, um sich von ihren Online-Konkurrenten abzuheben und die Kunden in die Geschäfte zu locken. Der Millennial-Liebling Urban Outfitters leistete 2015 mit der Übernahme der in Philadelphia ansässigen Restaurantgruppe Vetri Family Pionierarbeit in diesem Bereich. Dieser beispiellose Schritt erregte damals Aufsehen, aber seither haben immer mehr Bekleidungsgeschäfte auf der ganzen Welt ihre Läden um Essensmöglichkeiten erweitert. Uniqlo-Kunden in Manhattan und Chicago können sich einen Starbucks-Kaffee im Geschäft holen. In Großbritannien hat Next in einigen Filialen italienische Restaurants eingerichtet. Inzwischen springen sogar Fast-Fashion-Ketten auf den Zug auf: Das Restaurant Flax & Kale à Porter von H&M in Barcelona bietet eine Vielzahl von Bio- und vegetarischen Gerichten an.

> „Solange keine Replikatoren wie in Star Trek erfunden werden, stellt der Onlinehandel keine Bedrohung für das Gaststättengewerbe dar."
>
> **JEFF BENJAMIN, MITBEGRÜNDER VON VETRI FAMILY (RESTAURANTKETTE, DIE AN URBAN OUTFITTERS VERKAUFT WURDE)**[7]

Auch die Kaufhäuser rüsten in diesem Bereich auf. Saks Fifth Avenue hat in seinem renovierten Flagship-Store eine Filiale des französischen Restaurants und Prominentenmagneten L'Avenue eröffnet, während der Konkurrent Neiman Marcus ein veganes Café unter der Leitung des Starkochs Matthew Kenney betreibt. „In der Vergangenheit wurden die Restaurants eröffnet, damit die Kunden länger im Geschäft bleiben und mehr ausgeben", sagt Marc Metrick, Präsident von Saks Fifth Avenue. „Jetzt sind Restaurants ein Mittel, um Menschen in den Laden zu locken."[8]

Essen: Jenseits der Mode

Nicht nur für Modegeschäfte, auch für Supermärkte ist die Einbeziehung von Gastronomie ein wirkungsvolles Instrument (und eine logische Weiterentwicklung). Lebensmitteleinzelhändler auf der ganzen Welt sollten sich von Eataly und Whole Foods Market inspirieren lassen, die mit Luxus-Lebensmittelangeboten, Kochkursen und Eigenanbau-Initiativen ihre Frischekompetenz unter Beweis stellen. In China definieren Online-Giganten den stationären Supermarkt für den Kunden von heute neu – mit technologiegestützten Geschäften, in denen großer Wert auf Frische und auf das Erlebnis gelegt wird. Bei der Alibaba-Kette Freshippo können die Kunden beispielsweise noch lebende Meeresfrüchte auswählen, die dann von den Köchen im Laden für sie zubereitet werden. Und der Supermarkt 7Fresh des Konkurrenten JD.com macht rund die Hälfte seines Umsatzes mit Instore-Dining.[9]

Während der Pandemie mussten sich Cafés umorientieren, da die Nachfrage in den Innenstädten und im Reiseeinzelhandel einbrach (es wurde bereits auf den Schritt von Pret eingegangen, auf dem Amazon-Marketplace zu verkaufen). Aber was ist mit den Ladengeschäften? Trotz des Risikos einer Abwertung ihrer Marken beschlossen sowohl Pret als auch die italienische Spitzencafé-Kette Carluccio's, dem Trend zu folgen und mit den Supermärkten zusammenzuarbeiten. Tesco konzessioniert jetzt Ladenfläche an Pret, und bei Sainsbury's gibt es Carluccio's-Cafés und -Feinkosttheken. Im Selly-Oak-Superstore von Sainsbury's hat 2021 der „Restaurant Hub" eröffnet, ein markenübergreifendes Angebot mit einer ganzen Reihe von Mitnahme- und Lieferoptionen, darunter Caffè Carluccio's, GBK, Slim Chickens, Harry Ramsden's und Ed's Easy Diner. In Italien verfügt der „Laden der Zukunft" von Co-op über ein Restaurant, in dem ausschließlich Eigenmarkenprodukte verwendet werden, um deren Qualität und Herkunft hervorzuheben. Supermärkte der gehobenen Preisklasse wie Waitrose und Publix nutzen seit Langem ihren Ruf und ihre Positionierung im gehobenen Segment und bieten Kochkurse in den Geschäften an. Das deutsche Unternehmen Metro hat unterdessen mit Kräutergärten in Geschäften als erster Einzelhändler in Europa In-store-Farming eingeführt, und Whole Foods Market hat mit Gewächshäusern auf dem Dach experimentiert.

Das „Markthalle"-Konzept des Unternehmens Real, das ebenfalls zu Metro gehört, ist ein hervorragendes Beispiel dafür, wie sich Hypermärkte und Superstores durch eine stärkere Konzentration auf frische Lebensmittel und das kulinarische Angebot von ihren Online- und Discounter-Konkurrenten absetzen können. Das Ziel dieser Läden ist es, die Atmosphäre einer traditionellen Markthalle zu vermitteln, und so wurde der Anteil von Lebensmitteln zu Nicht-Lebensmitteln von 60/40 auf 70/30 Prozent erhöht. Ein interner Essbereich und ein Wintergarten bieten Platz für fast 200 Personen, und die Gäste können saisonale Speisen genießen, die vor ihren Augen frisch zubereitet werden. Einige Lebensmittel wie Nudeln werden vor Ort hergestellt, und die Kunden können auch an kulinarischen

Aktionen wie Sushi-Workshops teilnehmen. Außerdem werden USB-Ladestationen für Geräte angeboten, was die Kunden dazu anregt, mehr Zeit im Geschäft zu verbringen, sei es, um Kontakte zu knüpfen, einzukaufen oder sogar zu arbeiten.

EIN ORT ZUM ARBEITEN

Der Einzelhandel ist nicht der einzige Sektor, der durch die Technologie neu definiert wird. Obwohl zurzeit viel Ungewissheit darüber herrscht, wie die Arbeit im Büro in Zukunft aussehen wird, kann man davon ausgehen, dass es keine Rückkehr zur früheren Normalität geben wird. Die Pandemie hat die Arbeitswelt für immer verändert, indem sie eingefahrene Routinen gesprengt und den Übergang zu einem hybriden, flexiblen Arbeitsplatz beschleunigt hat.

Bereits vor der Pandemie wurde die traditionelle 9-bis-5-Büroroutine auf den Prüfstand gestellt, da die Mitarbeiter aufgrund der zunehmenden Vernetzung flexibler arbeiten konnten. Heute kann fast die Hälfte aller Jobs in den USA remote erledigt werden, aber 2010 arbeiteten laut dem U.S. Census Bureau nur sieben Prozent der Arbeitnehmer überwiegend von zu Hause aus, und etwa zehn Prozent machten einen Tag pro Woche Homeoffice.[10]

Die Pandemie hat den Übergang zu flexibler Arbeit verfestigt. Das Konzept der „Arbeit in der Nähe von zu Hause" wird in Zukunft noch mehr an Bedeutung gewinnen, wenn immer mehr Unternehmen zu einem hybriden Büromodell übergehen. Laut den Immobilienexperten von JLL werden bis 2030 voraussichtlich 30 Prozent aller Büroflächen flexibel genutzt werden.[11]

> „Ich glaube, dass flexibles Arbeiten deutlicher als je zuvor in Erscheinung treten wird."
>
> **PANO CHRISTOU, GESCHÄFTSFÜHRER, PRET A MANGER**[12]

Die zunehmende Verbreitung von mobilem Arbeiten, Co-Working-Spaces, Hot Desking und Dritten Orten verändert das Leben der Menschen – und schafft damit auch Chancen für den Einzelhandel. Wie beim Beispiel von Real sind die großen europäischen Lebensmitteleinzelhändler in dem Bestreben, die Verweildauer zu erhöhen, gastfreundlicher geworden und bieten kostenloses WLAN und Ladestationen für Geräte an, während sie gleichzeitig ihr Gastronomieangebot erweitern. Carrefour Urban Life, ein Konzept, das 2017 in Mailand vorgestellt wurde, markiert den Einstieg des europäischen Einzelhandelsriesen in das Co-Working. Carrefour beschreibt den Laden, der auch einen Konferenzraum und eine Lounge-Bar mit mehr als 200 italienischen und internationalen Bieren bietet, als innovative Lösung für viel beschäftigte Stadtbewohner, „die mehr denn je versuchen, Vergnügen, Arbeit und Geselligkeit miteinander zu verbinden".[13]

Unserer Meinung nach werden hybride Ladenkonzepte in Zukunft in städtischen Gebieten rund um den Globus normal werden, auch wenn wir die pandemiebedingte Abwanderung von Stadtbewohnern zur Kenntnis nehmen müssen, die zum Teil durch neue Möglichkeiten der Fernarbeit ermöglicht wird. Eine Umfrage des Weltwirtschaftsforums aus dem Jahr 2020 ergab, dass fast die Hälfte aller Erwachsenen in den USA lieber in einer Kleinstadt oder in einer ländlichen Gegend leben würde.[14] Die meisten Städte in den USA schrumpfen derzeit, wobei die Bay Area, New York, Los Angeles und Chicago zu den größten Verlierern gehören.[15]

Dennoch lebt auch heute noch der größte Teil der Weltbevölkerung in Städten. Die rasche Verstädterung in Entwicklungsländern wie China und Indien beispielsweise zeigt keine Anzeichen einer Verlangsamung. In Afrika lebten 1950 weniger als 20 Prozent der Menschen in Städten;[16] bis 2020 hat sich diese Zahl auf 43 Prozent mehr als verdoppelt. Die UNO geht davon aus, dass bis 2030 60 Prozent der Weltbevölkerung in städtischen Gebieten leben werden.[17]

Wir sind allerdings der Überzeugung, dass das Konzept der 15-Minuten-Stadt, in der die meisten lebenswichtigen Dinge (Arbeit, Geschäfte, Freizeiteinrichtungen) innerhalb von 15 Minuten zu Fuß oder mit dem Fahrrad zu erreichen sind, an Bedeutung gewinnen wird, da sich Städte auf der ganzen Welt für das Leben nach der Pandemie umgestalten. Paris hat sich für dieses Konzept eingesetzt, das auf vier Grundsätzen beruht: Nähe, Vielfalt, Dichte und Allgegenwärtigkeit. In Paris geht man den Klimawandel direkt an, indem man drastische Maßnahmen ergreift, um den Autoverkehr zu reduzieren und eine sicherere, umweltfreundlichere und aktivere Fortbewegung zu ermöglichen. Dadurch wird die französische Hauptstadt in eine Ansammlung von Stadtvierteln verwandelt. Der Hyperlokalismus wird nicht wieder verschwinden.

„Wir müssen die Idee der städtischen Nähe neu erfinden", sagt Carlos Moreno, Professor an der Sorbonne, der das Konzept der 15-Minuten-Stadt entwickelt hat. „Wir wissen, dass es für die Menschen besser ist, in der Nähe ihres Wohnorts zu arbeiten, und wenn sie in der Nähe einkaufen können und die Freizeit- und Dienstleistungsangebote, die sie brauchen, ebenfalls in ihrer Nähe haben, können sie ein entspannteres Leben führen."[18]

Die Zusammenarbeit mit Anbietern von Gemeinschaftsbüros wird insbesondere Einkaufszentren und Kaufhäusern eine dringend benötigte neue Perspektive geben. Wie bereits erwähnt, besteht die größte Herausforderung für diese Art von Geschäft heute darin, überschüssige Flächen anders zu nutzen, da die Menschen mehr online einkaufen. In London will John Lewis 45 Prozent seines Flagship-Stores in der Oxford Street in Büroräume umwandeln, während Westfield zwei Drittel des ehemaligen Kaufhauses House of Fraser in Co-Working-Flächen verwandeln will.

Im Jahr 2020 eröffnete WeWork sein größtes Gebäude in Kanada – in einem Hudson's-Bay-Kaufhaus. „Wir werden diese Millennials zu uns locken und unsere Geschäftsstandorte zu spannenden und interessanten Orten machen", so Richard Baker, Vorstandsvorsitzender von Hudson's Bay. „Wir haben uns darauf konzentriert, die alten, langweiligen Läden, die wir gekauft haben, neu zu erfinden, und eine der Möglichkeiten dazu besteht darin, die Läden anders zu nutzen."

Die Umwandlung ungenutzter Einzelhandelsflächen in Büroräume bietet nicht nur eine alternative Einnahmequelle, sondern sorgt auch für mehr Kundenverkehr, eine längere Verweildauer und – wie bei anderen Dienstleistungen wie Click & Collect – eine sehr hohe Wahrscheinlichkeit, dass die Menschen zusätzlich etwas ausgeben, sobald sie einmal im Geschäft sind. Außerdem sind gemeinsam genutzte Büroräume eine natürliche Erweiterung der Dienstleistungen, die in den meisten Einkaufszentren und Kaufhäusern zu finden sind – Cafés und kostenloses WLAN.

EIN ORT ZUM SPIELEN

Co-Working-Spaces können dazu beitragen, dass Kaufhäuser für die Kunden attraktiv bleiben, aber sie sind nur ein kleines Rädchen in einem sehr großen Getriebe. Vielleicht inspiriert durch die Marketingstrategien von Fitnessmarken wie Sweaty Betty, haben sich Kaufhäuser mit gemischtem Erfolg der Instore-Fitness zugewandt, um das Einkaufen wieder zu einem Vergnügen zu machen. Obwohl natürlich viele Innovationen in diesem Bereich aufgrund der Pandemie auf Eis gelegt wurden, glauben wir, dass es Raum dafür geben wird, diese Strategie als Teil eines umfassenderen Vorstoßes in Richtung Gesundheit und Wellness wieder aufzugreifen.

In den letzten Jahren hat Saks ein Fitnesscenter mit Salzräumen und einem veganen Nagelstudio eingerichtet, Debenhams experimentiert in Zusammenarbeit mit dem Spezialisten Sweat! mit Instore-Fitnessstudios, und Selfridges hat in seinen Geschäften Boxstudios, Skatehallen und sogar Kinos eröffnet. Da die Nachfrage nach Fitnessgeräten für zu Hause während der Pandemie sprunghaft angestiegen war, ging John Lewis eine Partnerschaft mit Peloton für Konzessionsflächen in seinen Geschäften ein. Bei der Zusammenarbeit von Nordstrom mit Tonal dagegen konnten Kunden das Fitnessstudio besichtigen oder sogar ein Training ausprobieren.

Die Londoner Oxford Street befindet sich derweil im Umbruch. Wir haben bereits erwähnt, dass stillgelegte Kaufhäuser (zum Beispiel BHS-Standorte) als Fitnesszentren, Bowlingbahnen, Minigolfzentren und Kinos wiederbelebt wurden. Künftig wird etwa ein Viertel der Erdgeschossflächen in diesem Gebiet umgestaltet, und es wird mehr Gaming Lounges, Galerien und Geschäfte für Sportartikel geben.[19]

Die größte Einkaufsstraße der Welt wird durch die Einrichtung von zwei verkehrsberuhigten Plätzen grüner und menschenfreundlicher werden. In der benachbarten Regent Street, in der mehr als 75 internationale Flagship-Stores angesiedelt sind, wurden derweil die Bürgersteige verbreitert, neue Sitzgelegenheiten und Bänke aufgestellt, Fahrradwege eingerichtet, 60 halbhohe Bäume gepflanzt und mehr als 300 Pflanzkübel aufgestellt. So sollten Haupteinkaufsstraßen in einer post-pandemischen digitalen Ära aussehen.

Wenn es nach Elon Musk geht, werden seine Tesla-Supercharger-Stationen in den USA neben Kletterwänden, Freiluftkinos und Drive-in-Restaurants im Stil der 1950er-Jahre mit Kellnern auf Rollschuhen auch gehobene Lebensmittelläden umfassen – damit die Kunden in der halben Stunde, während der ihre Fahrzeuge aufladen, etwas zu tun haben.[20] Von der Besiedlung des Mars sind wir noch ein Stück entfernt, aber die Grenzen zwischen Einzelhandel und Unterhaltung werden fließender.

Wir glauben, dass mehr Unternehmen den Schritt vom Verkauf eines Produkts zum Verkauf eines Lebensstils machen werden – und das hat Auswirkungen sowohl auf den physischen als auch auf den digitalen Raum. Lululemons 500-Millionen-Dollar-Übernahme des Heimfitness-Unternehmens Mirror mitten in der Pandemie ist ein gutes Beispiel für ein Unternehmen, das nicht mehr auf die reine Transaktion schaut, sondern sich etwas zunutze macht, was für die Kunden unbezahlbar ist: ein Gefühl von Gemeinschaft. Auch die DTC-Marke Eve Sleep bezeichnet sich selbst nicht als Matratzenhändler, sondern als „Schlaf-Wellness-Marke“. Man stelle sich vor, wie anders der stationäre Handel aussehen würde, wenn mehr Geschäfte diese Mentalität übernähmen.

Einkaufszentren suchen inzwischen nach eher unkonventionellen Wegen, um ungenutzten Platz zu füllen, zum Beispiel mit Hotels, Unterhaltungsangeboten (von Lasertag bis hin zu großen Konzertarenen) und kinderorientierten Erlebnissen wie KidZania oder Crayola Experience. Einige positionieren sich sogar als eine Art Ferienresort, in dem die Kunden den Tag mit der Familie verbringen können. Rushden Lakes zum Beispiel ist das erste Einkaufszentrum Großbritanniens, zu dem ein Naturschutzgebiet gehört. Das Zentrum in Northamptonshire verfügt über ein einzigartiges Seeufer, von dem aus die Kunden Kanu fahren oder die angrenzenden Naturpfade zu Fuß oder mit dem Fahrrad erkunden können, außerdem können sie Golf spielen, Trampolin springen und eine Kletterhalle nutzen. „Wir glauben fest daran, dass wir die britische Einzelhandelslandschaft neu definieren – wo sonst kann man mit dem Kanu zum Einkaufen kommen?“, so Paul Rich, Center Manager von Rushden Lakes.

Es lohnt sich auch ein Blick nach Miami, wo das größte Einkaufszentrum Amerikas entstehen soll. Der „American Dream“-Komplex mit einer Fläche von 550.000 Quadratmetern soll 2025 eröffnet werden und wird einen Wasserpark mit einem riesigen Hallenbad, eine Eiskletterwand, eine künstliche Skipiste, U-Boot-Fahrten, 2.000 Hotelzimmer und bis zu 1.200 Geschäfte umfassen.

In Houston wurde derweil eine schlecht laufende „Bed, Bath & Beyond“-Filiale in ein interaktives Kunstmuseum umgewandelt, und in Las Vegas eröffnete 2020 eine „Erlebnismall“ namens AREA15. Der 12.000 Quadratmeter große hybride Einzelhandels- und Unterhaltungskomplex wurde als „immersiver Basar des 21. Jahrhunderts“ beschrieben und bietet Attraktionen wie Escape Rooms und Virtual Reality, einen mit Bambus bepflanzten Rückzugsraum, Festivals, Themenveranstaltungen und Live-Events (von Konzerten bis hin zu Ted Talks). Das ist postpandemischer Eskapismus in seiner schönsten Form.

Für unsere kleinen Gäste

Niemand kann sich den Spaßfaktor besser zunutze machen als der innerstädtische Spielwarenhandel. Das Problem ist, dass es heutzutage nur noch wenige dieser Geschäfte gibt. In den letzten zehn Jahren wurde das berühmte FAO-Schwarz-Geschäft in der 5th Avenue geschlossen, und ganze Ketten wie KB Toys und in jüngerer Zeit Toys R Us sowie der Baby- und Spielwarenhändler Mothercare mussten schließen.[21]

Es wäre einfach, den Onlinehandel für die Probleme des Spielwarenhandels verantwortlich zu machen, aber man darf nicht vergessen, dass Supermärkte und große Einzelhandelsketten das Geschäft dieses Fachhandels seit Jahrzehnten immer weiter untergraben. Das Internet eignet sich natürlich hervorragend für den Spielwarenhandel, und während der Pandemie war es eine der wenigen Möglichkeiten, Spielzeug zu kaufen. Bei Lego beispielsweise haben sich die Besuche auf der Website LEGO.com im Jahr 2020 verdoppelt. Spielzeug ist eine Warenkategorie, bei der die Kunden – wie bei Büchern und DVDs – in der Regel wissen, was sie bekommen, ohne das Produkt persönlich sehen zu müssen. Ein Hatchimal ist ein Hatchimal, egal, wo man es kauft. Darüber hinaus steigert auch der Einsatz von Augmented Reality das Vertrauen der Onlinekäufer noch weiter. So kann man beispielsweise mit der Argos-App ausgewählte Lego-Spielzeuge vor dem Kauf in Originalgröße betrachten. Es überrascht daher nicht, dass die Kategorie Spielwaren eine der höchsten Online-Durchdringungsraten aufweist – und auch nach der Pandemie online weiteres Wachstum erwarten lässt.

Wenn man den Trend zur Same-Day-Lieferung berücksichtigt, verliert der stationäre Einzelhandel seinen einzigen verbleibenden USP – die Unmittelbarkeit. Im Spielwarenhandel muss man heute billig oder bequem sein – oder besonders viel Spaß machen. Online- und Masseneinzelhändler können die ersten beiden Punkte erfüllen, aber es gibt immer noch Raum für Spezialisten, die das Angebot mit etwas Spaß bereichern.

Das war der Fehler von Toys R Us. In dieser schnelllebigen Branche blieb das Unternehmen in jedem dieser Bereiche hinter seinen Möglichkeiten zurück, sodass es schließlich im Niemandsland des Einzelhandels festsaß. Als Spezialist hatte Toys R Us das Potenzial, mit Veranstaltungen in den Geschäften, speziellen Spielbereichen und Produktvorführungen ein magisches Erlebnis zu schaffen. Die Realität war ein seelenloser Schuppen mit sehr wenig Innovation oder Technologie, um die Kunden anzulocken. Private-Equity-Eigentümer spielten hier eine große Rolle. Das Unternehmen war verschuldet und einfach nicht in der Lage, sich an das veränderte Einzelhandelsumfeld anzupassen. Da es sich hier um ein Buch über Amazon handelt, sollte auch erwähnt werden, dass ein weiterer Fehler von Toys R Us darin bestand, dass es das Onlinegeschäft schon früh an Amazon auslagerte, wodurch einer der größten Konkurrenten einen unbezahlbaren Einblick in die Kaufgewohnheiten der Toys-R-Us-Kunden erhielt. Koopetition ist nicht immer gut für das Geschäft. Wir glauben, dass es eine Möglichkeit gibt, die Freude und den Zauber zurück in die Spielwarengeschäfte zu bringen – und in jede andere Art von Einzelhandel, der sich an Kinder und Familien richtet. Und das ist einfach Einzelhandel mit gesundem Menschenverstand. Warum bietet Tesco in seinen großen Supermärkten keine Kurse für Mütter und Babys an? Warum hat Mothercare nicht Softplay-Elemente für Kleinkinder angeboten? Warum hat Toys R Us keine Spielbereiche eingerichtet, in denen Kinder das Spielzeug ausprobieren konnten, das ihre Eltern kaufen wollten? Fairerweise muss man sagen, dass man 2015 anfing, dies zu testen, aber leider war es da schon zu spät.

In den USA gestaltet Disney seine Geschäfte so um, dass sich die Kunden wie im Urlaub fühlen: Die täglichen Paraden in Disneyland in Kalifornien und Walt Disney World in Florida werden live auf kinogroße Bildschirme in den Geschäften übertragen. Während der Paraden können die Kunden auf Matten sitzen und Zuckerwatte und leuchtende Micky-Maus-Ohren kaufen, als wären sie selbst im Freizeitpark.

Wenn es um „retail theater" geht, stiehlt Lego mit seinen durchweg unterhaltsamen und fesselnden Instore-Erlebnissen allen anderen die Show. Die Produkte werden absichtlich auf Augenhöhe und in Reichweite der Zielgruppe platziert, und Lego lässt bekanntermaßen sowohl kleine als auch große Kunden im Geschäft bauen und bietet so fantasievolle und kreative Räume, die in einer digitalen Umgebung nicht nachgebildet werden können. Und es funktioniert: Lego eröffnete auch während der Pandemie Hunderte von Geschäften.

> „Die Menschen suchen in den Markengeschäften nach einzigartigen und unvergesslichen Erlebnissen, daher werden wir weiterhin in den Ausbau unserer globalen Einzelhandelspräsenz investieren und unsere Einkaufserlebnisse in den Geschäften verbessern."
>
> **NIELS CHRISTIANSEN, VORSTANDSVORSITZENDER VON LEGO**[22]

Im Jahr 2021 übernahm Hasbro den ehemaligen Paperchase-Flagship-Store in der Londoner Tottenham Court Road und eröffnete dort Monopoly Lifesized (Monopoly in Lebensgröße), ein immersives Erlebnis, bei dem man auf einem riesigen Monopoly-Brett spielt. Inzwischen veranstalten britische Spielwarenhändler wie The Entertainer regelmäßig Events, bei denen Kinder berühmte Figuren wie Poppy und Branch aus „Trolls" treffen können, während man bei Smyths Toys Magformers-Vorführungen und Barbie-Verkleidungstage anbietet und Hamleys in seinem Moskauer Geschäft einen Minivergnügungspark betreibt.

FALLSTUDIE

„Destination 2028" von Westfield

Laut Westfield werden die Einkaufszentren der Zukunft „hypervernetzte Mikrostädte" sein, die von sozialer Interaktion und Gemeinschaft leben.

Das erfolgreiche Einkaufszentrum in London hat seine Vision für die Zukunft des Einzelhandels mit einem Konzept namens „Destination 2028" dargelegt. Obwohl dieses Projekt noch vor der Pandemie ins Leben gerufen wurde, sind wir der Meinung, dass Corona den Bedarf nach einem digitaleren, erlebnisorientierten Einkaufszentrum nur noch verstärkt hat. KI-gestützte Wegesysteme und hängende Sinnesgärten sind Teil einer Umgebung, deren Design widerspiegelt, dass die Kunden Erlebnis, Freizeit, Wellness und Gemeinschaft immer größere Bedeutung beimessen werden. Neue Technologien, von KI bis hin zu Drohnen, werden sich nahtlos mit einfachen Konzepten wie dem „Einzelhandel im Klassenzimmer" verbinden. Die Hersteller und der Prozess hinter jedem Produkt werden im Mittelpunkt stehen – von Handwerkern, die ein Meisterwerk vor einem Live-Publikum schaffen, bis hin zu Künstlern, die in der Live-Galerie malen. Auf neuen Bühnen werden eine Reihe von interaktiven Vorzeigeaktivitäten und -veranstaltungen aufgeführt.

Mithilfe der Technologie wird das Einkaufszentrum der Zukunft problemloser funktionieren und individueller werden. Die von Westfield als „extra-perience" bezeichneten Augenscanner zeigen beim Betreten des Einkaufszentrums Informationen über frühere Einkäufe des Besuchers an und empfehlen personalisierte schnelle Wege im Einkaufszentrum. Mit magischen Spiegeln und smarten Umkleidekabinen werden die Kunden ein virtuelles Spiegelbild von sich selbst in anderer Kleidung sehen können, während andere Innovationen wie smarte Toiletten, die erkennen, ob die Kunden genug getrunken haben und welche Nährstoffe ihnen fehlen, das Gesamterlebnis verbessern werden.

Wellness ist ein zentrales Thema der „Destination 2028". In einer „betterment zone" (Besserungszone) können die Kunden an einem Achtsamkeitsworkshop teilnehmen und in Leseräumen entspannen. Im Innen- und Außenbereich gibt es ruhige Grünflächen. Kleingärten und Bauernhöfe geben den Kunden die Möglichkeit, selbst das Obst und Gemüse für ihre Mahlzeiten auszuwählen, während ein Netz von Wasserwegen nicht nur alternative Wege durch das Einkaufszentrum bietet, sondern auch Zugang zu Wassersportmöglichkeiten – eine der vielen Freizeitaktivitäten, die angeboten werden.

Das „Destination 2028"-Konzept von Westfield zeigt auch die steigende Relevanz der Sharing Economy, bei der der „Mieteinzelhandel" zur Norm für Post-Millennials wird, die alles von Kleidung bis zu Sportgeräten mieten wollen. Auch Pop-ups, temporärer Einzelhandel und Co-Working-Spaces werden laut Westfield in der Zukunft des Einzelhandels eine Rolle spielen.

EIN ORT ZUM ENTDECKEN, EIN ORT ZUM LERNEN

Der stationäre Einzelhandel darf daher die Bedeutung des Entdeckens nicht außer Acht lassen, wenn er sich von der Onlinekonkurrenz abheben will. Obwohl der Onlinehandel traditionell keine Bedrohung für Händler darstellte, die vor allem auf das Entdecken von Neuem setzen, werden Social-Media-Kanäle – insbesondere Instagram – immer stärker auf den Handel ausgerichtet und könnten so die letzten verbliebenen Alleinstellungsmerkmale des Ladengeschäfts infrage stellen. Die gute Nachricht für den stationären Einzelhandel ist, dass die Kunden während der Pandemie kaum ziellos Produkte angesehen haben und es deshalb unserer Meinung nach großen Nachholbedarf gibt, in Geschäfte zu gehen, um sich einfach umzusehen, sich inspirieren zu lassen und vor allem eine Pause vom Bildschirm zu machen. Daher war es noch nie so wichtig, die Kunden in den Geschäften zu überraschen und zu begeistern, sei es durch konventionelle Methoden wie eine Schatzsuche im Stil von Costco oder durch Hightech-Maßnahmen wie Augmented und Virtual Reality.

Discounter wie Aldi und Lidl sind außerordentlich gut darin, ein ansonsten sehr trockenes Einkaufserlebnis mit ein bisschen Spaß zu versehen. Die Spannung, welche Produkte man im Mittelgang wohl vorfinden mag, dessen Angebot an Non-Food-Artikeln regelmäßig wechselt, treibt die Kunden in die Geschäfte. In den Laden zu gehen, um Milch zu kaufen, und mit einer Eismaschine und einer „Harry Potter"-DVD-Box wieder herauszukommen, ist etwas, was es online einfach nicht gibt.

Wie diese Discounter hält auch TJX (mit seinen TJ Maxx/TK Maxx-, Marshalls-, HomeGoods- und HomeSense-Filialen) das Einkaufserlebnis interessant, indem es sein Sortiment ständig erneuert – die Filialen erhalten mehrmals pro Woche neue Lieferungen. Und während der Pandemie waren sie ein Zufluchtsort für Käufer, die ihrem Zuhause für eine Weile entfliehen wollten. „Die Kunden sagen uns, dass sie bei uns einkaufen, um Stress abzubauen, besonders in diesen Zeiten, und um sich Zeit für sich selbst zu nehmen, und wir erwarten, dass dies auch in Zukunft so bleiben wird", sagte Ernie Herrman, CEO von TJX, im Jahr 2021.[23]

Eine Marke, die sich von traditionellen Einzelhandelsnormen verabschiedet hat und die Kunst des Entdeckens in den Mittelpunkt stellt, ist die in New York City ansässige Firma Story, die sich selbst beschreibt als „der Laden, der auf die Dinge blickt wie eine Zeitschrift, sich wie eine Galerie verändert und wie ein Laden Dinge verkauft". Wie der Name schon sagt, liegt der Schwerpunkt auf Geschichten – nicht auf Produkten. Alle sechs bis acht Wochen erhält der 185 Quadratmeter große Laden ein neues Design, ein ausgewähltes Sortiment und frische Marketingbotschaften. „Wenn Zeit der ultimative Luxus ist und die Menschen eine höhere Rendite für ihre Zeitinvestition wünschen, muss man ihnen einen Grund geben, sich in einem physischen Raum aufzuhalten", so Rachel Shechtman, die Gründerin von Story.[24]

An dieser Stelle sei darauf hingewiesen, dass die Marke Story 2018 von Macy's übernommen wurde, um jüngere Kundschaft anzusprechen und sich von anderen Marken abzuheben. Das funktionierte nicht. Die Story-Concept-Stores wurden in mehr als 30 Macy's-Filialen eingeführt, aber viele von ihnen wurden 2020 geschlossen, zeitgleich mit der Einführung eines anderen neuen Formats, Market by Macy's. Mit 1850 Quadratmetern sind diese Läden etwa zehnmal so klein wie ein normales Macy's-Geschäft. Das Konzept ist für Macy's das Ticket, um den großen Einkaufszentren zu entkommen. Stattdessen werden „Markets by Macy's"-Läden in kleineren Einkaufszentren und in Einkaufsstraßen eröffnen und sollen so die Möglichkeit zum Entdecken, zur Gemeinschaft und zum Komfort bieten. Die Läden verfügen über Veranstaltungsräume, in denen eine Reihe von „gemeinschaftsorientierten Programmen, von Kochkursen und Buchsignierstunden bis hin zu Bastel- und Fitnesskursen" stattfinden können. Ob das ausreicht, um die angeschlagene Kaufhauskette zu retten, bleibt abzuwarten, aber immerhin experimentiert man bei Macy's.

Personal Shopping und warenfreie Geschäfte

Eine Möglichkeit, die Kunst des Entdeckens zu nutzen, die immer beliebter wird, sind persönliche Stylisten. Einst war das Personal Shopping einer Elite vorbehalten, heute steht es sowohl online als auch offline allen zur Verfügung. Das Aufkommen von Online-Styling-Diensten wie Stitch Fix und Trunk Club hat große Einzelhändler wie Amazon und ASOS dazu veranlasst, ihre eigenen Versionen von „Erst anprobieren, dann zahlen" zu entwickeln. Den Versionen von Amazon und ASOS fehlt derzeit das Element des persönlichen Stylings – es geht wohl eher darum, das Kundenvertrauen in den Onlinekauf von Kleidung zu stärken –, aber dies wäre ein logischer zukünftiger Schritt für beide Unternehmen.

Von H&M bis Agent Provocateur bieten alle jetzt persönliches Styling im Geschäft an; einige Einzelhändler sind jedoch so weit gegangen, dass sie die Produkte ganz abschaffen, um sich komplett auf das Erlebnis und den Kundenservice zu konzentrieren.

Die Männermodemarke Bonobos – früher ein reiner Onlinehändler, der jetzt zu Walmart gehört – wollte seinen Onlinekäufern die Möglichkeit bieten, Kleidungsstücke vor dem Kauf anzuprobieren und führte das Konzept der „Guideshops" ein. Und so funktioniert es: Die Kunden kommen persönlich in den Shop, wo sie die Kleidungsstücke in der für sie passenden Größe anprobieren können. Im Shop kann man anprobieren, was man will – Bonobos hat immer alle Größen, Farben, Passformen und Stoffe vorrätig (nur ein Exemplar von jeder Variante) –, aber man kann die Ware nicht mit nach Hause nehmen. Die Kunden können die Kleidung entweder vor Ort bezahlen und sich nach Hause schicken lassen oder online bestellen, wenn sie zu Hause sind.

Das Warenhausunternehmen Nordstrom baut unterdessen seine sogenannten Nordstrom Local Service Hubs weiter aus, ein weiteres Beispiel dafür, dass Einzelhändler das Wort „Geschäft" meiden. In den Läden mit einer Fläche von nur 300 Quadratmetern gibt es keine Ware, aber man kann innerhalb weniger Stunden Artikel von nahe gelegenen Vollsortimentern dorthin bestellen. Was den Nordstrom

Local Stores an Waren fehlt, machen sie durch Annehmlichkeiten wett: persönliche Styling-Beratung, Änderungsschneiderei, Maniküre und eine Bar mit Bier, Wein und frisch gepressten Säften. Die Shops dienen auch als praktische Drehscheibe für die Abholung und Rücksendung von Onlinebestellungen, was Nordstrom in eine beneidenswerte Position für zukünftiges E-Commerce-Wachstum bringt. Während der Pandemie stieg der Online-Anteil am Gesamtumsatz von Nordstrom von einem Drittel auf etwa die Hälfte. Das Unternehmen erwartet, dass diese Verschiebung dauerhaft sein wird.[25]

Das Modell ohne Lagerhaltung klingt verrückt, aber es hat durchaus seine Berechtigung. Ohne riesige Lagerbestände können diese Showrooms auf einer wesentlich kleineren Fläche betrieben werden, was deutlich niedrigere Mietkosten bedeutet. Und da keine Regale nachgefüllt werden müssen, können die Mitarbeiter dem Kunden mehr Aufmerksamkeit widmen, dadurch den Umsatz steigern und die Wahrscheinlichkeit von Retouren verringern. Der Kunde bekommt derweil Kleidung in perfekter Passform und muss das Gekaufte nicht selbst nach Hause tragen. „Nordstrom-Local-Kunden, die unsere Dienstleistungen vor Ort in Anspruch nehmen, einschließlich kontaktloser Abholung am Straßenrand (‚Curbside Pickup'), Retouren, Änderungen und Styling, geben im Vergleich zu anderen Kunden mehr als das Zweieinhalbfache aus", sagt Ken Worzel, Chief Operating Officer des Unternehmens.[26]

Bildung, Beratung und Inspiration

Wenn wir an Einzelhändler als Pädagogen denken, kommen uns sofort Apple-Workshops in den Sinn. Das Unternehmen hat schon Erlebniseinzelhandel praktiziert, bevor er zum Mainstream wurde, aber selbst Apple hat sich in diesem Bereich weiterentwickelt. Erinnern Sie sich an das Marktplatz-Konzept? Apples Plan für die Zukunft des Einzelhandels legt einen noch größeren Schwerpunkt auf das Erlebnis, und die Apple Stores bieten jetzt Programmierkurse für Kinder an und veranstalten zusätzliche Bildungsworkshops und -veranstaltungen, etwa zu den Themen Fotografie, Musik, Spiele und App-Entwicklung.

Die britische Warenhauskette John Lewis bietet inzwischen „Entdeckungsräume“ an, in denen Kunden neue Fertigkeiten lernen oder sich zu einer Vielzahl von Themen beraten lassen können – zum Beispiel, wie man die richtige Kamera auswählt, wie man einen Raum beleuchtet, seinen Garten verschönert oder den perfekten Schlaf findet. In ausgewählten Geschäften können Kunden Einzel- oder Gruppen-Stilberatungen in Anspruch nehmen, sich zu Schönheits- und Make-up-Fragen beraten lassen oder einen typisch britischen Afternoon Tea genießen.

Der auf Nachhaltigkeit bedachte Kosmetikhändler Lush hingegen erschafft durch den Einsatz von Gerüchen und Farben ein die Sinne ansprechendes Erlebnis, während das Fehlen von Verpackungen den Kunden die Möglichkeit gibt, direkt mit den Produkten in Kontakt zu treten. Vorführungen sind ein zentrales Merkmal des Einkaufserlebnisses im Ladengeschäft, da die Mitarbeiter die Produkte vorführen sollen (und so den Preis von 14 Dollar für eine Flasche Shampoo rechtfertigen).

Neben den berühmten Badebomben-Vorführungen sind die Mitarbeiter von Lush darin geschult, das individuelle Kundenverhalten zu erkennen und darauf zu reagieren. Dadurch sorgen sie für ein außergewöhnliches, auf die Kunden zugeschnittenes Einkaufserlebnis. Wenn ein Kunde zum Beispiel sehr neugierig wirkt, wird sich das Personal die Zeit nehmen, herauszufinden, was seine Bedürfnisse sind, die Herkunft der Produkte erklären und ihre Funktionsweise demonstrieren; es wird aber auch erwartet, dass das Personal diejenigen erkennt und effizient bedient, die nur schnell rein und rauswollen. Es mag einfach klingen, aber die Fähigkeit, zwischen zwei sehr unterschiedlichen Kundentypen zu unterscheiden, ist in einem auf Entdeckung ausgerichteten Umfeld entscheidend.

Die Mitarbeiter von Lush, die dafür bekannt sind, dass sie sich immer besonders anstrengen, sind auch befugt, ihre eigenen Entscheidungen zu treffen, um den Kunden besser anzusprechen, sei es, dass sie ein kostenloses Muster verschenken oder das Warenangebot an das

Wetter anpassen (zum Beispiel bei Regen mehr bunte, fröhliche Produkte). Das Ergebnis ist ein bedeutungsvolleres, einprägsameres Erlebnis – und sicherlich eines, das mehr ist als eine reine Transaktion.

EIN ORT ZUM MIETEN

Und nicht zuletzt glauben wir, dass – da wir uns dem „Peak Stuff" nähern, also dem Zeitpunkt, an dem die Menschen das Interesse daran verlieren, noch mehr Dinge zu besitzen – das Geschäft der Zukunft ein Ort sein wird, an dem man Dinge ausleihen kann. Die „Sharing Economy" hat bereits das Transportwesen und den Tourismus verändert, muss sich im Einzelhandel aber erst noch durchsetzen – natürlich wollen Geschäfte eher etwas verkaufen als verleihen. Nun, die Zeiten ändern sich.

Wir stehen am Beginn eines Zeitalters, in dem der Zugang zu Dingen wichtiger sein wird als ihr Besitz. Das ist auf die Kombination aus einer wachsenden Bevölkerung, beispielloser Vernetzung und veränderten Werten und Prioritäten der Verbraucher zurückzuführen. Wir definieren uns nicht mehr über unseren materiellen Besitz; stattdessen geben wir weniger für Dinge und mehr für Erlebnisse aus. Dies gilt insbesondere für Millennials und zunehmend auch für die Generation Z, die auf den Besitz von Häusern, Autos, Fahrrädern, Musik, Büchern, DVDs, Kleidung, Möbeln und sogar Haustieren verzichten. Das Weltwirtschaftsforum prognostiziert, dass bis zum Jahr 2030 Produkte zu Dienstleistungen werden und die Vorstellung vom Einkaufen zu einer „fernen Erinnerung" wird.[27]

> „Wir befinden uns aktuell noch in einer Eigentumsgesellschaft, aber wir bewegen uns auf eine Zugangsgesellschaft zu, in der man nicht durch die Dinge definiert wird, die man besitzt, sondern durch die Erfahrungen, die man macht."
>
> **BRIAN CHESKY, MITGRÜNDER UND CEO VON AIRBNB**[28]

Die Kategorie, in der der Miethandel am verbreitetsten ist, ist die Mode. Luxuseinzelhändler haben sich an die Spitze des Trends gesetzt, und der Pionier Rent the Runway bezeichnet sich selbst als die größte chemische Reinigung der Welt. Im Jahr 2020 ist das britische Kaufhaus Selfridges in diesen Bereich vorgestoßen und eine Partnerschaft mit der Plattform Hurr eingegangen, die sogenanntes Wardrobe Sharing anbietet, bei dem man sich Kleidung aus dem Kleiderschrank eines Fremden ausleihen kann. So entstand die allererste Selfridges-Luxus-Mietkollektion mit „High-Fashion zu Fast-Fashion-Preisen". Die Kunden können jetzt sowohl in den Selfridges-Geschäften als auch online Artikel für bis zu 20 Tage mieten.

Der Mieteinzelhandel ist jedoch nicht mehr auf Luxusgüter beschränkt. In den letzten Jahren haben sich Mietabonnements für Kleidung immer mehr durchgesetzt, vor allem in den USA, wo sich eine ganze Reihe bekannter Marken – American Eagle, Ann Taylor, Banana Republic, Express, Urban Outfitters – in diesem Bereich versucht hat. Das Stigma, das dem Mieten oder Kaufen von Gebrauchtem anhaftet, verschwindet aus finanziellen und ökologischen Erwägungen, insbesondere bei den jüngeren Generationen. Die Vorteile für die Einzelhändler liegen auf der Hand: eine wiederkehrende Einnahmequelle, stärkere Kundenbindung, und vielleicht trägt man sogar dazu bei, eines der neueren Probleme der Branche auszumerzen - das „Wardrobing" (die unangenehme, unbeabsichtigte Folge von kostenlosen Lieferungen und Retouren).

> „Unser Ziel ist es, Fast Fashion auszubremsen und dafür zu sorgen, dass man nichts kaufen muss, was man nur einmal anzieht."
>
> **VICTORIA PREW, GESCHÄFTSFÜHRERIN VON HURR**[29]

Vom Kleiderverleih zur Couchvermietung? IKEA bietet jetzt in über 30 Märkten weltweit ein Möbelverleihsystem an. Das klingt vielleicht nach einer radikalen Veränderung beim König der Flatpacks, aber man darf nicht vergessen, dass IKEA einer der ersten Einzelhändler war, die sich mit dem heiklen Thema des „Peak Stuff" auseinandergesetzt haben – ein schwieriges Eingeständnis für jedes Unternehmen, das auf den Verkauf ausgerichtet ist. Das Unternehmen hat sich seitdem das ehrgeizige Ziel gesetzt, bis 2030 nur noch wiederverwertbare und recycelte Materialien in seinen Produkten zu verwenden. In einigen Märkten kauft IKEA bereits gebrauchte Möbel zurück, sodass das Mietprogramm eine natürliche Entwicklung darstellt.

Und damit ist es nicht allein. In den USA hat West Elm eine Partnerschaft mit Rent the Runway für ein ähnliches Möbelvermietungsprogramm geschlossen, während die Generation der Ausleiher bei Start-ups wie Feather und Fernish Marken wie Crate & Barrel finden kann. In Japan können Kunden Muji-Möbel für nur sieben Dollar (800 Yen) pro Monat mieten. Dank einer Partnerschaft mit dem weltweit größten Marktplatz für Produktvermietung, Fat Llama, kann man bei John Lewis in Großbritannien Schreibtische, Stühle, Esstische und Sofas für bis zu einem Jahr mieten. „Wir wissen, dass sich die Einstellung zum Mieten und zur Sharing Economy in den letzten Jahren dramatisch verändert hat und dass das Mieten, Wiederverkaufen und Recyceln von Dingen für unsere Kunden zunehmend an Bedeutung gewinnt", so Johnathan Marsh, Leiter der Sparte „Home & Garden" bei John Lewis.[30]

Nicht nur in der Modebranche, auch beim Elektrohändler Dixons Currys denkt man über ein Mitgliedschaftsprogramm nach, bei dem die Kunden für den Zugang zu langlebigen Gebrauchsgütern wie zum Beispiel Waschmaschinen, einschließlich Installation und Reparaturen, zahlen – ohne sie jedoch tatsächlich zu besitzen.

Künftig wird es von entscheidender Bedeutung sein, engere Beziehungen zu den Kunden aufzubauen, da sich der Schwerpunkt vom Produkt zum Service verlagert. Das erklärt, warum ein Einzelhändler wie IKEA im Jahr 2018 die Plattform TaskRabbit übernommen hat. Der Online-Marktplatz bringt 60.000 freiberufliche „Tasker" mit Menschen zusammen, die zum Beispiel jemanden suchen, der die Möbelmontage für sie übernimmt. Heute kann man einen Stuva-Kleiderschrank kaufen und muss sich keine Sorgen machen, wie man ihn zusammenbaut.

Wir sind der Meinung, dass Hypermärkte und Supermärkte als große Ladenformate mit regelmäßiger Kundenfrequenz überlegen sollten, bibliotheksähnliche Bereiche einzurichten, in denen die Kunden ausgewählte Artikel ausleihen können. Dies würde sich gut für Produkte eignen, die in der Anschaffung teuer sind, selten benutzt werden und/oder schwer zu lagern sind – zum Beispiel Nähmaschinen, Zelte oder Bohrmaschinen.

Die Library of Things im Südosten Londons ist ein Sozialunternehmen und „Leih-Ort", wo man alles von Küchengeräten bis hin zu Neoprenanzügen ausleihen kann. Die Mitgliedschaft ist kostenlos, und die Mitglieder können jede Woche bis zu fünf Gegenstände ausleihen, von denen die meisten für weniger als vier Pfund gemietet werden können.[31] Eine „Bibliothek der Dinge" in den Geschäften könnte Ladengeschäften helfen, die damit zu kämpfen haben, toten Raum zu füllen. Dies würde nicht nur die Besucherzahlen in den Geschäften erhöhen, die Händler könnten auch – was noch wichtiger ist – Kontakt zu den Menschen in der Umgebung herstellen und eine viel engere Beziehung zu den Kunden aufbauen.

FAZIT

Heutzutage ist der Einzelhandel wirklich überall – in Geschäften, auf unseren Telefonen, in unseren Wohnungen, in Gegenständen und sogar in den Medien.

Onlinehändler wie Amazon bieten den Kunden zwar eine unvergleichliche Zugänglichkeit und nahezu sofortige Befriedigung, aber dabei haben sie dem Einkaufen seinen haptischen Anteil genommen. Der stationäre Einzelhandel muss sich weiterentwickeln und mehr als den reinen Warenumschlag bieten. Die Geschäfte müssen wieder zu etwas Besonderem und Erfüllendem werden. Sie müssen eine Geschichte erzählen und den wachsenden Wunsch nach menschlicher Nähe in einer zunehmend digitalen Welt befriedigen. Die Läden müssen sich auf die Gemeinschaft konzentrieren und ein Erlebnis für die Sinne bieten, das online nicht reproduziert werden kann. Ziel sollte es sein, den physischen Raum so attraktiv zu gestalten, dass die Kunden sogar bereit sind, Eintritt zu zahlen wie bei einem Vergnügungspark oder im Theater.

Die Einzelhändler müssen weiterhin versuchen, die Silo-Mentalität aufzubrechen, alte Denkweisen hinter sich zu lassen und die Messgrößen für den Erfolg ihrer Geschäfte neu zu erfinden. Zu Beginn dieses Kapitels haben wir uns Gedanken über die Rolle des Ladengeschäfts im heutigen digitalen Zeitalter gemacht. Wenn die Rolle des Ladens nicht mehr nur im Verkauf besteht, warum messen wir dann immer noch Dinge wie Verkaufsdichte und flächenbereinigtes Umsatzwachstum?

Die Einzelhändler ruhen sich – vielleicht zu Unrecht – darauf aus, dass diese Daten greifbar sind. Sie sind leicht verständlich. Und so hat man es schon immer gemacht. Aber wie wir alle wissen, ist „business as usual" zu betreiben in der heutigen, sich schnell verändernden Welt wohl der gefährlichste Gedanke für einen Einzelhändler. Wir brauchen neue Kennzahlen, die das Einkaufen im 21. Jahrhundert widerspiegeln.

Wenn die Rolle des Ladengeschäfts also zum Teil darin besteht, ein Erlebnis zu bieten, das die Kunden online nicht bekommen können, dann sollten wir die Verweildauer (und den Faktor des „Entdeckens"), die Zufriedenheit der Mitarbeiter und die Anzahl der sinnvollen und idealerweise technologiegestützten Interaktionen mit den Kunden messen. Wir sollten auch messen, wie das Geschäft in seiner Rolle als Logistikzentrum abschneidet. Während die aktuellen KPIs beim Vergleich das physische Geschäft *gegen* den E-Commerce stellen, müssen Einzelhändler ihre Sichtweise ändern und den Erfolg des physischen Geschäfts *zusammen mit* dem E-Commerce messen. Wir müssen damit beginnen, KPIs zu messen wie etwa die digitale Kaufabsicht, den Prozentsatz der im Geschäft abgewickelten

Online-Bestellungen, die Rolle des stationären Handels in Bezug auf die Rendite (Kundenfrequenz, zusätzliche Ausgaben) sowie die Möglichkeit, das Geschäft für eine schnelle Lieferung zu nutzen.

Gehen wir nun näher auf das Geschäft als Logistikzentrum ein.

15

Einzelhandelslogistik: Entscheidung auf der letzten Meile

„Man gibt Amazon besser keinen Vorsprung von sieben Jahren."

WARREN BUFFETT, US-AMERIKANISCHER WIRTSCHAFTSMAGNAT[1]

In den Kapiteln 13 und 14 wurde gezeigt, wie sich das Geschäft der Zukunft entwickeln muss, um gleichzeitig die Automatisierung zu steigern, Problemstellen zu eliminieren und mehr Erlebniswert zu schaffen. Mit dem Einfluss der Digitalisierung auf das Einkaufen haben sich auch die Ladengeschäfte zu Online-Logistik-Hubs entwickelt. Bevor es den Onlinehandel gab, ging es bei der Lieferkettenlogistik von Einzelhändlern hauptsächlich darum, die Produkte von den Lieferanten zu den Vertriebs- und Abwicklungszentren und dann in die Geschäfte zu bringen.

DAS VERSPRECHEN, ZU LIEFERN

In der Anfangszeit des E-Commerce bekamen Einzelhandelsführungskräfte verzweifelte Anrufe von Filialleitern, die wissen wollten, ob die Online-Retouren, die sie im Laden annehmen mussten, „in ihre Bilanz einfließen" würden. Zu diesem Zeitpunkt wurde etablierten Einzelhändlern, die die ersten Schritte im Internet wagten, zum ersten Mal klar, welche Auswirkungen der Onlinehandel auf ihre Ladengeschäfte haben würde. Sie erkannten, dass sich die Tatsache, dass sie die Auswirkungen von Onlineretouren auf ihre stationären Geschäfte nicht vorhergesehen hatten, in einen Vorteil gegenüber dem damaligen reinen Onlinehändler Amazon verwandeln ließe, indem man sowohl den Auslieferungsprozess als auch die Retouren im Laden abwickelte. Wenn sie den Kunden dafür bei der Abholung der Bestellungen keine Lieferkosten mehr in Rechnung stellen mussten, waren sie gerne bereit, die Läden diese neue Rolle übernehmen zu lassen. Denn diese Kosten waren sonst den Einzelhändlern selbst entstanden, insbesondere wenn sie verpasste Lieferungen neu planen mussten. Das ist eine besondere Herausforderung für Onlinehändler, wenn man bedenkt, dass die Rücksendequoten in Branchen wie dem Modesektor bis zu 40 Prozent betragen können und dass, wie eine Studie ergab, allein durch Lieferbetrug ein Prozent oder mehr des gesamten Umsatzes verloren gehen kann.[2] Niemand konnte jedoch ahnen, wie beliebt diese sogenannten „Click & Collect"-Dienste – auch als „Buy Online Pick Up Instore" (BOPIS – online kaufen, im Geschäft abholen) bezeichnet – werden würden.

Obwohl wir im Zusammenhang mit den Auswirkungen von Corona auf Trends im Einzelhandel bereits über Click & Collect gesprochen haben, ist es wichtig, zu verstehen, wie dieser Service so vielen stationären Einzelhändlern auf dem Höhepunkt der weltweiten Lockdowns geholfen hat.

Im großen Stil wurde Click & Collect zuerst in vielen europäischen Ländern von den Kunden angenommen. Dies liegt an einer Reihe von Faktoren: an den unerschwinglich hohen Lieferkosten im

E-Commerce; an der geografischen Dichte der Bevölkerung, aufgrund deren die Filiale eines Geschäfts immer in der Nähe ist, an der guten Versorgung mit Breitband-Internet und dem Zugang zu Mobiltelefonen sowie an der relativ stark ausgeprägten Akzeptanz von Alternativen zur Barzahlung durch die Verbraucher, wobei kartenlose Transaktionen und Transaktionen per Nachnahme das Ferneinkaufsmodell des Onlinehandels überhaupt erst ermöglicht haben. In Frankreich bieten die „Click & Collect"-Angebote von Supermärkten und anderen Einzelhändlern 80 Prozent der Bevölkerung innerhalb von zehn Minuten Zugang zu Tausenden von Abholstellen. Die als „Click and Drive" oder „Curbside Pickup" bekannte Abholmethode machte schon vor der Pandemie 50 Prozent des Gesamtumsatzes der Supermarktkette E. Leclerc aus.[3] Auch die Briten sind begeisterte „Click & Collect"-Kunden: Die Zahl der britischen Geschäfte, die Click & Collect anbieten, ist in Reaktion auf die Lockdowns im Jahr 2020 im Vergleich zum Vorjahr um 32 Prozent gestiegen, und 41 Prozent der Verbraucher beabsichtigen, Click & Collect in Zukunft verstärkt zu nutzen.[4]

In den USA erfreut sich auch Click & Collect „Drive up", also der „Curbside Pick-up" beziehungsweise die Abholung am Straßenrand, immer größerer Beliebtheit. Walmart kann durch sein Kiosk-Konzept, auf das weiter oben im Buch kurz eingegangen wurde, die höheren Logistikkosten des Online-Wachstums ausgleichen, indem Anreize für Ladenbesuche geschaffen und so potenzielle zusätzliche Kunden gewonnen werden. Laut einigen Schätzungen lag der Anteil des pandemiebedingten Anstiegs der Online-Verkäufe im Jahr 2020 bei bis zu 80 Prozent. Das zeigt: Abholdienste könnten für den stationären Einzelhandel auf dem Höhepunkt der weltweiten Lockdowns die Rettung gewesen sein.[5]

Wie bereits erwähnt, hat man bei Amazon über Schließfächer schon den ersten Vorstoß in den Bereich Click & Collect unternommen, bevor man überhaupt über die Übernahme einer stationären Supermarktkette nachdachte. Die ersten „Amazon Lockers" tauchten 2011 in Seattle, der Heimatstadt von Amazon, sowie in New York und London auf. Die Kunden können einen beliebigen Schließfachstandort für ihre Lieferung wählen und erhalten per E-Mail oder SMS einen einmaligen Abholcode, den sie am Touchscreen des zugewiesenen Schließfachs eingeben, um dessen Tür zu öffnen. Diesen Schließfachservice hat Amazon durch eine Partnerschaft mit Eigentümern von Einzelhandelsimmobilien erweitert, sodass es die Fächer nun auch in Einkaufszentren und in den Filialen von Supermärkten wie 7-Eleven und Spar sowie Co-op und Morrisons in Großbritannien gibt. Auch in Kanada, Frankreich, Deutschland und Italien findet man Amazon Lockers. Das Unternehmen ist aber auch nicht abgeneigt, weniger traditionelle Standorte für Schließfächer zu nutzen, wie etwa öffentliche Bibliotheken[6], größere Wohnblöcke in Städten und sogar das Coachella-Musikfestival, wo sich Festivalbesucher mit dem auf Schließfächern basierenden Amazon-Hub-Service bequem in letzter Minute noch ein Handy-Ladegerät oder Sonnencreme liefern lassen können.[7] Im Jahr 2021 gab es Amazon Lockers in mehr als 900 Städten und Gemeinden allein in den USA.

Komfort bei der Fernabholung

Das Gute an Schließfächern ist, dass sie bestimmte Logistikprobleme auf der sogenannten letzten Meile – wie Diebstahl, verpasste Lieferungen und die Notwendigkeit einer erneuten Zustellung – sowie die damit verbundenen zusätzlichen Kosten eliminieren. Die Kunden können über das System auch Artikel zurückgeben, die sie nicht behalten möchten. Aber nicht jeder Amazon-Drittanbieter kann die Schließfachoption nutzen. Dies ist zum Beispiel nicht möglich, wenn für den Artikel oder das System der beauftragten Spedition eine Unterschrift zur Bestätigung des Empfangs der Lieferung benötigt wird (obwohl Amazon-Hub-Lieferschließfächer Pakete von allen Lieferdiensten akzeptieren). Auch für verderbliche Waren sind Amazon Locker ungeeignet. Mit seinem größeren Online-Lebensmittelmarkt ist Europa führend in der Entwicklung von „Click & Collect"-Schließfächern mit Temperaturregelung. In diesem Zusammenhang ist vor allem das Unternehmen Emmasbox hervorzuheben. Das in München ansässige Start-up liefert seine gekühlten Abholstationen für Online-Lebensmittelbestellungen an die Deutsche Bahn sowie an andere Verkehrsbetriebe wie den Flughafen München und die Lebensmitteleinzelhändler Edeka und Migros. Der französische Einzelhändler Auchan hat in der Region Saint-Etienne vor einigen Jahren 250 „Click & Collect"-Schließfächer mit Temperaturregelung für Lebensmittel eingeführt; kurz vorher hatte der Discounter Lidl in Belgien mit der Einrichtung von Abholstationen für Online-Lebensmittelbestellungen begonnen. Bei anderen Modellen, etwa den Packstationen von DHL/Deutsche Post in Deutschland, Cityssimo von La Poste in Frankreich und ByBox im Vereinigten Königreich, werden komplette Abholstellen an oder in der Nähe von Verkehrsknotenpunkten oder anderen stark frequentierten städtischen Gebieten bereitgestellt, die die Funktion des traditionellen Postamts oder der FedEx- und UPS-Verkaufsstellen übernehmen. Bis 2021 konnten Kunden von Amazon UK ihre Pakete beispielsweise auch an den über 400 Standorten von Doddle abholen. In den USA stellt Lowes Foods in Kooperation mit dem Einzelhandelsautomatisierungsunternehmen Bell and Howell temperaturgeregelte Schließfächer in Bürogebäuden auf, in denen sich die Kunden Lebensmittel an den Arbeitsplatz liefern lassen können. Aber wie bereits erwähnt, geht es heutzutage nicht mehr nur um Schließfächer. „Click & Collect"-Schließfächer tauchen mittlerweile an den verschiedensten Orten auf, zum Beispiel vermittelt durch Partnerschaften zwischen Amazon und Unternehmen wie Next in Großbritannien und Kohl's in den USA.

Wenn es um Leistungsziele geht, messen viele Einzelhändler jetzt die Auswirkungen des Onlinehandels, indem sie den Bestellort in die Umsätze in den Geschäften oder in den Regionen einbeziehen. Aus diesem Grund werden nach Branchenangaben immer noch rund 80 Prozent der weltweiten Einzelhandelsumsätze in einem Geschäft „vollzogen". Ein Kunde kann ein Produkt online bestellen und bezahlen, es dann aber zu einem für ihn günstigeren Zeitpunkt in einem lokalen Geschäft oder bei einem Drittanbieter abholen, und oft fallen dafür keine Liefergebühren an. Apropos Liefergebühren: Amazon war 2002 eines der ersten Unternehmen, die die kostenlose Lieferung als Kundenlockmittel einsetzten. Es führte sein „Super Saver"-Versandangebot ein und senkte den Mindestbestellwert dafür von 100 auf 25 US-Dollar. Für Nicht-Prime-Mitglieder bietet Amazon heute einen kostenlosen Versand ab einem Bestellwert von 25 US-Dollar für bestimmte Waren an.

Da der Internetzugang mittlerweile allgegenwärtig ist, die Schnittstellen immer nahtloser werden und die Nachfrage nach einer nahezu sofortigen Abwicklung stark gestiegen ist, muss sich der Einzelhandel zunehmend mit der letzten Meile beschäftigen. Der Begriff der „letzten Meile", der traditionell von Telekommunikationsnetzbetreibern für die Infrastruktur verwendet wird, die physisch bis zum Endkunden reicht, wurde vom Einzelhandel übernommen, um die letzte Stufe im Abwicklungsprozess der Bereitstellung eines Produkts oder Services zu bezeichnen. Nachschub in die Filiale, Lieferung nach Hause oder eine Mischung aus beidem: Lieferung zum Geschäft für Click & Collect oder zu Schließfächern in den Räumlichkeiten Dritter (siehe Abbildung 15.1).

ABBILDUNG 15.1
Neue Logistikoptionen erhöhen die Komplexität der Lieferketten im Einzelhandel

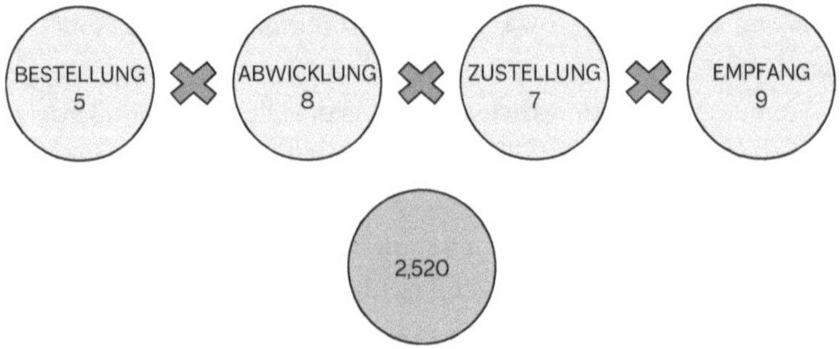

ABBILDUNG 15.2: Die zunehmende Komplexität der Abwicklung von Kundenbestellungen im Onlinehandel

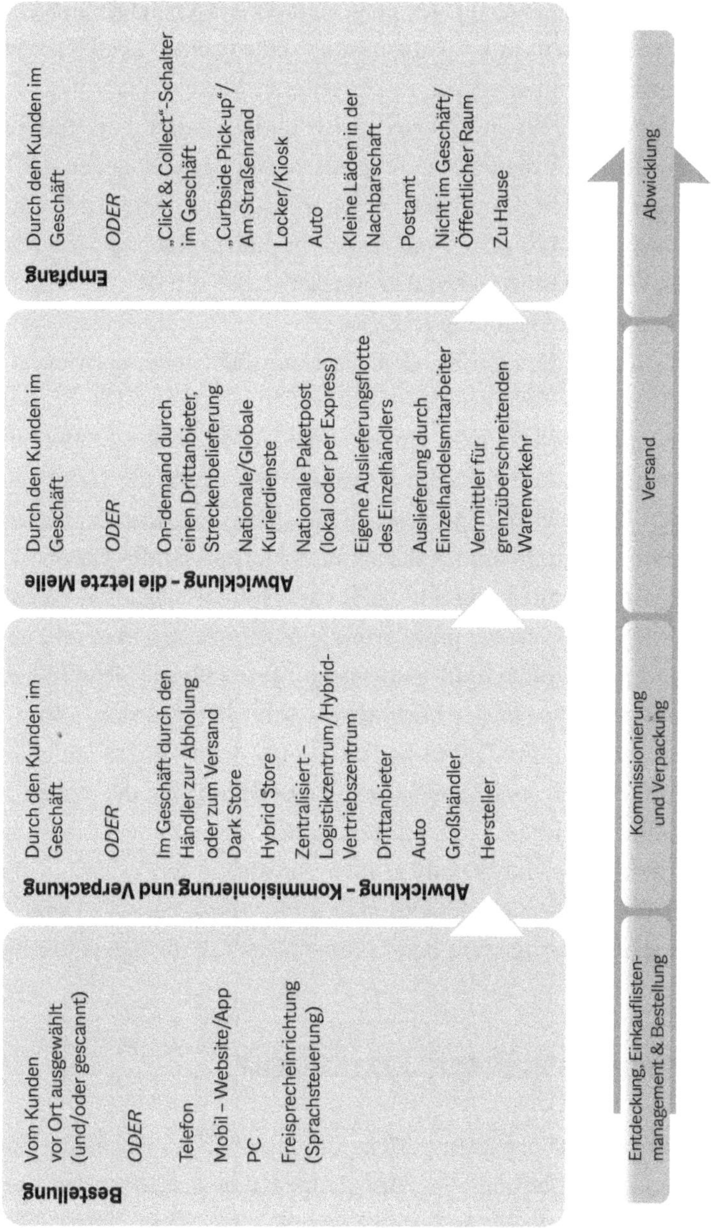
Bestellung
Vom Kunden vor Ort ausgewählt (und/oder gescannt)
ODER
Telefon
Mobil – Website/App
PC
Freisprecheinrichtung (Sprachsteuerung)
Abwicklung - Kommisionierung und Verpackung
Durch den Kunden im Geschäft
ODER
Im Geschäft durch den Händler zur Abholung oder zum Versand
Dark Store
Hybrid Store
Zentralisiert – Logistikzentrum/Hybrid-Vertriebszentrum
Drittanbieter
Auto
Großhändler
Hersteller
Abwicklung - die letzte Meile
Durch den Kunden im Geschäft
ODER
On-demand durch einen Drittanbieter, Streckenbelieferung
Nationale/Globale Kurierdienste
Nationale Paketpost (lokal oder per Express)
Eigene Auslieferungsflotte des Einzelhändlers
Auslieferung durch Einzelhandelsmitarbeiter
Vermittler für grenzüberschreitenden Warenverkehr
Empfang
Durch den Kunden im Geschäft
ODER
„Click & Collect"-Schalter im Geschäft
„Curbside Pick-up"/ Am Straßenrand
Locker/Kiosk
Auto
Kleine Läden in der Nachbarschaft
Postamt
Nicht im Geschäft/ Öffentlicher Raum
Zu Hause
Entdeckung, Einkauflisten-management & Bestellung
Kommissionierung und Verpackung
Versand
Abwicklung

All diese Möglichkeiten haben Verbraucher heutzutage – neben dem traditionellen Einkauf, bei dem man die Waren selbst aussucht, in einem Geschäft in Empfang nimmt und einsteckt. Die Lieferkettenkapazitäten mussten sich rasch weiterentwickeln, nicht nur die traditionellen Hub-and-Spoke-, Distributions- und Logistikzentren, sondern auch die Filialnetze gehören nun dazu, in denen die Kunden wie, wo und wann immer sie wünschen, Zugang zu Produkten haben. Die „Wünsche", wie wir sie in diesem Buch genannt haben, des Wunschkonzert-Kunden werden durch die Art der Bestellung vorgegeben (Abbildung 15.2).

Dadurch, dass die Kunden die Kontrolle haben, entwickeln sich immer neue Varianten der traditionellen Lieferkette. Das führt dazu, dass die Lieferketten im Einzelhandel und in der Produktion immer komplexer werden. In der Vergangenheit wurde die Lieferkette jedoch von vielen Unternehmen als reine Kostenstelle betrachtet. Selbst die Einzelhändler, die auf dem Höhepunkt der Corona-Lockdowns als „systemrelevant" galten und vom beispiellosen Wachstum der Online-Verkäufe profitierten, mussten feststellen, dass ihre Gewinnspannen durch die gestiegenen Kosten für die letzte Meile und Verzögerungen in der Lieferkette geschmälert wurden. Wenn man dazu den Amazon-Effekt berücksichtigt, dann werden Lieferkettenmodelle – die vorschreiben, wo eine Bestellung auf der letzten Meile kommissioniert, verpackt und zugestellt wird, um neue Kaufwege zu unterstützen – mehr denn je einer der wichtigsten Wachstumsfaktoren sowohl für Einzelhändler als auch für Hersteller sein. Denn Amazon hat die letzte Meile bereits seit einiger Zeit für sich gewonnen.

ERSCHLIESSUNG DER LETZTEN MEILE

Wer sich auf der letzten Meile durchsetzt, das entscheidet zunehmend auch darüber, wer das Rennen um die Gunst des Kunden macht – hier Erfolg zu haben bedeutet auch, die Konkurrenz in Bezug auf Kundenfrequenz, -relevanz und letztlich -loyalität zu übertreffen. Die Logistikinfrastruktur von Amazon ist der Wettbewerbsmotor des Unternehmens. Sie sorgt für Schnelligkeit und Komfort und hält so das Schwungrad am Laufen. Ohne sie könnten die beiden größten lieferkettenbasierten Wachstumsmotoren – Prime und Fulfilment by Amazon (FBA) – nicht funktionieren. Bei der Dominanz auf der letzten Meile ist Amazon dafür bekannt, die schnelle Lieferung zum Normalfall machen zu wollen; außerdem sorgt das große Angebot dafür, dass man bestellen kann, was man nur will. Und so bringt Amazon die ganze Branche durcheinander.

Ein Beispiel dafür ist der Youtuber Rob Bliss, der sich entschloss, sein Amazon-Prime-Abonnement zu nutzen, um Obdachlosen in New York City Artikel liefern zu lassen. Er fragte jede Person, was sie benötigte, und bestellte es. Zu den Spenden gehörten Socken, Schuhe, Schlafsäcke, lange Unterhosen und andere Hygieneartikel. Innerhalb weniger Stunden wurden die Artikel geliefert, und seine Videos und seine Idee gingen viral.[8]

In Kapitel 8 haben wir gesehen, dass ein Großteil der Strategie von Amazon für die letzte Meile auf den gleichen Grundlagen aufbaut wie die Lebensmittelstrategie von Amazon. Aber es lohnt sich, noch einmal auf die gewaltigen AWS-Rechenkapazitäten hinzuweisen, die die komplexen Algorithmen antreiben, die gewaltigen Logistikkapazitäten orchestrieren und es so ermöglichen, dass ein komplexer Vorgang wie die Bearbeitung, Kommissionierung, Auslieferung und Verpackung einer Bestellung zu einer Straßenecke mitten in Manhattan innerhalb weniger Minuten ausgeführt werden kann. Die AWS-Säule untermauert die Liefermechanismen von Amazon im wahrsten Sinne des Wortes.

Betrachtet man den letzten Teil des Online-Einkaufsprozesses isoliert, so beginnt er mit dem Zeitpunkt, an dem sich der Kunde für den Kauf eines Artikels entscheidet und eine Bestellung aufgibt. Dabei spielt es keine Rolle, ob die Kunden ihr eigenes Gerät für die Bestellung und den Kaufabschluss verwenden oder ein Gerät des Einzelhändlers in der Filiale, worunter auch Kassen mit E-Commerce-Integration, Kioske oder andere „Endless Aisle“-Apps fallen können. Hier haben wir bereits gesehen, wie Amazon Prime-Mitglieder mit Vorzugspreisen in seine Buch- und 4-Star-Läden gelockt hat. Amazon hebt auch hervor, wie einfach sich durch die Nutzung des bestehenden Online-Kontos die Zahlung beschleunigen lässt, und hat mit seinem Patent den Standard für den 1-Click-Einkauf gesetzt, der die anstrengendsten Schritte des Online-Kaufprozesses – das Ausfüllen von Liefer- und Zahlungsinformationen – vereinfacht. Wie bereits erwähnt, hat Amazon mit seinem 1-Click-Patent für die breite Akzeptanz dieser Funktion gesorgt. Und über die vereinfachten sprachgesteuerten automatischen Nachbestellungsdienste sowie die Einbindung von Alexa in Technologie-Hardware können alle Phasen des Online-Einkaufsprozesses durchgeführt werden, von der Suche, dem Stöbern und Entdecken bis hin zur Bestellung und dem Hinzufügen der Artikel zum Warenkorb für den Check-out. Amazon hat es Alexa-Nutzern sogar ermöglicht, beim Tanken ihres Autos per Sprachsteuerung zu bezahlen.

Auch beim Bezahlvorgang hat sich Amazon in eine gute Position gebracht. Mit Amazon Payments, dem Online-Zahlungssystem von Amazon, können Kunden mit ihrem Amazon-Konto auf externen Händler-Websites bezahlen. Genau wie bei den Konkurrenten Google Checkout und PayPal können die Kunden mit Amazon Payments ihr Konto bei einem vertrauenswürdigen Anbieter für alle Online-Zahlungen nutzen. Den Händlern wird dafür ein Prozentsatz der Transaktion und eine Transaktionsgebühr berechnet. Dass Amazon Payments bei Drittanbietern so beliebt ist, liegt unter anderem daran, dass die Kunden während des Bezahlvorgangs die Website des Händlers nicht verlassen müssen und mit jeder von Amazon unterstützten Methode bezahlen können. Außerdem ist das System geräteunabhängig, und Händler erhalten beim Check-in den Namen des Kunden und seine verifizierte E-Mail-Adresse. Außerdem gibt es API-Integrationen zu einigen der bei mittelständischen Händlern beliebten E-Commerce-Plattformen wie BigCommerce, Magento und Shopify sowie zum Zahlungsdienstleister FIS (durch die Übernahme von Worldpay). Deren Nutzer können ein kostenloses Plug-in aktivieren, um die Amazon-Zahlungsoption zu ihren Check-outs hinzuzufügen.

Obwohl Amazon aufgrund seines Kundenstamms ein wichtiger Akteur in diesem Feld ist, kann Amazon Payments im Rennen um den Online-Zahlungsverkehr keine Marktdominanz für sich beanspruchen. Das Unternehmen kann auf mehr als 300 Millionen aktive Kundenkonten zugreifen, der Zahlungsportal-Rivale PayPal hat rund 400 Millionen. Unterdessen nimmt die Konkurrenz durch die sozialen Medien zu. Facebook hat mehr als 1,88 Milliarden täglich aktive Nutzer, und obwohl die Einnahmen aus der Zahlungsabwicklung im Vergleich zu den Werbeeinnahmen nur einen winzigen Teil der Umsätze ausmachen, hat das Unternehmen im Jahr 2020 1,8 Milliarden US-Dollar an Zahlungen und anderen Gebühren eingenommen, unter anderem über Facebook Payments und Marketplace.[9] Im Gegensatz zu einigen anderen sozialen Netzwerken muss man jedoch nicht unbedingt Zahlungsdaten eingeben, um das Netzwerk nutzen zu können. Dennoch: Obwohl die meisten anderen Einzelhändler – mit Ausnahme von PayPal – eine größere Nutzerbasis haben, ist Amazon der einzige, der diese erweiterte Funktionalität anbietet (wobei Apple Einzelhandelsgeschäfte hat, um die eigenen Unterhaltungselektronikprodukte und Dienstleistungen zu verkaufen, und auch Apple Pay anbietet). Der einzige wirkliche Online-Rivale in dieser Hinsicht ist die Alibaba-Tochter AliPay, die im Jahr 2020 satte 1,3 Milliarden aktive Nutzer hatte und in diesem Jahr Transaktionen im Wert von 17 Billionen US-Dollar auf dem chinesischen Festland abwickelte.

Einfach auschecken

Betrachtet man die Kaufentscheidung als Teil des Abwicklungsprozesses und dessen Einfluss auf die letzte Meile, lässt sich Just Walk Out, das kassenlose Ladenbezahlsystem von Amazon, in den richtigen Kontext stellen. Der völlige Verzicht auf Kasse und Bezahlung weist den Weg zu Konzepten für das Geschäft der Zukunft, die sich stärker auf die Abwicklung konzentrieren. In den beiden vorangegangenen Kapiteln ging es darum, wie Einzelhändler die Problemstellen in jeder Phase des Einkaufsvorgangs – von der Suche über das Stöbern bis hin zum Entdecken – eliminieren können. Zu den Prozessen, die die Konversion in den Geschäften am stärksten behindern, gehören das Anstehen an der Kasse und der Bezahlvorgang. Die Einzelhändler sollten sich ein Beispiel an Amazon nehmen und die Geschäfte als Möglichkeit betrachten, den Kunden die gewünschten Produkte mit so wenig Aufwand und Unannehmlichkeiten wie möglich zur Verfügung zu stellen.

Der britische Lebensmittelhändler Waitrose hat in seinem „Little Waitrose"-Format einen kassenlosen Laden getestet, während Walmart und Kroger von der Bedrohung durch Amazon Go in den USA durchaus aufgeschreckt wurden: Beide haben kassenlose Einkaufsysteme entwickelt, allerdings mit unterschiedlichem Erfolg. Walmart testete zunächst eine mobile „Scan & Go"-App, mit der die Kunden die Barcodes ausgewählter Produkte scannen und dann auschecken konnten, ohne einen zusätzlichen Zwischenstopp an einer Kasse einlegen zu müssen – allerdings gab es für diese Kunden aus Sicherheitsgründen eine spezielle Express-Spur, über die sie das Geschäft mit ihren Einkäufen verließen. Dann – kurz bevor Amazon seine „Just Walk Out"-Ladentechnologie der Welt vorstellte und nachdem man einen ähnlichen Service bei der Großhandelskette Sam's Club erfolgreich eingeführt hatte – erweiterte Walmart seine App. Doch ebenso plötzlich wie die Ankündigung kam sechs Monate später die Mitteilung, dass die Einführung aufgrund der geringen Akzeptanz aufgegeben werde. In der Branche hieß es, die Kunden hätten Schwierigkeiten, gleichzeitig mit ihrem mobilen Gerät, dem gescannten Artikel und dem Einkaufskorb, -wagen oder der Einkaufstasche zurechtzukommen; auch Diebstahl sei ein Problem. Walmart bot seinen „Scan & Go"-Service weiterhin mit eigenen Handscannern, bei denen das Risiko gering ist, dass die Batterien mitten im Prozess aufgeben, und mit speziellen Einkaufswagenhaltern an, bis es, wie bereits erwähnt, die App während der Pandemie wieder einführte. Kroger hat eine ähnliche mobile App und einen Handscanner-basierten Service namens „Scan, Bag, Go“ eingeführt. Bei Sainsbury's in Großbritannien wurde mitten in der Pandemie sogar mehr als die Hälfte aller Verkäufe über die SmartShop-App abgewickelt, und viele Einzelhändler haben die Einführung ihrer mobilen „Scan & Go“-Apps vorgezogen. Es ist auch erwähnenswert, dass Waitrose als erstes Unternehmen eigene Handscanner eingeführt hat ... und das schon vor 20 Jahren!

Die Check-out- und Zahlungsstrategie von Amazon sorgt auch dafür, dass das Unternehmen eine Rolle bei den Bestell- und Zahlungsprozessen anderer Einzelhändler spielt, da das Unternehmen diesen Teil des Einkaufsprozesses nicht nur online, sondern auch offline weiter revolutioniert. Obwohl diese Dienstleistungen nicht in den Finanzdaten des Drittanbieter-Marktplatzes enthalten sind, sollte man diesen Teil des Schwungrads nicht vergessen, wenn man sich mit der Rolle von Amazon im Bestell-, Bezahl- und Abwicklungsprozess beschäftigt. Schließlich stellt Amazon das gesamte E-Commerce-Frontend, den Online-Einkaufsservice für Drittanbieter, bereit.

Während jeder Teil der Infrastruktur, des Angebots und des Ökosystems von Amazon das Kernziel des Unternehmens unterstützt, nämlich „mehr Zeug“ zu verkaufen, unterstreicht das Konzept für die letzte Meile die Kernwerte des Unternehmens: Auswahl, Komfort und Schnelligkeit. Die mehrgleisige letzte Meile von Amazon reicht von der automatischen Nachbestellung bis hin zu Prime und dem Angebot der kostenlosen unbegrenzten Lieferung innerhalb von zwei Tagen oder noch am Tag der Bestellung, je nach Lieferort.

Es lohnt sich, zu prüfen, wie gut es Amazon gelingt, die Mechanismen von Prime zu nutzen, um den Umsatz unter den Mitgliedern zu steigern. Sicherlich gilt: Angeregt von Prime und dem Beispiel von Amazon, werden Abonnementdienste seit einiger Zeit immer beliebter. Abgesehen davon, dass es sich um ein Treueprogramm mit dem zusätzlichen Vorteil wiederkehrender Einnahmen handelt, steht der Komfort (42 Prozent) an erster Stelle der Vorteile, die die Verbraucher durch das Abonnieren eines Produkts oder einer

Dienstleistung erwarten, gefolgt von Kosteneinsparungen (35 Prozent) und mehr Auswahl (35 Prozent). Mehr als zwei Drittel (78 Prozent) der Verbraucher nutzen Abonnementdienste, und 75 Prozent glauben, dass die Menschen in Zukunft mehr Dienste abonnieren und weniger physische „Sachen" besitzen werden. Aber die Menschen wollen für das bezahlen, was sie nutzen. Fast drei Viertel (72 Prozent) würden es vorziehen, für das zu zahlen, was sie verbrauchen, anstatt eine Pauschalgebühr zu entrichten.[10]

Wiederkehrende Einnahmen

Melanie Darvall, Geschäftsführerin für Marketing und Kommunikation beim britischen Postzustellungsunternehmen Whistl, erklärt, dass der Schlüssel zur Einführung eines erfolgreichen Abonnementdienstes darin liegt, das richtige Gleichgewicht zu finden, damit das Angebot für beide Seiten – Händler und Kunden – von Vorteil ist. „Sicherzustellen, dass die Qualität des Produkts oder der Wert des Rabatts hoch genug ist, um die Loyalität des Kundenstamms zu fördern und ihn dazu zu bringen, Geld für etwas auszugeben, was im Wesentlichen ein monatlicher ‚Schnupperservice' ist, kann sicherlich eine Herausforderung sein. Aber wenn man diese Nuss geknackt hat, kann man die Früchte ernten und hoffentlich einen zufriedenen Kundenstamm behalten", äußerte sie sich.[11] In Darvalls Sinne verwendete eine bemerkenswerte Werbekampagne von Amazon den Slogan „Amazon Prime Delivers More" (Amazon Prime liefert mehr), um auf die kostenlosen Video- und Musikstreamingdienste hinzuweisen, die Prime-Mitglieder neben der kostenlosen Lieferung und vielen anderen Vorteilen nutzen können. Jetzt treibt die wachsende Zahl der Prime-Abonnenten von Amazon die Nachfrage nach Logistikkapazitäten in die Höhe.

Im weiteren Verlauf dieses Kapitels und im nächsten Kapitel werden wir also untersuchen, wie Amazon das Logistikkonzept für die letzte Meile ausbaut, einschließlich aktueller und zukünftiger Innovationen durch Prime-Lieferschließfächer und ultraschnelle Lieferung per Drohne sowie FBA. Wir wollen aber auch betrachten, wie sich die Lieferkettenstrategie des Unternehmens aufgrund von neuen Online-zu-Offline-Fähigkeiten in einer wachsenden Zahl anderer Sektoren, darunter Mode und natürlich auch Lebensmittel, weiterentwickelt.

AUSBAU DER LETZTEN MEILE

Amazon war im Bereich der superschnellen Lieferung eigentlich ein ziemlicher Nachzügler. Bei der Markteinführung fragte man sich in der Branche, ob Amazon es sich leisten kann, Geld in einen Kampf um die letzte Meile zu investieren, wo es doch immer mehr Start-ups gibt, die nach On-demand-Lösungen suchen und die traditionellen Einzelhandelsmodelle infrage stellen, um dem unstillbaren Appetit der Verbraucher nach sofortiger Befriedigung ihrer Bedürfnisse zu entsprechen. Der in früheren Kapiteln erwähnte Aufstieg der 15-Minuten-Lieferdienste hat den nötigen Einsatz nur noch weiter erhöht, wenn man die Kunden auf der letzten Meile für sich gewinnen will.

Andere meinten, Amazon habe keine andere Wahl, als sich mit den Postmates, Uber Eats, Instacarts und Deliveroos dieser Welt anzulegen, da diese Wettbewerber ja keine eigenen Produkte besitzen, sondern Kundenbestellungen im Auftrag ihrer Einzelhandelskunden ausführen, die ebenfalls gegenüber Amazon in Sachen Same-Day aufholen wollen.

Doch die Wettbewerber haben schnell reagiert. Bei Ebay beispielsweise können Verkäufer beim Einstellen von Produkten Express-Lieferoptionen anbieten. Damit zielt man vielleicht auf Drittanbieter ab, die sich vom Amazon-eigenen Prime-Lieferversprechen ausgeschlossen fühlen, das, wie bereits erwähnt, Produkte, die die FBA-Dienste nutzen, und die Amazon-Eigenmarkenprodukte bevorzugt.

Bei Amazon hat man auch gemerkt, dass das Prime-Versprechen der schnellen Lieferung mehr Konkurrenz von Anbietern bekommt, die innerhalb von einer Stunde oder sogar von zehn bis 15 Minuten liefern, wie bereits untersucht wurde. Hier ist allerdings noch offen, ob diese Konzepte rentabel sind. Das in London ansässige Unternehmen Dija beispielsweise setzt eine eigene Flotte von direkt angestellten Fahrern auf Elektrofahrrädern ein und verspricht drei Monate lang kostenlose Lieferungen, wenn das 10-Minuten-Lieferfenster einmal verpasst wird. Chad West, Director of Brand Marketing bei Dija, zieht Vergleiche mit Instacart, Deliveroo und Uber Eats aus der Gig Economy und erklärt, dass der Erfolg des Unternehmens auf einem hyperlokalen, datengesteuerten Modell beruht und dass das Unternehmen seine Lebensmittel im Großhandel einkauft, um sie im Einzelhandel zu verkaufen. „Wir gehen nicht einfach in einen Supermarkt und füllen unseren Einkaufskorb", sagte er.[12]

Wettbewerblicher Kontext

Im Vergleich zu Ebay hat Google mit seinem Express-Lieferservice schneller einen Same-Day- beziehungsweise Über-Nacht-Lieferdienst von lokalen und nationalen Einzelhändlern in den USA eingeführt. Die Lieferung erfolgt über mit Logo versehene Fahrzeuge und Drittanbieter-Kurierdienste. Um zu bestellen, muss man ein Google-Play-Konto besitzen. Obwohl die Händler Lieferzuschläge erheben können, hat der Service eine schrittweise Expansion erlebt, zum Teil weil die Sprachassistenten-Integration den Einzelhändlern eine brauchbare Alternative zu Alexa von Amazon bietet. Es wurden Verträge mit Walmart, Costco, Target und Carrefour unterzeichnet (wie in Kapitel 11 erwähnt). Außerdem hat das Unternehmen seine Wettbewerbsposition gegenüber Amazon mit einer Partnerschaft mit Shopify ausgebaut, durch die die mehr als 1,7 Millionen Händler der E-Commerce-Plattform Kunden über die Google-Suche und andere Dienste erreichen können – auch Google Express.

In Anbetracht der Tatsache, dass die Konkurrenten Google und Ebay offensichtlich nicht schnell genug auf den Markt kommen oder nicht schnell genug ihr Angebot zur schnellen Lieferung ausweiten können, ist es leicht zu verstehen, dass Schnellliefer-Drittanbieter den Einzelhändlern helfen, Kunden auf der letzten Meile zu gewinnen. Diese Phase des Prozesses der Abwicklung von Online-Bestellungen ist die teuerste.[13] Im Jahr 2014 kostete der kostenlose Versand (und die schnelle Prime-Lieferung), mit dem Amazon seine Kunden erfreut und die Konkurrenz aussticht, das Unternehmen mehr als 4,2 Milliarden Dollar oder fast fünf Prozent des Nettoumsatzes. 2020 beliefen sich diese Kosten schon auf 61 Milliarden Dollar, ein Anstieg von 61 Prozent gegenüber dem Vorjahr. Stephenie Landry, Vizepräsidentin für den Lebensmittelhandel bei Amazon, äußerte sich zu Fragen dazu, was es das Unternehmen kostet, das Versprechens der schnellen Lieferung einzuhalten.[14] „Das ultraschnelle Einkaufen ist eine teure Angelegenheit", räumte sie ein. „Es ist nicht einfach. Aber um mehr darüber zu lernen, muss man es betreiben." Ganz im Sinne der gelebten Amazon Leadership Principles fügte Landry jedoch hinzu: „Als Führungskraft dieses Unternehmens denke ich nicht oft über Lieferkosten nach; vielmehr denke ich darüber nach, was den Kunden gefällt – wie schaffe ich es, den Kunden für dieses Produkt zu begeistern? Ein Kostenproblem ist mir allemal lieber als ein Problem mit der Begeisterung der Kunden."[15]

Die Take-away-Expansion

Neben der Konsolidierung der weitergehenden Vorteile von Prime innerhalb des Amazon-Ökosystems – und damit des weiteren Antriebs des Schwungrads – hat sich Amazon mit seinem „Restaurants"-Service auch im Bereich der Lebensmittelzustellung versucht. Aber ganz im Sinne des Test-and-Learn-Ethos wurde das Programm eingestellt. Wahrscheinlich hatte man erkannt, dass man zu spät in das Geschäft eingestiegen war und man sich auch mit seinem gesamten technischen Know-how nicht von der Konkurrenz würde absetzen können. Die einstündige Lieferung erfolgte nach einem Geschäftsmodell, das mit dem von Just Eat, Delivery Hero, foodpanda, foodora und einer ganzen Reihe anderer Restaurantlieferdienste vergleichbar ist. Interessanterweise betreibt der König der Fast-Food-Giganten, McDonald's, seinen McDelivery-Service bereits in 25 Ländern; in den USA wurde er 1993 eingeführt, also noch vor dem Goldrausch der schnellen Essenslieferungen. Die jüngste Entwicklung von McDelivery zeigt jedoch, wie disruptiv sich das Aufkommen von Drittanbieter-Lieferdiensten auswirkt, in Großbritannien zum Beispiel durch Just Eat und Uber Eats.

Auch das Unternehmen Deliveroo ist erwähnenswert, weil sein Modell zur schnellen Essenslieferung nicht nur Ähnlichkeiten mit den Just Eats dieser Welt aufweist, sondern auch weil es das Essen zum Teil auch selbst produziert. Denn Deliveroo hat mit „Editions" mittlerweile eigene Pop-up-Dark-Kitchens eingeführt. In diesen sogenannten „RooBox"-Küchen, die nur Essen zum Mitnehmen produzieren, bereiten Köche an Standorten wie Industriegebieten und stillgelegten Parkplätzen Markengerichte zu, zum Beispiel von der thailändischen Kette Busaba Eathai, die amerikanische Küche der MEATLiquor-Diners und von Franco-Manca-Pizzerien. So entstehen im Vergleich zu einem Restaurant mit vollem Serviceangebot weniger Kosten. Dennoch war es ausgerechnet Amazon, das dem angeschlagenen Unternehmen mitten in der Pandemie aus der Patsche half. Nachdem die britische Wettbewerbskommission den Deal genehmigt hatte, erhöhte es die Beteiligung an Deliveroo und erhielt ungehinderten Zugang zum gesamten geistigen Eigentum des Unternehmens und zu dessen Daten.

Wie Deliveroo profitiert auch Instacart von den Informationen, die es von den Auftraggebern erhält – ähnlich wie man bei Amazon versucht, dafür zu sorgen, dass ohne Amazon im Einzelhandel nichts mehr läuft. Brittain Ladd, Industrieberater und ehemalige Amazon-Führungskraft, schrieb:

> Instacart erhält vollständigen und ungehinderten Zugang zu allen Details und Kosten der Einzelhändler, mit denen es Verträge hat. Instacart hat aktiv die Menge an Kapital erhöht, die man aufnimmt, um ein Lebensmitteleinzelhändler, Großhändler und Hersteller von Eigenmarkenprodukten zu werden. Die Lebensmitteleinzelhändler, die Instacart als ihre Rettung ansahen, brachten Instacart bei, wie sie ihr Geschäft betreiben, einschließ-

lich ihrer Stärken und Schwächen. Wenn Instacart sein Geschäftsmodell ausweitet, kann das Unternehmen das Wissen über seine Auftraggeber im Lebensmittelhandel zu seinem Vorteil nutzen.[16]

Förderung der Nachfrage auf der letzten Meile

Es wird also deutlich, dass mit der Ausweitung der schnellen Abwicklungs-Dienstleistungen sowohl auf die wachsenden Möglichkeiten des Sektors sowie auf die sich schnell entwickelnde Verbrauchernachfrage reagiert wird, die zum Teil als Reaktion auf radikale globale Veränderungen entstanden ist. Amazon Prime und Fresh können zwar mit der gesamten Größe des Unternehmens hinter sich dem Schwungrad einen bedeutenden Impuls verleihen, aber sie müssen sich auch gegen immer vielfältigere Konkurrenz behaupten.

Ein Bereich, in dem Amazon der Konkurrenz immer einen Schritt voraus sein wollte, um Prime von seinen Mitbewerbern abzuheben, ist natürlich das eigentliche Online-Einkaufserlebnis. Ein gutes Beispiel dafür ist die In-App-Auftragsverfolgung, die den Kunden in Echtzeit einen Überblick über den Weg ihrer Lieferung gibt und anzeigt, wie viele andere Stopps oder Lieferungen der Kurier noch zu absolvieren hat, bis er bei ihnen ankommt. Das System ist nur mit Paketen kompatibel, die über das eigene Logistiknetz abgewickelt werden, nicht solchen, die über den US Postal Service, UPS oder FedEx verschickt werden. Im nächsten Kapitel werden wir uns mit der oft angespannten Beziehung von Amazon zu seinen Logistikpartnern befassen und die Infrastruktur der letzten Meile untersuchen, die hinter den Kulissen für die Auslieferung all dieser Kisten mit aufgedrucktem Lächeln verantwortlich ist. Viele andere Einzelhändler und Transportunternehmen haben ähnliche Systeme entwickelt, um das Lieferversprechen einzuhalten und gleichzeitig die Gewinnspannen zu sichern. Doch bei Amazon erntet man noch immer die Früchte des eigenen frühen und wegweisenden Engagements, um die Kunden auf der letzten Meile für sich zu gewinnen.

16

Die Infrastruktur für die letzte Meile

„Amazon verdient sein Geld anders als ein herkömmlicher Verlag. Es ist eigentlich ein Infrastrukturunternehmen."

NICK HARKAWAY, AUTOR[1]

Wir haben gesehen, wie Prime die Reichweite von Amazon über alle Kategorien hinweg vergrößert. Als Impuls für die Einführung neuer Dienste verstärkt es den Schwungrad-Effekt und treibt das unaufhaltsame Wachstum voran. Nun soll untersucht werden, wie sich die Kosten für die Befriedigung dringender und vielfältiger Ansprüche auf die Abwicklungs-Logistikstrategie von Amazon insgesamt auswirken. Im Laufe der Jahre musste die Logistikabteilung von Amazon mit dem Wachstum des Unternehmens Schritt halten und es unterstützen. Im Folgenden wollen wir uns ansehen, mit welcher Strategie und welchen Kapazitätssteigerungen Amazon das eigene Geschäft unermüdlich fördert. Als es zum ersten Mal die schnelle Lieferung in Stadtzentren ins Auge fasste, sagten Führungskräfte von Amazon, die Zusteller würden zu Fuß gehen, öffentliche Verkehrsmittel benutzen, mit dem Fahrrad oder dem Auto fahren, um die Kunden zu beliefern. Damit brachten sie zum Ausdruck, dass alles getan würde, um das Lieferversprechen von Prime einzuhalten.

Ein Beispiel dafür, wie sich die Innovation von Amazon auf die Lieferkette und die Logistik des Unternehmens auswirkt, sind die Prime Fulfillment Center, die eher Mini-„Hubs“ als vollwertige Amazon-Logistikzentren sind. Sie sind kleiner: Das Prime-Now-Zentrum in Kenosha bei Milwaukee ist beispielsweise nur 2.300 Quadratmeter groß, etwa doppelt so groß wie ein durchschnittlicher innerstädtischer Supermarkt. Vergleichen Sie dies mit dem 90.000-Quadratmeter-Logistikzentrum in Dunfermline in Schottland oder dem 1.270.000 Quadratmeter großen Zentrum in Phoenix, Arizona, in dem man 28 Footballfelder unterbringen könnte. In Ermangelung eines umfangreichen Filialnetzes an einem bestimmten Standort lassen sich mit diesen Logistik-Hubs die Kosten für die Abwicklung auf der letzten Meile in dicht besiedelten Ballungsräumen senken, wo die Fahrzeiten durch den Verkehr stark beeinträchtigt werden können. Vor allem aber sind sie die beste Möglichkeit für Amazon, bei den Kunden mit einem Besuch in einem lokalen Ladengeschäft und der dortigen sofortigen Befriedigung des Kundenbedürfnisses mitzuhalten. Und die Kunden haben den Vorteil, dass die Einkäufe direkt zu ihnen gebracht werden. Nachdem Amazon das Prime-Now-Angebot einer Zustellung innerhalb von einer oder zwei Stunden eingestellt und es in Prime integriert hatte, konnte sich das Unternehmen auf sein wichtigstes strategisches Ziel konzentrieren: 90 Prozent der Kunden mit Lieferungen am selben oder nächsten Tag zu erreichen. Bedenkt man, dass die Verbraucher in den USA im Durchschnitt zehn Kilometer von einer Walmart-Filiale entfernt wohnen, wird leicht nachvollziehbar, warum das Unternehmen diese Zielsetzung vornimmt.[2]

Die Prime-„Picker“ – in der Logistik so genannt, weil sie Aufträge kommissionieren und verpacken – verwenden mobile Handhelds, die Barcodes lesen, um Artikel zu lokalisieren. Dabei spart man durch ein Zufallssystem zur Regalauffüllung anstelle von ausgewiesenen Lagerbereichen, wie sie bei automatisierten Lagerverwaltungssystemen erforderlich sind, Platz. Auch wenn das Vorgehen dazu führen kann, dass manchmal unpassende Artikel nebeneinander gelagert werden, bleibt es den Pickern überlassen, wo die Artikel in den Regalen platziert werden. So wird der Platz optimal genutzt. Laut einem Amazon-Sprecher erhöht das zufällige Verstauen die Kommissioniergenauigkeit, da ein falscher Artikel eher aus dem Regal genommen wird, wenn viele verschiedene Versionen desselben Artikels am selben Ort gelagert werden.

Die Prime Fulfillment Center verfügen außerdem über leicht zugängliche „Hochgeschwindigkeitspaletten“ für häufig bestellte Artikel wie Toilettenpapier und Bananen sowie begehbare Kühl- und Gefrierschränke für gekühlte und gefrorene Waren, die auch über die Amazon-Fresh-Haushalts- und Lebensmitteldienste bestellt werden können. Nach der Kommissionierung werden die Bestellungen über die von Amazon so genannte SLAM-Linie (scan, label, apply, manifest – scannen, etikettieren, anbringen, prüfen) für den Versand vorbereitet. Die Bestellungen werden dann wie oben beschrieben auf verschiedene Weise zugestellt.

ARBEIT AUF DER LETZTEN MEILE

Unter dem Gesichtspunkt der Arbeitskosten auf der letzten Meile erfordert Prime einen anderen Ansatz als die übrige Logistik-Infrastruktur von Amazon, da hier ein intensiver Einsatz der Picker und ein Zufalls-Verstausystem vorgesehen sind. Dadurch ist das Unternehmen auf mehr menschliche Arbeitskräfte angewiesen als in seinen größeren Logistikzentren, wo die Kiva-Lagerrobotersortiersysteme mehr traditionelle Sortieraufgaben übernehmen. Dass man für die Auslieferung von Prime-Bestellungen Express-Kurierdienste in Anspruch nimmt, ist ein weiterer arbeitsintensiver Kostenfaktor, den Amazon dafür in Kauf nehmen muss, den schnellsten und umfangreichsten Service auf der letzten Meile anzubieten. Aus diesem Grund hat das Unternehmen auch Amazon Flex eingeführt, eine Plattform für unabhängige Auftragnehmer, die die schnelle Lieferung übernehmen. Die Plattform profitiert von der expandierenden Gig-Economy, die durch Uber und andere Firmen im Bereich der Expresslieferungen populär geworden ist, um die wachsende Nachfrage zu befriedigen. So wie Uber die Fahrer mit den sogenannten Riders und Instacart die Kunden mit den „Shoppers" zusammenbringt, leitet die Android-basierte Amazon-Flex-App die „Flexers" zu den Lieferorten in ihrem Umkreis.

Flex ist vor allem aus zwei Gründen interessant: Erstens hat sich der Einstieg in die Gig-Economy durch die Beschäftigung unabhängiger Auftragnehmer für die letzte Meile nicht gerade als die kundenorientierte Lösung für die Expresszustellung erwiesen, die sich Amazon erhofft hatte. Es stimmt, dass Amazon damit die End-to-end-Kontrolle erhält und die Auslieferung mit der Sendungsverfolgung über die App auch auf der letzten Meile für die Kunden transparent ist. Aber weil die Flexer ihre eigenen Fahrzeuge benutzten und zunächst gar nicht als Mitarbeiter von Amazon erkennbar waren, beschwerten sich besorgte Nachbarschaftswächter, weil sie sich vor den Fremden, die da bei ihnen klingelten, „gruselten".[3] Wie Uber musste auch Amazon Klagen von ehemaligen Flexern abwehren, die behaupteten, dass sie nach Abzug der mit dem Betrieb ihrer eigenen Fahrzeuge verbundenen Kosten weniger als den Mindestlohn verdienten. Einige Kläger, die von Amazon .com über Amazon Logistics und lokale Kurierdienste unter Vertrag genommen worden waren, machten geltend, dass Amazon sie wie Vollzeitbeschäftigte bezahlen sollte, da sie in Amazon-Lagern arbeiteten, von Amazon stark beaufsichtigt wurden und das Unternehmen auch ihre Kundendienstschulungen durchführte.[4]

Vielleicht könnten die Mitarbeiter des Tochterunternehmens Whole Foods nach Feierabend noch Bestellungen ausliefern, um das Prozessrisiko von Gig-Economy-Modellen zu verringern? So hat es zumindest Walmart erprobt. Walmart nutzt nicht nur sein umfangreiches Filialnetz und fördert Click & Collect, um die Kosten für die Abwicklung von Onlinebestellungen zu senken. Es hat auch damit begonnen, den großen Personalstamm in den Filialen für die Zustellung nach Hause zu nutzen. Der Einzelhändler bot seinen Mitarbeitern eine zusätzliche Vergütung für die Nutzung einer App an, mit der sie bis zu zehn Kundenbestellungen pro Fahrt ausliefern konnten. „Es ergibt einfach Sinn", schrieb Marc Lore, damals Präsident und CEO von Walmart US E-Commerce, in einem Blogbeitrag. „Wir haben bereits Lastwagen, die die Bestellungen von den Logistikzentren zu den Geschäften bringen, wo sie abgeholt werden. Dieselben Lkws könnten genutzt werden, um Bestellungen, die zum Kunden nach Hause geliefert werden sollen, zu einer Filiale in der Nähe des endgültigen Bestimmungsorts zu bringen, wo sich ein teilnehmender Mitarbeiter melden und sie ausliefern kann."[5]

Die Kosten der Drittanbieternutzung

Flex ist außerdem besonders hervorzuheben, weil diese Gig-Economy-Initiative von Amazon offenbart, dass das Unternehmen mit seiner Abwicklungs-Logistikstrategie darauf abzielt, die Abhängigkeit von US Postal Service, FedEx, UPS und anderen Drittanbietern von Paketzustelldiensten zu verringern. Dabei muss man bedenken, dass mehrere verschiedene Partner derzeit Milliarden von Amazon-Paketen pro Jahr versenden. Das Kostenmanagement hat natürlich Priorität, und Amazon kann Effizienzgewinne erzielen, wenn es durchgängige Transparenz über die gesamte Lieferkette erhält. Indem es die letzte Meile Dritten überlässt, wird die Kontrolle über den sichtbarsten kundenorientierten Teil dieser Kette aufgegeben, was im Widerspruch zum Ethos der Kundenorientierung von Amazon steht. Das hat jedoch auch die kartellrechtliche Kritik an der Dominanz des Unternehmens genährt, die in dem Maße lauter geworden ist, wie Amazon auf seinem Heimatmarkt gewachsen ist, insbesondere in Bezug auf die Bedrohung des defizitären staatseigenen US Postal Service (USPS).

Auf dem Höhepunkt der weltweiten Lockdowns im Juli 2020 hatte Amazon den Anteil der selbst zugestellten Pakete auf 67 Prozent oder 415 Millionen Pakete erhöht, verglichen mit 54 Prozent ein Jahr zuvor. Dieser Anteil wird nach Angaben der Unternehmensberatung MWPVL International bis Ende 2022 noch weiter auf 85 Prozent steigen. Diese schnelle Steigerung wurde durch einen 71-prozentigen Anstieg der Zahl der Amazon-Lieferstationen in den USA auf über 275 erreicht, wie ihn die Unternehmensberatung ermittelte. Zwar machen die Hunderten riesigen Logistikzentren in den Vorstädten immer noch den größten Teil der stationären Präsenz von Amazon in den USA aus, doch durch die Eröffnung dieser kleineren Hubs ist Amazon zum viertgrößten Paketdienstleister in den USA geworden. Wie wir zu Beginn des Buches festgestellt haben, ist der Nettoumsatz von Amazon im Vergleich zum Vorjahr um fast 40 Prozent gestiegen, was das Unternehmen dazu veranlasst hat, rund 44 Milliarden Dollar in Investitionen zu stecken. Brian Olsavsky, der Chief Financial Officer von Amazon, teilte den Investoren damals mit, dass die Zahl der Logistikzentren im Vergleich zum Vorjahr ebenfalls um 50 Prozent gestiegen ist. „In der Welt [der Logistikzentren] lässt sich diese Kapazität nicht so schnell aktivieren, sodass man im Allgemeinen mehr Kapazität vorhalten muss, um das Kundenerlebnis zu schützen", sagte er. Im Rahmen der Bemühungen von Amazon, ein eigenes Liefernetzwerk aufzubauen, werden wir im weiteren Verlauf des Kapitels auch die wachsenden Flotten von Flugzeugen, Lieferdrohnen und Lieferwagen des Unternehmens ins Auge fassen.

Für den Moment soll darauf hingewiesen werden, dass das Volumenwachstum für jeden Spediteur während der Pandemie aus Gründen, die bereits ausführlich dargelegt wurden, ebenfalls viel höher war als sonst; und man könnte argumentieren, dass die besonderen Probleme des USPS weniger auf Amazon an sich zurückzuführen sind als darauf, dass Amazon für die Paketzustellung weniger als der Marktpreis berechnet wird. Durch seine Größe ist Amazon in der Position, den bestmöglichen Preis auszuhandeln. Die sinkenden Einnahmen sind jedoch eher auf die abnehmende Nachfrage nach Direktwerbung als auf das Paketgeschäft zurückzuführen.[6] Amazon hat sich in der Vergangenheit allerdings auch mit FedEx und UPS darüber gestritten, wie viel Geschäft es über deren Konkurrenten USPS abwickelt. Die beiden Firmen wiederum haben kritisiert, dass der Betrag an Fixkosten, den USPS gesetzlich zu übernehmen verpflichtet ist und mit den Einnahmen aus dem gewinnorientiert betriebenen Paketgeschäft begleichen muss, zu niedrig angesetzt ist. FedEx und UPS argumentieren, dass mindestens 5,5 Prozent nicht ausreichen, da das gewinnbringende Paketgeschäft inzwischen weit mehr als ein Drittel der USPS-Gesamteinnahmen ausmacht. Vor fast 15 Jahren waren es noch elf Prozent.

Für andere nennenswerte logistische Herausforderungen sind die direkten Amazon-Rivalen im Einzelhandel, Walmart und Target, verantwortlich. Berichten zufolge hat Walmart einer Reihe von Vertragsspediteuren mitgeteilt, dass es möglicherweise keine Geschäfte mehr mit ihnen machen wird, wenn sie auch für Amazon arbeiten.[7] Die Nachfrage nach Drittanbieter-Abwicklungskapazitäten ist, getrieben durch das Wachstum des Onlinehandels in den USA, groß. Walmart vertrat eine ähnliche Haltung gegenüber den Lieferanten, die AWS nutzen. Die Übernahme der Lebensmittel- und Same-Day-Delivery-Plattform Shipt durch Target wurde als direkte Herausforderung an Amazon mit seinen Same-Day-Lieferungen gesehen. Gleichzeitig verschaffte es der Einzelhandelskette größeren Spielraum, die mit Click & Collect verbundenen Bestandsherausforderungen zu bewältigen. In einem Unternehmensblog über den Kauf nannte John Mulligan, Chief Operating Officer von Target, die Übernahme als Teil einer Reihe von Maßnahmen, die darauf abzielen, „das Einkaufen bei Target für die Kunden einfacher, zuverlässiger und komfortabler zu machen“. Dazu gehören die Ausweitung der Möglichkeiten zum Versand direkt aus dem Geschäft auf mehr als 1.400 Filialen landesweit, die Einführung der Zustellung am nächsten Tag und der Abholung am Straßenrand sowie die Übernahme des Technologieunternehmens Grand Junction für den Transport auf der letzten Meile.[8] Erklärtes Ziel von Target war es, die Same-Day-Lieferung in etwa der Hälfte der Filialen einzuführen. Im Jahr 2021 waren es bereits 600.

> „Ich habe 1.800 kleine Lagerhäuser, die über das ganze Land verteilt sind. In 460 davon wurden in Hinterzimmern Abwicklungszentren für Online-Bestellungen eingerichtet. Mitarbeiter, die für die Arbeit sowohl auf der Verkaufsfläche als auch für den Versand geschult sind, holen die Online-Bestellungen aus den Regalen oder aus dem Lager der Geschäfte und verpacken sie im Geschäft. UPS holt die Bestellungen ab und liefert sie an Hub-and-Spoke-Verteilzentren aus."
>
> **BRIAN CORNELL, VORSITZENDER UND CEO VON TARGET**[9]

Wir haben gesehen, wie Prime das Schwungrad von Amazon antreibt und wie neue Angebote wie Amazon Fresh und Wardrobe das Amazon-Ökosystem erweitern und ausbauen. Wir haben aber auch untersucht, wie diese Erweiterungen den Druck auf die Lieferkette und die Abwicklungslogistik erhöhen. Diese Expansion muss durch ein ständig wachsendes Vertriebs- und Logistiknetz gestützt werden.

Amazon legte den Grundstein für Prime mit einem traditionellen Abwicklungs- und Logistiknetzmodell, das, wie bereits erwähnt, auf Drittanbieter zurückgreift. Aber das Unternehmen hat weitere Innovationen entwickelt und nutzt die große Rechenleistung von AWS, um die Möglichkeiten zur Orchestrierung seines riesigen Logistiknetzwerks zu verbessern und so ein höheres Maß an Automatisierung, Effizienz und Produktivität zu erreichen. Amazon begann seine Geschäftstätigkeit mit zwei Logistikzentren in Seattle und Delaware. In den folgenden zweieinhalb Jahrzehnten wuchs die Zahl weltweit auf fast 200 Logistikzentren mit einer Gesamtfläche von über 14 Millionen Quadratmetern und mehr als 230 Präsenzpunkten, die 245 Länder und Gebiete rund um den Globus bedienen.

PHYSISCHE INFRASTRUKTUR

In Anbetracht der Menge und Größe an Rechenzentren, die das Unternehmen besitzt, wird diese riesige Rechenressource vergleichsweise selten diskutiert. Geht es um Amazon, interessiert man sich eher für den Geschäftsbetrieb, die Entwickler-Tools und den Internetverkehr, der darauf läuft. Da einige der weltweit größten Medien- und sozialen Netzwerke, Streamingdienste, Verlage und Einzelhändler die AWS-Cloud nutzen, lässt sich kaum abschätzen, wie viel des weltweiten Internetverkehrs über das System fließt. Jüngsten Schätzungen zufolge liegt der Anteil bei etwa der Hälfte. Amazon ist auch besonders wortkarg bezüglich der Infrastruktur seiner AWS-Rechenzentren und bietet nie Führungen durch diese Einrichtungen an. Auf der Website des Unternehmens werden die Standorte der Rechenzentren nur grob angegeben. Sie sind in „Regionen" unterteilt, wobei jede Region mindestens zwei „Availability Zones" (Verfügbarkeitszonen) umfasst, in denen sich eine Handvoll Rechenzentren befinden. Das Unternehmen platziert diese Datenzentren so nahe wie möglich an Internetaustauschpunkten, die den Datenverkehr übertragen, und baut eigene Umspannwerke, von denen jedes bis zu 100 Megawatt oder mehr erzeugen kann – genug, um Zehntausende der High-Density-Server pro Standort oder Millionen weltweit mit Strom zu versorgen. Das erste AWS-Rechenzentrum wurde 2006 im Norden von Virginia in den USA als Zentrum dieser Infrastruktur eingerichtet; 2020 verfügte das Unternehmen schon über 81 „Availability Zones" auf der ganzen Welt. Ein Großteil dieses Immobilienvermögens wird über eine Tochtergesellschaft, Vadata Inc., verwaltet.

Daten sind das neue Öl

Die Tatsache, dass Amazon nicht nur die eigenen Geschäfte auf der AWS-Cloud-Infrastruktur betreibt, sondern auch die vieler anderer Unternehmen, hat zu kartellrechtlichen Forderungen nach einer möglichen Aufspaltung des Unternehmens in seine Einzelteile geführt. AWS ist ein Marktführer mit einer dominanten Stellung. Die zehn größten Anbieter betreiben 80 Prozent des weltweiten Marktes für Cloud-Services, dabei beträgt der Anteil von AWS laut der Synergy Research Group fast ein Drittel. Microsoft Azure hat einen Anteil von etwa 20 Prozent, gefolgt von Google Cloud mit neun Prozent und Alibaba Cloud mit sechs Prozent. Abgesehen vom Marktanteil wurde (wie auch in Bezug auf die Amazon-Eigenmarken und das Werbegeschäft des Unternehmens, wie oben diskutiert) die Frage aufgeworfen, ob der potenzielle Zugang zu so vielen Daten aus der ganzen Welt einen unvermeidlichen Interessenkonflikt zwischen dem Schutz der Sicherheit und der Privatsphäre der Kunden und der Möglichkeit schafft, den Zugang zu diesen Daten zum unlauteren (und möglicherweise unrechtmäßigen) Vorteil der eigenen Interessen zu nutzen.

Betrachtet man den weltweiten Datenfluss, sollte man auch die zunehmenden Umweltbelastungen erwähnen, die sich aus der Befriedigung unseres wachsenden Bedarfs an internetgestütztem Zugang zu Waren und Dienstleistungen ergeben, ebenso wie die möglichen Auswirkungen dieser Belastungen auf die Datenintelligenz, die das riesige Logistiknetz von Amazon antreibt. Nehmen wir zum Beispiel die beiden neuen Rechenzentren, die Amazon in Irland baut. (Wir werden das Land in Bezug auf die Logistik von Amazon etwas später in diesem Kapitel noch näher betrachten.) Ein Blick auf das Wachstum von AWS zeigt, dass für den Betrieb der beiden Rechenzentren von Amazon in Drogheda zusammen 96 Megawatt benötigt werden. Zum Vergleich: Aus den Planungsunterlagen wurde bekannt, dass Amazon sich verpflichtet hat, Strom aus drei Windparkprojekten in Cork, Donegal und Galway abzunehmen, die 229 Megawatt an Energieleistung in das irische Netz einspeisen könnten, was dem Strombedarf von 185.000 Haushalten entspricht. Irland hat nicht nur Zugang zu großen Mengen erneuerbarer Energie, sondern ist auch ein idealer Standort für einen transatlantischen Verbindungspunkt für Kommunikation und Datenübertragung.

Laut Unterlagen, die Amazon selbst über die Umweltauswirkungen seines Geschäftsbetriebs veröffentlichte, stieß das Unternehmen

44,4 Millionen Tonnen Kohlendioxid-Äquivalent in die Atmosphäre aus – das entspricht etwa den jährlichen Emissionen von Norwegen. Es ist auch eine Reihe von Verpflichtungen eingegangen, die zusammen zur Klimaneutralität des Unternehmens im Jahr 2040 führen sollen – zehn Jahre vor dem 2050er-Ziel zur Klimaneutralität des Pariser Klimaabkommens. Amazon weist den CO_2-Fußabdruck seiner Paketzustellungen nicht aus, aber es ist dabei, die eigene Fahrzeugflotte um 100.000 elektrische Lieferfahrzeuge zu erweitern. Dadurch würden nach Unternehmensangaben bis 2030 jährlich vier Millionen Tonnen CO_2 eingespart.[10]

Der Aufstieg von Amazon Logistics

Genauso wie Amazon die AWS-Dienste durch den schnellen Aufbau seiner globalen Rechenzentrums-Infrastruktur ermöglicht hat, wurde mit einer ähnlichen Blitz-Taktik das physische Logistiknetzwerk für die letzte Meile durch den Geschäftsbetrieb von Amazon Logistics ausgebaut und unterstützt. Seit der Einführung von Prime hat das Unternehmen seine Lieferketten- und Logistikpräsenz stark erweitert. Mittlerweile entfallen rund 80 Prozent des weltweiten Immobilienbesitzes von Amazon auf Rechenzentren und Lagereinrichtungen. Tatsächlich scheint die Strategie zur Einführung neuer Logistikzentren damit zu korrelieren, welche US-amerikanischen Bundesstaaten die günstigste Steuergesetzgebung für Einzelhandelsverkäufe bieten.

Doch als die einzelnen Bundesstaaten begannen, Vorhaben zur Steuergerechtigkeit umzusetzen, hatte Amazon seinen Schwerpunkt bereits auf die Belieferung von Ballungsräumen verlagert. Damit sollen die Transportkosten auf der letzten Meile minimiert und die ständig wachsenden Prime-Ambitionen gefördert werden. Marc Wulfraat, Präsident und Gründer der Unternehmensberatung für Lieferketten, Logistik und Vertrieb MWPVL International Inc., kommentierte in einer E-Mail an die Autorinnen dieses Buches: „Wenn man die Bevölkerung der US-Metropolen in absteigender Reihenfolge sortiert, sieht man deutlich, dass Amazon begonnen hat, Logistikzentren in der Nähe der großen Metropolen aufzubauen."

Das Unternehmen betreibt verschiedene Arten von Abwicklungs- und Distributionszentren, darunter solche für kleine sortierbare, große sortierbare und große nicht sortierbare Artikel, für Spezialkleidung, Schuhe und Kleinteile sowie für Retouren. Darüber hinaus verfügt das Unternehmen über ein Netzwerk von Lebensmittelverteilzentren mit Kühl- und Tiefkühllagerung für den Betrieb von Amazon Fresh.[11]

Auch das Muster bei der Anmietung neuer Flächen zeigt, dass Amazon in der jüngsten Phase der Erweiterung seines Lagernetzes ebenfalls den Schwerpunkt auf Lagerhäuser für die letzte Meile gelegt hat, die die Nähe zum Verbraucher fördern. Amazon teilt seine Investitionen in Logistiklager nun auf sechs verschiedene Arten von Anlagen auf:

- „Non-Sortable"-Logistikzentren (Nicht-sortierbare Logistikzentren): ein großes Lager (typischerweise 55.000 bis 90.000 Quadratmeter groß), das große oder sperrige Artikel wie Garten- und Outdoor-Equipment und Möbel erhält und rund 1.000 Vollzeitmitarbeiter beschäftigt.
- „Sortable"-Logistikzentren (Sortierbare Logistikzentren): Mit einer Größe von rund 75.000 Quadratmetern wickeln diese Logistikzentren die meisten anderen Kundenbestellungen ab, wie zum Beispiel von Büchern, Spielzeug und Haushaltswaren. Sie beschäftigen rund 1.500 Vollzeitmitarbeiter, von denen einige mit den mobilen Kiva-Fulfillment-Robotern zusammenarbeiten, die in einem abgeschlossenen Bereich tätig sind und Behälter mit kleineren Waren zu den Kommissionierern am Rande des Bereichs bringen. So wird die Effizienz des Prozesses maximiert.
- Sortierzentren: In diesen Zentren werden Pakete für die Zusteller vorsortiert, auch für die Sonntagszustellung. (Die Sortierzentren liegen in der Regel neben einem Logistikzentrum und/oder sind über ein Förderband mit einem solchen verbunden.) In diesen Einrichtungen werden die Pakete nach dem endgülti-

gen Bestimmungsort sortiert und auf Lastwagen verladen, bevor sie an den für die endgültige Zustellung zuständigen Spediteur übergeben werden. Von dort aus erfolgt die Zustellung an den Kunden auf der letzten Meile. Die Sortierzentren liefern die Pakete auch an das große Netz von sogenannten Verteilzentren von Amazon, die den letzten Knotenpunkt im Amazon-Vertriebsnetz darstellen. Sortierzentren können Pakete für ein regionales Gebiet im Auftrag eines oder mehrerer Logistikzentren bearbeiten.

- Empfangszentren: Mit einer Größe von etwa 55.000 Quadratmetern unterstützen diese Zentren die Kundenabwicklung, indem sie große Bestellungen der Arten von Lagerbeständen entgegennehmen, von denen Amazon erwartet, dass sie schnell verkauft werden. Diese werden dann den Logistikzentren innerhalb des Netzwerks zugewiesen. Die Anlagen befinden sich oft in der Nähe großer Häfen, um den Warenfluss über Grenzen zu steuern und die Kosten für den Transport vom Hafen zur Anlage zu minimieren.
- „Speciality"-Zentren: Das Logistiknetzwerk von Amazon wird auch durch zusätzliche Gebäudetypen unterstützt, die bestimmte Artikelkategorien abwickeln oder zu Spitzenzeiten des Jahres, wie zum Beispiel um die Weihnachtszeit, in Betrieb genommen werden.
- Verteilzentren: Manchmal liegt ein Logistikzentrum so nahe an einem Ballungsraum, dass von dort Prime-Lieferungen vorgenommen werden können. In anderen Regionen eröffnet Amazon einen speziellen Prime Hub. Die Hubs ergänzen eine zusätzliche Untergruppe von Verteilzentren in Ballungsräumen und beliefern ein Verteilzentrum. Diese kleineren, knapp zehn Quadratmeter großen Standorte dienen der Sortierung und dem Versand von Bestellungen, die für die Auslieferung an die Kunden über lokale Kurierdienste und Amazon-Flex-Kuriere vorbereitet werden.

Experten zufolge sind diese Gebäude der Schlüssel, um die Abhängigkeit von Drittanbietern zu verringern, sodass die Pakete von strategischen Partnern, örtlichen Kurieren und letztendlich von Amazon selbst zugestellt werden können. Wenn Sie nun denken, dass Amazon sein logistisches Können noch für andere Zwecke als nur für andere Verkäufer auf dem Amazon-Marketplace und für die Kunden einsetzen könnte, sind Sie damit nicht allein. Damit werden wir uns jetzt genauer beschäftigen – das ist allerdings unmöglich, ohne den unersättlichen Heißhunger von Amazon auf Immobilien zu verstehen.

IMMOBILIENBEDARF

Der Aufschwung des Onlinehandels, angetrieben vor allem durch die unaufhaltsame Expansion von Amazon in den USA und Europa (sowie in Asien und auf dem indischen Subkontinent), hat den Markt für Gewerbeimmobilien angeheizt. In einem Bericht werden Logistikzentren und Lagerhäuser als die beiden Sektoren mit dem größten Investitionspotenzial genannt. Damit sich Onlinebestellungen besser abwickeln lassen, ist die durchschnittliche Höhe dieser Gebäude von sieben auf zehn Meter gestiegen.

Nicht nur die Dächer der Lagerhäuser wuchsen in die Höhe, Amazon hat auch mehrstöckige Lagerkonstruktionen eingeführt, in die große Lieferwagen über Rampen einfahren können und die in Europa und Asien gang und gäbe sind. Dies zeugt von einem noch nie da gewesenen Kosten- und Wettbewerbsdruck zur Verkürzung der Lieferzeiten in verkehrsbelasteten Städten. Home Depot investiert in eine ähnliche Anlage in den USA, während Target beispielsweise auf ein dichtes Netz von Geschäften in Ballungsräumen setzt, die als Vertriebszentren dienen.

Amazon war auch auf Einkaufstour und hat in den USA stillgelegte Einkaufszentren gekauft und umgebaut, um sie in Vertriebszentren zu verwandeln. Laut einer Analyse von Coresight Research hat

Amazon über einen Zeitraum von drei Jahren bis 2019 etwa 25 Einkaufszentren zu Vertriebszentren gemacht. Dann gab es Gerüchte, dass das Unternehmen in Gesprächen mit dem größten Einkaufszentrumseigentümer des Landes, der Simon Property Group, stehe, um die Kaufhäuser der insolventen Ketten JCPenney und Sears in Logistikzentren umzuwandeln. Das ist Darwinismus im Einzelhandel vom Feinsten. Wie bereits im vorigen Kapitel erwähnt, ist der Trend zur Umwidmung der gesamten oder von Teilen der Ladenfläche nicht neu. Auch Target und Walmart haben einige Flächen in ihren eigenen Geschäften in Mini-Logistikzentren umgewandelt.

Unabhängig von der Pandemie hat Amazon auch mit Störungen im Handel auf dem drittgrößten Markt nach den USA und Deutschland zu kämpfen – dank des Brexits. Als das Vereinigte Königreich Ende Januar 2021 offiziell aus der Europäischen Union austrat, musste Amazon wie jedes andere Unternehmen auch seine Vertriebs- und Logistikkapazitäten dort neu organisieren, um zusätzliche Versandkosten und Verzögerungen in der Auslieferung der Waren zu vermeiden, die es über die Irische See transportiert.

So wurden beispielsweise irische Aufträge in der Regel in Großbritannien abgewickelt. Doch im Jahr vor dem Brexit eröffnete Amazon in Rathcoole in der nordirischen Grafschaft Antrim ein 70.000 Quadratmeter großes Auslieferungslager für Prime-Bestellungen, das als Zwischenlager fungiert. Hier kann ein lokaler Lieferpartner die aus Großbritannien eingehenden Bestellungen abholen. Dann stellte sich heraus, dass die Datenzentren bei Weitem nicht die einzigen Lagerhäuser sind, die Amazon in Irland besitzt. Denn das Unternehmen war dabei, sich ein 60.000 Quadratmeter großes Lagergebäude im Westen Dublins zu sichern, um hier das erste Amazon-Logistikzentrum in Irland und das größte des Landes überhaupt zu errichten. So würden Verkäufer in Irland zum ersten Mal direkten Zugang zum örtlichen Marketplace und der Amazon-Logistik erhalten. Es kann aber auch sein, dass Amazon bei seiner Reaktion auf den Brexit bloß die Gelegenheit nutzt, in Irland zu expandieren, und sich auf einem seiner größten Märkte nicht durch innereuropäische politische Streitigkeiten aus dem Konzept bringen lässt. Als dieses Buch verfasst wurde, gab es noch weitere Berichte, denen zufolge Amazon auch ein erstes Vertriebszentrum in der Nähe des Flughafens Shannon im Westen Irlands eröffnen könnte.

Bei Amazon hat man erklärt, dass die Lagerhäuser in Stoßzeiten Millionen von Artikeln pro Tag versenden können und dass eine typische Amazon-Lieferung nur eine Minute menschlicher Arbeit erfordert.[12] Allerdings ist Amazon auch wegen der Arbeitsbedingungen in seinen Lagern in die Kritik geraten. Beanstandet werden zum Beispiel die aufwendigen Kontroll- und Trackingverfahren, die langen Arbeitszeiten und die pro Schicht zurückzulegenden Strecken bei stark reglementierten Toiletten- und Arbeitspausen sowie einer relativ niedrigen Vergütung. Das geht so weit, dass sich das Unternehmen immer öfter mit arbeitsrechtlichen Klagen und Drohungen von Gewerkschaften wegen der Löhne und Arbeitsbedingungen konfrontiert sieht (und auch in Zukunft sehen wird). In Deutschland steht es bereits seit 2013, als es die ersten Streiks gab, unter Druck. Obwohl es dafür bekannt ist, alle Versuche der Gewerkschaften, gegen die Löhne und Arbeitsbedingungen vorzugehen, im Keim zu ersticken, sieht sich Amazon auch in den USA einem zunehmenden Druck seitens der Gewerkschaften in Bezug auf die Arbeitnehmerrechte ausgesetzt. Amazon hat den Autoren gegenüber darauf verwiesen, dass seine Expansion flexible Arbeitsmöglichkeiten auch für Ingenieure und Geschäftsführer kleiner Unternehmen geschaffen hat, die während der Pandemie entlassen wurden.

Dennoch haben wir bereits in Kapitel 10 auf die negative Publicity für Amazon während der Pandemie aufgrund von Beschwerden bezüglich des Gesundheitsschutzes der Lagerarbeiter und der Komplexität der Lieferkette hingewiesen. Geht es um Immobilien, so hatten die Arbeitsbedingungen auch Auswirkungen auf das Geschäft von Amazon in Frankreich. Im April 2020 war Amazon gezwungen, alle seine sechs Lagerhäuser in Frankreich zu schließen, nachdem ein französisches Gericht ein Urteil erlassen hatte, das dem Unternehmen eine Geldstrafe von einer Million Euro pro Sendung für den Fall androhte, dass es etwas anderes als medizinische Produkte, Hygieneartikel und Lebensmittel versendete. Das Gerichtsurteil erging nach einer Klage der französischen Gewerkschaften, die die Lagerarbeiter von Amazon vertreten. Sie argumentierten, dass zu viele Menschen auf zu engem Raum arbeiten müssten und Amazon nicht genug tue, um seine Mitarbeiter vor dem Coronavirus zu schützen. Amazon berief sich auf die Komplexität der Vorgänge und auf die Risiken, die damit verbunden wären, nur Produkte zu versenden, die dem Gerichtsurteil entsprechen. Es konnte die Lagerhäuser erst einen Monat später schrittweise und unter zusätzlichen Schutz- und Social-Distancing-Maßnahmen wieder öffnen. Beim Besuch eines anderen Amazon-Lagerhauses wurden den Autorinnen dieses Buches interessanterweise Neuerungen zum Social Distancing vorgeführt, bei denen Computer-Vision-Systeme in Verbindung mit Näherungssensoren eingesetzt werden. Das System legt zwei Meter breite Kreise um alle Personen, die das Gebäude betreten, und zeigt sie auf einem Videobildschirm an. Wenn sich zwei Personen zu nahe kommen, werden sie durch ein Alarmsignal gewarnt.

> „Die Fabrik [oder das Lager] der Zukunft wird nur zwei Mitarbeiter haben: einen Mann und einen Hund. Der Mann wird dort sein, um den Hund zu füttern. Der Hund wird den Mann davon abhalten, die Geräte anzufassen."
>
> **WARREN BENNIS**[13]

Man darf nicht vergessen, dass Amazon – wie im Zusammenhang mit der Automatisierung im Einzelhandel erwähnt – mit Kiva Systems das Unternehmen gekauft hat, das die Lagerroboter des Unternehmens herstellt. Wie in Kapitel 12 erwähnt, machen die Roboter nach aktuellen Schätzungen inzwischen ein Viertel der Belegschaft von Amazon aus und senken die Betriebskosten für Lagerhäuser um

20 Prozent. Wie ebenfalls bereits erwähnt, sind die Roboter dafür verantwortlich, spezielle Regale entlang eines vordefinierten Rasters zu den Arbeitsstationen zu bewegen . Dort können Amazon-Mitarbeiter die Artikel kommissionieren, verpacken und für den Versand vorbereiten und sie auf ein Netz von Förderbändern laden, das etwa 400 Bestellungen pro Sekunde verarbeiten kann. Die Lagerverwaltungssoftware von Amazon ordnet außerdem jeder Bestellung die richtige Kartongröße zu und kümmert sich um die Anbringung von Versandetiketten.

Die Teile des Prozesses, die vom Amazon-Robotics-System verwaltet werden, sind angeblich fünf- bis sechsmal produktiver als die manuelle Kommissionierung. Dadurch müssen die Gänge zwischen den Regalen nicht mehr auf die Größe von Menschen ausgelegt werden, sodass die Regale nur halb so viel Platz benötigen wie in einem herkömmlichen, nicht automatisierten Lager. Durch ihre Flexibilität können die Roboter auch dazu verwendet werden, den Lagerraum auf der Grundlage von Verkaufsdaten ständig neu zu konfigurieren, sodass schneller auf schnelldrehende Artikel zugegriffen werden kann. Die Roboter können jedoch nur relativ kleine Artikel handhaben, die in die von ihnen transportierten Behälter passen, im Gegensatz zu herkömmlichen Einzel- und Großhandelslagern, in denen der Großteil des Inventars auf Paletten mit Gabelstaplern transportiert und gestapelt wird. Bei größeren Artikeln übernehmen große Roboterarme, die sogenannten Robo-Stows (hergestellt von Thiele Technologies), den Transport und das Verpacken der Kartons in den größeren Logistikzentren von Amazon. Ein weiteres Merkmal der Lagertechnologie ist das Visionssystem, mit dem ein ganzer Anhänger mit Waren in nur 30 Minuten entladen und entgegengenommen werden kann. Das Unternehmen hat außerdem ein Team gebildet, das die Nutzung der Technologie für fahrerlose Fahrzeuge begleitet und so den Einsatz von selbst fahrenden Gabelstaplern, Lastwagen und anderen Fahrzeugen möglich macht, der auf den bestehenden Automatisierungsprozessen aufbaut.

Es war vielleicht unvermeidlich, dass Amazon – angesichts eines derart großen Lieferketten- und Abwicklungs-Logistiknetzes und des ständigen Bestrebens, die Leistung zu verbessern und die Lieferkosten und -zeiten zu senken – auch in den Transportmarkt einsteigen würde. Tatsächlich könnten Transport und Logistik die nächste milliardenschwere Chance für E-Commerce-Unternehmen sein, so eine Branchenstudie.[14] Der weltweite Liefermarkt, einschließlich See-, Luft- und Lkw-Fracht, ist eine Multi-Billionen-Dollar-Industrie. Es geht also um viel Geld. Und deshalb geraten die traditionellen Versandunternehmen, die vom Boom der Paketzustellung mit dem Anstieg der Umsätze im Onlinehandel profitieren konnten, zunehmend unter Druck von Amazon und anderen Unternehmen wie Alibaba, JD.com und Walmart. Amazon und seine Konkurrenten haben sich bisher auf den Aufbau von Logistikkapazitäten für die letzte Meile konzentriert, bemühen sich aber zunehmend auch um die mittlere und erste Meile der Lieferkette.

Es bietet internationalen Verkäufern schon seit Jahren an, den Versand an Amazon outzusourcen, wodurch das Unternehmen Lieferungen zusammenfassen und Mengenrabatte für günstigere US-Importraten nutzen kann. Dann wurde bekannt, dass es in Verhandlungen steckte, 20 Boeing-767-Jets für einen eigenen Luftfrachtdienst zu leasen, sich in China als Seefrachtdienstleister hatte eintragen lassen und Tausende von Lkw-Anhängern für den Transport von Waren zwischen Vertriebseinrichtungen gekauft hatte.[15] Daraufhin ließ sich Amazon China als Anbieter von Seefrachtdiensten ins Handelsregister eintragen und drängte chinesische Verkäufer, seine Dienste für den Versand an Amazon-Kunden in den USA zu nutzen. Das gibt dem Unternehmen die Kontrolle über die wichtigen Handelsrouten zwischen China und den USA. Amazon Maritime Inc. verfügt über eine Betriebslizenz der US Federal Maritime Commission als Non-Vessel-Owning Common Carrier (NVOCC, deutsch: schiffsbuchender Verfrachter beziehungsweise Reeder ohne Schiff).

AMAZON ALS TRANSPORTUNTERNEHMEN

Amazon erhielt Optionen zum Kauf von bis zu 19,9 Prozent der Aktien an der Frachtfluggesellschaft Air Transport International und nahm den Linienbetrieb mit 20 Boeing-767-Flugzeugen auf. Ein Jahr später stellte das Unternehmen sein erstes mit Amazon beschriftetes Frachtflugzeug vor und kündigte an, dass Amazon Air den Cincinnati/Northern Kentucky International Airport zu seinem Hauptdrehkreuz machen würde. Außerdem erhielt es Steuererleichterungen in Höhe von 40 Millionen Dollar für den Bau einer 370 Hektar großen Anlage mit einer 280.000 Quadratmeter großen Sortieranlage und Parkplätzen für über 100 Frachtflugzeuge zu geschätzten Gesamtkosten von 1,5 Milliarden US-Dollar. Nach den Plänen, die für eine Sortieranlage vor Ort eingereicht wurden, sollten 180 Hektar im Jahr 2020 fertiggestellt sein, während die restlichen 190 Hektar in einer zweiten Phase von 2025 bis 2027 erschlossen werden sollen. Dann sollen dort die Fracht von 100 am Drehkreuz stationierten Flugzeugen abgefertigt und täglich über 200 Flüge durchgeführt werden. Diese Maßnahme ergänzt auch die an kleineren Flughäfen errichteten Frachtabfertigungsanlagen. Mit ihnen wird eine Verbindung zwischen dem Air Sortation Centre in Hebron, Kentucky, und größeren Städten mit Logistikzentren hergestellt. MWPVL International Inc. bezeichnet diese als „Luftsortierzentren". Sie befinden sich in der Nähe der Start- und Landebahnen des Flughafens und dienen der Abfertigung und dem Empfang von Frachtpaketen, die zum Luftdrehkreuz Hebron transportiert werden. Unlängst schließlich zahlte Amazon 131 Millionen US-Dollar, um seine Beteiligung an der Air Transport Services Group Inc. zu erhöhen.

Amazon hat mit der Same-Day-Lieferung und der Lieferung innerhalb einer Stunde die Branche nicht nur radikal umgekrempelt sowie eine eigene Flotte von Kurieren, Lastwagen, Frachtschiffen und Flugzeugen eingerichtet und die Abhängigkeit von Drittanbietern verringert – das Unternehmen hat auch eine eigene App für Lkw-Fahrer eingeführt, die das Abholen und Abliefern von Paketen in Amazon-Lagern erleichtert.[16] Amazon hat damit direkten Zugang zu Millionen von Lkw-Fahrern in den ganzen USA und arbeitet angeblich auch an einer ähnlichen App, die Lkw-Fahrern ihre Fracht zuweist. Eine etwas unkonventionellere Innovation ist das Patent, das Amazon für Lieferwagen hält, die mit 3D-Druckern ausgestattet sind und die Herstellung von Produkten auf dem Weg zum Kunden ermöglichen würden.[17] Ein weiteres Patent, das das Unternehmen angemeldet hat, befasst sich mit der Möglichkeit, den Hersteller ganz aus der Gleichung zu streichen. Hier würden Bestellungen für individuell angefertigte 3D-gedruckte Gegenstände entgegengenommen, diese hergestellt und an den Kunden geliefert oder von ihm abgeholt.[18]

FULFILLMENT BY AMAZON

Wenn Amazon wirklich den Mittelsmann aus dem Abwicklungsprozess entfernen und die End-to-end-Kontrolle über seine Lieferkette übernehmen will, dann kann man die Ausweitung seiner globalen Logistikpräsenz als Erweiterung seines „Fulfillment by Amazon"-Services betrachten. Über diesen werden Produkte gelagert, kommissioniert, verpackt und versendet sowie Rücksendungen von Drittanbietern auf Amazon Marketplace abgewickelt. Auch Amazon Pay gehört dazu. Verkäufer können sich natürlich auch für Fulfillment By Merchant (FBM) entscheiden, wo sie die Kontrolle über den gesamten Abwicklungs- und Versandprozess haben. Anstatt eine Servicegebühr zu zahlen und den Versand der Waren an Amazon zu übergeben, nutzt der Verkäufer eigene Ressourcen, um die Artikel direkt an den Käufer zu senden. FBA wird als die beste Möglichkeit angepriesen, das Einkaufserlebnis des Endkunden zu optimieren. Aber es hilft auch dabei, die strengen Versand- und Lieferfristen einzuhalten und bei der Auflistung unter den Prime-fähigen Produkten berücksichtigt zu werden. FBA ist in den USA, Kanada, Großbritannien, Deutschland, Frankreich, Italien, Japan, China und Indien verfügbar.

Amazon legt zwar die Einnahmen aus der Abwicklung über FBA nicht offen, doch zwei Drittel der Händler, die aktiv über Amazon Marketplace verkaufen, nutzen den Dienst inzwischen. Das ist zum Teil auf die zunehmende Geschwindigkeit und Größenordnung des Services auf der letzten Meile zurückzuführen, in den Amazon immer weiter investiert. Gleichzeitig verdoppelte sich im selben Zeitraum die Zahl der Artikel, die Amazon im Auftrag von Drittanbietern verkaufte. Aus der Business-to-Business-(B2B-)Perspektive sollten wir auch die Auswirkungen von Amazon Business (früher bekannt als AmazonSupply) berücksichtigen. Dieser Marktplatz für B2B-Produkte auf Amazon.com deckt den Bedarf von Beschaffungsunternehmen in einer Vielzahl von Produktkategorien ab, wie zum Beispiel Laptops, Computer, Drucker, Bürobedarf, Büromöbel, Handwerkzeuge, Elektrowerkzeuge, Sicherheitsausrüstung, Küchenbedarf und Reinigungsmittel. Mark Mahaney, Managing Director bei RBC Capital Markets, schätzt, dass der Bruttoumsatz von Amazon Business 2023 bei mehr als 52 Milliarden US-Dollar liegen wird.[19] So gesehen ist Amazon angesichts des schieren Volumens der von FBA und Amazon Business abgefertigten Produkte und angesichts der jüngsten Expansion in Richtung Luftfracht, Bodentransport und Seefracht bereits ein wichtiger globaler Logistikakteur.

Aber auch hier hat Amazon mit weiteren Diensten experimentiert, um Artikel zur schnellen Lieferung direkt von Händlern verfügbar zu machen und so die eigenen Lager nicht mit zusätzlichen Beständen zu überlasten. Der Dienst, der zum Start Stellar Flex hieß, wurde in Indien und an der Westküste der USA getestet und sollte die logistische Reichweite über die amazoneigenen Logistikzentren hinaus auf die der Händler ausweiten. Die neueste Version, FBA Onsite, gibt Amazon mehr Flexibilität und Kontrolle über die letzte Meile und spart gleichzeitig Geld durch Mengenrabatte und indem die Überlastung der Logistikzentren vermieden wird. Dies geschieht nun, nachdem in der Branche vor einigen Jahren gemunkelt wurde, dass Amazon zum Opfer des eigenen Erfolgs und des Erfolgs von FBA werde. Manchmal habe es den Auftragsdurchsatz aufgrund von Kapazitätsproblemen drosseln müssen. Gleichzeitig können Schätzungen zufolge bis zu 70 Prozent der Kosten eingespart werden, wenn die Verkäufer die Waren in ihren eigenen Einrichtungen lagern. Die Ausweitung von FBA auf die Standorte der Verkäufer ist also eine weitere Möglichkeit, den wachsenden logistischen Anforderungen gerecht zu werden, denen sich das Unternehmen gegenübersieht.

Wie bereits erwähnt, hat Amazon Versuche unternommen, den kostspieligen Retourenprozess zu optimieren. Dass Amazon bereit war, eine Kooperation mit Kohl's zur Annahme von Amazon-Retouren in Kohl's-Filialen einzugehen, ist insofern von Bedeutung, als sich daran die unstillbaren Logistikanforderungen von Amazon zeigen. Da es selbst keine größeren Ladengeschäfte besitzt, erweitert das Unternehmen so die physischen Präsenzpunkte für den Kundenkontakt. Die Mitarbeiter von Kohl's verpacken die Artikel und schicken sie ohne zusätzliche Kosten für den Kunden an ein Amazon-Logistikzentrum.[20] Kevin Mansell, Direktor, Präsident und CEO von Kohl's, äußerte sich einige Monate nach Beginn der Partnerschaft folgendermaßen: „Eines ist sicher: Es ist eine tolle Erfahrung, und die Menschen nutzen den Dienst. Wenn die Kunden auf das Angebot eingehen, es für sie eine gute Erfahrung ist, sie den Service weiter nutzen und – was sehr wichtig ist – das Ganze für zusätzlichen Kundenverkehr sorgt, dann werden wir versuchen, das Angebot zu erweitern."[21] In diesem Zusammenhang sei darauf hingewiesen, dass Amazon eine ähnliche Partnerschaft für Abholungen mit Next in Großbritannien unterhält. Außerdem betreibt es Amazon Hub, ein weltweites Netzwerk von Abholstellen, über das Unternehmen mit einem physischen Standort die sichere Abholung und Retoure von Paketen anbieten können. In den neuen amazoneigenen Geschäften werden ebenfalls Abhol- und Rückgabeservices angeboten.

RENNEN UM DIE LETZTE MEILE

Im Vergleich dazu sind die sich ausweitenden Transport- und Logistikaktivitäten von Walmart in erster Linie auf Kosteneinsparungen ausgerichtet. Diese sind erforderlich, um mit dem riesigen weltweiten Filialnetz die steigenden Kosten für die Abwicklung des Onlinegeschäfts auszugleichen. Der Lebensmittelhändler hat damit begonnen, Schiffscontainer für den Transport der in China hergestellten Waren zu mieten, und setzt verstärkt auf Schließfächer und die bereits erwähnte Möglichkeit der Abholung im Geschäft, um die Lieferkosten zu senken. Cristy Brooks, Walmart Senior Central Operations Director, erläuterte 2017, wie das Unternehmen auch die Verfügbarkeit der Waren im Regal in seinen größeren Filialen verbessern will. Nicht vorrätige Waren sind ein Problem, mit dem sich der Einzelhändler in den letzten Jahren mit Nachdruck befasst hat. Mit dem sogenannten Top-Stock-System werden Lagerbestände oben in den Regalen des Verkaufsraums aufbewahrt. Walmart behauptet, dass es dadurch in der Lage ist, „die Regale voller zu halten und gleichzeitig einen besseren Überblick über den Bestand zu haben“. Zu den Vorteilen gehört, dass Walmart weniger temporäre Lageranhänger nutzen und somit mieten muss und dass durch das Vorgehen Lagerraum frei wird. So kann der Einzelhändler auch Dienstleistungen wie die Abholung von online bestellten Lebensmitteln im Geschäft anbieten, so Brooks. Der freie Raum wird auch für die Schulung des Personals genutzt. Brooks zufolge hat die Filiale in Morrisville, North Carolina, nach der Einführung von Top Stock den Bestand in den Lagerräumen innerhalb von zwei Monaten um 75 Prozent reduziert. Der gewonnene Raum wurde für die Eröffnung einer Mitarbeiterschulungsakademie genutzt.[22] Außerdem hat Walmart Amazon und dem Kohl's-Retourenprogramm den Rang abgelaufen, indem es den Online-Retourenprozess in den Filialen durch ein Update der Walmart-App aufgerüstet hat. Mit dem Update kann für einige online gekaufte Artikel wie etwa Gesundheits- und Beautyprodukte eine sofortige Rückerstattung veranlasst werden, ohne dass eine Filiale aufgesucht werden muss.[23]

Amazon bietet bereits sofortige Rückerstattungen für manche Bestellungen über Erst- und Drittanbieter an. Außerdem müssen Artikel, deren Wert eine bestimmte Schwelle unterschreitet, nicht zurückgeschickt werden. Aber bei Walmart will man durch diese neue Retouren-Initiative mit Amazon bei der Abwicklung Schritt halten. Das Programm beruht auf der Abholung von online bestellten Lebensmitteln, den Abholtürmen und dem kostenlosen Versand innerhalb von zwei Tagen – Letzterer ist, wie Walmart betont, auch ohne Mitgliedsbeitrag und außerhalb von Walmart+ verfügbar.

Auch Alibaba mietet Container auf Schiffen, ähnlich der Seefrachtinitiative von Amazon. Das bedeutet, dass Alibaba Logistics jetzt den Erste-Meile-Versand für Drittanbieter auf seinem Marktplatz erleichtern kann. Es ist aufschlussreich, das Logistikmodell von Alibaba mit dem von Amazon zu vergleichen. Alibaba hat, noch bevor es Prime gab, gleichzeitig das China Smart Logistic Network, auch bekannt als Cainiao, und acht andere Finanzdienstleistungs- und Logistikunternehmen ins Leben gerufen. Heute besteht das auf einen Wert von zehn Milliarden Dollar geschätzte Netzwerk an Logistik-Tochtergesellschaften aus 3.000 Logistikpartnern und drei Millionen Kurieren. Darunter sind die 15 größten Lieferfirmen in China und 100 internationale Unternehmen. Der chinesische Handelsriese investiert in den kommenden Jahren 15 Milliarden Dollar in seine globalen Logistikkapazitäten. Dafür nutzt er Drohnen und Robotertechnologie, um innerhalb von 24 Stunden in ganz China und innerhalb von 72 Stunden überall auf der Welt Bestellungen liefern zu können.

In Anbetracht der Tatsache, dass Cainiao täglich 100 Millionen Bestellungen abwickelt, bedeutet die schiere Dominanz des Unternehmens auf seinem Heimatmarkt, dass Alibaba einen erheblichen Einfluss auf das Logistiknetz der Region ausüben kann. Ähnlich wie bei Amazon beruht dieser Einfluss auf Investitionen in Technologie. Diese Investitionen ermöglichen die Transparenz in der Lieferkette und die Datenintegration, die für eine effiziente Orchestrierung der Abwicklungsprozesse in diesem Netzwerk erforderlich sind. Obwohl die USA als weltgrößte Konsumwirtschaft die Basis für das weltweite operative Geschäft von Amazon bilden, beträgt der Marktanteil des Unternehmens nur einen Bruchteil des bereits gesättigten E-Commerce-Marktes in den USA. Im Vergleich dazu liegt der Marktanteil von Alibaba in China bei mehr als 50 Prozent. Dabei hat in der zweitgrößten und am schnellsten wachsenden Konsumwirtschaft der Welt der traditionelle Handel immer noch einen Anteil von mehr als 40 Prozent.

Der Alibaba-Rivale JD.com hat ebenfalls sein eigenes Logistiknetz aufgebaut. Nach einem ähnlichen Modell wie Amazon hat das Unternehmen ein Netzwerk von Logistikzentren und mehr als 1.000 Lagerhäusern in ganz China geschaffen – darunter das weltweit erste voll automatisierte in Shanghai – sowie Tausende von lokalen Liefer- und Abholstellen. JD.com verfügt über eine Reihe von internationalen Abwicklungs-Außenposten auf der ganzen Welt, unter anderem in Hongkong, Los Angeles und New York. Besonders hervorzuheben ist dabei der „China Railway Express". Der von JD betriebene Güterzug transportiert Waren von Europa nach China, die das Unternehmen an chinesische Kunden vermarkten kann, sobald sie erfasst und aufgeladen sind. Der China Railway Express fährt eine Strecke von 10.000 Kilometern von Hamburg nach Xi'an, der Hauptstadt der zentralchinesischen Provinz Shaanxi, wo JD einen seiner wichtigsten Umschlagplätze für grenzüberschreitende Importe betreibt. Der erste dieser Züge war 35 Tage schneller als die Seefrachtalternativen und kostete dabei 80 Prozent weniger als der Lufttransport.

Liu Han, General Manager of International Supply Chain bei JD Logistics, sagte damals in einer Stellungnahme: „Durch den Einsatz eines Zuges von Deutschland nach China, der ausschließlich für den Transport von Waren für JD.com bestimmt ist, verkürzen wir die Markteinführungszeit für europäische Einzelhändler und Lieferanten drastisch und bieten unseren Kunden eine noch größere Produktauswahl zu günstigeren Preisen. Da die Nachfrage nach aus Europa importierten Produkten bei JD stark ansteigt, gehen wir davon aus, dass dies eine regelmäßige Einrichtung wird."

Whole Foods und die Zukunft

Nachdem wir die Auswirkungen der schnellen Lieferung und ihren Einfluss auf die logistischen Anforderungen und Kapazitäten auf den verschiedenen Kontinenten untersucht haben, kommen wir zum letzten großen Bereich der Logistikstrategie von Amazon. Dies führt zu dem Punkt zurück, an dem dieses Kapitel begann – an einen Zeitpunkt, zu dem Amazon abgesehen von seinem Buchhandelsnetz nicht über eine nennenswerte eigene stationäre Filialpräsenz verfügte. Daher konnte es keine umfassenden End-to-end-online-to-offline-Services von der Bestellung bis zur Lieferung wie etwa Click & Collect, anbieten, wie es die Konkurrenten Walmart und Target in den USA und andere in Europa und Asien taten. Das änderte sich, als das Unternehmen seine stationäre Filialpräsenz mit der Übernahme von Whole Foods ausbaute. Damit übernahm es nicht nur die mehr als 450 Filialen des Unternehmens, sondern auch dessen Vertriebsnetz für den Lebensmitteleinzelhandel, das diese beliefert.

> „[Die Läden], die als Lager fungieren sollen, sind bereits profitabel, sie sind bereits da, die Ware wird in vollen Lkw-Ladungen angeliefert. Das ist der effizienteste Weg, um den Weiterversand eines Artikels abzuwickeln."
>
> **MARK LORE, EHEMALIGER CEO DER E-COMMERCE-ABTEILUNG VON WALMART IN DEN USA**[24]

Wie in Kapitel 9 erörtert, wird die Übernahme des Vertriebsnetzes von Whole Foods, das sich weitgehend auf verderbliche Waren für die Einzelhandelsgeschäfte in allen wichtigen Marktregionen konzentriert, den Vertrieb von mehr Fremd- und Eigenmarkensortimenten ermöglichen. Das Filialnetz sorgt dabei für eine direkte Einzelhandelspräsenz in mehr Ballungsräumen. Es wurde jedoch berichtet, dass Bestandskunden von Whole Foods unzufrieden waren, dass die Parkplätze einiger Geschäfte den Prime-Lieferfahrzeugen zugewiesen wurden und dass die Mitarbeiter, die die Bestellungen im Laden kommissionierten, den Kunden Produkte und Platz wegnahmen.

In Anbetracht des relativ geringen Online-zu-Offline-Erfolgs der Akquisition sowie der Vorteile, die sich für die letzte Meile im Vertrieb und in der Logistik daraus ergeben, bleiben Spekulationen nur Gerüchte, dass Amazon nach einer ähnlichen Akquisition in Europa Ausschau halten könnte, die dem Unternehmen weitere 1.300 Läden bescheren würde, die „als Lager fungieren". Derweil ist es Partnerschaften mit einer Reihe von europäischen Einzelhändlern eingegangen, darunter Casino unter dem Namen Monoprix in Frankreich, Morrisons, Booths und Celesio-Apotheken in Großbritannien, Dia in Spanien und der Drogeriekette Rossmann in Deutschland.

Nachdem im letzten Kapitel im Zusammenhang mit der Kundengewinnung im Gastgewerbe auf der letzten Meile die „Dark Kitchens" erwähnt wurden, muss auch das wachsende Interesse von Amazon an der Rolle der „Dark Stores" untersucht werden.

Das Konzept ist zwar nicht neu (Tesco in Großbritannien war der erste Einzelhändler, der vor mehr als zehn Jahren einen solchen Standort einrichtete), aber Amazon eröffnete erst mitten in der Pandemie seinen ersten Dark Store in New York. Damit sollte die Marge im Online-Lebensmittelgeschäft gesteigert werden. Mit Dark Stores können Einzelhändler ihre Produkte für die Auslieferung näher an die Kunden bringen. Da sie häufig mit automatisierten Mikro-Fulfillment-Center-(MFC-)Systemen ausgestattet sind, können sie auch arbeitsrechtliche Probleme, Lagerflächenengpässe und bestehende Probleme bei der Abwicklung in den Geschäften beheben.

Das Schöne an den MFC-Systemen, die von Unternehmen wie Fabric, Dematic und Alert Innovation entwickelt wurden, ist, dass sie sowohl in einem bestehenden Geschäft als auch in „Dark Stores" eingesetzt werden können. Das verschafft Einzelhändlern wie Walmart mit dem bereits erwähnten Kommissioniersystem Alphabot einen potenziellen Vorteil. Zum Vergleich: Lebensmittelläden können in der Regel nur etwa 100 Bestellungen pro Tag abwickeln. Bei

Fabric behauptet man, dass die vom Unternehmen entwickelten MFC-Roboter diese Kapazität um das Fünf- bis Zehnfache erhöhen, und das auf einer Fläche von bis zu 1.000 Quadratmetern. Interessanterweise hat der britische Onlinehändler Ocado es Amazon gleichgetan und verkauft seine Ocado Smart Platform (OSP) jetzt an andere Einzelhändler weiter. Kroger in den USA, Sobey's in Kanada und Groupe Casino in Frankreich bauen viel größere MFC-Versionen, die ähnliche autonome Kommissioniersysteme verwenden. Die Hochgeschwindigkeits-Bots des OSP kommissionieren die Produkte für die Kundenbestellungen aus einem 3D-Gitter von Kisten mit Artikeln. Das System soll eine 99-prozentige Effizienz bei der Kommissionierung haben. Das Alleinstellungsmerkmal von Ocado besteht damit darin, dass die Kosten für die Auslieferung deutlich niedriger sind als mit den Methoden von traditionellen Einzelhändlern mit Ladengeschäften.

Angesichts der aktuellen Strategie für die Lieferkette und für das Filialnetz, der Maßnahmen, ein immer größeres Warenangebot zu schaffen, das auch Mode und Lebensmittel umfasst, und der Möglichkeit, die Nachfrage mit automatischer Nachbestellung und Alexa zu steigern, stellt sich die Frage, was als Nächstes für die Amazon-Logistik kommt. Eines ist sicher: Das Unternehmen wird weiter Innovationen entwickeln, um auf der letzten Meile immer wieder Rekorde zu brechen, die Lieferfristen zu verkürzen und die Kunden weiterhin zu begeistern, indem es das Lieferversprechen einhält.

INNOVATION AUS DER FERNE

Wir haben diese Bereiche noch nicht erwähnt, aber nachdem wir nun die Ambitionen von Amazon für die letzte Meile erforscht haben, können wir noch andere interessante Entwicklungen in den Blick nehmen. Nicht nur bezüglich der Logistik, sondern auch, was die sofortige Befriedigung von Bedürfnissen außerhalb des traditionellen Ladenformats angeht. Mit dem Amazon Treasure Truck haben

Nutzer der Amazon-App Zugang zu täglichen Rabatten und exklusiven Produkten. Man kann sich registrieren und wird dann benachrichtigt, wenn der Truck in der Nähe ist. Eine weitere Initiative zur Expressabwicklung, Amazon Fresh Pickup, kann nun ebenfalls in ihrem vollen Kontext verstanden werden. Die Initiative erfüllt sogar noch anspruchsvollere Bedürfnisse, indem die verfügbaren Artikel innerhalb von 15 Minuten nach der Bestellung zur Lieferung an das Auto des Kunden bereitstehen. Auch hier müssen die Kunden Prime-Mitglieder sein, die ihre App in der Nähe eines Amazon-Instant-Pickup-Standorts aktualisieren können, damit ihnen die verfügbaren Artikel angezeigt werden.

Der neue Lieferwagen Xiao G des chinesischen Logistikunternehmens Cainiao bringt die Bestellung nicht nur zum Auto, er geht noch einen Schritt weiter. Das 90 mal 150 Zentimeter große, automatisierte smarte Fahrzeug kann sich mithilfe von 360-Grad-Sensoren durch den Verkehr schlängeln und die Bestellung zum Kunden nach Hause bringen. Wenn Kunden Pakete aus dem Cainiao-Depot in Hangzhou abholen oder das nahe gelegene Viertel besuchen, treffen sie auf den fahrerlosen Wagen am nächstgelegenen Lieferort und geben eine Referenznummer ein, um Zugang zu den Schließfächern des Fahrzeugs zu erhalten und ihre Bestellungen abzuholen.

Amazon hat mit Amazon Key auch In-home- und In-car-Lieferungen eingeführt, bei denen Bestellungen in den Wohnungen und Häusern respektive den Autos der Kunden abgestellt werden. In einigen städtischen Ballungsgebieten können sich Prime-Mitglieder ihre Bestellungen von Amazon-Flex-Lieferanten mit einem einmaligen Zugangscode direkt in ihre Wohnung liefern lassen. Bei der Einführung des Services musste das Haus oder die Wohnung mit smarten Schlössern bestimmter Hersteller und einer geeigneten Version der Sicherheitskameras von Amazon ausgestattet sein. Zur Bestätigung der Zustellung und zum Schutz vor möglichen Betrugsvorwürfen zeichnet die Kamera auf, wie der Kurier den Zugangscode benutzt, um die Wohnung zu betreten, und beendet die Aufnahme, wenn er das Gebäude wieder verlässt. Ein Bild des Vorgangs wird an das Smartphone des Kunden geschickt. Mit der Amazon-Key-App können auch Türen aus der Ferne ver- und entriegelt sowie virtuelle Schlüssel durch die Nutzer ausgegeben werden. Mit der Übernahme von Ring, einem Hersteller von smarten Kameras und Türklingeln, für eine Milliarde US-Dollar hat Amazon das Engagement in diesem und im erweiterten Bereich der Smarthomes noch verstärkt. Mit der Investition forciert es die Bemühungen, die Reichweite der In-home-Lieferung zu erhöhen. So will es eines Tages verpasste Lieferungen zu einem Ding der Vergangenheit machen und die Kamera- und Audiogeräte in den Ring-Türklingeln mit dem sich immer weiter ausbreitenden sprachgesteuerten Alexa-Ökosystem für Smarthomes verbinden.

Mit „Amazon Key In-Car" können sich Besitzer kompatibler Fahrzeuge Pakete in den Kofferraum ihres Autos liefern lassen, sofern sie sich in einem Gebiet befinden, das von Amazon Key für die In-home-Zustellung bedient wird. Die Kunden müssen ihr Auto in einem öffentlich zugänglichen Bereich parken, benötigen aber keine zusätzliche Hardware. Wie bei der In-home-Lieferung haben die Kunden ein Zeitfenster von vier Stunden für die Lieferung.[25] Es bleibt abzuwarten, ob die In-home- und die In-car-Zustellung den Kunden so gut gefällt, dass sie mögliche Bedenken hinsichtlich Privatsphäre und Sicherheit außer Acht lassen. Amazon hat jedoch seit mehreren Jahren die erforderliche Technologie für diese Erweiterung des Schließfachkonzepts und seiner Vorteile auf der letzten Meile entwickelt und kann einen First-Mover-Vorteil nutzen. Für die künftige Entwicklung könnte es mögliche Kooperationen zur Einbettung des Sprachassistenten Alexa in Kfz-Betriebssysteme nutzen.

Die letzte noch zu nehmende Hürde auf dem Weg von Amazon, Bestellungen immer schneller abzuwickeln, ist die Drohnentechnologie. Jeff Bezos hat bereits vor einigen Jahren Pläne zur Kommerzialisierung von Drohnenlieferungen vorgestellt. Nur drei Jahre nach der Ankündigung der Pläne gab Amazon bekannt, dass Prime Air zum ersten Mal eine vollständig autonome Drohnenlieferung durchgeführt hatte. Der Flug von einem Prime-Air-Logistikzentrum in der Nähe von Cambridge, der nicht von einem Piloten gesteuert wurde, dauerte 13 Minuten von der Bestellung bis zur Auslieferung.[26] Um auf diesem Weg bestellbar zu sein, müssen Artikel weniger als fünf Pfund wiegen, klein genug sein, um in die Frachtbox der Drohne zu passen, und in einem Umkreis von zehn Meilen um ein teilnehmendes Logistikzentrum geliefert werden. Neben dem Zentrum in Cambridge in Großbritannien unterhält das Unternehmen Entwicklungszentren in den USA, Österreich, Frankreich und Israel. Die Pläne zeigen das Ausmaß der Logistikambitionen von Amazon, bestehen aber immer noch nur in der Theorie. Denn das Unternehmen hat erst kürzlich von der Federal Aviation Administration (FAA) in den USA die Genehmigung erhalten, mit der Prime-Air-Drohnenflotte unbemannte Warenlieferungen durchzuführen. Aber Amazon ist bereits das dritte Unternehmen, nach dem zur Google-Muttergesellschaft Alphabet gehörenden Wing und UPS, das die erforderliche Zertifizierung erhalten hat.

Die Alibaba-eigene Lebensmittelliefer-App Ele.me hat derweil vor Kurzem damit begonnen, in China Drohnen für Lebensmittellieferungen einzusetzen. Und JD.com ist dabei, ebenfalls mit dem Einsatz von Drohnen, die geografische Ausdehnung des riesigen Kontinents zu nutzen. JD hatte angekündigt, 150 Flughäfen für unbemannte Flugzeuge bauen zu wollen. Das würde ein bedeutendes strategisches Bekenntnis zu dieser Technologie darstellen. Bislang verfügt das Unternehmen über das weltweit erste Lieferdrohnen-Planungszentrum in Suqian und ein Logistiknetz für die allgemeine Luftfahrt mit einem Radius von 300 Kilometern in geringer Höhe in Shaanxi. Die Drohnen des Unternehmens können derzeit bis zu 50 Kilogramm transportieren. Allerdings heißt es, dass es an Drohnen arbeitet, die 500 Kilogramm befördern können. Diese Investition wird jedoch nur den auf die abgelegene, gebirgige Provinz Sichuan begrenzten Einsatz unterstützen, wo die funkgesteuerte Kommunikation über große Entfernungen am effektivsten ist. Auch die Akkulaufzeit hat sich so weit verbessert, dass die Drohnen jetzt fast ununterbrochen fliegen können. Aber in der Praxis können die modernsten Drohnen, die heute für den kommerziellen Einsatz entwickelt werden, im Durchschnitt bis zu 100 Minuten fliegen und eine Reichweite von etwa 35 Kilometern zurücklegen. Trotz dieser Einschränkungen ist es leicht zu verstehen, warum JD.com die Lieferung per Drohne vorantreibt: Es hat das Ziel, mit dieser Methode die Frachtkosten um 70 Prozent zu senken.

All diese E-Commerce-Giganten – Amazon, Cainiao von Alibaba und JD – haben auch auf dem Gebiet der selbst fahrenden Lkw Innovationen vorangetrieben. Obwohl sie für die Abwicklung auf der letzten Meile nicht unbedingt relevant sind, soll dadurch die Effizienz der Vertriebslogistik gesteigert werden. Sogar USPS beteiligt sich an Versuchen mit einem von TuSimple entwickelten System zur Umrüstung von Lastwagen.

Wer auch immer das Rennen um den Masseneinsatz autonomer Fahrzeuge gewinnt, eines ist sicher: Es wird nicht die letzte Innovation im Rennen um die billigste und schnellste Abwicklung auf der letzten Meile sein.

Fazit

Amazon am Zenit?

> „Wir müssen uns entscheiden: Wir können eine Demokratie haben oder konzentrierten Reichtum in den Händen weniger – aber nicht beides."
>
> **LOUIS BRANDEIS, RICHTER AM OBERSTEN GERICHTSHOF DER VEREINIGTEN STAATEN VON 1916 BIS 1939**

Die permanente Unzufriedenheit von Amazon mit dem Status quo war der Schlüssel zum Erfolg des Unternehmens. Es hat aus der Entwicklung nahtloser technischer Schnittstellen, allgegenwärtiger Konnektivität und des Autonomous Computing Kapital geschlagen und ist zu einer der dominantesten Kräfte im Einzelhandel geworden, die die Welt je gesehen hat.

Ohne die „Es ist immer Tag 1"-Mentalität wäre dies nicht möglich gewesen. Kundenbedürfnisse beobachten und vorwegnehmen, Misserfolge akzeptieren, sich auf die Zukunft einlassen, Innovationen in großem Maßstab entwickeln – all dies sind wertvolle Lektionen für die gesamte Branche, die sich für das digitale Zeitalter neu konfiguriert.

In diesem Buch sind wir der Frage nachgegangen, wie die von der Pandemie ausgelöste Verschiebung hin zu einer digitaleren Welt jeden Aspekt des Amazon-Geschäftsmodells gestärkt und es dem Unternehmen ermöglicht hat, seinen Einfluss auf die Verbraucher zu verstärken. Aber das astronomische Wachstum von Amazon zu einer Zeit, in der viele Einzelhändler nur mit Mühe den Kopf über Wasser halten konnten, ist in Washington nicht unbemerkt geblieben. „Da wir unsere Arbeit, unseren Handel und unsere Kommunikation immer mehr ins Internet verlagern, werden diese Unternehmen noch stärker in das Gefüge unserer Wirtschaft und unseres Lebens verwoben“, heißt es im Antitrust-Bericht des Repräsentantenhauses über Big Tech.[1]

Amazon wird auch nach der Pandemie Rückenwind haben. Mit margenstarken Einnahmequellen wie Cloud-Computing und Werbung wird der Tech-Gigant weiterhin in sein Kerngeschäft investieren können. Dies ist ein wichtiger Moment für das Unternehmen, da es in eine neue Phase der Rentabilität eintritt.

Doch wie lange wird diese Phase andauern? Das Netz um Big Tech zieht sich zu. Selbst Bezos ist klar, dass es nur natürlich ist, dass ein sich ausbreitendes Imperium wie das seine eine größere Aufmerksamkeit der Behörden auf sich zieht. „Ich glaube, Amazon sollte unter die Lupe genommen werden. Wir sollten alle großen Institutionen unter die Lupe nehmen, ob es sich nun um Unternehmen, Regierungsbehörden oder gemeinnützige Organisationen handelt“, erklärte Bezos 2020 vor dem Kongress. „Unsere Verantwortung besteht darin, sicherzustellen, dass wir eine solche Prüfung mit Bravour bestehen.“[2]

Amazon hat sich in der Vergangenheit der Aufmerksamkeit des Gesetzgebers entzogen, weil das Kartellrecht „den Wettbewerb weitgehend mit Blick auf die kurzfristigen Interessen der Verbraucher und nicht der Produzenten oder die Gesundheit des Marktes als Ganzes bewertet“, so Lina Khan, Vorsitzende der Federal Trade Commission und Autorin des sehr einflussreichen Artikels „Amazon's Antitrust Paradox“, der im *Yale Law Journal* veröffentlicht wurde.[3] Stattdessen gelten niedrige Verbraucherpreise in der Kartellrechtslehre als Beweis für einen gesunden Wettbewerb.

Im Falle von Amazon ist es schwierig, einen Nachteil für die Verbraucher in Form höherer Preise oder geringerer Qualität nachzuweisen. Kundenabzocke ist kaum förderlich für die Mission von Amazon, das kundenorientierteste Unternehmen der Welt zu werden. Eine solche Strategie hätte das Wachstum des Unternehmens nicht befördert. Amazon ist heute fast fünfmal so viel wert wie der umsatzstärkste Einzelhändler der Welt und das größte stationäre Pendant zu Amazon: Walmart.[4] Es scheint, als hätte Bezos das Wachstum des Unternehmens geplant, indem er zuerst eine Karte der Kartellgesetze gezeichnet und dann Routen eingezeichnet hat, um diese zu umgehen. Mit dem missionarischen Einsatz für die Verbraucher ist Amazon in Richtung Monopol marschiert und hat dabei das Lied des modernen Kartellrechts gesungen, so Khan.

Für seine Vormachtstellung bezahlt Amazon einen Preis, und zwar einen, den die meisten normalen Einzelhändler nicht tragen könnten. Nun werden Forderungen laut, die bestehenden Gesetze für das digitale Zeitalter umzuschreiben. Der Kartellrechtsbericht des US-Repräsentantenhauses über Big Tech kam zu dem Schluss, dass Unternehmen wie Amazon trotz ihrer eindeutigen Vorteile für die Gesellschaft „eine Art private Quasi-Regulierung betreiben, für die sie niemandem außer sich selbst Rechenschaft ablegen müssen“. Der Bericht ergab, dass Amazon:

- eine Monopolstellung gegenüber vielen kleinen und mittleren Unternehmen einnimmt, die keine Alternative zu Amazon haben;
- seine derzeitige marktbeherrschende Stellung zum Teil durch die Übernahme von Konkurrenten und von Unternehmen, die auf angrenzenden Märkten tätig sind, erlangt hat, um die „Wettbewerbsgräben“ zu verstärken;
- beim Umgang mit Drittanbietern „in großem Stil wettbewerbswidriges Verhalten“ an den Tag gelegt hat;

- durch seine frühe Führungsrolle auf dem Markt für Sprachassistenten hochsensible Verbraucherdaten gesammelt hat, die es nun zur Förderung der anderen Geschäftsbereiche nutzen kann;
- über AWS wichtige Infrastrukturen für viele seiner Konkurrenten bereitstellt, was zu einem Interessenkonflikt führen kann.[5]

> „Einfach ausgedrückt: Unternehmen, die einst rauflustige Underdog-Start-ups waren und den Status quo infrage stellten, sind zu Monopolisten geworden, wie wir sie zuletzt in der Ära der Ölbarone und Eisenbahnmagnaten gesehen haben."
>
> **ANTITRUST-BERICHT DES REPRÄSENTANTENHAUSES ÜBER BIG TECH**

Seit Bezos die ersten Investoren davon überzeugt hat, dass eine Strategie, die auf Wachstum und nicht auf Gewinn ausgerichtet ist, langfristig erfolgreich sein wird, sind die Wettbewerbsbedingungen nicht mehr für alle gleich. Amazon ist ein Gatekeeper, der stets nach seinen eigenen Regeln gespielt hat. Das Ergebnis? Heute ist Amazon uneinholbar.

Da das Unternehmen unermüdlich neue Dienstleistungen anbietet und ganze Branchen umkrempelt, wird der Wettbewerbsvorteil von Amazon immer größer. Das ist schließlich die ganze Prämisse des Amazon-Schwungrads. Aber wie viel ist zu viel? Nicht nur für Politiker und Regulierungsbehörden, sondern auch für die Kunden? Kein anderes Einzelhandelsunternehmen hat sich so erfolgreich im Leben der Kunden und bei ihnen zu Hause breitgemacht. Amazon ist allgegenwärtig geworden. Durch sein Ökosystem ist Amazon für viele Menschen zur unverzichtbaren Ressource, geradezu zum Lebensstil geworden. Aber dadurch, dass es in neue verbrauchernahe Sektoren wie Lebensmittel, Pharmazie und Mode vordringt, wird die Markenelastizität des Unternehmens auf die Probe gestellt. Die Verbraucher sind bereit, dem Komfort viel zu opfern (zum Beispiel den Preis und den Datenschutz). Aber unserer Überzeugung nach würde sich diese Einstellung schnell ändern, wenn Amazon zu mächtig würde, zu allgegenwärtig. Nähert sich der Aufstieg von Amazon vielleicht dem Zenit?

Gleichzeitig hat sich die Amazon-Plattform zu einem dominierenden E-Commerce-Anbieter entwickelt. Amazon ist die größte Produktsuchmaschine der Welt. Die Algorithmen des Unternehmens werben für dessen eigene Produkte. Die verschiedenen von Amazon produzierten Geräte leiten die Käufe nahtlos auf die Plattform weiter. Amazon hat wie kein anderer Einzelhändler auf der Welt Zugang zu Daten. Jahrzehntelang unterlag das Unternehmen nicht denselben Steuergesetzen wie seine stationären Gegenspieler. Amazon subventioniert sein Einzelhandelsgeschäft durch margenstärkere Segmente wie AWS, Marketplace und Werbung. Man muss kein Kartellrechtsexperte sein, um zu erkennen, dass Amazon von den ungleichen Wettbewerbsbedingungen profitiert hat. Unserer Ansicht nach entwickelt sich Amazon schnell zu einem öffentlichen Versorgungsunternehmen im Handelsgewerbe.

Wird Amazon also reguliert werden? Könnte Amazon zerschlagen werden? Könnte das Unternehmen gezwungen werden, seine AWS-Sparte auszugliedern, um sowohl die Regulierungsbehörden als auch die Einzelhandelskonkurrenten (von denen sich immer weniger auf einen Tanz mit dem Teufel einlassen wollen) ruhigzustellen? Der Bericht des Kongresses über Big Tech empfiehlt die Schaffung von Gesetzen zur Wiederherstellung des Wettbewerbs in der digitalen Wirtschaft – im Wesentlichen die Zerschlagung von Big-Tech-Unternehmen und die Erschwerung von Übernahmen – sowie die Stärkung der Kartellgesetze und ihrer Durchsetzung. Als dieses Buch Mitte 2021 verfasst wurde, waren diese Empfehlungen jedoch nur das – Empfehlungen. Man wird keine unmittelbaren Maßnahmen gegen Amazon ergreifen, und vielleicht wird es nie welche geben. Die Aussicht auf eine Änderung der Kartellvorschriften schreckt die Anleger nicht ab. Stacy Mitchell, Co-Direktorin des Institute for Local Self-Reliance, schreibt in *The Atlantic*, dass es zwar zu Lebzeiten der meisten Amerikaner noch keine so detaillierte Untersuchung der Monopolmacht von Unternehmen gegeben hat, dass wir aber aus der Geschichte lernen können, was als Nächstes passieren könnte.

„Im Jahr 1938 setzte der Kongress beispielsweise eine Kommission ein, die die Machtkonzentration in mehreren Branchen untersuchen sollte. Die Ergebnisse veranlassten die Bundesregierung [der USA], ein großes Kartellverfahren einzuleiten, die Patentgesetze zu ändern und 1950 ein umfassendes Gesetz zur Beschränkung von Fusionen zu verabschieden", schrieb Mitchell. Der Wandel wird vielleicht kommen, aber Big Tech wird nicht über Nacht zurückgedrängt werden.

Amazon sieht sich derweil mit einer zweiten existenziellen Bedrohung konfrontiert – vom Jäger zum Gejagten zu werden. Da der Erfolg des Unternehmens nicht darauf beruht, was es verkauft, sondern darauf, wie es das tut, ist es von entscheidender Bedeutung, dass Amazon in Bezug auf das Kundenerlebnis weitere Fortschritte macht. Zum Glück für Amazon liegt dies in der DNA des Unternehmens. Aber da die Einzelhandelsbranche immer technikorientierter wird, wird das Angebot von Amazon immer weniger einzigartig. Shopify „rüstet die Rebellen" für den Kampf gegen Amazon. Die Einzelhändler nutzen ihre Läden endlich als Logistik-Hubs. Durch die 15-Minuten-Supermärkte bekommt Amazon die eigene Medizin zu schmecken. Instagram verbindet das Entdecken und die Gemeinschaft mit der Leichtigkeit des Onlineshoppings. Man darf nicht vergessen, dass Amazon bei seinen Kunden eine transaktionale und keine emotionale Loyalität erzeugt, was ihm letztendlich zum Verhängnis werden könnte.

Auch Bezos selbst rechnet damit, dass Amazon eines Tages pleitegehen wird. „Wenn man sich die großen Unternehmen anschaut, liegt die Lebensdauer bei etwas mehr als 30 Jahren, nicht bei mehr als 100 Jahren", sagte er.

Aber Amazon ist noch lange nicht am Ende. Amazon ist und bleibt in erster Linie ein Technologieunternehmen und ist erst in zweiter

Linie ein Einzelhändler. Die Konkurrenz muss nachvollziehen, wo das Unternehmen sein technologisches Know-how einsetzt, um Problemstellen bei den rein zweckmäßigen Einkaufserlebnissen zu beseitigen. Nur so kann man mit Amazon mithalten. Wir glauben, dass Einzelhändler mit Amazon koexistieren können, wenn sie sich an diese fünf Grundsätze halten:

1. Kuratieren: Versuchen Sie nicht, Amazon auszustechen.
2. Differenzierung: Lassen Sie das reine Verkaufen (weit) hinter sich.
3. Innovation: Betrachten Sie Ihre Geschäfte als Aktiva und nicht als Passiva.
4. Machen Sie keine Alleingänge.
5. Seien sie schnell.

Das soll nicht heißen, dass es auf dem Weg dorthin nicht kurz mal wehtut. Im Zuge der Neukonfigurierung des Sektors für das post-pandemische digitale Zeitalter müssen wir uns auf weitere Ladenschließungen, Insolvenzen, Entlassungen und Konsolidierungen gefasst machen. Die Zeit drängt. Für Einzelhändler, die sich nicht anpassen, wird es keine zweite Chance geben. Denn das Geschäftsklima ist einfach zu gnadenlos. Letztlich werden diejenigen Einzelhändler den digitalen Wandel überleben, die sich den Wünschen der Kunden anpassen und damit sicherstellen, dass sie auch im Zeitalter von Amazon interessant bleiben.

Endnoten

1 | ES IST EINE AMAZON-WELT

1 Vena, Danny (2018): „Amazon dominated e-commerce sales in 2017", *The Motley Fool*, 12. Januar. Abzurufen unter: https://www.fool.com/investing/2018/01/12/amazon-dominated-e-commerce-sales-in-2017.aspx (archiviert unter: https://perma.cc/RA3R-8XZ7) (letzter Zugriff am 12.06.2018).

2 Securities and Exchange Commission (2020): *Amazon 10-K for the fiscal year ended December 31, 2020*. Abzurufen unter: https://www.sec.gov/ix?doc=/Archives/edgar/data/1018724/000101872421000004/amzn-20201231.htm (archiviert unter: https://perma.cc/RYU3-H2S5) (letzter Zugriff am 18.06.2021).

3 Wakabayashi, Daisuke, Weise, Karen, Nicas, Jack und Isaac, Mike (2020): „The economy is in record decline, but not for the tech giants", *The New York Times*, 30. Juli. Abzurufen unter: https://www.nytimes.com/2020/07/30/technology/tech-company-earnings-amazon-apple-facebook-google.html (archiviert unter: https://perma.cc/Z45B-4KMP) (letzter Zugriff am 18.06.2021).

4 Nickelsburg, Monica (2017): „Chart: Amazon is the most popular destination for shoppers searching for products online", *Geekwire*, 6. Juli. Abzurufen unter: https://www.geekwire.com/2017/chart-amazon-popular-destination-shoppers-searching-products-online/ (archiviert unter: https://perma.cc/R25Z-Y3H3) (letzter Zugriff am 12.06.2018).

5 Repko, Melissa (2021): „Walmart acquires virtual fitting room company Zeekit as it makes push into fashion", *CNBC*, 13. Mai. Abzurufen unter: https://www.cnbc.com/2021/05/13/walmart-acquires-virtual-fitting-room-company-zeekit-.html (archiviert unter: https://perma.cc/9TP2-QRJX) (letzter Zugriff am 18.06.2021).

6 Eigene Recherche; Google Finanzen.

7 Eigene Recherche; Amazon 10-Ks für 2010 und 2020.

8 Securities and Exchange Commission (2020): *Amazon 10-K for the fiscal year ended December 31, 2020*. Abzurufen unter: https://www.sec.gov/ix?doc=/Archives/edgar/data/1018724/000101872421000004/amzn-20201231.htm (archiviert unter: https://perma.cc/RYU3-H2S5) (letzter Zugriff am 18.06.2021).

9 Sender, Hanna, Stevens, Laura und Serkez, Yaryna (2018): „Amazon: the making of a giant", *Wall Street Journal*, 14. März. Abzurufen unter: https://www.wsj.com/graphics/amazon-the-making-of-a-giant/ (archiviert unter: https://perma.cc/NT42-M56B) (letzter Zugriff am 12.06.2018).

10 *Amazon 2020 Letter to Shareholders*. Abzurufen unter: https://www.aboutamazon.com/news/company-news/2020-letter-to-shareholders (archiviert unter: https://perma.cc/5AHF-5UFB) (letzter Zugriff am 18.06.2021).

11 Kowitt, Beth (2018): „How Amazon is using Whole Foods in a bid for total retail domination", *Fortune*, 21. Mai. Abzurufen unter: http://fortune.com/longform/amazon-groceries-fortune-500/ (archiviert unter: https://perma.cc/ V4LT-5XYS (letzter Zugriff am 12.06.2018).

2 | WARUM AMAZON KEIN DURCHSCHNITTLICHER EINZELHÄNDLER IST

1 *Amazon 2020 Letter to Shareholders*. Abzurufen unter: https://www.aboutamazon.com/news/company-news/2020-letter-to-shareholders (archiviert unter: https://perma.cc/WYZ9-8FSF) (letzter Zugriff am 18.06.2021).

2 Amazon-Website (2018). Abzurufen unter: https://www.amazon.jobs/en/principles (archiviert unter: https://perma.cc/2ZEK-FV4Y) (letzter Zugriff am 19.06.2018).

3 https://www.jimcollins.com/concepts/the-flywheel.html (archiviert unter https://perma.cc/24DK-G7V7).

4 Stone, Brad (2013): *The Everything Store: Jeff Bezos and the age of Amazon*, Bantam Press, London. (Deutsche Ausgabe: *Der Allesverkäufer*. Campus Verlag, Frankfurt am Main, 2018)

5 Amazon-Website (2021). Abzurufen unter: https://www.amazon.jobs/en/jobs/1139963/systems-development-engineer (archiviert unter: https://perma.cc/M6DE-9FMV) (letzter Zugriff am 18.06.2021).

6 Stone, B. (2013): *The Everything Store: Jeff Bezos and the age of Amazon*, Bantam Press, London.

7 Tonner, Andrew (2016): „7 Sam Walton quotes you should read right now", *The Motley Fool*, 8. September. Abzurufen unter: https://www.fool.com/investing/2016/09/08/7-sam-walton-quotes-you-should-read-right-now.aspx (archiviert unter: https://perma.cc/3N6J-PTKK) (letzter Zugriff am 18.06.2021).

8 Amazon-Mitarbeiter (2017): *2016 Letter to Shareholders*, 17. April. Abzurufen unter: https://www.aboutamazon.com/news/company-news/2016-letter-to-shareholders (archiviert unter: https://perma.cc/BXF9-55GV) (letzter Zugriff am 12.06.2018).

9 *Amazon 2016 Letter to Shareholders* (2017), Amazon.com. Abzurufen unter: http://phx.corporate-ir.net/phoenix.zhtml?c=97664&p=irol-reportsannual (archiviert unter: https://perma.cc/485J-9M5M) (letzter Zugriff am 19.06.2018).

10 Fox, Justin (2021): „Amazon spends billions on R&D. Just don't call it that", *Bloomberg*, 11. Februar. Abzurufen unter: https://www.bloomberg.com/opinion/articles/2021-02-11/amazon-spends-billions-on-r-d-just-don-t-call-it-that (archiviert unter: https://perma.cc/C82K-GNPZ) (letzter Zugriff am 18.06.2021).

11 Delgado, Cristina (2013): „Butcher's boy who has discreetly risen to become Spain's second-richest man", *El País*, 11. November. Abzurufen unter: https://elpais.com/elpais/2013/11/11/inenglish/1384183939_312177.html (archiviert unter: https://perma.cc/GQU5-ABF6) (letzter Zugriff am 19.06.2018).

12 Sillitoe, Ben (2018): 10 tips from a UK retail stalwart: ASOS chairman Brian McBride", *Retail Connections*, 9. Mai. Abzurufen unter: http://www.retailconnections.co.uk/articles/10-tips-uk-retail-boss-brian-mcbride/ (archiviert unter: https://perma.cc/HU48-Z7FY) (letzter Zugriff am 18.06.2021).

13 Amazon-Mitarbeiter (2017): *2016 Letter to Shareholders*, 17. April. Abzurufen unter: https://www.aboutamazon.com/news/company-news/2016-letter-to-shareholders (archiviert unter: https://perma.cc/BXF9-55GV) (letzter Zugriff am 12.06.2018).

14 Misener, Paul (13. September 2017): „Retail innovation at Amazon presentation", *Retail Week*. Tech-Veranstaltung, 2017, Tagesordnung. Abzurufen unter: http://rw.retail-week.com/Video/TECH/AGENDA/PDF/MAINSTAGE_AGENDA.pdf (archiviert unter: https://perma.cc/K3TW-HH9V) (letzter Zugriff am 12.06.2018).

15 McAllister, Ian (2012): „What is Amazon's approach to product development and product management?" *Quora*, 18. Mai. Abzurufen unter: https://www.quora.com/What-is-Amazons-approach-to-product-development-and-product-management (archiviert unter: https://perma.cc/2FY2-YKA7) (letzter Zugriff am 18.06.2021).

16 Gonzalez, Angel (2016): „For Amazon exec Stephenie Landry, the future is Now", *Seattle Times*, 21. Mai. Abzurufen unter: https://www.seattletimes.com/business/amazon/for-amazon-exec-stephenie-landry-the-future-is-now/ (archiviert unter: https://perma.cc/47KE-YW5Q) (letzter Zugriff am 19.06.2018).

17 Erklärung von Jeffrey P. Bezos, Gründer und Vorstandsvorsitzender von Amazon, vor dem Justizausschuss des US-Repräsentantenhauses, Unterausschuss für Kartell-, Handels- und Verwaltungsrecht (2020). Abzurufen unter: https://www.congress.gov/116/meeting/house/110883/witnesses/HHRG-116-JU05-Wstate-BezosJ-20200729.pdf (archiviert unter: https://perma.cc/F9H3-5W5K) (letzter Zugriff am 18.06.2021).

18 MacLean, Rob (2000): „What business is Amazon.com really in? Inc.", 21. Februar. Abzurufen unter: https://www.inc.com/magazine/20000201/16854.html (archiviert unter: https://perma.cc/8CMY-VUBT) (letzter Zugriff am 19.06.2018).

19 *Amazon 10-K for the fiscal year ended December 31*, 2020. Abzurufen unter: https://www.sec.gov/ix?doc=/Archives/edgar/data/1018724/000101872421000004/amzn-20201231.htm (archiviert unter: https://perma.cc/QG5L-YE6G) (letzter Zugriff am 18.06.2021).

20 Neate, Rupert (2021): „What will Amazon founder Jeff Bezos do next?", *The Guardian*, 3. Februar. Abzurufen unter: https://www.theguardian.com/technology/2021/feb/03/what-will-amazon-founder-jeff-bezos-do-next (archiviert unter: https://perma.cc/2NCU-K3EQ) (letzter Zugriff am 18.06.2021).

21 Erklärung von Jeffrey P. Bezos, Gründer und Vorstandsvorsitzender von Amazon, vor dem Justizausschuss des US-Repräsentantenhauses, Unterausschuss für Kartell-, Handels- und Verwaltungsrecht (2020). Abzurufen unter: https://www.congress.gov/116/meeting/house/110883/witnesses/HHRG-116-JU05-Wstate-BezosJ-20200729.pdf (archiviert unter: https://perma.cc/35DH-GR3N) (letzter Zugriff am 18.06.2021).

22 Del Ray, Jason (2019): „The making of Amazon Prime, the internet's most successful and devastating membership program", *Vox*, 3. Mai. Abzurufen unter: https://www.vox.com/recode/2019/5/3/18511544/amazon-prime-oral-history-jeff-bezos-one-day-shipping (archiviert unter: https://perma.cc/B6H7-YBT8) (letzter Zugriff am 18.06.2021).

23 Khan, Lina (2017): „Amazon's antitrust paradox", *Yale Law Journal*. Abzurufen unter: https://www.yalelawjournal.org/note/amazons-antitrust-paradox (archiviert unter: https://perma.cc/84P6-KHL6) (letzter Zugriff am 19.06.2018).

24 Pender, Kathleen (2000): „Scathing report of Amazon is a must-read for stock owners", *SF Gate*, 30. Juni. Abzurufen unter: https://www.sfgate.com/business/networth/article/Scathing-Report-of-Amazon-Is-a-Must-Read-for-2750932.php (archiviert unter: https://perma.cc/9DNV-P5A5) (letzter Zugriff am 19.06.2018).

25 Anonymus (2000): „Can Amazon survive?" *Knowledge at Wharton*, 30. August. Abzurufen unter: http://knowledge.wharton.upenn.edu/article/can-amazon-survive/ (archiviert unter: https://perma.cc/D3P4-S9AR) (letzter Zugriff am 19.06.2018).

26 Anonymus (2000): „Amazon: Ponzi scheme or Wal-Mart of the web?" *Slate*, 8. Februar. Abzurufen unter: http://www.slate.com/articles/business/moneybox/2000/02/amazon_ponzi_scheme_or_walmart_of_the_web.html (archiviert unter: https://perma.cc/7ADG-4SQN) (letzter Zugriff am 19.06.2018).

27 Corkery, Michael und Wingfield, Nick (2018): „Amazon asked for patience. Remarkably, Wall Street complied", *New York Times*, 4. Februar. Abzurufen unter: https://www.nytimes.com/2018/02/04/technology/amazon-asked-for-patience-remarkably-wall-street-complied.html (archiviert unter: https://perma.cc/UH9T-9BZ8) (letzter Zugriff am 19.06.2018).

28 Lee, Nathaniel, Lebowitz, Shana und Kovach, Steve (2017): „Scott Galloway: Amazon is using an unfair advantage to dominate its competitors", *Business Insider*, 11. Oktober. Abzurufen unter: http://uk.businessinsider.com/scott-galloway-why-amazon-successful-2017-10 (archiviert unter https://perma.cc/2S7E-9P88) (letzter Zugriff am 28.06.2018).

29 Fox, Justin (2013): „How Amazon trained its investors to behave", *Harvard Business Review*, 30. Januar. Abzurufen unter: https://hbr.org/2013/01/howamazon-trained-its-investo (archiviert unter: https://perma.cc/5HX2-RXMF) (letzter Zugriff am 28.06.2018).

30 Hern, Alex (2013): „How can Amazon pay tax on profits it doesn't make?" *The Guardian*, 16. Mai. Abzurufen unter: https://www.theguardian.com/commentisfree/2013/may/16/amazon-tax-avoidance-profits (archiviert unter: https://perma.cc/C9XY-NUDV) (letzter Zugriff am 28.06.2018).

31 Nellis, Stephen und Paresh, Dave (2018): „Amazon, Google cut speaker prices in market share contest: analysts." *Reuters*, 3. Januar. Abzurufen unter: https://www.reuters.com/article/us-amazon-alphabet-speakers/amazon-google-cut-speaker-prices-in-market-share-contest-analysts-idUSKBN1ES0VV (archiviert unter: https://perma.cc/6YXX-Z3K5) (letzter Zugriff am 19.06.2018).

32 Hollister, Sean (2020): „Amazon doesn't sell Echo speakers at a loss, says Bezos-un unless they're on sale", *The Verge*, 29. Juli. Abzurufen unter: https://www.theverge.com/2020/7/29/21347121/amazon-echo-speaker-price-undercut-rivals-loss-sale-antitrust-hearing (archiviert unter: https://perma.cc/E6XS-WXEG) (letzter Zugriff am 18.06.2021).

33 Santos, Alexis (2012): „Bezos: Amazon breaks even on Kindle devices, not trying to make money on hardware", *Engadget*, 12. Oktober. Abzurufen unter: https://www.engadget.com/2012/10/12/amazon-kindle-fire-hd-paperwhite-hardware-no-profit/ (archiviert unter: https://perma.cc/KD2F-MMM6) (letzter Zugriff am 19.06.2018).

34 Williams, Robert (2018): „Study: Amazon Echo owners are big spenders", *Mobile Marketer*, 4. Januar. Abzurufen unter: https://www.mobilemarketer.com/news/study-amazon-echo-owners-are-big-spenders/514050/ (archiviert unter: https://perma.cc/5CKQ-FRZN) (letzter Zugriff am 28.06.2018).

35 La Monica, Paul R (2018): „Apple is leading the race to $1 trillion", *CNN*, 27. Februar. Abzurufen unter: http://money.cnn.com/2018/02/27/investing/apple-google-amazon-microsoft-trillion-dollar-market-value/index.html (archiviert unter: https://perma.cc/9PKS-K4BP) (letzter Zugriff am 28.06.2018).

36 Bose, Nandita (2021): „Biden singles out Amazon for not paying federal taxes", *Reuters*, 1. April. Abzurufen unter: https://www.reuters.com/article/us-usa-biden-amazon-taxes-idUSKB N2BN3LL (archiviert unter: https://perma.cc/H5ZX-R22C) (letzter Zugriff am 18.06.2021).

37 Soper, Spencer, Townsend, Matthew und Browning, Lynnley (2017): „Trump's bruising tweet highlights Amazon's lingering tax fight", *Bloomberg*, 17. August. Abzurufen unter: https://www.bloomberg.com/news/articles/2017-08-17/trump-s-bruising-tweet-highlights-amazon-s-lingering-tax-fight (archiviert unter: https://perma.cc/65LD-2HGJ) (letzter Zugriff am 28.06.2018).

38 Bowman, Jeremy (2018): „Analysis: Trump is right. Amazon is a master of tax avoidance", *USA Today*, 9. April. Abzurufen unter: https://www.usatoday.com/story/money/business/2018/04/09/trump-is-right-amazon-is-a-master-of-tax-avoidance/33653439/ (archiviert unter: https://perma.cc/4NJZ-BG9B) (letzter Zugriff am 28.06.2018).

39 Isidore, Chris (2017): „Amazon to start collecting state sales taxes everywhere", *CNN*, 29. März. Abzurufen unter: http://money.cnn.com/2017/03/29/technology/amazon-sales-tax/index.html (archiviert unter: https://perma.cc/9G9Q-NEVH) (letzter Zugriff am 28.06.2018).

40 Finley, Klint (2018): „Why the Supreme Court sales tax ruling may benefit Amazon", *Wired*, 21. Juni. Abzurufen unter: https://www.wired.com/story/why-the-supreme-court-sales-tax-ruling-may-benefit-amazon/ (archiviert unter: https://perma.cc/6K69-WGDK) (letzter Zugriff am 27.08.2018).

41 Bose, Nandita (2021): „Biden singles out Amazon for not paying federal taxes", *Reuters*, 1. April. Abzurufen unter: https://www.reuters.com/article/us-usa-biden-amazon-taxes-idUSKBN2BN3LL (archiviert unter: https://perma.cc/3N7R-E22M) (letzter Zugriff am 18.06.2021).

42 Asen, Elke (2021): „What European OECD Countries Are Doing about Digital Services Taxes", *The Tax Foundation*, 25. März. Abzurufen unter: https://taxfoundation.org/digital-tax-europe-2020/ (archiviert unter: https://perma.cc/6VPF-ADCL) (letzter Zugriff am 18.06.2021).

43 White, Martha C. (2021): „Biden's plan to overhaul tax code would close offshore tax loopholes", *NBC News*, 7. April. Abzurufen unter: https://www.nbcnews.com/business/economy/biden-s-plan-overhaul-tax-code-would-close-offshore-tax-n1263372 (archiviert unter: https://perma.cc/6VPF-ADCL) (letzter Zugriff am 18.06.2021).

44 Ovide, Shira (2018): „How Amazon's bottomless appetite became corporate America's nightmare", *Bloomberg*, 14. März. Abzurufen unter: https://www.bloomberg.com/graphics/2018-amazon-industry-displacement/ (archiviert unter: https://perma.cc/9FAL-MFLG) (letzter Zugriff am 28.06.2018).

45 *Amazon 10-K for the fiscal year ended December 31, 2020*. Abzurufen unter: https://www.sec.gov/ix?doc=/Archives/edgar/data/1018724/000101872421000004/amzn-20201231.htm (archiviert unter: https://perma.cc/LG7M-T3P2) (letzter Zugriff am 18.06.2021).

46 *Amazon 10-K für das Geschäftsjahr zum 31. Dezember 2020*. Abzurufen unter: https://www.sec.gov/ix?doc=/Archives/edgar/data/1018724/000101872421000004/amzn-20201231.htm (archiviert unter: https://perma.cc/EP6J-QTGP) (letzter Zugriff am 18.06.2021).

47 *Amazon 2015 Letter to Shareholders* (2016): Amazon.com, verfügbar unter: http://phx.corporate-ir.net/phoenix.zhtml?c=97664&p=irol-reportsannual (archiviert unter: https://perma.cc/99QT-STRX) (letzter Zugriff am 28.06.2018)

48 Amazon-Website (nd) https://aws.amazon.com/about-aws/ (archiviert unter https://perma.cc/X27N-EQV4) (letzter Zugriff am 28.06.2018].

49 Thompson, Ben (2017): „Amazon's new customer", *Stratechery*, 19. Juni. Abzurufen unter: https://stratechery.com/2017/amazons-new-customer/ (archiviert unter: https://perma.cc/6S9W-LPD3) (letzter Zugriff am 28.06.2018).

50 E-Mail von Jeff Bezos an Mitarbeiter (2021). Abzurufen unter: https://www.aboutamazon.com/news/company-news/email-from-jeff-bezos-to-employees (archiviert unter: https://perma.cc/4WGB-PET5) (letzter Zugriff am 18.06.2021).

51 Erklärung von Jeffrey P. Bezos, Gründer und Chief Executive Officer von Amazon, vor dem Unterausschuss für Kartell-, Handels- und Verwaltungsrecht des US-Repräsentantenhauses (2020). Abzurufen unter: https://www.congress.gov/116/meeting/house/110883/witnesses/HHRG-116-JU05-Wstate-BezosJ-20200729.pdf (archiviert unter: https://perma.cc/JV78-ZHA5) (letzter Zugriff am 18.06.2021).

52 Miller, Ron (2016): „At Amazon the Flywheel Effect drives innovation", *TechCrunch*, 10. September. Abzurufen unter: https://techcrunch.com/2016/09/10/at-amazon-the-flywheel-effect-drives-innovation/ (archiviert unter: https://perma.cc/5F8J-9BCJ) (letzter Zugriff am 28.06.2018).

53 Wal-Mart Stores Inc. (WMT): Transkription Ergebnis-Telefonkonferenz Q4 2021 (2021). Abzurufen unter: https://www.fool.com/earnings/call-transcripts/2021/02/19/wal-mart-stores-inc-wmt-q4-2020-earnings-call-tran/ (archiviert unter: https://perma.cc/9ZZQ-MDRA) (letzter Zugriff am 18.06.2021).

54 E-Mail von Jeff Bezos an Mitarbeiter (2021). Abzurufen unter: https://www.aboutamazon.com/news/company-news/email-from-jeff-bezos-to-employees (archiviert unter: https://perma.cc/5P8G-THM7) (letzter Zugriff am 18.06.2021).

55 *Amazon 10-K for the fiscal year ended December 31, 2020*. Abzurufen unter: https://www.sec.gov/ix?doc=/Archives/edgar/data/1018724/000101872421000004/amzn-20201231.htm (archiviert unter: https://perma.cc/E7GV-75JK) (letzter Zugriff am 18.06.2021).

3 | PANDEMIE ALS WENDEPUNKT

1 Drennan, Mia (2021): „Covid was the final lever for the creative destruction of the high street: it's not gone, just changing", *City* A.M., 8. März. Abzurufen unter: https://www.cityam.com/covid-was-the-final-lever-for-the-creative-destruction-of-the-high-street-its-not-gone-just-changing/ (archiviert unter: https://perma.cc/2UVG-TDGS) (letzter Zugriff am: 20.06.2021).

2 Maxfield, John (2014): „Warren Buffett: How to avoid going broke", *The Motley Fool*, 2. August. Verfügbar unter: https://www.fool.com/investing/general/2014/08/02/warren-buffett-broke.aspx (archiviert unter: https://perma.cc/W4NU-HN2M) (letzter Zugriff: 21.06.2021).

3 Palmer, Annie (2021): „Amazon to hire 75,000 workers and pay $100 bonus if they get Covid vaccine", *CNBC*, 13. Mai. Verfügbar unter: https://www.cnbc.com/2021/05/13/amazon-hiring-75000-more-workers-in-latest-job-spree.html (archiviert unter: https://perma.cc/J5QM-TXLX).

4 Sweney, Mark (2021): „Amazon creates 10,000 UK jobs on back of online shopping boom", *Guardian*, 14. Mai. Verfügbar unter: https://www.theguardian.com/technology/2021/may/14/amazon-creates-10000-uk-jobs-on-back-of-online-shopping-boom-coronavirus (archiviert unter: https://perma.cc/XN72-HK4R) (letzter Zugriff am 12.07.2021).

5 Carrick, Angharad (2020): „Dame Sharon White: It is too early to predict the end of the high street", City A.M., 15. October. Verfügbar unter: https://www.cityam.com/dame-sharon-white-it-is-not-the-end-of-the-high-street-yet/ (archiviert unter https://perma.cc/XX9Q-XXH8) (letzter Zugriff am 20.06.2021).

6 *Waitrose & Partners Food & Drink Report 2021* (2021) Verfügbar unter: https://www.waitrose.com/ecom/content/inspiration/at-home-with-us/more-stories/waitrose-food-and-drink-report (archiviert unter https://perma.cc/S7LY-VWTP) (letzter Zugriff am 20.06.2021).

7 Perez, Sarah (2021): „Fueled by pandemic, contactless mobile payments to surpass half of all smartphone users in US by 2025", *TechCrunch*, 5. April. Verfügbar unter: https://techcrunchcom/2021/04/05/fueled-by-pandemic-contactless-mobile-payments-to-surpass-half-of-all-smartphone-users-in-u-s-by-2025/ (archiviert unter https://perma.cc/3Z4W-LGQN) (letzter Zugriff am 20.06.2021).

8 *Shopify: The Future of Ecommerce Report 2021* (2021) Verfügbar unter: https://enterprise.plus.shopify.com/rs/932-KRM-548/images/Shopify_Future_of_Commerce.pdf (archiviert unter https://perma.cc/E5CY-QMLT) (letzter Zugriff am 20.06.2021).

9 Jahresberichte: *Carrefour 2020 Annual Report* (2020) Verfügbar unter: https://www.carrefour.com/sites/default/files/2021-05/EN_Carrefour_RA2020_Complet_BAT_Web_1.pdf (archiviert unter https://perma.cc/5FPV-XGT6) (letzter Zugriff am 20.06.2021). *Auchan Holding Annual Results Presentation* (2021) Verfügbar unter: https://groupe-elo.com/uploads/files/modules/publications/1614938444_ 6042014c55d38.pdf (archiviert unter https://perma.cc/5FPV-XGT6) (letzter Zugriff am 20.06.2021).

10 Anonymous (2021):" Click-and-Collect 2021: Buy Online, Pick-up In Store (BOPIS) industry trends", *Business Insider*, 5. Mai. Verfügbar unter: https://www.businessinsider.com/click-and-collect-industry-trends?r=US&IR=T (archiviert unter https://perma.cc/F4ME-N9PM) (letzter Zugriff am 20.06.2021).

11 Wal-Mart Stores Inc. (WMT): Transkription der Ergebnis-Telefonkonferenz Q4 2021 (2021) Verfügbar unter: https://www.fool.com/earnings/call-transcripts/2021/02/19/wal-mart-stores-inc-wmt-q4-2020-earnings-call-tran/ (archiviert unter https://perma.cc/26MY-FCDY) (letzter Zugriff am 20.06.2021).

12 Morgan Stanley Global Consumer and Retail Conference (2020) Transkript verfügbar unter: https://seekingalpha.com/article/4392308-macys-m-ceo-jeff-gennette-presents-morgan-stanleys-global-consumer-and-retail-conference (letzter Zugriff am 12.07.2021).

13 Target (TGT) Q1 2021 Transkription der Ergebnis-Telefonkonferenz (2021) Verfügbar unter: https://www.fool.com/earnings/call-transcripts/2021/05/19/target-tgt-q1-2021-earnings-call-transcript/ (archiviert unter https://perma.cc/9TN8-E4FF) (letzter Zugriff am 20.06.2021).

14 Target (TGT) Q1 2021 Transkription der Ergebnis-Telefonkonferenz (2021) Verfügbar unter: https://www.fool.com/earnings/call-transcripts/2021/05/19/target-tgt-q1-2021-earnings-call-transcript/ (archiviert unter https://perma.cc/385F-DR9E) (letzter Zugriff am 20.06.2021).

15 Pressemitteilung der Grosvenor Group (2021): „Grosvenor Group backs retail tech start-up NearSt", 5. Januar. Verfügbar unter: https://grosvenor.com/news-and-insight/all-articles/grosvenor-group-backs-retail-tech-start-up-nearst (archiviert unter https://perma.cc/2KTY-F62Z) (letzter Zugriff am 20.06.2021).

16 Next plc (2021): Ergebnisse für das Geschäftsjahr, das im Januar 2021 endete. Verfügbar unter: https://www.nextplc.co.uk/~/media/Files/N/Next-PLC-V2/documents/2021/Website-pdf-Jan21.pdf (archiviert unter https://perma.cc/E2ND-3R57) (letzter Zugriff am 15.07.2021).

17 Wallop, Harry (2021): „We are democratising the right to laziness: the rise of on-demand grocery deliveries", *The Guardian*, 12. Juni. Verfügbar unter: https://www.theguardian.com/lifeandstyle/2021/jun/12/the-rise-of-on-demand-grocery-deliveries (archiviert unter https://perma.cc/V35A-AAMK) (letzter Zugriff am 20.06.2021).

18 Transkription der Ergebnis-Telefonkonferenz Walmart WMT Q1 2022 (2021). Verfügbar unter: https://www.rev.com/blog/transcripts/walmart-wmt-q1-2022-earnings-call-transcript (archived at https://perma.cc/9TPZ-QAZS) (letzter Zugriff am 20.06.2021).

19 Lebow, Victor (1955): „Price competition in 1955", *Journal of Retailing*, Spring.

20 Monroe, Rachel (2021): „Ultra-fast fashion is eating the world", *The Atlantic*, 6. Februar. Verfügbar unter: https://www.theatlantic.com/magazine/archive/2021/03/ultra-fast-fashion-is-eating-the-world/617794/ (archiviert unter https://perma.cc/SG9B-Z43B) (letzter Zugriff am 20.06.2021).

21 Monroe, Rachel (2021): „Ultra-fast fashion is eating the world", *The Atlantic*, 6. Februar. Verfügbar unter: https://www.theatlantic.com/magazine/archive/2021/03/ultra-fast-fashion-is-eating-the-world/617794/ (archiviert unter https://perma.cc/9X4Z-SS7J) (letzter Zugriff am 20.06.2021).

22 Fleming, Sean (2021): „IKEA fits in a world that wants to buy less, says Ingka Group's CEO", World Economic Forum, 26. Januar. Verfügbar unter: https://www.weforum.org/agenda/2021/01/jesper-brodin-ikea-circular-economy/ (archiviert unter https://perma.cc/W7ZH-ARMH) (letzter Zugriff am 20.06.2021).

23 Cavazza, Manfreda (2021): „Analyse: Shops and the 15-minute city – how to win in a hyper-local world“, *Retail Week*, 15. April. Verfügbar unter: https://www.retail-week.com/15-minute-city (archiviert unter https://perma.cc/XJ7M-ME7M) (letzter Zugriff am 20.06.2021).

4 | AMAZONS PANDEMISCHER GRIFF NACH DER MACHT

1 Schwab, Klaus und Malleret, Thierry (2020): „COVID-19's legacy: This is how to get the Great Reset right“, World Economic Forum, 14. Juli. Abzurufen unter: https://www.weforum.org/agenda/2020/07/covid19-this-is-how-to-get-the-great-reset-right/ (archiviert unter: https://perma.cc/3JD6-QA5Z) (letzter Zugriff am 20.06.2021).

2 Amazon-10-K-Jahresbericht für das Geschäftsjahr bis zum 31. Dezember 2020. Abzurufen unter: https://www.sec.gov/ix?doc=/Archives/edgar/data/1018724/000101872421000004/amzn-20201231.htm (archiviert unter: https://perma.cc/F9FG-2XMX) (letzter Zugriff am 18.06.2021).

3 Taylor, Kate (2021): „A chart shows how Jeff Bezos's net worth exploded by $75 billion in 2020, to reach $188 billion before he stepped down as Amazon's CEO“, *Business Insider*, 2. Februar. Abzurufen unter: https://www.businessinsider.com/amazon-ceo-jeff-bezos-net-worth-explodes-in-2020-chart-2020-12?r=US&IR=T (archiviert unter: https://perma.cc/K74X-XCCZ) (letzter Zugriff am 20.06.2021).

4 Amazon-Pressemitteilung (2021): „Amazon.com announces financial results and CEO transition“, 2. Februar. Abzurufen unter: https://press.aboutamazon.com/news-releases/news-release-details/amazoncom-announces-financial-results-and-ceo-transition (archiviert unter: https://perma.cc/NL7L-W465) (letzter Zugriff am 20.06.2021).

5 Spangler, Todd (2021): „Amazon tops Q1 expectations, Bezos touts more than 175 million Prime Video viewers“, *Variety*, 29 April. Abzurufen unter: https://variety.com/2021/digital/news/amazon-q1-2021-prime-video-viewers-1234963065/ (archiviert unter: https://perma.cc/9JHB-QEFV) (letzter Zugriff am 20.06.2021).

6 Amazon-Pressemitteilung (2021): „Amazon.com announces financial results and CEO transition“, 2. Februar. Abzurufen unter: https://press.aboutamazon.com/news-releases/news-release-details/amazoncom-announces-financial-results-and-ceo-transition (archiviert unter: https://perma.cc/2DKD-6GQQ) (letzter Zugriff am 20.06.2021).

7 Ebenda.

8 Bijan, Stephen (2021): „Twitch ended 2020 with its biggest numbers ever“, *The Verge*, 11. Januar. Abzurufen unter: https://www.theverge.com/2021/1/11/22220528/twitch-2020-aoc-among-us-facebook-youtube (archiviert unter https://perma.cc/4XLQ-JREH) (letzter Zugriff am 20.6.2021); Amazon (AMZN) Transkription der Ergebnis-Telefonkonferenz Q1 2021 (2021). Abzurufen unter: https://www.fool.com/earnings/call-transcripts/2021/04/29/amazon-amzn-q1-2021-earnings-call-transcript/ (archiviert unter https://perma.cc/C83J-H8R9) (letzter Zugriff am 20.6.2021).

9 https://www.businessinsider.com/amazon-ceo-jeff-bezos-said-something-about-prime-video-that-should-scare-netflix-2016-6?r=US&IR=T (archiviert unter https://perma.cc/23K5-FC8M).

10 Amazon-Pressemitteilung (2021): „Amazon.com announces fourth quarter sales up 21% to $87.4 billion“, 30. Januar. Abzurufen unter: https://ir.aboutamazon.com/news-release/news-release-details/2020/Amazoncom-Announces-Fourth-Quarter-Sales-up-21-to-874-Billion/default.aspx (archiviert unter https://perma.cc/KN4Q-SBL6) (letzter Zugriff am 20.06.2021).

11 Amazon.com Inc. (AMZN): Q1 2020 earnings call transcript (2020). Abzurufen unter: https://www.fool.com/earnings/call-transcripts/2020/04/30/amazoncom-inc-amzn-q1-2020-earnings-call-transcrip.aspx (archiviert unter: https://perma.cc/J54J-A6CC) (letzter Zugriff am 20.06.2021).

12 Neate, Rupert (2020): „Amazon reaps $11,000-a-second coronavirus lockdown bonanza“, *The Guardian*, 15. April. Abzurufen unter: https://www.theguardian.com/technology/2020/apr/15/amazon-lockdown-bonanza-jeff-bezos-fortune-109bn-coronavirus (archiviert unter: https://perma.cc/Y6LE-KMR8) (letzter Zugriff am 20.06.2021).

13 Bearbeitete Abschrift der AMZN.OQ-Gewinn-Telefonkonferenz oder -präsentation vom 29. Oktober 2020, 21:30 Uhr GMT (2020). Abzurufen unter: https://finance.yahoo.com/news/edited-transcript-amzn-oq-earnings-213000784.html (archiviert unter: https://perma.cc/2HJ3-HTZ3) (letzter Zugriff am 20.06.2021).

14 Del Ray, Jason (2020): „Amazon was already powerful. The coronavirus pandemic cleared the way to dominance“, *Vox*, 10. April. Abzurufen unter: https://www.vox.com/recode/2020/4/10/21215953/amazon-fresh-walmart-grocery-delivery-coronavirus-retail-store-closures (archiviert unter: https://perma.cc/ZZQ8-8QJE) (letzter Zugriff am 20.06.2021).

15 Wakabayashi, Daisuke, Weise, Karen, Nicas, Jack and Isaac, Mike (2020): „The economy is in record decline, but not for the tech giants“, *The New York Times*, 30. Juli. Abzurufen unter: https://www.nytimes.com/2020/07/30/technology/tech-company-earnings-amazon-apple-facebook-google.html (archiviert unter https://perma.cc/2AD7-C8HL) (letzter Zugriff am 18.06.2021).

16 Powell, Dominic (2021): „Amazon's Australian growth beating expectations thanks to COVID“, *Sydney Morning Herald*, 2. Juni. Abzurufen unter: https://www.smh.com.au/business/companies/amazon-s-australian-growth-beating-expectations-thanks-to-covid-20210602-p57xb0.html (archiviert unter: https://perma.cc/3Y8Q-BPKS) (letzter Zugriff am 20.06.2021).

17 Ebenda.

18 Anonymous (2020): „Amazon France CEO says French lockdown boosted sales“, *Reuters*, 18. November. Abzurufen unter: https://www.fr24news.com/a/2020/11/amazon-france-ceo-says-french-lockdown-boosted-sales-3.html (archiviert unter: https://perma.cc/8S3Z-CD3D) (letzter Zugriff am 20.06.2021).

19 Onita, Laura (2021): „Amazon to overtake Tesco as Britain's biggest retailer by 2025“, 2. Juni. Abzurufen unter: https://www.telegraph.co.uk/business/2021/06/02/amazon-overtake-tesco-britains-biggest-retailer-2025/ (archiviert unter: https://perma.cc/4HQF-VASV) (letzter Zugriff am 20.06.2021).

20 Amazon.com Inc (AMZN): Transkription der Ergebnis-Telefonkonferenz Q1 2020 (2020) Abzurufen unter: https://www.fool.com/earnings/call-transcripts/2020/04/30/amazoncom-inc-amzn-q1-2020-earnings-call-transcripts.aspx (archiviert unter https://perma.cc/P8EP-DH8L) (letzter Zugriff am 20.06.2021).

21 Amazon (AMZN): Transkription der Ergebnis-Telefonkonferenz Q1 2021 (2021) Abzurufen unter: https://www.fool.com/earnings/call-transcripts/2021/04/29/amazon-amzn-q1-2021-earnings-call-transcript/ (archiviert unter https://perma.cc/VGD8-SGEE) (letzter Zugriff am 20.06.2021).

22 Bearbeitete Abschrift der AMZN.OQ-Gewinn-Telefonkonferenz oder -präsentation vom 29. Oktober 2020, 21:30 Uhr GMT (2020) Abzurufen unter: https://finance.yahoo.com/news/edited-transcript-amzn-oq-earnings-213000784.html (archiviert unter https://perma.cc/7C88-WKKR) (letzter Zugriff am 20.06.2021).

23 Lee, Dave (2020) „Amazon's advertising business booms in pandemic“, *Financial Times*, 29. Dezember. Abzurufen unter: https://www.ft.com/content/095d73d5-a7a6-4acc-9dcc-9ee-3e3d1fff4 (archiviert unter: https://perma.cc/89Q8-PH9V) (letzter Zugriff am 20.06.2021).

24 Ebenda.

25 Graham, Megan (2021): „Amazon's ad revenue is now twice as big as Snap, Twitter, Roku and Pinterest together“, *CNBC*, 25. Mai. Abzurufen unter: https://www.cnbc.com/2021/05/25/amazon-ad-revenue-now-twice-as-big-as-snap-twitter-roku-and-pinterest-combined.html#:~:text=The%20major%20growth%20in%20Amazon's,quickly%2C%20according%20to%20Loop%20Capital (archiviert unter https://perma.cc/9DAG-5Q2G) (letzter Zugriff am 20.6.2021).

26 Rubin, Ben Fox (2020): „Alexa is more vital than ever during coronavirus, and Amazon knows it“, *CNET*, 25. September. Abzurufen unter: https://www.cnet.com/home/smart-home/alexa-is-more-vital-than-ever-during-coronavirus-and-amazon-knows-it/ (archiviert unter: https://perma.cc/HW6E-9F6V) (letzter Zugriff am 20.06.2021).

27 Amazon: E-Mail von Dagmar Wickham (2021).

28 Amazon (AMZN): Transkription Ergebnis-Telefonkonferenz Q1 2020 (2020) Abzurufen unter: https://www.fool.com/earnings/call-transcripts/2020/04/30/amazoncom-inc-amzn-q1-2020-earnings-call-transcripts.aspx (archiviert unter https://perma.cc/YAB6-3GCF) (letzter Zugriff am 20.06.2021).

29 Dastin, Jeffrey (2020): „Amazon launches business selling automated checkout to retailers“, *Reuters*, 9. März. Abzurufen unter: https://www.reuters.com/article/us-amazon-com-store-technology-idUSKBN20W0OD (archiviert unter: https://perma.cc/Q3BE-Q53Y) (letzter Zugriff am 20.06.2021).

30 Kumar, Dilip (2020): „Introducing Amazon One – a new innovation to make everyday activities effortless", Amazon blog, 29. September. Abzurufen unter: https://www.aboutamazon.com/news/innovation-at-amazon/introducing-amazon-one-a-new-innovation-to-make-everyday-activities-effortless (archiviert unter: https://perma.cc/2PJZ-HER4) (letzter Zugriff am 20.06.2021).

31 Palmer, Annie (2020): „AWS CEO Andy Jassy: Offices will become more like shared workspaces after the pandemic", *CNBC*, 1. Dezember. Abzurufen unter: https://www.cnbc.com/2020/12/01/aws-ceo-jassy-people-wont-be-in-offices-100percent-of-the-time-after-covid.html (archiviert unter: https://perma.cc/579P-QFZJ) (letzter Zugriff am 20.06.2021).

32 Amazon: E-Mail von Dagmar Wickham (2021).

33 *Ofcom Online Nation 2021 Report* (2021). Abzurufen unter: https://www.ofcom.org.uk/data/assets/pdf_file/0013/220414/online-nation-2021-report.pdf (archiviert unter: https://perma.cc/4TKJ-4866) (letzter Zugriff am 19.06.2021).

34 Dumaine, Brian (2020): „Amazon was built for the pandemic – and will likely emerge from it stronger than ever", *Fortune*, 18. Mai. Abzurufen unter: https://fortune.com/2020/05/18/amazon-business-jeff-bezos-amzn-sales-revenue-coronavirus-pandemic/ (archiviert unter: https://perma.cc/59JH-J6BC) (letzter Zugriff am 20.06.2021).

5 | DAS PRIME-ÖKOSYSTEM

1 Amazon-Pressemitteilung, 2005. „Amazon.com announces record free cash flow fueled by lower prices and free shipping; introduces new express shipping program – Amazon Prime, Amazon.com", 2. Februar. Abzurufen unter: http://phx.corporate-ir.net/phoenix.zhtml?c=176060&p=irol-newsArticle&ID=669786 (archiviert unter: https://perma.cc/2BRK-BUZT) (letzter Zugriff am 28.06.2018).

2 Ebenda.

3 Stone, Brad (2013): *The Everything Store: Jeff Bezos and the age of Amazon*, Bantam Press, London. (Deutsche Ausgabe: *Der Allesverkäufer*. Campus Verlag, Frankfurt am Main, 2018

4 Del Ray, Jason (2019): „The making of Amazon Prime, the internet's most successful and devastating membership program", *Vox*, 3. Mai. Abzurufen unter: https://www.vox.com/recode/2019/5/3/18511544/amazon-prime-oral-history-jeff-bezos-one-day-shipping (archiviert unter: https://perma.cc/K2R7-CGYS) (letzter Zugriff am 18.06.2021).

5 Stone, Brad (2013): *The Everything Store: Jeff Bezos and the age of Amazon*, Bantam Press, London. (Deutsche Ausgabe: *Der Allesverkäufer*. Campus Verlag, Frankfurt am Main, 2018)

6 Amazon UK Analyst Briefing, London, Juli 2018.

7 Stevens, Laura (2018): „Amazon targets Medicaid recipients as it widens war for low-income shoppers", *Wall Street Journal*, 7. März. Abzurufen unter: https://www.wsj.com/articles/amazon-widens-war-with-walmart-for-low-income-shoppers-1520431203 (archiviert unter: https://perma.cc/A8S5-P2J4) (letzter Zugriff am 28.06.2018).

8 Del Ray, Jason (2019): „The making of Amazon Prime, the internet's most successful and devastating membership program", *Vox*, 3. Mai. Abzurufen unter: https://www.vox.com/recode/2019/5/3/18511544/amazon-prime-oral-history-jeff-bezos-one-day-shipping (archiviert unter: https://perma.cc/C5ZN-YDB6) (letzter Zugriff am 19.06.2021).

9 Barraclough, Leo (2016): „Amazon Prime Video goes global: Available in more than 200 territories", *Variety*, 14. Dezember. Abzurufen unter: https://variety.com/2016/digital/global/amazon-prime-video-now-available-in-more-than-200-countries-1201941818/ (archiviert unter: https://perma.cc/7MPT-D7QT) (letzter Zugriff am 19.06.2021).

10 Del Ray, Jason (2019): „The making of Amazon Prime, the internet's most successful and devastating membership program", *Vox*, 3. Mai. Abzurufen unter: https://www.vox.com/recode/2019/5/3/18511544/amazon-prime-oral-history-jeff-bezos-one-day-shipping (archiviert unter: https://perma.cc/C5ZN-YDB6) (letzter Zugriff am 19.06.2018).

11 Kim, Eugene (2016): „Bezos to shareholders: It's ‚irresponsible' not to be part of Amazon Prime", *Business Insider*, 17. Mai. Abzurufen unter: http://uk.businessinsider.com/amazon-ceo-jeff-bezos-says-its-irresponsible-not-to-be-part-of-prime-2016-5 (archiviert unter: https://perma.cc/JWY9-ZZLX) (letzter Zugriff am 28.06.2018).

12 Stone, Brad (2013): *The Everything Store: Jeff Bezos and the age of Amazon*, Bantam Press, London. (Deutsche Ausgabe: *Der Allesverkäufer*. Campus Verlag, Frankfurt am Main, 2018.

13 Stone, Brad (2013): *The Everything Store: Jeff Bezos and the age of Amazon*, Bantam Press, London. (Deutsche Ausgabe: *Der Allesverkäufer*. Campus Verlag, Frankfurt am Main, 2018.

14 Green, Dennis (2018): „Prime members spend way more on Amazon than other customers – and the difference is growing", *Business Insider*, 21. Oktober. Abzurufen unter: https://www.businessinsider.com/amazon-prime-customers-spend-more-than-others-2018-10?r=US&IR=T (archiviert unter: https://perma./ 255M-3FLS (letzter Zugriff am 19.06.2021).

15 Kline, Daniel B. (2018): „How often do Prime members buy from Amazon?", *The Motley Fool*, 19. Januar. Abzurufen unter: https://www.fool.com/investing/2018/01/19/how-often-do-prime-members-buy-from-amazon.aspx (archiviert unter: https://perma.cc/K8SY-Z784) (letzter Zugriff am 19.06.2021).

16 Soper, Spencer (2018): „Bezos says Amazon has topped 100 million Prime members", *Bloomberg*, 18. April. Abzurufen unter: https://origin-www.bloomberg.com/news/articles/2018-04-18/amazon-s-bezos-says-company-has-topped-100million-prime-members (archiviert unter: https://perma.cc/JWY9-ZZLX) (letzter Zugriff am 28.06.2018).

17 Del Ray, Jason (2019): „The making of Amazon Prime, the internet's most successful and devastating membership program", *Vox*, 3. Mai. Abzurufen unter: https://www.vox.com/recode/2019/5/3/18511544/amazon-prime-oral-history-jeff-bezos-one-day-shipping (archiviert unter: https://perma.cc/K2R7-CGYS) (letzter Zugriff am 18.06.2021).

18 Monteros, Maria (2021): „Walmart+ gains traction 5 months after launch", *Retail Dive*, 12. Februar. Abzurufen unter: https://www.retaildive.com/news/walmart-gains-traction-5-months-after-launch/595029/ (archiviert unter https://perma.cc/ZYT2-JKKD) (letzter Zugriff: 19.06.2021).

19 Molla, Rani (2017): „For the wealthiest Americans, Amazon Prime has become the norm", *Recode*, 8. Juni. Abzurufen unter: https://www.recode.net/2017/6/8/15759354/amazon-prime-low-income-discount-piper-jaffray-demographics (archiviert unter: https://perma.cc/Q4F3-F7M4) (letzter Zugriff am 28.06.2018).

20 Hirsch, Lauren (2018): „Amazon plans more Prime perks at Whole Foods, and it will change the industry", *CNBC*, 1. Mai. Abzurufen unter: https://www.cnbc.com/2018/05/01/prime-perks-are-coming-to-whole-foods-and-it-will-change-the-industry.html (archiviert unter: https://perma.cc/4GF4-STX6) (letzter Zugriff am 28.06.2018).

21 Anonymous (2017): „Amazon to discount Prime for US families on welfare", *BBC*, 6. Juni. Abzurufen unter: https://www.bbc.com/news/technology-40170655 (archiviert unter: https://perma.cc/G26M-MLPU) (letzter Zugriff am 28.06.2018).

22 Saba, Jennifer (2018): „Priming the pump", *Reuters*, 19. April. Abzurufen unter: https://www.breakingviews.com/considered-view/amazons-10-bln-subsidy-is-prime-for-growth/ (archiviert unter: https://perma.cc/RJR9-J8UL) (letzter Zugriff am 28.06.2018).

6 | EINZELHANDEL: APOKALYPSE ODER RENAISSANCE?

1 Kumar, Kavita (2018): „Amazon's Bezos calls Best Buy turnaround 'remarkable' as unveils new TV partnership", *Star Tribune*, 19. April. Abzurufen unter: http://www.startribune.com/best-buy-and-amazon-partner-up-in-exclusive-deal-to- sell-new-tvs/480059943/ (archiviert unter https://perma.cc/4V3H-9VED) (letzter Zugriff am 02.11.2018).

2 Thomas, Lauren (2021): „10,000 stores are expected to close in 2021, as pandemic continues to pummel retailers", *CNBC*, 28. Januar. Abzurufen unter: https://www.cnbc.com/2021/01/28/10000-stores-set-to-close-in-2021-covid-keeps-pummeling-retailers.html (archiviert unter: https://perma.cc/L386-N4CC) (letzter Zugriff am 19.06.2021).

3 Thomas, Lauren (2021): „More retail pain ahead: UBS predicts 80,000 stores will close in the U.S. by 2026", *CNBC*, 5. April. Abzurufen unter: https://www.cnbc.com/2021/04/05/store-closures-ubs-predicts-80000-stores-will-go-dark-by-2026.html (archiviert unter: https://perma.cc/RHT3-X4P8) (letzter Zugriff am 19.06.2021).

4 Bowden, Grace (2021): „Store closings hit record high of 48 per day in 2020“, *Retail Week*, 15. März. Abzurufen unter: https://www.retail-week.com/stores/store-closures-hit-record-high-of-48-per-day-in-2020/7036946.article?authent=1 (archiviert unter https://perma.cc/B2BG-WTLZ) (letzter Zugriff: 18.06.2021).

5 The British Retail Consortium (2021): „Leere Ladenfronten nehmen weiter zu.“ Abzurufen unter: https://brc.org.uk/news/corporate-affairs/empty-shop-fronts-continue-to-soar/ (archiviert unter: https://perma.cc/R2RN-LUTF) (letzter Zugriff am 18.06.2021).

6 Martin, Josh (2020): „Shopping may never be the same again“, Office for National Statistics, 29. Juni. Abzurufen unter: https://blog.ons.gov.uk/2020/06/29/shopping-may-never-be-the-same-again/ (archiviert unter: https://perma.cc/47KT-LPRV) (letzter Zugriff am 19.06.2021).

7 McKinsey & Company (2021): „China consumer report 2021. Understanding Chinese consumers: Growth engine of the world.“ Abzurufen unter: https://www.mckinsey.com/~/media/mckinsey/featured%20insights/china/china%20still%20the%20worlds%20growth%20engine%20after%20covid%2019/mckinsey%20china%20consumer%20report%202021.pdf (archiviert unter: https://perma.cc/KE7D-EWNS) (letzter Zugriff am 19.06.2021).

8 Thomas, Lauren (2021): „More retail pain ahead: UBS predicts 80,000 stores will close in the U.S. by 2026“, *CNBC*, 5. April. Abzurufen unter: https://www.cnbc.com/2021/04/05/store-closures-ubs-predicts-80000-stores-will-go-dark-by-2026.html (archiviert unter: https://perma.cc/RHT3-X4P8) (letzter Zugriff am 19.06.2021).

9 Interview mit John Boumphrey, 24. Mai 2021, Amazon HQ, London.

10 Kemp, Brian (2021): „60 per cent of the world's population is now online“, *We are Social*, 21. April. Abzurufen unter: https://wearesocial.com/blog/2021/04/60-percent-of-the-worlds-population-is-now-online (archiviert unter: https://perma.cc/8MNX-AB79) (letzter Zugriff am 19.06.2021).

11 Hill, Kelly (2020): „Connected devices will be 3x the global population by 2023, Cisco says“, *RCR Wireless News*, 14. Februar. Verfügbar ab: https://www.rcrwireless.com/20200218/internet-of-things/connected-devices-will-be-3x-the-global-population-by-2023-cisco-says (archiviert unter: https://perma.cc/FHM7-4EV9) (letzter Zugriff am 19.06.2021).

12 Al-Heeti, Abrar (2020): „We'll spend almost a decade of our lives staring at our phones, study says“, *CNET*, 12. November. Abzurufen unter: https://www.cnet.com/news/well-spend-nearly-a-decade-of-our-lives-staring-at-our-phones-study-says/ (archiviert unter: https://perma.cc/L8ER-SN8U) (letzter Zugriff am 19.06.2021).

13 *Ofcom Online Nation 2021 Report* (2021). Abzurufen unter: https://www.ofcom.org.uk/data/assets/pdf_file/0013/220414/online-nation-2021-report.pdf (archiviert unter: https://perma.cc/FHM7-4EV9) (letzter Zugriff am 19.06.2021).

14 https://www.emarketer.com/topics/industry/mcommerce (archiviert unter https://perma.cc/9ALD-BDAA).

15 Sullivan, Ted (2008): „Borders: Interview with CEO George Jones“, *Seeking Alpha*, 7. Oktober. Abzurufen unter: https://seekingalpha.com/article/98837-borders-interview-with-ceo-george-jones (archiviert unter: https://perma.cc/QX8F-RBAM) (letzter Zugriff am 28.06.2018).

16 Stone, Brad (2013): *The Everything Store: Jeff Bezos and the age of Amazon*, Bantam Press, London. (Deutsche Ausgabe: *Der Allesverkäufer*. Campus Verlag, Frankfurt am Main, 2018.

17 PwC (2017): *10 retailer investments for an uncertain future*. Abzurufen unter: https://www.pwc.com/gx/en/industries/assets/total-retail-2017.pdf (archiviert unter: https://perma.cc/FC7M-S26K) (letzter Zugriff am 29.03.2018).

18 Fung Global Retail & Technology (2016): *Deep dive: the mall is not dead: part 1*. Abzurufen unter: https://www.fungglobalretailtech.com/wp-content/uploads/2016/11/Mall-Is-Not-Dead-Part-1-November-15-2016.pdf (archiviert unter: https://perma.cc/H6QW-Y893) (letzter Zugriff am 29.03.2018).

19 Hadden Loh, Tracy und Vey, Jennifer S. (2019): „Retail isn't dead. It's just changing“, *CNN*, 24. Dezember. Abzurufen unter: https://edition.cnn.com/2019/12/24/perspectives/retail-2020/index.html (archiviert unter: https://perma.cc/4G6U-MKR4) (letzter Zugriff am 19.06.2021).

20 Townsend, Matt et al. (2017): „America's 'retail apocalypse' is really just beginning“, *Bloomberg*, 8. November. Abzurufen unter: https://www.bloomberg.com/graphics/2017-retail-debt/ (archiviert unter: https://perma.cc/29K4-ZELC) (letzter Zugriff am 29.03.2018).

21 Thomas, Lauren (2020): „25% of U.S. malls are expected to shut within 5 years. Giving them a new life won't be easy", *CNBC*, 27. August. Abzurufen unter: https://www.cnbc.com/2020/08/27/25percent-of-us-malls-are-set-to-shut-within-5-years-what-comes-next.html (archiviert unter: https://perma.cc/S9ZZ-3HCB) (letzter Zugriff am 19.06.2021).

22 Walmart, Jahresbericht 1997. Abzurufen unter: http://stock.walmart.com/investors/financial-information/annual-reports-and-proxies/default.aspx (archiviert unter: https://perma.cc/V467-MXQJ) (letzter Zugriff am 28.06.2018).

23 Berg, Natalie und Roberts, Bryan (2012): *Walmart: Key insights and practical lessons from the world's largest retailer*, Kogan Page, London.

24 Office for National Statistics (2018): *Retail sales, Great Britain*. Februar 2018. Abzurufen unter: https://www.ons.gov.uk/businessindustryandtrade/retailindustry/bulletins/retailsales/february2018#whats-the-story-in-online-sales (archiviert unter: https://perma.cc/JQ99-JMD2) (letzter Zugriff am 29.03.2018).

25 Daten von Kantar Worldpanel (2021): Abzurufen unter: https://www.kantarworldpanel.com/global/grocery-market-share/great-britain (archiviert unter: https://perma.cc/NB76-RQ7G) (letzter Zugriff am 19.06.2021).

26 John Lewis Partnership (2017): The Waitrose Food & Drink Report 2017 – 2018. Abrufbar unter: http://www.johnlewispartnership.co.uk/content/dam/cws/pdfs/Resources/the-waitrose-food-and-drink-report-2017.pdf (archiviert unter: https://perma.cc/ZUS5-5UJ8) (letzter Zugriff am 29.03.2018).

27 Cowen and Company (2017): *Retail's disruption yields opportunities – store wars!* Abzurufen unter: https://distressions.com/wp-content/uploads/2017/04/Retail_s_Disruption_Yields_Opportunities_-_Ahead_of_the_Curve_Series__Video_-_Cowen_and_Company.pdf (archiviert unter: https://perma.cc/FML9-NJMG) (letzter Zugriff am 19.06.2021).

28 John Lewis Partnership plc Jahresbericht und Abschluss 2021 (2021). Abzurufen unter: https://www.johnlewispartnership.co.uk/content/dam/cws/pdfs/Juniper/ARA-2021/2021-Annual-Report-and-Accounts-Report.pdf (archiviert unter: https://perma.cc/J398-V2SQ) (letzter Zugriff am 19.06.2021).

29 Reuters-Mitarbeiter (2020): „UK retailer John Lewis says unlikely all its stores will re-open", *Reuters*, 1. Juli. Abzurufen unter: https://www.reuters.com/article/john-lewis-stores-idUSL8N2E84K0 (archiviert unter: https://perma.cc/Z7RV-NV6T) (letzter Zugriff am 19.06.2021).

30 Wahba, Phil (2017): „Can America's department stores survive?", *Slate*, 21. Februar. Abzurufen unter: http://fortune.com/2017/02/21/department-stores-future-macys-sears/ (archiviert unter: https://perma.cc/P9J6-WPEF) (letzter Zugriff am 29.03.2018).

31 Ebenda.

32 Bain, Marc (2017): „A new generation of even faster fashion is leaving H&M and Zara in the dust", *Quartz*, 6. April. Abzurufen unter: https://qz.com/951055/a-new-generation-of-even-faster-fashion-is-leaving-hm-and-zara-in-the-dust/ (archiviert unter: https://perma.cc/V79E-QK2R) (letzter Zugriff am 29.03.2018).

33 Klepacki, Laura (2017): „Why off-price retail is rising as department stores are sinking", *Retail Dive*, 1. Februar. Abzurufen unter: https://www.retaildive.com/news/why-off-price-retail-is-rising-as-department-stores-are-sinking/434454/ (archiviert unter: https://perma.cc/S7NM-3P86) (letzter Zugriff am 29.03.2018).

7 | DAS ENDE DES REINEN E-COMMERCE

1 Thomson, Rebecca (2014): „Analysis: Sir Terry Leahy and Nick Robertson on why delivery has become so crucial", *Retail Week*, 6. Februar. Abrufbar unter: https://www.retail-week.com/topics/supply-chain/analysis-sir-terry-leahy-and-nick-robertson-on-why-delivery-has-become-so-crucial/5057200.article (archiviert unter https://perma.cc/9Z43-JSCH) (letzter Zugriff am 29.06.2018).

2 Keenan, Michael (2021): „Global ecommerce explained: Stats and trends to watch in 2021", *Shopify blog*, 13. Mai. Abrufbar unter: https://www.shopify.co.uk/enterprise/global-ecommerce-statistics#2 (archiviert unter https://perma.cc/XFG7-7BPA) (letzter Zugriff am 20.06.2021).

3 Kumar, Kavita (2018): „Amazon's Bezos calls Best Buy turnaround 'remarkable' as unveils new TV partnership", *Star Tribune*, 19. April. Abrufbar unter: http://www.startribune.com/best-buy-and-amazon-partner-up-in-exclusive-deal-to-sell-new-tvs/480059943/ (archiviert unter https://perma.cc/X6YQ-TUDX) (letzter Zugriff am 29.06.2018).

4 McGregor, Kirsty (2015): „Pure-play etail will cease to exist by 2020, predicts Planet Retail", *Drapers*, 22. Juli. Abrufbar unter: https://www.drapersonline.com/news/pure-play-etail-will-cease-to-exist-by-2020-predicts-planet-retail-/5077310.article (archiviert unter https://perma.cc/BQ7X-KSVJ) (letzter Zugriff am 29.06.2018).

5 MDJ2 (2015): „Ten things we learned at Retail Week Live 2017." Abrufbar unter: http://mdj2.co.uk/wp-content/uploads/2016/11/Ten-things-we-learned-at-Retail-Week-Live-2017-1.pdf (letzter Zugriff am 29.06.2018).

6 Jiang, Moliang (2017): „New retail in China: a growth engine for the retail industry", *China Briefing*, 15. August. Abrufbar unter: http://www.china-briefing.com/news/2017/08/15/new-retail-in-china-new-growth-engine-for-the-retail-industry.html (archiviert unter https://perma.cc/28TF-XW27) (letzter Zugriff am 29.06.2018).

7 Wynne-Jones, Stephen (2017): „Shoptalk Europe: an eye-opening journey through the future of retail", *European Supermarket News*, 12. Oktober. Abrufbar unter: https://www.esmmagazine.com/shoptalk-europe-eye-opening-journey-future-retail/50514 (archiviert unter https://perma.cc/HP9J-N9SM) (letzter Zugriff am 29.06.2018).

8 Amazon-Mitarbeiter (2020): „Fact check: Sizing up Amazon", Website von Amazon, 15. September. Abrufbar unter: https://www.aboutamazon.com/news/how-amazon-works/fact-check-sizing-up-amazon (archiviert unter https://perma.cc/T523-QTFS) (letzter Zugriff am 20.06.2021).

9 Simpson, Jeff, Lokesh Ohri und Kasey M Lobaugh (2016): „The new digital divide", *Deloitte*, 12. September. Abrufbar unter: https://dupress.deloitte.com/dup-us-en/industry/retail-distribution/digital-divide-changing-consumer-behavior.html (letzter Zugriff am 29.06.2018).

10 Del Ray, Jason (2016): „55 percent of online shoppers start their product searches on Amazon", *Recode*, 27. September. Abrufbar unter: https://www.recode.net/2016/9/27/13078526/amazon-online-shopping-product-search-engine (archiviert unter https://perma.cc/CA9G-QADL) (letzter Zugriff am 29.06.2018).

11 Aussage von Jeffrey P. Bezos, Gründer und Chief Executive Officer von Amazon, vor dem Unterausschusses des US-Repräsentantenhauses für Kartell-, Handels- und Verwaltungsrecht (2020). Abrufbar unter: https://www.congress.gov/116/meeting/house/110883/witnesses/HHRG-116-JU05-Wstate-BezosJ-20200729.pdf (archiviert unter https://perma.cc/45Z9-XPSZ) (letzter Zugriff am 18.06.2021).

12 Kowitt, Beth (2018): „How Amazon is using Whole Foods in a bid for total retail domination", *Fortune*, 21. Mai. Abrufbar unter: http://fortune.com/longform/amazon-groceries-fortune-500/ (archiviert unter https://perma.cc/5MEN-4LPW) (letzter Zugriff am 19.06.2018).

13 Reagan, Courtney (2017): „Think running retail stores is more expensive than selling online? Think again", *CNBC*, 19. April. Abrufbar unter: https://www.cnbc.com/2017/04/19/think-running-retail-stores-is-more-expensive-than-selling-online-think-again.html (archiviert unter https://perma.cc/VU55-HQFJ) (letzter Zugriff am 29.06.2018).

14 Aussage von Jeffrey P. Bezos, Gründer und Chief Executive Officer von Amazon, vor dem Unterausschusses des US-Repräsentantenhauses für Kartell-, Handels- und Verwaltungsrecht (2020). Abrufbar unter: https://www.congress.gov/116/meeting/house/110883/witnesses/HHRG-116-JU05-Wstate-BezosJ-20200729.pdf (archiviert unter https://perma.cc/45Z9-XPSZ) (letzter Zugriff am 18.06.2021).

15 Meyersohn, Nathaniel (2018): „Walmart figured out its Amazon strategy. So why's the stock down 13%?" 17. Mai Abrufbar unter: http://money.cnn.com/2018/05/16/news/companies/walmart-stock-jet-amazon-whole-foods/index.html (archiviert unter https://perma.cc/5H4U-2MG7) (letzter Zugriff am 29.06.2018).

16 Mitschrift der Rede von Alexandre Bompard (2018) Carrefour, 23. Januar. Abrufbar unter: http://www.carrefour.com/sites/default/files/carrefour_2022_-_transcript_of_the_speech_of_alexandre_bompard.pdf (letzter Zugriff am 29.06.2018).

17 Bohannon, Patrick (2017): „Online Returns: A Challenge for Multi-Channel Retailers." *Oracle*, 27/1. Abrufbar unter: https://blogs.oracle.com/retail/online-returns:-a-challenge-for-multi-channel-retailers (archiviert unter https://perma.cc/U648-F5U9) (letzter Zugriff am 29.06.2018).

18 Wal-Mart Stores Inc. (WMT): Transkription Ergebnis-Telefonkonferenz Q4 2021 (2021). Abrufbar unter: https://www.fool.com/earnings/call-transcripts/2021/02/19/wal-mart-stores-inc-wmt-q4-2020-earnings-call-tran/ (archiviert unter https://perma.cc/Y7RF-SYLA) (letzter Zugriff am 20.06.2021).

19 Mit Genehmigung von Tim Yost.

20 Reagan, Courtney (2017): „Think running retail stores is more expensive than selling online? Think again", *CNBC*, 19. April. Abrufbar unter: https://www.cnbc.com/2017/04/19/think-running-retail-stores-is-more-expensive-than-selling-online-think-again.html (archiviert unter https://perma.cc/VU55-HQFJ) (letzter Zugriff am 29.06.2018).

21 Ebenda.

22 „Pitney Bowes parcel shipping index reports continued growth as global parcel volume exceeds 100 billion for first time ever" (2020), *Business Wire*, 20. Oktober. Abrufbar unter: https://www.businesswire.com/news/home/20201012005150/en/Pitney-Bowes-Parcel-Shipping-Index-Reports-Continued-Growth-as-Global-Parcel-Volume-Exceeds-100-billion-for-First-Time-Ever (archiviert unter https://perma.cc/8Z6S-8JXD) (letzter Zugriff am 20.06.2021).

23 Droesch, Blake (2021): „Amazon dominates US ecommerce, though its market share varies by category", *eMarketer*, 27. April. Abrufbar unter: https://www.emarketer.com/content/amazon-dominates-us-ecommerce-though-its-market-share-varies-by-category (archiviert unter https://perma.cc/Z37J-8U7V) (letzter Zugriff am 20.06.2021).

24 Amazon-10-K-Jahresbericht für das Geschäftsjahr bis zum 31. Dezember 2020. Abrufbar unter: https://www.sec.gov/ix?doc=/Archives/edgar/data/1018724/000101872421000004/amzn-20201231.htm (archiviert unter https://perma.cc/H35D-TDPV) (letzter Zugriff am 18.06.2021).

25 McGee, Tom (2017): „Shopping for data: the truth behind online costs", *Forbes*, 10. August. Abrufbar unter: https://www.forbes.com/sites/tommcgee/2017/08/10/shopping-for-data-the-truth-behind-online-costs/#53fdecdfc9d7 (archiviert unter https://perma.cc/8HU7-3CZT) (letzter Zugriff am 29.06.2018).

26 Death of Pureplay Retail report (2016), *Gartner* L2, 12. Januar. Abrufbar unter: https://www.l2inc.com/research/death-of-pureplay-retail (archiviert unter https://perma.cc/JX8H-HS59) (letzter Zugriff am 29.06.2018).

27 Walsh, Mark (2016): The future of e-commerce: bricks and mortar", *Guardian*, 30. Januar. Abrufbar unter: https://www.theguardian.com/business/2016/jan/30/future-of-e-commerce-bricks-and-mortar (archiviert unter https://perma.cc/UJE9-MZGN) (letzter Zugriff am 29.06.2018).

28 Kim, Tae (2021): „Google's ad resurgence makes Alphabet best investment bet among tech giants", *Bloomberg*, 28. April. Abrufbar unter: https://www.bloombergquint.com/gadfly/alphabet-s-google-ad-resurgence-is-just-getting-started (archiviert unter https://perma.cc/2CN8-M6NV) (letzter Zugriff am 20.06.2021).

29 Southern, Matt (2021): „Over 25% of people click the first Google search result", *Search Engine Journal*, 14. Juli. Abrufbar unter: https://www.searchenginejournal.com/google-first-page-clicks/374516/#close (archiviert unter https://perma.cc/HZ6T-FFRA) (letzter Zugriff am 20.06.2021).

30 Radojev, Hugh (2019) Data: „Physical stores ‚halo effect' boosts online sales", *Retail Week*, 12. Juli. Abrufbar unter: https://www.retail-week.com/data/data-physical-stores-halo-effect-boosts-online-sales/7032402.article?storyCode=7032402&authent=1 (archiviert unter https://perma.cc/F6XA-MMJE) (letzter Zugriff am 20.06.2021).

31 Thomas, Lauren (2019): „Retail stores get a bad rap, as closures pile up. But here's how stores boost online sales", *CNBC*, 22. Juli. Abrufbar unter: https://www.cnbc.com/2019/07/22/icsc-says-theres-a-halo-effect-by-retailers-having-physical-stores.html (archiviert unter https://perma.cc/LW5Z-W9Y3) (letzter Zugriff am 20.06.2021).

32 Bhasin, Kim (2012): „Bezos: Amazon would love to have physical stores, but only under one condition", *Business Insider*, 27. November. Abrufbar unter: http://www.businessinsider.com/amazon-jeff-bezos-stores-2012-11?IR=T (archiviert unter https://perma.cc/2UFC-ZAQ6) (letzter Zugriff am 29.06.2018).

33 Denham, Jess (2015): „Amazon to sell books the old-fashioned way with first physical book shop", *Independent*, 3. November. Abrufbar unter: https://www.independent.co.uk/arts-entertainment/books/news/amazon-to-sell-books-the-old-fashioned-way-with-first-physical-book-shop-a6719261.html (archiviert unter https://perma.cc/9MVP-3APY) (letzter Zugriff am 29.06.2018).

34 Kurtz, Dustin (2015): „My 2.5-star trip to Amazon's bizarre new bookstore", *The New Republic*, 4. November. Abrufbar unter: https://newrepublic.com/article/123352/my-25-star-trip-to-amazons-bizarre-new-bookstore (archiviert unter https://perma.cc/P276-MM3T) (letzter Zugriff am 29.06.2018).

35 Del Ray, Jason (2017): „One of the most popular mattress makers on Amazon is building an Amazon-powered store", *Recode*, 31. Juli. Abrufbar unter: https://www.recode.net/2017/7/31/16069424/tuft-needle-seattle-store-amazon-mattresses-echo-alexa-prime-delivery (archiviert unter https://perma.cc/D88V-PZGC) (letzter Zugriff am 29.06.2018).

36 Ebenda.

37 Stern, Matthew (2019): „How Tuft & Needle found the right balance on Amazon", *RetailWire*, 28. Juni. Abrufbar unter: https://www.retailwire.com/discussion/how-tuft-needle-found-the-right-balance-on-amazon/ (archiviert unter https://perma.cc/H4XM-YCYM) (letzter Zugriff: 20.06.2021).

38 Twice-Mitarbeiter (2020): „‚Amazon Is Working,' Says Kohl's CEO Michelle Gass", *Twice*, 15. Januar. Abrufbar unter: https://www.twice.com/retailing/amazon-is-working-says-kohls-ceo-michelle-gass (archiviert unter https://perma.cc/3FPS-SB2T) (letzter Zugriff: 20.06.2021).

39 Wahba, Phil (2021): „Kohl's CEO gets small assist in fight with activists, thanks to Amazon partnership", *Fortune*, 3. März. Abrufbar unter: https://fortune.com/2021/03/03/kohls-ceo-michelle-gass-activist-investors/ (archiviert unter https://perma.cc/V329-PW2P) (letzter Zugriff: 20.06.2021).

40 Amazon-Pressemitteilung: „Amazon Introduces Counter – A New Click & Collect Option At A Store Near You" (2019) Abzurufen unter: https://amazonuk.gcs-web.com/news-releases/news-release-details/amazon-introduces-counter-new-click-collect-option-store-near (archiviert unter https://perma.cc/8ETY-TDZ7) (letzter Zugriff: 20.06.2021).

8 | DIE AMBITIONEN VON AMAZON IM LEBENSMITTELHANDEL

1 Stone, Brad (2013): *The Everything Store: Jeff Bezos and the age of Amazon*, Bantam Press, London. (Deutsche Ausgabe: *Der Allesverkäufer*. Campus Verlag, Frankfurt am Main, 2018.

2 Kowitt, Beth (2018): „How Amazon is using Whole Foods in a bid for total retail domination", *Fortune*, 21. Mai. Abzurufen unter: http://fortune.com/longform/amazon-groceries-fortune-500/ (archiviert unter https://perma.cc/BQ8A-L4WS) (letzter Zugriff am 19.06.2018).

3 Harris, Briony (2017): „Which countries buy the most groceries online?", *World Economic Forum*, 6. Dezember. Abzurufen unter: https://www.weforum.org/agenda/2017/12/south-koreans-buy-the-most-groceries-online-by-far/ (archiviert unter https://perma.cc/ZP7V-UZG3) (letzter Zugriff am 19.06.2018).

4 Bowman, Jeremy (2018): „Walmart thinks you'll pay $ 10 for grocery delivery", *The Motley Fool*, 18. März. Abzurufen unter: https://www.fool.com/investing/2018/03/18/walmart-thinks-youll-pay-10-for-grocery-delivery.aspx (archiviert unter https://perma.cc/JCV7-7RRL) (letzter Zugriff am 19.06.2018).

5 Redman, Russell (2021): „Online grocery shopping amid 'pandemic-induced channel stickiness'", *Supermarket News*, 24. Mai. Abzurufen unter: https://www.supermarketnews.com/online-retail/online-grocery-shopping-grows-amid-pandemic-induced-channel-stickiness (archiviert unter https://perma.cc/63XP-T77R) (letzter Zugriff am 20.06.2021).

6 Weise, Karen und Conger, Kate (2020): „Gaps in Amazon's response as virus spreads to more than 50 warehouses", *The New York Times*, 5. April. Abzurufen unter: https://www.nytimes.com/2020/04/05/technology/coronavirus-amazon-workers.html (archiviert unter https://perma.cc/T45Y-QMCZ) (letzter Zugriff am 20.06.2021).

7 eMarketer-Redaktion (2021): „In 2021, online grocery sales will surpass $100 billion", *eMarketer*, 24. Februar. Abzurufen unter: https://www.emarketer.com/content/2021-online-grocery-sales-will-surpass-100-billion (archiviert unter https://perma.cc/YZ9R-E2UL) (letzter Zugriff am 20.06.2021).

8 Walmart (2017): Bearbeitete Transkription Thomson Reuters Streetevents, WMT – Wal-Mart Stores Inc 2017 Investment Community Meeting, 10. Oktober. Verfügbar ab: https://cdn.corporate.walmart.com/ea/31/4aa1027b4be6818f1a65ed5c2 93a/wmt-usq-transcript-2017-10-10.pdf (archiviert unter https://perma.cc/AJ3W-MYZH) (letzter Zugriff am 19.06.2018).

9 Walmart (2017) Bearbeitete Transkription Thomson Reuters Streetevents, WMT – Wal-Mart Stores Inc 2017 Investment Community Meeting, 10. Oktober. Abzurufen unter: https://cdn.corporate.walmart.com/ea/31/4aa1027b4be6818f1a65ed5c293a/wmt-usq-transcript-2017-10-10.pdf (archiviert unter https://perma.cc/AJ3W-MYZH) (letzter Zugriff am 19.06.2018).

10 Wilkinson, Sue (2017): „How my weekly grocery shopping habits relate to U.S. grocery shopper trends", *Food Marketing Institute*, 25. Juli. Abzurufen unter: https://www.fmi.org/blog/view/fmi-blog/2017/07/25/how-my-weekly-grocery-shopping-habits-relate-to-u.s.-grocery-shopper-trends (archiviert unter https://perma.cc/EB8S-PKTX) (letzter Zugriff am 19.06.2018).

11 Kowitt, Beth (2018): „How Amazon is using Whole Foods in a bid for total retail domination", *Fortune*, 21. Mai. Abzurufen unter: http://fortune.com/longform/amazon-groceries-fortune-500/ (archiviert unter https://perma.cc/BQ8A-L4WS) (letzter Zugriff am 19.06.2018).

12 Ebenda.

13 Ebenda.

14 Burke, Molly (2021): „Addicted to Amazon: Habits of daily Amazon shoppers", *Jungle Scout blog*, 18. März. Abzurufen unter: https://www.junglescout.com/blog/addicted-to-amazon/ (archiviert unter https://perma.cc/QZ6P-JREX) (letzter Zugriff am 20.06.2021).

15 Kowitt, Beth (2018): „How Amazon is using Whole Foods in a bid for total retail domination", *Fortune*, 21. Mai. Abzurufen unter: http://fortune.com/longform/amazon-groceries-fortune-500/ (archiviert unter https://perma.cc/BQ8A-L4WS) (letzter Zugriff am 19.06.2018).

16 Bensinger, Greg (2015): „Rebuilding the history's biggest dot-com bust", *Wall Street Journal*, 12. Januar. Abzurufen unter: https://www.wsj.com/articles/rebuilding-historys-biggest-dot-come-bust-1421111794 (archiviert unter https://perma.cc/P2BZ-9XM2) (letzter Zugriff am 19.06.2018).

17 Anonymous (2001:) „What Webvan could have learned from Tesco", *Knowledge at Wharton*, 10. Oktober. Abzurufen unter: http://knowledge.wharton.upenn.edu/article/what-webvan-could-have-learned-from-tesco/ (archiviert unter https://perma.cc/3GYW-6UND) (letzter Zugriff am 19.06.2018).

18 Ebenda.

19 Bluestein, Adam (2013): „Beyond Webvan: MyWebGrocer turns supermarkets virtual", *Bloomberg*, 17. Januar. Abzurufen unter: https://www.bloomberg.com/news/articles/2013-01-17/beyond-webvan-mywebgrocer-turns-supermarkets-virtual (archiviert unter https://perma.cc/9VJS-9N6K) (letzter Zugriff am 19.06.2018).

20 Anonymous (2001): „What Webvan could have learned from Tesco", *Knowledge at Wharton*, 10. Oktober. Abzurufen unter: http://knowledge.wharton.upenn.edu/article/what-webvan-could-have-learned-from-tesco/ (archiviert unter https://perma.cc/3GYW-6UND) (letzter Zugriff am 19.06.2018).

21 Barr, Alistair (2013): „From the ashes of Webvan, Amazon builds a grocery business", *Reuters*, 16. Juni. Abzurufen unter: https://www.reuters.com/article/amazon-webvan-idUSL2N0EO1FS20130616 (archiviert unter https://perma.cc/7Y9Y-G565) (letzter Zugriff am 19.06.2018).

22 Ocado-Website. Abzurufen unter: http://www.ocadogroup.com/who-we-are/our-story-so-far.aspx (archiviert unter https://perma.cc/X4AZ-UTEK) (letzter Zugriff am 19.06.2018).

23 Barr, Alistair (2013): „From the ashes of Webvan, Amazon builds a grocery business", *Reuters*, 16. Juni. Abzurufen unter: https://www.reuters.com/article/amazon-webvan-idUSL2N0EO1FS20130616 (archiviert unter https://perma.cc/7Y9Y-G565) (letzter Zugriff am 19.06.2018).

24 Amazon-Pressemitteilung (1999): „Amazon.com announces minority investment in HomeGrocer.com", *Amazon*, 18. Mai. Abzurufen unter: http://phx.corporate-ir.net/phoenix.zhtml?c=176060&p=irol-newsArticle&ID=502934 (archiviert unter https://perma.cc/2C9Q-SJZC) (letzter Zugriff am 19.06.2018).

25 Barr, Alistair (2013): „From the ashes of Webvan, Amazon builds a grocery business", *Reuters*, 16. Juni. Abzurufen unter: https://www.reuters.com/article/amazon-webvan-idUSL2N-0EO1FS20130616 (archiviert unter https://perma.cc/7Y9Y-G565) (letzter Zugriff am 19.06.2018).

26 Kowitt, Beth (2018): „How Amazon is using Whole Foods in a bid for total retail domination", *Fortune*, 21/5. Abzurufen unter: http://fortune.com/longform/amazon-groceries-fortune-500/ (archiviert unter https://perma.cc/BQ8A-L4WS) (letzter Zugriff am 19.06.2018).

27 Anonymous (2016): „AmazonFresh expands to Chicago, Dallas", *Progressive Grocer*, 26. Oktober. Abzurufen unter: https://progressivegrocer.com/amazonfresh-expands-chicago-dallas (archiviert unter https://perma.cc/7GMD-E22Z) (letzter Zugriff am 29.06.2018).

28 Amazon-Pressemitteilung (2007): 2Amazon.com's grocery store launches new Subscribe & Save feature allowing automatic fulfillment of most popular items", *Amazon*, 15. Mai. Abzurufen unter: http://phx.corporate-ir.net/phoenix.zhtml?c=176060&p=irol-newsArticle&ID=1000549 (archiviert unter https://perma.cc/PYY3-CTU2) (letzter Zugriff am 29.06.2018).

29 Nickelsburg, Monica (2020): „Documents unearthed by Congress offer new window into Amazon's war against one-time rival, Geekwire, 30. Juli. Abzurufen unter: https://www.geekwire.com/2020/hearing-documents-reveal-amazons-aggressive-strategy-beat-diapers-com/ (archiviert unter https://perma.cc/Y4G8-334K) (letzter Zugriff am 20.06.2021).

30 Nickelsburg, Monica (2020) „Documents unearthed by Congress offer new window into Amazon's war against one-time rival", *Geekwire*, 30. Juli. Abzurufen unter: https://www.geekwire.com/2020/hearing-documents-reveal-amazons-aggressive-strategy-beat-diapers-com/ (archiviert unter https://perma.cc/Y4G8-334K) (letzter Zugriff am 20.06.2021).

31 Investigation of competition in digital markets. Majority staff report and recommendations (2020) Subcommittee on Antitrust, Commercial and Administrative Law of the Committee of the Judiciary. Abzurufen unter: https://fm.cnbc.com/applications/cnbc.com/resources/editorialfiles/2020/10/06/investigation_of_competition_in_digital_markets_majority_staff_report_and_recommendations.pdf (archiviert unter https://perma.cc/ZS8P-9PRZ) (letzter Zugriff am 20.06.2021).

32 Macadam, Dan (2018): „Can supermarkets really deliver in a day?", 4. Februar. Abzurufen unter: https://www.bbc.co.uk/news/business-42777284 (archiviert unter https://perma.cc/W66U-FNGB) (letzter Zugriff am 29.06.2018).

9 | DIE SCHÖNE NEUE SUPERMARKT-ÄRA

1 McGregor, Jena (2017): „Five telling things the Whole Foods CEO said about the Amazon deal in an employee town hall", *Washington Post*, 20. Juni. Abzurufen unter: https://www.washingtonpost.com/news/on-leadership/wp/2017/06/20/five-telling-things-the-whole-foods-ceo-said-about-the-amazon-deal-in-an-employee-town-hall/?utm_term=.1e861128178f (archiviert unter https://perma.cc/C5H6-QM2N) (letzter Zugriff am 11.07.2018).

2 Meyer, Robinson (2018): „How to fight Amazon (before you turn 29)", *The Atlantic*, Ausgabe Juli/August. Abzurufen unter: https://www.theatlantic.com/magazine/archive/2018/07/lina-khan-antitrust/561743/ (letzter Zugriff am 11.07.2018).

3 McGregor, Jena (2017): „Five telling things the Whole Foods CEO said about the Amazon deal in an employee town hall", *Washington* Post, 20. Juni. Abzurufen unter: https://www.washingtonpost.com/news/on-leadership/wp/2017/06/20/five-telling-things-the-whole-foods-ceo-said-about-the-amazon-deal-in-an-employee-town-hall/?utm_term=.1e861128178f (archiviert unter https://perma.cc/T2LE-LRJ5) (letzter Zugriff am 11.07.2018).

4 Levy, Nat (2017): „How Amazon's $13.7B purchase of Whole Foods is a 'blessing in disguise' for Instacart", *Geekwire*, 10. Oktober. Abzurufen unter: https://www.geekwire.com/2017/amazons-13-7b-purchase-whole-foods-blessing-disguise-instacart/ (archiviert unter https://perma.cc/LDE5-4H3A) (letzter Zugriff am 11.07.2018).

5 Rovnick, Naomi (2017): „Ocado dismisses fears of increased competition from Amazon", *Financial Times*, 5. Juli. Abzurufen unter: https://www.ft.com/content/f48fecac-6151-11e7-8814-0ac7eb84e5f1 (archiviert unter https://perma.cc/8YNN-ABA6) (letzter Zugriff am 09.07.2018).

6 Levy, Nat (2017): „How Amazon's $13.7B purchase of Whole Foods is a 'blessing in disguise' for Instacart", *Geekwire*, 10. Oktober. Abzurufen unter: https://www.geekwire.com/2017/amazons-13-7b-purchase-whole-foods-blessing-disguise-instacart/ (archiviert unter https://perma.cc/PGH2-BUQY) (letzter Zugriff am 11.07.2018).

7 Eley, Jonathan und Bradshaw, Tim (2021): „Ocado weighs retail opportunities beyond the UK", *Financial Times*, 31. Mai. Abzurufen unter: https://www.ft.com/content/e0e1e9a2-b617-45a6-8dfe-06feeff0b6de (letzter Zugriff am 20.06.2021).

8 Dawkins, David (2018): „Marks and Spencer told to team with Amazon to save retailer as stores close", *Express*, 20. Juni. Abzurufen unter: https://www.express.co.uk/finance/city/977070/amazon-uk-marks-and-spencer-m-and-s-high-street-online (archiviert unter https://perma.cc/S8GH-TDXN) (letzter Zugriff am 11.07.2018).

9 Key, Alys (2018): „Iceland Food rules out deal with Amazon as Food Warehouse attracts new customers", *City AM*, 15. Juni. Abzurufen unter: http://www.cityam.com/287618/iceland-sales-heat-up-food-warehouse-attracts-new-customers (archiviert unter https://perma.cc/5YFQ-E5VV) (letzter Zugriff am 11.07.2018).

10 | EIN EIGENMARKENKONGLOMERAT: ES WIRD ENG

1 Kaziukenas, Juozas (2020): „9 % of Amazon's sales in clothing are from its private label brands", *Marketplace Pulse*, 17. September. Abzurufen unter: https://www.marketplacepulse.com/articles/9-of-amazons-sales-in-clothing-are-from-its-private-label-brands (letzter Zugriff am 20.06.21).

2 Housel, Morgan (2013): „The 20 smartest things Jeff Bezos has ever said", *The Motley Fool*, 9. September. Abzurufen unter: https://www.fool.com/investing/general/2013/09/09/the-25-smartest-things-jeff-bezos-has-ever-said.aspx (archiviert unter https://perma.cc/8W2G-HEHC) (letzter Zugriff am 29.06.2018).

3 Lebow, Victor (1955): „Price competition in 1955", *Journal of Retailing*, Spring. Abzurufen unter: http://www.gcafh.org/edlab/Lebow.pdf (archiviert unter https://perma) (letzter Zugriff am 03.09.2018).

4 Amazon-Mitarbeiter (2020): „Fact check: Sizing up Amazon", *Amazon-Website*, 15. September. Abzurufen unter: https://www.aboutamazon.com/news/how-amazon-works/fact-check-sizing-up-amazon (letzter Zugriff am 20.06.2021).

5 Creswell, Julie (2018): 2How Amazon steers shoppers to its own products", *New York Times*, 23. Juni. Abzurufen unter: https://mobile.nytimes.com/2018/06/23/business/amazon-the-brand-buster.html (archiviert unter https://perma.cc/GN9X-NFA2) (letzter Zugriff am 29.06.2018).

6 Anderson, Keith (2016): „Amazon's move into private label consumables", *Profitero* (Blog-Beitrag) 28. Juli. Abzurufen unter: https://www.profitero.com/2016/07/amazons-move-into-private-label-consumables/ (archiviert unter https://perma.cc/BSC7-AEKD) (letzter Zugriff am 11.09.2018).

7 Ebenda.

8 Amazon (AMZN) Transkription Ergebnisbereicht Q1 2021 (2021). Abzurufen unter: https://www.fool.com/earnings/call-transcripts/2021/04/29/amazon-amzn-q1-2021-earnings-call-transcript/ (letzter Zugriff am 20.06.2021).

9 Amazon-Mitarbeiter (2020): „Why customers love store brands like AmazonBasics", 17. Juni. Abzurufen unter: https://www.aboutamazon.com/news/how-amazon-works/why-customers-love-store-brands-like-amazonbasics (letzter Zugriff am 20.06.2021).

10 Chaudhuri, Saabira und Sharon Terlep (2018): „The next big threat to consumer brands (yes, Amazon's behind it)", Wall Street Journal, 27. Februar. Abzurufen unter: https://www.wsj.com/articles/big-consumer-brands-dont-have-an-answer-for-alexa-1519727401 (archiviert unter https://perma.cc/YYQ5-CFJD) (letzter Zugriff am 29.06.2018).

11 Kim, Eugene (2019): „Amazon quietly removes promotional spots that gave special treatment to its own products as scrutiny of tech giants grows", *CNBC*, 3. April. Abzurufen unter: https://www.cnbc.com/2019/04/03/amazon-removes-special-promo-spots-for-private-label-products.html (letzter Zugriff am 20.06.2021).

12 Salpini, Cara (2019): „Allbirds to Amazon: ‚Please steal our approach to sustainability'", *Retail Dive*, 27. November. Abzurufen unter: https://www.retaildive.com/news/allbirds-to-amazon-please-steal-our-approach-to-sustainability/568187/ (archiviert unter https://perma.cc/5BJY-TL22) (letzter Zugriff am 20.06.2021).

13 Amazon-Mitarbeiter (2020): „Why customers love store brands like AmazonBasics", 17. Juni. Abzurufen unter: https://www.aboutamazon.com/news/how-amazon-works/why-customers-love-store-brands-like-amazonbasics (archiviert unter https://perma.cc/FXL7-722X) (letzter Zugriff am 20.06.2021).

14 Ebenda.

15 Palmer, Annie (2021): „Amazon accused of copying camera gear maker's top-selling item", *CNBC*, 4. März. Abzurufen unter: https://www.cnbc.com/2021/03/04/amazon-accused-of-copying-camera-gearmaker-peak-designs-top-selling-item-.html (archiviert unter https://perma.cc/56TU-8MXG) (letzter Zugriff am 20.06.2021).

16 Pressemitteilung der Europäischen Kommission (2020): „Antitrust: Commission sends Statement of Objections to Amazon for the use of non-public independent seller data and opens second investigation into its e-commerce business practices", 10. November. Abzurufen unter: https://ec.europa.eu/commission/presscorner/detail/en/ip_20_2077 (archiviert unter https://perma.cc/9RC9-YMEC) (letzter Zugriff am 20.06.2021).

17 Investigation of Competition in Digital Markets. Majority Staff Report and Recommendations. Subcommittee on Antitrust, Commercial and Administrative Law of the Committee of the Judiciary (2020). Abzurufen unter: https://fm.cnbc.com/applications/cnbc.com/resources/editorialfiles/2020/10/06/investigation_of_competition_in_digital_markets_majority_staff_report_and_recommendations.pdf (archiviert unter https://perma.cc/3XEV-J9DM) (letzter Zugriff am 20.06.2021).

18 Warren, Elizabeth (2019): „Here's how we can break up Big Tech", *Medium*, 8. März. Abzurufen unter: https://medium.com/@teamwarren/heres-how-we-can-break-up-big-tech-9ad9e0da324c (archiviert unter https://perma.cc/KAQ7-CMKA) (letzter Zugriff am 20.06.2021).

19 Peak Design (2021): „A tale of two slings: Peak Design and Amazon Basics" (Online-Video). Abzurufen unter: https://www.youtube.com/watch?time_continue=84&v=HbxWGjQ2szQ&feature=emb_logo (archiviert unter https://perma.cc/WD8F-GJG4) (letzter Zugriff am 20.06.2021).

20 Palmer, Annie (2021): „Amazon accused of copying camera gear maker's top-selling item", *CNBC*, 4. März. Abzurufen unter: https://www.cnbc.com/2021/03/04/amazon-accused-of-copying-camera-gearmaker-peak-designs-top-selling-item-.html (archiviert unter https://perma.cc/U5CX-J7PV) (letzter Zugriff am 20.06.2021).

21 Palmer, Annie und Novet, Jordan (2020): „Amazon bullies partners and vendors, says antitrust subcommittee", *CNBC*, 6. Oktober. Abzurufen unter: https://www.cnbc.com/2020/10/06/amazon-bullies-partners-and-vendors-says-antitrust-subcommittee.html (archiviert unter https://perma.cc/YUT5-34L8) (letzter Zugriff am 20.06.2021).

22 Buncombe, Andrew (2020): „Jeff Bezos says he ‘can't guarantee' Amazon has not used third-party data to benefit itself", *The Independent*, 30. Juli. Abzurufen unter: https://www.independent.co.uk/life-style/gadgets-and-tech/jeff-bezos-hearing-amazon-net-worth-third-party-data-a9644961.html (archiviert unter https://perma.cc/25Q8-59W8) (letzter Zugriff am 20.06.2021).

23 Palmer, Annie (2020): „Amazon uses data from third-party sellers to develop its own products, WSJ investigation finds", *CNBC*, 23. April. Abzurufen unter: https://www.cnbc.com/2020/04/23/wsj-amazon-uses-data-from-third-party-sellers-to-develop-its-own-products.html (archiviert unter https://perma.cc/TYJ8-5VXE) (letzter Zugriff am 20.06.2021).

24 Nickelsburg, Monica (2020): „What we learned about the antitrust case against Amazon from Jeff Bezos' time in the Congressional hot seat", Geekwire, 29. Juli. Abzurufen unter: https://www.geekwire.com/2020/heres-jeff-bezos-revealed-antitrust-case-amazon-unwieldy-tech-hearing/ (archiviert unter https://perma.cc/T8V6-52N9)(letzter Zugriff am 20.06.21).

25 Investigation of Competition in Digital Markets. Majority Staff Report and Recommendations. Subcommittee on Antitrust, Commercial and Administrative Law of the Committee of the Judiciary (2020). Abzurufen unter: https://fm.cnbc.com/applications/cnbc.com/resources/editorialfiles/2020/10/06/investigation_of_competition_in_digital_markets_majority_staff_report_and_recommendations.pdf (archiviert unter https://perma.cc/2WNJ-GEUB) (letzter Zugriff am 20.06.2021).

26 Pressemitteilung der Europäischen Kommission (2020): „Antitrust: Commission sends Statement of Objections to Amazon for the use of non-public independent seller data and opens second investigation into its e-commerce business practices“, 10. November. Abzurufen unter: https://ec.europa.eu/commission/presscorner/detail/en/ip_20_2077 (archiviert unter https://perma.cc/4CUU-5RGA) (letzter Zugriff am 20.06.2021).

27 Ebenda.

28 Erklärung von Exekutiv-Vizepräsidentin Vestager zur Mitteilung der Beschwerdepunkte an Amazon wegen der Verwendung nicht-öffentlicher Daten unabhängiger Verkäufer und der zweiten Untersuchung seiner Geschäftspraktiken im elektronischen Handel (2021). Abzurufen unter: https://ec.europa.eu/commission/presscorner/detail/en/STATEMENT_20_2082 (archiviert unter https://perma.cc/6X3Q-9S5F) (letzter Zugriff am 20.06.2021).

29 Shapiro, Eben (2021) Farfetch CEO José Neves on how the pandemic driven fashion sales online, Time, 14. Februar. Abzurufen unter: https://time.com/5938014/fashion-luxury-farfetch-jose-neves/ (letzter Zugriff am 20.06.2021).

30 Zalando, Brief des Vorstands (2021). Abzurufen unter: https://corporate.zalando.com/de/investor-relations/brief-des-vorstands-0 (letzter Zugriff am 20.06.2021).

11 | TECHNOLOGIE UND REIBUNGSLOSER EINZELHANDEL

1 Amazon Investor Relations (1999): „1998 Letter to Shareholders“, 5. März. Abzurufen unter: http://media.corporate-ir.net/media_files/irol/97/97664/reports/Shareholderletter98.pdf (archiviert unter https://perma.cc/5FTF-AQKX) (letzter Zugriff am 11.06.2021).

2 Housel, Morgan (2013): „The 20 smartest things Jeff Bezos has ever said“, *The Motley Fool*, 9. September. Abzurufen unter: https://www.fool.com/investing/general/2013/09/09/the-25-smartest-things-jeff-bezos-has-ever-said.aspx (archiviert unter https://perma.cc/8W2G-HEHC) (letzter Zugriff am 29.06.2018).

3 Lebow, Victor (1955): „Price competition in 1955“, *Journal of Retailing*, Spring. Abzurufen unter: http://www.gcafh.org/edlab/Lebow.pdf (archiviert unter https://perma) (letzter Zugriff am 03.09.2018).

4 Amazon-Mitarbeiter (2020): „Fact check: sizing up Amazon“, *Amazon-Website*, 15. September. Abzurufen unter: https://www.aboutamazon.com/news/how-amazon-works/fact-check-sizing-up-amazon (letzter Zugriff am 20.06.2021).

5 Creswell, Julie (2018): „How Amazon steers shoppers to its own products“, *New York Times*, 23. Juni. Abzurufen unter: https://mobile.nytimes.com/2018/06/23/business/amazon-the-brand-buster.html (archiviert unter https://perma.cc/GN9X-NFA2) (letzter Zugriff am 29.06.2018).

6 GSMA Intelligence (2020): „The mobile economy 2020“, März. Abzurufen unter: https://www.gsma.com/mobileeconomy/ (archiviert unter https://perma.cc/L3U7-LMPN) (letzter Zugriff am 16.05.2021).

7 Dvorak, John (1984): „The Mac meets the press“, *San Francisco Examiner*, 2. Februar, zitiert in Owen Linzmayer, Apple Confidential 2.0, S. 115. Abzurufen unter: https://books.google.co.uk/books?id=mXnw5tM8QRwC&lpg=PA119&pg=PA119#v=onepage&q&f=false (archiviert unter https://perma.cc/56M5-6CV3) (letzter Zugriff am 16.05.2021).

8 Molen, Brad (2014): „Amazon Fire phone review: a unique device, but you're better off waiting for the sequel“, *Endgadget*, 22. Juni. Abzurufen unter: https://www.engadget.com/2014/07/22/amazon-fire-phone-review/ (archiviert unter https://perma.cc/8A2F-BQ39) (letzter Zugriff am 16.05.2021).

9 Limer, Eric (2014): „Amazon Fire Phone review: a shaky first step“, *Gizmodo*, 22. Juni. Abzurufen unter: https://gizmodo.com/amazon-fire-phone-review-a-shaky-first-step-1608853105 (archiviert unter https://perma.cc/PS6N-XFZG) (letzter Zugriff am 16.05.2021).

10 Wohlsen, Marcus (2015): „The Amazon Fire Phone was always going to fail“, *Wired*, 1. Juni. Abzurufen unter: https://www.wired.com/2015/01/amazon-fire-phone-always-going-fail/ (archiviert unter https://perma.cc/V86J-C3TA) (letzter Zugriff am 16.05.2021).

11 Redaktionsmitarbeiter (2020):" 44 cart abandonment rate statistics", Baymard Institute, 20. Dezember. Abzurufen unter: https://baymard.com/lists/cart-abandonment-rate (archiviert unter https://perma.cc/8RQF-WMNM) (letzter Zugriff am 16.05.2021).

12 Pathak, Shareen (2017): „End of an era: Amazon's 1-click buying patent finally expires", *Digiday*, 13. September. Abzurufen unter: https://digiday.com/marketing/end-era-amazons-one click-buying-patent-finally-expires/ (letzter Zugriff am 16.05.2021).

13 Brooke, Eliza (2014): „Amazon touts reduced shopping cart abandonment with newly extended 'login and pay' service", *Fashionista*, 16. September. Abzurufen unter: https://fashionista.com/2014/09/amazon-login-and-pay (archiviert unter https://perma.cc/AA4V-GK3S) (letzter Zugriff am 16.05.2021).

14 Lipsman, Andrew (2017): „5 interesting facts About Millennials' mobile app usage from 'The 2017 U.S. Mobile App Report'", *comScore*, Insights, 24. August. Abzurufen unter: https://www.comscore.com/Insights/Blog/5-Interesting-Facts-About-Millennials-Mobile-App-Usage-from-The-2017-US-Mobile-App-Report (archiviert unter https://perma.cc/LW2N-E7GS) (letzter Zugriff am 16.05.2021).

12 | KI UND SPRACHSTEUERUNG: NEUE UFER IM EINZELHANDEL

1 Council Member Expert Panel (2021): „15 B2B Technology Marketing Trends to watch in 2021", Forbes Communication Council, Fórbes.com, 5. Mai. Abzurufen unter: https://www.forbes.com/sites/forbescommunicationscouncil/2021/05/05/15-b2b-technology-marketing-trends-to-watch-in-2021/ (archiviert unter https://perma.cc/DJ75-6UJL) (letzter Zugriff am 31.05.2021).

2 Redaktionsmitarbeiter (2020): „AI in retail – global market analysis (2020–2027)", ResearchAndMarkets.com, 29. Juli. Abzurufen unter: https://www.businesswire.com/news/home/20200729005453/en/AI-in-Retail---Global-Market-Analysis-2020-2027-by-Product-Application-Technology-Deployment-and-Region---ResearchAndMarkets.com (archiviert unter https://perma.cc/3668-CRZB) (letzter Zugriff am 16.05.2021).

3 Mackenzie, Ian, Meyer, Chris und Noble, Steve (2013): „How retailers can keep up with consumers", *McKinsey & Company*, Oktober. Abzurufen unter: https://www.mckinsey.com/industries/retail/our-insights/how-retailers-can-keep-up-with-consumers (archiviert unter https://perma.cc/5UNY-YGM2) (letzter Zugriff am 16.05.2021).

4 Erickson, Jim und Wang, Susan (2017): „At Alibaba, artificial intelligence is changing how people shop online", *Alizila*, 5. Juni. Abzurufen unter: https://www.alizila.com/at-alibaba-artificial-intelligence-is-changing-how-people-shop-online/ (archiviert unter https://perma.cc/C5Q9-9BAU) (letzter Zugriff am 16.05.2021).

5 Redaktionsmitarbeiter (2020): „Anyone see Canada? Retail's $ 1.8t inventory distortion issue", *IHL Group*, 6. August. Abzurufen unter: https://www.ihlservices.com/product/inventorydistortion/ (archiviert unter https://perma.cc/3WBN-MUY7) (letzter Zugriff am 16.05.2021).

6 Amazon.com seller FBA shipping update (2020): „Temporary prioritizing products coming into our fulfillment centers", Amazon Seller Central, 17. März. Abzurufen unter: https://web.archive.org/web/20200326061039/https://sellercentral.amazon.com/gp/help/external/help.html?itemID=GF37V7QBB8WSVF43&tag=bisafetynet2-20& (archiviert unter https://perma.cc/3KDB-AF8D) (letzter Zugriff am 12.06.2021).

7 AmazonPressemitteilung (2020): „Amazon.com announces first quarter results", Amazon Investor Relations, 31. März. Abzurufen unter: https://s2.q4cdn.com/299287126/files/doc_financials/2020/Q1/AMZN-Q1-2020-Earnings-Release.pdf (archiviert unter https://perma.cc/YR4H-D8VF) (letzter Zugriff am 12.06.2021).

8 Kopalle, Praveen Prof (2014): „Why Amazon's anticipatory shipping is pure genius", *Forbes*, 28. Januar. Abzurufen unter: https://www.forbes.com/sites/onmarketing/2014/01/28/why-amazons-anticipatory-shipping-is-pure-genius/ (archiviert unter https://perma.cc/6DF9-D7Q5) (letzter Zugriff am 16.05.2021).

9 Redaktionsmitarbeiter (2018): „In algorithms we trust: how AI is spreading throughout the supply chain", *Economist Special Report*, 31. März. Abzurufen unter: https://www.economist.com/news/special-report/21739428-ai-making-companies-swifter-cleverer-and-leaner-how-ai-spreading-throughout (archiviert unter https://perma.cc/4BFX-ME9U) (letzter Zugriff am 16.05.2021).

10 Amazon (2018): „Amazon Prime Air", *Amazon.com*, verfügbar unter: https://www.amazon.com/Amazon-Prime-Air/b?ie=UTF8&node=8037720011 (archiviert unter https://perma.cc/VHB7-BC2S) (letzter Zugriff am 31.05.2021).

11 Redaktionsmitarbeiter (2020): „Number of voice assistant devices in use to overtake world population by 2024", *Juniper Research*, 28. April. Abzurufen unter: https://www.juniperresearch.com/press/number-of-voice-assistant-devices-in-use (archiviert unter https://perma.cc/U9SK-5KKX) (letzter Zugriff am 31.05.2021).

12 Harris, Mark (2017): „Amazon's latest Alexa devices ready to extend company's reach into your home", *Guardian*, 27. September. Abzurufen unter: https://www.theguardian.com/technology/2017/sep/27/amazon-alexa-echo-plus-launch (archiviert unter https://perma.cc/5CEA-MH3T) (letzter Zugriff am 31.05.2021).

13 Maynard, Nick und Sadler, Alexandria (2020): „Smart Home Payments: Segment analysis, use cases & market forecasts 2020–2025", 9. November. Abzurufen unter: https://www.juniperresearch.com/researchstore/fintech-payments/smart-home-payments-market-research (archiviert unter https://perma.cc/AU8H-LPSY) (letzter Zugriff am 12.06.2021).

14 Ovide, Shira (2018): „Amazon won by losing the smartphone war", *Bloomberg*, 28. September. Abzurufen unter: https://www.bloomberg.com/gadfly/articles/2017-09-28/amazon-leaped-ahead-on-gadgets-by-losing-the-smartphone-war (archiviert unter https://perma.cc/P6ET-T2B3) (letzter Zugriff am 31.05.2021).

15 Ebenda.

16 Report (2021): „How we will pay 2020, PYMNTS.com und Visa, 18. Januar. Abzurufen unter: https://www.pymnts.com/study/visa-how-we-will-pay-2020-home-as-consumers-commerce-command-center (archiviert unter https://perma.cc/W8QT-MBEZ) (letzter Zugriff am 12.06.2021).

17 Bond, Slade (2020): Investigation of competition in digital markets, US Congressional Subcommittee on Antitrust, Commercial and Administrative Law of the Committee of The Judiciary, 10. Juni 2020. Abzurufen unter: https://fm.cnbc.com/applications/cnbc.com/resources/editorialfiles/2020/10/06/investigation_of_competition_in_digital_markets_majority_staff_report_and_recommendations.pdf (archiviert unter https://perma.cc/FGQ9-G5F9) (letzter Zugriff am 12.06.2021).

18 Blog (2018): „Help shoppers take action, wherever and however they choose to shop", *Google Inside Adwords*, 19. März. Abzurufen unter: https://adwords.googleblog.com/2018/03/shopping-actions.html (archiviert unter https://perma.cc/3GW5-KVYZ) (letzter Zugriff am 31.05.2021).

19 Clavis Insight (2018): „One Click Retail: the double click episode" (Video-Podcast), 15. März. Abzurufen unter: https://www.youtube.com/watch?v=218LelVkGDQ&t=11s (archiviert unter https://perma.cc/8RNP-HVN2) (letzter Zugriff am 31.05.2021).

20 Weiss, Uwe (2018): „'Amazon effect' will grow as retail challenges increase, says Blue Yonder", *RetailTechnologyReview.com*, 23. April. Abzurufen unter: https://www.retailtechnologyreview.com/articles/2018/04/23/amazon-effect-will-grow-as-retail-challenges-increase,-says-blue-yonder/ (archiviert unter https://perma.cc/4ZW9-CR6R) (letzter Zugriff am 31.05.2021).

21 Chokshi, Niraj (2018): „Is Alexa listening? Amazon Echo sent out recording of couple's conversation", *New York Times*, 25. Mai. Abzurufen unter: https://www.nytimes.com/2018/05/25/business/amazon-alexa-conversation-shared-echo.html (archiviert unter https://perma.cc/9J2K-NQJY) (letzter Zugriff am 31.05.2021).

22 Day, Matt, Turner, Giles und Drozdiak, Natalia (2019): „Amazon workers are listening to what you tell Alexa", *Bloomberg*, 10. April. Abzurufen unter: https://www.bloomberg.com/news/articles/2019-04-10/is-anyone-listening-to-you-on-alexa-a-global-team-reviews-audio (archiviert unter https://perma.cc/MP3Q-SYF3) (letzter Zugriff am 12.06.2021).

23 Mitarbeiter (2021): „Apple Car, MacRumours", 8. Juni. Abzurufen unter: https://www.macrumors.com/roundup/apple-car/ (archiviert unter https://perma.cc/RAB8-UYGK) (letzter Zugriff am 12.06.2021).

13 | DAS GESCHÄFT DER ZUKUNFT

1 Redman, Russell (2020): „Amazon unveils first Amazon Fresh grocery store in Woodland Hills", *Supermarket News*, 27. August. Abzurufen unter: https://www.supermarketnews.com/retail-financial/amazon-unveils-first-amazon-fresh-grocery-store-woodland-hills (archiviert unter https://perma.cc/X4V6-46RD) (letzter Zugriff am 13.06.2021).

2 Allen, Emily and Smidt, Frank (2020): „8 ways consumers in the U.K. adapted their shopping behaviour this year", *Think with Google*, August. Abzurufen unter: https://www.thinkwithgoogle.com/intl/en-gb/consumer-insights/consumer-trends/consumers-adapted-shopping-behaviour-covid/ (archiviert unter https://perma.cc/Q9VP-KMSP) (letzter Zugriff am 01.06.2021).

3 Lipsman, Andrew (2017): „5 interesting Millennials' mobile app usage from the' 2017 mobile app usage report'", *comScore*, 24. August. Abzurufen unter: Fakten über https://www.comscore.com/Insights/Blog/5-Interesting-Facts-About-Millennials-Mobile-App-Usage-from-The-2017-US-Mobile-App-Report. (archiviert unter https://perma.cc/D7Z7-MKLD) (letzter Zugriff am 06.09.2018).

4 Redaktionsmitarbeiter (2021): „McKinsey COVID-19 US Digital Sentiment Survey" April 2020, 13. Mai. Abzurufen unter: https://www.mckinsey.com/business-functions/marketing-and-sales/our-insights/survey-us-consumer-sentiment-during-the-coronavirus-crisis (archiviert unter https://perma.cc/6PDK-TNUK) (letzter Zugriff am 04.06.2021).

5 Cullinan, Emily (2017): „How to use customer testimonials to generate 62% more revenue from every customer, every visit", *Big Commerce*, 2. April. Abzurufen unter: https://www.bigcommerce.com/blog/customer-testimonials/ (archiviert unter https://perma.cc/L64H-2RCB) (letzter Zugriff am 04.06.2021).

6 Lecinski, Jim (2011): „Winning the zero moment of truth (E-Book)", *Google*, Juni. Abzurufen unter: https://www.thinkwithgoogle.com/marketing-strategies/micro-moments/zero-moment-truth/ (archiviert unter https://perma.cc/28GT-XMWC) (letzter Zugriff am 04.06.2021).

7 Agarwal, Shirish (2019): „How to leverage the rise of ‚near me' searches", *HubSpot*, 24. Mai. Abzurufen unter: https://blog.hubspot.com/marketing/how-to-leverage-near-me-searches (archiviert unter https://perma.cc/74TX-A3KF) (letzter Zugriff am 13.06.2021).

8 Peterson, Haylet (2018): „Google now lets you see what's on shelves at stores near you, and it's a powerful new weapon against Amazon", *Business Insider UK*, 12. Juni. Abzurufen unter: https://markets.businessinsider.com/news/stocks/google-see-whats-in-store-vs-amazon-2018-6-1026877001 (archiviert unter https://perma.cc/699M-938W) (letzter Zugriff am 04.06.2021).

9 Murga, Guillermo (2017): „Amazon takes 49 percent of consumers' first product search, but search engines rebound", *Survata*, 20. Dezember. Abzurufen unter: https://www.upwave.com/amazon-takes-49-percent-of-consumers-first-product-search-but-search-engines-rebound/ (archiviert unter https://perma.cc/M6BK-QWMZ) (letzter Zugriff am 04.06.2021).

10 Ebenda.

11 Pressemitteilung (2016): „Three, Two, One…Holiday! Amazon.com launches Black Friday deals store and curated holiday gift guides", *Amazon*, 1. November. Abzurufen unter: https://press.aboutamazon.com/news-releases/news-release-details/three-two-oneholiday-amazoncom-launches-black-friday-deals-store (archiviert unter https://perma.cc/G4GT-EPFQ) (letzter Zugriff am 04.06.2021).

12 Mason, Rodney (2014): „Dynamic pricing in a smartphone world: A shopper showrooming study", *Parago*, 4. Januar. Abzurufen unter: https://www.slideshare.net/Parago/dynamic-pricing-30010764 (archiviert unter https://perma.cc/6WWJ-PTRB) (letzter Zugriff am 04.06.2021).

13 Amazon Technologies, Inc. (2017): Physical store online shopping control, US Patent No. 9665881, 30. Mai. Abzurufen unter: http://patft.uspto.gov/netacgi/nph-Parser?Sect2=PTO1&Sect2=HITOFF&p=1&u=/netahtml/PTO/search-bool.html&r=1&f=G&l=50&d=PALL&RefSrch=yes&Query=PN/9665881 (archiviert unter https://perma.cc/AF8X-6DJW) (letzter Zugriff am 04.06.2021).

14 Displaydata-Pressemitteilung (2018): „Analogue to automated: retail in the connected age", *PlanetRetail RNG*, Mai. Abzurufen unter: https://www.businesswire.com/news/home/20180522005419/en/New-Research-from-Displaydata-and-Planet-Retail-RNG-Estimates-That-Global-Retailers-Spent-104-Billion-on-Manually-Changing-Price-Labels-in-2017 (archiviert unter https://perma.cc/U23Z-SJP2) (letzter Zugriff am 04.06.2021).

15 Amtsblatt der Europäischen Gemeinschaften (1998): Richtlinie 98/6/EG des Europäischen Parlaments und des Rates vom 16. Februar 1998 über den Schutz der Verbraucher bei der Angabe der Preise der ihnen angebotenen Erzeugnisse, EUR-Lex, 16. Februar. Abzurufen unter: https://eur-lex.europa.eu/legal-content/EN/TXT/?uri=celex:31998L0006 (archiviert unter https://perma.cc/6VEE-4FSP) (letzter Zugriff am 04.06.2021).

16 Amtsblatt der Europäischen Gemeinschaften (2011) Verordnung (EU) Nr. 1169/2011 des Europäischen Parlaments und des Rates vom 25. Oktober 2011 betreffend die Information der Verbraucher über Lebensmittel, EUR-Lex, 25. Oktober. Abzurufen unter: https://eur-lex.europa.eu/eli/reg/2011/1169/oj (archiviert unter https://perma.cc/53A2-RM3K) (letzter Zugriff am 04.06.2021).

17 Profitero (2013): „Profitero Price Intelligence: Amazon makes more than 2.5 million daily price changes", *Profitero*, 10. Dezember. Abzurufen unter: https://www.profitero.com/blog/2013/12/profitero-reveals-that-amazon-com-makes-more-than-2-5-million-price-changes-every-day (archiviert unter https://perma.cc/R44Y-JZLM) (letzter Zugriff am 04.06.2021).

18 Dastin, Jeffrey (2018): „Amazon tracks repeat shoppers for line-free Seattle store – and there are many", *Reuters*, 19. März. Abzurufen unter: https://ca.reuters.com/article/technologyNews/idCAKBN1GV0DK-OCATC (archiviert unter https://perma.cc/AK7F-FFM6) (letzter Zugriff am 04.06.2021).

19 Liu, Richard (2018): Interview, geführt von der Rundfunksprecherin und Moderatorin der Plenarsitzung des World Retail Congress, Munchetty, N, Madrid, 17. April.

14 | NEUDEFINITION DES LADENGESCHÄFTS

1 Parisi, Danny (2021): „After Story closings, Macy's tackle new experiential retail concept", *Glossy*, 20. Februar. Abzurufen unter: https://www.glossy.co/fashion/inside-macys-plans-for-its-market-by-macys-concept-stores/ (archiviert unter: https://perma.cc/C8D8-BLXA) (letzter Zugriff am 20.06.2021).

2 Microsoft Office 365 (2017): „Introducing Microsoft To-Do, now in Preview" (Online-Video). Abzurufen unter: https://www.youtube.com/watch?v=6k3_T84z5Ds (archiviert unter: https://perma.cc/DC53-JLE4) (letzter Zugriff am 01.07.2018).

3 Thomas, Lauren (2017): „Malls ditch the 'M word' as they spend big bucks on renovations", *CNBC*, 24. Oktober. Abzurufen unter: https://www.cnbc.com/2017/10/24/malls-ditch-the-m-word-as-they-spend-big-bucks-on-renovations.html (archiviert unter: https://perma.cc/YN77-MLUX) (letzter Zugriff am 29.03.2018).

4 Selfridges (o. D.): „Selfridges loves: the secrets behind our house", Abzurufen unter: http://www.selfridges.com/US/en/features/articles/selfridges-loves/selfridges-lovesourhousesecrets (archiviert unter: https://perma.cc/VT8Y-XF4L) (letzter Zugriff am 06.09.2018).

5 Abrams, Melanie (2017): „Come for the shopping, stay for the food", *New York Times*, 26. Oktober. Abzurufen unter: https://www.nytimes.com/2017/10/26/travel/shopping-in-store-restaurants.html (archiviert unter: https://perma.cc/N4R5-8BEQ) (letzter Zugriff am 30.06.2018).

6 Ringen, Jonathan (2017): „IKEA's big bet on meatballs", *Fast Company*. Abzurufen unter: https://www.fastcompany.com/40400784/Ikeas-big-bet-on-meatballs (archiviert unter https://perma.cc/CVP7-E5VU). (letzter Zugriff am 12.09.2018).

7 Henninger, Danya (2015): „Vetri to sell restaurants to Urban Outfitters", *Philly*, 16. November. Abzurufen unter: http://www.philly.com/philly/food/Vetri_to_sell_restaurants_to_Urban_Outfitters.html (archiviert unter: https://perma.cc/A3B6-DAJW) (letzter Zugriff am 30.06.2018).

8 Abrams, Melanie (2017): „Come for the shopping, stay for the food", *New York Times*, 26. Oktober. Abzurufen unter: https://www.nytimes.com/2017/10/26/travel/shopping-in-store-restaurants.html (archiviert unter: https://perma.cc/N4R5-8BEQ) (letzter Zugriff am 30.06.2018).

9 Ryan, John (2018): „In pictures: how China's ecommerce giants Alibaba and JD.com have reinvented stores", *Retail Week*, 5. Juni. Abzurufen unter: https://www.retail-week.com/stores/in-pictures-chinas-alibaba-and-jdcom-reinvent-stores/7029203.article?authent=1 (archiviert unter: https://perma.cc/PYM4-X7KL) (letzter Zugriff am 30.06.2018).

10 Florida, Richard (2020): „The forces that will reshape American cities", *Bloomberg*, 2. Juli. Abzurufen unter: https://www.bloomberg.com/news/features/2020-07-02/how-coronavirus-will-reshape-u-s-cities (archiviert unter: https://perma.cc/F6KX-6NRH) (letzter Zugriff am 20.06.2021).

11 Tron, Jesse (2020): „Post-COVID environment will drive demand for flexible office space", JLL-Pressemitteilung, 14. Juli. Abzurufen unter: https://www.us.jll.com/en/newsroom/post-covid-environment-will-drive-demand-for-flexible-office-space (archiviert unter: https://perma.cc/UQD5-TPCZ) (letzter Zugriff am 20.06.2021).

12 Anonymous (2020): „Coronavirus: Pret boss says demand in city centres may never recover", *Sky News*, 4. September. Abzurufen unter: https://news.sky.com/story/pm-mass-infrastructure-projects-crucial-for-uk-as-construction-begins-on-hs2-12063373 (archiviert unter: https://perma.cc/N7QW-VKVY) (letzter Zugriff am 20.06.2021).

13 Übersetzt aus dem Französischen.

14 Roper, William (2021): „COVID-19 is pushing Americans out of cities and into the country", *World Economic Forum*, 19. Januar. Abzurufen unter: https://www.weforum.org/agenda/2021/01/rural-life-cities-countryside-covid-coronavirus-united-states-us-usa-america/ (archiviert unter: https://perma.cc/VQ6Y-3X3Q) (letzter Zugriff am 20.06.2021).

15 Kolko, Jed (2021): „The most urban counties in the U.S. are shrinking", *The New York Times*, 4. Mai. Abzurufen unter: https://www.nytimes.com/2021/05/04/upshot/census-new-results-county.html (archiviert unter: https://perma.cc/U6HT-KZBR) (letzter Zugriff am 20.06.2021).

16 Buchholz, Katharina (2020): „How has the world's urban population changed from 1950 to today?", *World Economic Forum*, 4. November. Abzurufen unter: https://www.weforum.org/agenda/2020/11/global-continent-urban-population-urbanisation-percent/ (archiviert unter: https://perma.cc/Z8E2-QJRN) (letzter Zugriff am 20.06.2021).

17 United Nations Department of Economic and Social Affairs No. 2020/2 (2020): Policies on spatial distribution and urbanization have broad impacts on sustainable development. Abzurufen unter: https://www.un.org/development/desa/pd/sites/www.un.org.development.desa.pd/files/undes_pd_2020_popfacts_urbanization_policies.pdf (archiviert unter: https://perma.cc/962G-FWEH) (letzter Zugriff am 20.06.2021).

18 Willsher, Kim (2020): „Paris mayor unveils '15-minute city' plan in re-election campaign", *The Guardian*, 7. Februar. Abzurufen unter: https://www.theguardian.com/world/2020/feb/07/paris-mayor-unveils-15-minute-city-plan-in-re-election-campaign (archiviert unter: https://perma.cc/54YA-4QVJ) (letzter Zugriff am 20.06.2021).

19 Amaro, Silvia (2021): „London's iconic Oxford Street is rethink retail as it deals with Covid-fueled closings", *CNBC*, 9. Februar. https://www.glossy.co/fashion/inside-macys-plans-for-its-market-by-macys-concept-stores/ (archiviert unter: https://perma.cc/C8D8-BLXA) (letzter Zugriff am 21.06.2021).

20 Taylor, Kate (2018): „Tesla may have just picked a spot for Elon Musk's dream 'roller skates & rock restaurant' – here's everything we know about the old-school drive in", *Business Insider*, 13. März. Abzurufen unter: http://uk.businessinsider.com/elon-musk-tesla-restaurant-los-angeles-2018-3 (archiviert unter: https://perma.cc/T94S-SMDE) (letzter Zugriff am 01.07.2018).

21 Anonymous (2018): „Mothercare confirms 50 store closures", *BBC*, 17. Mai. Abzurufen unter: http://www.bbc.co.uk/news/business-44148937 (archiviert unter: https://perma.cc/T8KN-EVG5) (letzter Zugriff am 01.07.2018).

22 Lego, Jahresabschluss 2020 (2021): „The LEGO Group delivers strong growth in 2020", 10. März. Abzurufen unter: https://www.lego.com/en-us/aboutus/news/2021/march/2020-annual-results/ (archiviert unter: https://perma.cc/9H3L-QD5A) (letzter Zugriff am 20.06.2021).

23 Ernie Herrman, CEO von TJX Companies (TJX) über die Ergebnisse zum Q4 2021 – Transkription Ergebnisbericht (2021) Abzurufen unter: https://seekingalpha.com/article/4408679-tjx-companies-tjx-ceo-ernie-herrman-on-q4-2021-results-earnings-call-transcript (archiviert unter https://perma.cc/2GCE-N4Z9)[letzter Zugriff am 20.06.2021].

24 Hoand, Limei (2016): „7 Lessons for retail in the age of e-commerce", *Business of Fashion*, 13. September. Abzurufen unter: https://www.businessoffashion.com/articles/intelligence/concept-store-story-rachel-shechtman-seven-retail-lessons (archiviert unter: https://perma.cc/U82K-JAGA) (letzter Zugriff am 01.07.2018).

25 Wahba, Phil (2021): „How Nordstrom's strategy is changing now that 50% of its sales come online", *Fortune*, 4. Februar. Abzurufen unter: https://fortune.com/2021/02/04/nordstrom-sales-online-strategy-retail/ (archiviert unter: https://perma.cc/REC6-YSGY) (letzter Zugriff am 20.06.2021).

26 Nordstrom, Pressemitteilung (2020): „Nordstrom expands convenience for Los Angeles customers with two new Nordstrom Local service hubs", 27. Oktober. Abzurufen unter: https://press.nordstrom.com/news-releases/news-releasedetails/nordstrom-expands-convenience-los-angeles-customers-two-new (archiviert unter: https://perma.cc/7Z8Q-JKYM) (letzter Zugriff am 20.06.2021).

27 Parker, Ceri (2016): „8 predictions for the world in 2030", *World Economic Forum*, 12. November. Abzurufen unter: https://www.weforum.org/agenda/2016/11/8-predictions-for-the-world-in-2030/ (archiviert unter https://perma.cc/5KXX-98WS) (letzter Zugriff am 01.07.2018).

28 Taylor, Colleen (2011): „Airbnb CEO: The future is about access, not ownership", *Gigaom*, 10. November. Abzurufen unter: https://gigaom.com/2011/11/10/airbnb-roadmap-2011/ (archiviert unter https://perma.cc/AYN9-ZTUC)[Letzter Zugriff am 12.09.2018].

29 Nazir, Sahar (2020:) „Clothing rental services – a viable option for UK consumers?", *Retail Gazette*, 3. September. Abzurufen unter: https://www.retailgazette.co.uk/blog/2020/09/clothing-rental-services-fashion-waste-consumers-recycling-uk-retail/ (archiviert unter https://perma.cc/89A6-V89Z) (letzter Zugriff am 20.06.2021).

30 Pressemitteilung von John Lewis (2020): „John Lewis partners with Fat Llama to test furniture rental service", 17. August. Abzurufen unter: https://www.johnlewispartnership.co.uk/media/press/y2020/jl-partners-with-fat-llama.html (archiviert unter https://perma.cc/6Y99-3LMF) (letzter Zugriff am 20.06.2021).

31 Balch, Oliver (2016): „Is the Library of Things an answer to our peak stuff problem?", *Guardian*, 23. August. Abzurufen unter: https://www.theguardian.com/sustainable-business/2016/aug/23/library-of-things-peak-stuff-sharing-economy-consumerism-uber (archiviert unter https://perma.cc/FXQ7-LMUM) (letzter Zugriff am 01.07.2018).

15 | EINZELHANDELSLOGISTIK: ENTSCHEIDUNG AUF DER LETZTEN MEILE

1 Video (2017): „You do not want to give Jeff Bezos a seven-year head start", *Warren Buffett* archives, 8. Mai. Abzurufen unter: https://buffett.cnbc.com/video/2017/05/08/buffett-you-do-not-want-to-give-jeff-bezos-a-seven-year-head- start.html (archiviert unter https://perma.cc/U73F-8R4X) (letzter Zugriff am 05.06.2021).

2 Lexis Nexis (2014): „Annual Report: True cost of fraud study: post-recession revenue growth hampered by fraud as all merchants face higher costs", *LexisNexis*, August. Abzurufen unter: https://www.lexisnexis.com/risk/downloads/assets/true-cost-fraud-2014.pdf (archiviert unter: https://perma.cc/3QRQ-JVRP) (letzter Zugriff am 05.06.2018).

3 Redakteure von *eMarketer* (2019): „For consumers in France, click-and-collect is an option ... but not the only one", *eMarketer Insider Intelligence*, 15. Juli. Abzurufen unter: https://www.emarketer.com/content/for-consumers-in-france-click-and-collect-is-an-option-but-not-the-only-one (archiviert unter: https://perma.cc/A4MN-8WHJ) (letzter Zugriff am 13.06.2021).

4 O'Carroll, Derek (2020): „Five hidden trends that will shape UK e-commerce in 2021", *Retail Technology Innovation Hub*, 2. Dezember. Abzurufen unter: https://retailtechinnovationhub.com/home/2020/12/2/five-hidden-trends-that-will-shape-uk-e-commerce-in-2021 (archiviert unter: https://perma.cc/AYF6-D9X9) (letzter Zugriff am 13.06.2021).

5 Kodali, Sucharita (2021): „Alt-Control-Delete: The reboot of retail", Veranstaltung von Manhattan Associates Momentum Connect, 26. Mai [virtuelle Präsentation].

6 Gov.uk (2016): „Case study: Amazon lockers in libraries", *Gov.uk*, 5. Januar. Abzurufen unter: https://www.gov.uk/government/case-studies/amazon-lockers-in-libraries (archiviert unter: https://perma.cc/W8EK-RM5L) (letzter Zugriff am 05.06.2021).

7 Schlosser, Kurt (2017): „Amazon's new 'Hub' delivery locker system is already a hit in San Francisco apartment building", *GeekWire*, 25. August. Abzurufen unter: https://www.geekwire.com/2017/amazons-new-hub-delivery-locker-system-already-hit-san-francisco-apartment-building/ (archiviert unter: https://perma.cc/4Q5Q-KZEU) (letzter Zugriff am 05.06.2021).

8 Lang, Cady (2017): „How you can use Amazon Prime to help people in need this holiday season", *Time*, 12. Dezember. Abzurufen unter: http://time.com/5061792/amazon-prime-charity/ (archiviert unter: https://perma.cc/UA9L-LRWU) (letzter Zugriff am 05.06.2021).

9 Tankovska, H. (2021): „Facebook: annual revenue 2009-2020, by segment", *Statista*, 5. Februar. Verfügbar unter: https://www.statista.com/statistics/267031/facebooks-annual-revenue-by-segment/ (archiviert unter https://perma.cc/LRP3-26LD)(letzter Zugriff am 07.04.2021).

10 Pressemitteilung (2021): „Subscription business revenue grows 437% over almost a decade as consumer buy preferences change from ownership to usership", *Zuora*, 3. März. Abzurufen unter: https://www.businesswire.com/news/home/20210303005291/en/Subscription-Business-Revenue-Grows-437-Over-Nearly-a-Decade-as-Consumer-Buying-Preferences-Shift-from-Ownership-to-Usership (archiviert unter: https://perma.cc/VAV9-FW37) (letzter Zugriff am 13.06.2021).

11 Morrell, Liz (2018): „British consumers spending more than £2 billion a year on delivery subscriptions", *edelivery*, 14. Mai. Abzurufen unter: https://edelivery.net/2018/05/british-consumers-spending-2-billion-year-delivery-subscriptions/ (archiviert unter: https://perma.cc/R282-6F8B) (letzter Zugriff am 05.06.2021).

12 Plummer, Robert (2021): „Shopping in 10 minutes: The new supermarket battleground", *BBC* News, 23. April. Abzurufen unter: https://www.bbc.co.uk/news/business-56720044 (archiviert unter https://perma.cc/9PK8-7B78)(letzter Zugriff: 14.06.2021)

13 Wienbren, Emma (2017): „Two-hour deliveries will be normal, says Amazon Prime Now VP," *The Grocer*, 20. März. Abzurufen unter: https://www.thegrocer.co.uk/channels/online/two-hour-deliveries-will-be-normal-says-amazon-prime-now-vp/550248.article?rtnurl (archiviert unter: https://perma.cc/PHM2-3DS9) (letzter Zugriff am 05.06.2018).

14 Galloway, Scott (2015): „The future of retail looks like Macy's, not Amazon", *LinkedIn*, 1. Mai. Abzurufen unter: https://www.linkedin.com/pulse/future-retail-looks-like-macys-amazon-scott-galloway/ (archiviert unter: https://perma.cc/5MR4-EW4L) (letzter Zugriff am 05.06.2018).

15 Bernal, Natasha (2021): „Amazon took a chunk of Deliveroo. Then things got interesting", *Wired .com*, 11. Februar. Abzurufen unter: https://www.wired.co.uk/article/deliveroo-pandemic-amazon (archiviert unter https://perma.cc/Q5K7-59WD)(letzter Zugriff: 14.06.2021

16 Ladd, Brittain (2018): „The Trojan Horse: Instacart's covert operation against grocery retailers", *LinkedIn*, 18. März. Abzurufen unter: https://www.forbes.com/sites/brittainladd/2018/07/01/trashed-2/?sh=47018188e4d1 (archiviert unter: https://perma.cc/L3GL-MGUZ) (letzter Zugriff am 05.06.2021).

16 | DIE INFRASTRUKTUR FÜR DIE LETZTE MEILE

1 Harkaway, Nick (2012): „Amazon aren't destroying publishing, they're reshaping it", *Guardian*, 26. April. Abzurufen unter: https://www.theguardian.com/books/2012/apr/26/amazon-publishing-destroying (archiviert unter: https://perma.cc/K4BV-KB7F) (letzter Zugriff am 14.06.2021).

2 Holmes, Thomas J (2005) The diffusion of Wal-Mart and economies of density, Semantic Scholar, November. Abzurufen unter: https://pdfs.semanticscholar.org/947c/d95a37c55eef-b84ccab56896b4037f5c2acd.pdf (archiviert unter: https://perma.cc/K5YQ-Y8A2) (letzter Zugriff am 14.06.2021).

3 Consumerist (2016): „Amazon Flex Drivers are kind of freaking customers out", *Consumer-Reports*, 7. Oktober. Abzurufen unter: https://www.consumerreports.org/consumerist/amazon-flex-drivers-are-kind-of-freaking-customers-out/ (archiviert unter: https://perma.cc/L6FY-QF4U) (letzter Zugriff am 14.06.2021).

4 Bhattacharya, Ananya (2015): „Amazon sued by delivery drivers", *CNN Tech*, 29. Oktober. Abzurufen unter: http://money.cnn.com/2015/10/29/technology/amazon-sued-prime-now-delivery-drivers/ (archiviert unter: https://perma.cc/C5L4-A3DX) (letzter Zugriff am 14.06.2021).

5 Lore, Marc (2017): „Serving customers in new ways: Walmart starts testing associate delivery", *Walmart Today* (Blog), 1. Juni. Abzurufen unter: https://blog.walmart.com/innovation/20170601/serving-customers-in-new-ways-walmart-begins-testing-associate-delivery (archiviert unter: https://perma.cc/9BCZ-C7L5) (letzter Zugriff am 14.06.2021).

6 US Postal Accountability and Enhancement Act 2006.

7 Jaillet, James (2017): „Walmart presses its carrier against doing business with Amazon", *ccjdigital*, 17. Juli. Abzurufen unter: https://www.ccjdigital.com/wal-mart-pressures-its-carriers-against-doing-business-with-amazon/ (archiviert unter: https://perma.cc/VX3S-PV99) (letzter Zugriff am 14.06.2021).

8 Target (2017): „Here's how acquiring Shipt will bring same-day delivery to about half of Target stores in early 2018, a bullseye view" (Blog), 13. Dezember. Abzurufen unter: https://corporate.target.com/article/2017/12/target-acquires-shipt (archiviert unter: https://perma.cc/SJN7-HVWB) (letzter Zugriff am 14.06.2021).

9 Waldron, J. (2016): „Bullseye! The Power of Target's Fulfillment Strategy", *eTail*, 20. Juni. Abzurufen unter: https://etaileast.wbresearch.com/bullseye-the-power-of-targets-fulfillment-strategy (archiviert unter: https://perma.cc/YX7F-GZGH) (letzter Zugriff am 14.06.2021).

10 Reynolds, Matt (2020): „Jeff Bezos wants to fix climate change. He can start with Amazon", *Wired.com*, 18. Februar. Abzurufen unter: https://www.wired.co.uk/article/jeff-bezos-climate-change-amazon (archiviert unter https://perma.cc/48P5-UX5Q)(letzter Zugriff am: 14.06.2021).

11 Wulfraat, Marc (2018): „Amazon Global Fulfillment Centre Network", *MWPVL International Inc.*, Juni. Abzurufen unter: http://www.mwpvl.com/html/amazon_com.html (archiviert unter: https://perma.cc/G6VX-T9VH) (letzter Zugriff am 14.06.2021).

12 Sisson, Patrick (2017): „9 facts about Amazon's unprecedented warehouse empire", *Curbed*, 21. November. Abzurufen unter: https://www.curbed.com/2017/11/21/16686150/amazons-warehouse-fulfillment-black-friday (archiviert unter: https://perma.cc/AFT9-YXHK) (letzter Zugriff am 14.06.2021).

13 Wikiquote Warren Bennis (o. D.). Abzurufen unter: https://en.wikiquote.org/wiki/Warren_Bennis (archiviert unter https://perma.cc/G625-X8CD) (letzter Zugriff am 14.06.2021).

14 Smith, Cooper (2016): „The Future of Shipping Report: Why big ecommerce companies are going after the legacy shipping industry", *Morgan Stanley*, Juni. Abzurufen unter: https://www.business-insider.com/shipping-could-be-the-next-billion-dollar-opportunity-for-e-commerce-retailers-2016-6?r=US&IR=T (archiviert unter: https://perma.cc/6ZKN-QQHM) (letzter Zugriff am 14.06.2021).

15 Greene, Jay und Gates, Dominic (2015): „Amazon in talks to lease Boeing jets to launch its own air-cargo business", *Seattle Times*, 17. Dezember. Abzurufen unter: https://www.seattletimes.com/business/amazon/amazon-in-talks-to-lease-20- jets-to-launch-air-cargo-business/ (archiviert unter https://perma.cc/N3HG-KHQ3)(letzter Zugriff am 14.06.2021).

16 Kim, Eugene (2017): „Amazon quietly launch an app called Relay to go after truck drivers", *CNBC*, 16 November. Abzurufen unter: https://www.cnbc.com/2017/11/16/amazon-quietly-launched-an-app-called-relay-to-go-after-truck-drivers.html (archiviert unter: https://perma.cc/PNN8-VJGG) (letzter Zugriff am 14.06.2021).

17 Amazon Technologies, Inc. US Patent Application (2013) Providing services related to item delivery via 3D manufacturing on demand, US Patent & Trademark Office, 8. November. Abzurufen unter: https://bit.ly/1aQfBvU (archiviert unter: https://perma.cc/65AN-FS32) (letzter Zugriff am 14.06.2021).

18 Brohan, Mark (2020): „Amazon Business succeeds by dominating B2B logistics", *DigitalCommerce360.com*, 29. September. Abzurufen unter: https://www.digitalcommerce360.com/2020/09/29/amazon-business-succeeds-by-dominating-b2b-logistics/ (archiviert unter https://perma.cc/J9ZZ-JHNE)[Letzter Zugriff: 14.06.2021)

19 Amazon Technologies, Inc. US Patent Application (2018) Vendor interface for item delivery via 3D manufacturing on demand, US Patent & Trademark Office, 2. Januar. Abzurufen unter: http://pdfpiw.uspto.gov/.piw?Docid=09858604 (archiviert unter: https://perma.cc/QNB3-X2YA) (letzter Zugriff am 14.06.2021).

20 Amazon hat den gleichen Service seit der Übernahme von Whole Foods auch für Kunden von Amazon.com eingeführt.

21 Gurdus, Elizabeth (2018): „Kohl's CEO says 'big idea' behind Amazon partnership is driving traffic", *CNBC.com*, 27. März. Abzurufen unter: https://www.cnbc.com/2018/03/27/kohls-ceo-big-idea-behind-amazon-partnership-is-- archiviert unter: https://perma.cc/Y2JV-LSG9) (letzter Zugriff am 14.06.2021).

22 Brooks, Cristy (2017): „Why smarter inventory means better customer service", *Walmart Today*, 16. August. Abzurufen unter: https://blog.walmart.com/business/20170816/why-smarter-inventory-means-better-customer-service (archiviert unter: https://perma.cc/6LF2-XFHM) (letzter Zugriff am 20.06.2018).

23 Walmart (2017): „Walmart reinvents the returns process" (Blog-Beitrag), *Walmart*, 9. Oktober. Abzurufen unter: https://news.walmart.com/2017/10/09/walmart-reinvents-the-returns-process (archiviert unter: https://perma.cc/97PH-NDZ4) (letzter Zugriff am 14.06.2021).

24 Nusca, Andrew (2017): „5 moves Walmart is making to compete with Amazon and Target", *Fortune*, 27. September. Abzurufen unter: http://fortune.com/2017/09/27/5-moves-walmart-is-making-to-compete-with-amazon-and-target/ (archiviert unter: https://perma.cc/44XR-5RVH) (letzter Zugriff am 14.06.2021).

25 Amazon (2018): Pressemitteilung: „Buckle up, Prime members: Amazon launches in-car delivery", *Amazon*, 24. April. Abzurufen unter: https://www.businesswire.com/news/home/20180424005509/en/Buckle-Up-Prime-Members-Amazon-Launches-In-Car-Delivery (archiviert unter: https://perma.cc/D5VN-AHAC) (letzter Zugriff am 14.06.2021).

26 Amazon (2016): First Prime Air delivery (Video). Abzurufen unter: https://www.amazon.com/Amazon-Prime-Air/b?ie=UTF8&node=8037720011 (archiviert unter: https://perma.cc/Q6KJ-AFMA) (letzter Zugriff am 14.06.2021).

FAZIT

1 Investigation of competition in digital markets. Majority staff report and recommendations. Subcommittee on Antitrust, Commercial and Administrative Law of the Committee of the Judiciary (2020). Abzurufen unter: https://fm.cnbc.com/applications/cnbc.com/resources/editorialfiles/2020/10/06/investigation_of_competition_in_digital_markets_majority_staff_report_and_recommendations.pdf

2 Statement by Jeffrey P. Bezos Founder & Chief Executive Officer, Amazon before the U.S. House of Representatives Committee on the Judiciary Subcommittee on Antitrust, Commercial, and Administrative Law (2020). Abzurufen unter: https://www.congress.gov/116/meeting/house/110883/witnesses/HHRG-116-JU05-Wstate-BezosJ-20200729.pdf (archiviert unter: https://perma.cc/J4TZ-G9TP) (letzter Zugriff am 18.06.2021).

3 Khan, Lina (2017) Amazon's antitrust paradox, Yale Law Journal, 3. Januar. Abzurufen unter: http://digitalcommons.law.yale.edu/cgi/viewcontent.cgi?article=5785&=ylj (archiviert unter: https://perma.cc/T2NP-XL7K) (letzter Zugriff am 07.07.2018).

4 Eigenrecherche der Autorinnen. Ausgegangen wird von einer Marktkapitalisierung von 386 Milliarden Dollar im Juni 2021 gegenüber 1,76 Billionen US-Dollar.

5 Investgation of competition in digital markets. Majority staff report and recommendations. Subcommittee on Antitrust, Commercial and Administrative Law of the Committee of the Judiciary (2020). Abzurufen unter: https://fm.cnbc.com/applications/cnbc.com/resources/editorialfiles/2020/10/06/investigation_of_competition_in_digital_markets_majority_staff_report_and_recommendations.pdf (archiviert unter: https://perma.cc/K5AA-VH3C) (letzter Zugriff am 20.06.2021).